영어 말하기 교육
: 대화 분석에 근거한 접근

Teaching the Spoken Language
: An approach based on the analysis of conversational English

Teaching the Spoken Language: An a
Teaching the Spoken Language: An a
Teaching the Spoken Language: An approach

영어 말하기 교육

대화 분석에 근거한 접근

Teaching the Spoken Language
An approach based on the analysis of conversational English

브롸운·율 지음 / 김지홍·서종훈 뒤침

Teaching the Spoken Language: An approach based on
Teaching the Spoken Language: An approach based on the analysis of co

글로벌콘텐츠

뒤친이 머릿글

이 책은 입말과 입말 교육에 대한 문제를 다룬다. 특히 다양한 영어 모국어 및 외국어로서의 말뭉치 사례를 중심으로, 외국어 교육의 관점에서 영어를 어떻게 말해야 하고, 들어야 하는지를 다양한 실천 과제를 중심으로 펼치고 있다. 전체는 4개의 장으로 구성되는데, 영어 입말 지도를 어떻게 해야 할지를 이론에서부터 실제까지 매우 구체적이면서도 실증적으로 다루고 있다는 점에서 말하기, 듣기 교육의 지침서로서 그 의의가 매우 크다.

1장은 입말에 대한 다양한 측면을 다루고 있다. 입말의 주요한 속성과 입말 교육을 어떻게 해야 할지에 대한 문제를 다양한 말뭉치 사례를 통해 실증적으로 검토한다. 우선 언어의 기능을 정보 전달과 상호 작용으로 간략하게 한정해서 구분 짓고, 전자는 '내용 중심'으로 후자는 '청자 중심'이 될 수 있음을 제시한다.

글말은 정보 전달에 입말은 상호 작용에 그 초점이 있을 수 있음을 상정하지만, 입말 교육, 특히 외국어로서의 입말 교육에서도 정보 전달에 맞추어 짤막한 발언기회뿐만 아니라 긴 발언기회를 지도해야 함을 구체적으로 보여 준다. 즉, 영어 토박이 화자에게도 어려운 정보 전달용 긴 발언기회를 외국어 화자에게 적용한다는 점은 분명 어려움이 따르는 일이지만, 기존의 짤막한 발언기회만으로 외국어 교육을 하는 점은 분명 문제가 있음을 꼬집는다.

2장은 구체적인 입말을 어떻게 지도해야 할지의 문제를 다룬다. 기존의 문장에 바탕을 둔 모형이 적합하지 않음을 지적하면서, 외국어 학습자들의 입말 교육에서 완벽한 문장을 만들어 내는 '정확성'의 측면을 강조하는 것은 부적절하다고 강조한다. 이는 외국어 교육 시에 지나치게 정확한 발음과 억양을 강조하는 것을 지양하는 것과 맥을 같이 한다.

특히 2장에서는 짤막한 발언기회와 긴 발언기회를 중심으로 전자는 상호작용에 후자는 정보 전달에 초점을 두면서 지도 내용을 구성한다. 후자는 다양한 과제를 중심으로 이루어지는데, 과제의 난이도를 의사소통의 중압감에 따라 구체적으로 구분해서 접근한다는 점에서 말하기 교육의 참된 실생활 속성(authenticity)의 한 단면을 잘 실천하고 있다.

3장은 듣기 이해의 지도와 관련된 상세한 부면들을 다룬다. 주로 입말 교육이라면 말하기에만 초점을 두는 경우가 많은데, 이 책에서는 상당한 분량을 듣기 이해에도 할애하고 있다는 점에서 입말 교육에서 듣기의 중요성을 실천적으로 보여 준다. 특히 토박이 청자와 마찬가지로 비토박이 청자가 어떤 합리적 해석에 도달할 수 있는 경험을 제공해 주는 것이 중요함을 강조한다.

듣기는 다양한 상황 맥락 속에서 일어난다. 즉, 청자는 화자, 청자, 장소, 시간, 갈래, 주제, 지엽적인 앞뒤 문맥 등으로 구성된 상황 맥락 속에서 자신의 모형을 수립해 간다. 즉, 청자는 다양한 맥락 속에서 유추의 원리, 최소 변경의 원리를 통해 자신의 기존 경험을 바탕으로 새롭게 해석 토대를 구성해 나간다.

이러한 구성 과정은 동일한 문화를 공유한 토박이 청자들에게는 그렇게 어려운 인식 과정이 아닐 수 있다. 하지만 외국어에 수반된 문화를 공유하지 못하는 외국어 청자들에게는 과도한 인지적 부담으로 작용할 수 있다. 이 책에서는 이러한 과도한 인지적 부담을 덜어 줄 수 있는 다양한 과제를 적절하게 제시함으로써 이런 문제들을 부분적으로 해결해 가고 있다.

4장은 입말 평가의 여러 측면을 다룬다. 우선 말하기 과제를 다양한 갈래로부터 등급화하고, 이에 부합하는 적합한 평가 지침을 실천적으로 제시한다. 특히 의사소통의 효율성을 강조하면서 필수 정보를 중심으로 평가할 수 있도록 채점 절차를 구성하는데, 화자와 청자 간 일정한 정보 격차를 줌으로써 화자의 말할 동기를 북돋우는 것이 중요함을 지적한다.

아울러 평가 방법상에 깔려 있는 다섯 가지 원리를 목적을 가진 이야기를 이끌어 내기, 확대된 긴 이야기 이끌어 내기, 구조화되거나 잘 짜인 이야기 이끌어 내기, 입력물 조절, '의사소통 효율성' 개념에 대한 계량화로 제시하면서, 다섯 가지 유형의 과제와 그에 부합하는 상세한 채점표를 제공하고 있어 말하기 평가에 실질적인 도움을 준다.

마지막으로 듣기 이해에 대한 평가를 다루는데, 여기에서는 듣기 이해의 객관적이고 외현적인 평가의 어려움을 토로하고 있다. 기존의 다지 택일 서식의 평가로는 듣기 처리 과정에 접근하기 어렵다는 점을 강조하다. 결국 듣기 이해 평가에서는 학습자들의 좀 더 확대된 '반응' 사례들을 다양한 과제 중심으로 이끌어 내는 것이 입말 평가에 부합할 수 있음을 결론적으로 내세운다.

최근 들어 우리 주변에서 모국어뿐만 아니라 외국어에서도 말하기와 말하기 교육에 대한 관심이 부쩍 늘고 있다. 이는 일시적 유행이라기보다는 정보화 사회에서 제대로 소통할 수 있는 근간이 제대로 된 입말 교육에 있음과 직접적으로 관련된다. 이 책은 그런 점에서 입말 교육의 지침서로서 말하기와 듣기 교육 전반에 대한 훌륭한 길잡이 역할을 해 줄 것으로 기대된다.

특히 외국어로서의 영어 입말 교육에 대한 문제를 다양한 실증 사례, 이른바 과제 중심의 구체적인 예들을 통해 유의미하게 다루고 있다는 점에서 외국어 입말 교육 부문의 주요한 학술서로서 아울러 외국어를 제대로 배우고 교육하려는 이들에게 지침서로서 충분한 일독의 가치가 있다고 판단된다. 편집과 디자인에 김미미, 노경민 님이 수고를 아끼지 않았음을 적어 둔다.

2014. 12. 10
뒤친이 김지홍, 서종훈

일러두기

영어 철자로 쓰인 사람 이름의 한글 표기 방식

이 책에 있는 외국의 인명과 지명 표기는 '한글 맞춤법'을 따르지 않는다. 맞춤법에서는 대체로 중국어와 일본어는 '표면 음성형'으로 적고, 로마자 표기는 '기저 음소형'으로 적도록 규정하였다. 그렇지만 이 책에서는 이런 '이중 기준'이 모순이라고 느낀다. 한자 발음을 제외하고서는, 외국어 표기를 일관되게 모두 '표면 음성형'으로 적는 것이 옳다고 본다. 글로벌콘텐츠에서 출간한 『모국어 말하기 교육』뿐만 아니라, 또한 『말하기 평가』와 『듣기 평가』에서도 모두 이런 원칙을 따르고 있다.

외국어 인명의 표기에서 한글 맞춤법이 고려하지 못한 중요한 속성이 있다. 우리말은 '음절 박자'(syllable-timed) 언어이다. 그러나 영어는 갈래가 전혀 다른 '강세 박자'(stress-timed) 언어에 속한다. 즉, 영어에서 강세가 주어지지 않는 소리는 표면 음성형이 철자의 소리와는 아주 많이 달라져 버린다. 이런 핵심적인 차이를 전혀 고려하지 못한 채, 대체로 철자 대응에 의존하여 발음을 정해 놓았다. 그 결과 원래 발음에서 달라져 버리고, 두 가지 다른 발음으로 인하여 서로 다른 사람을 가리키는 듯이 오해받기 일쑤이다. 번역자는 이런 일이 줄어들기를 희망하며, 영미권 이름들에 대하여 '표면 음성형' 표기를 원칙으로 삼았다(철자를 읽는 방식이 아님). 영미권에서는 이미 다수의 발음 사전이 출간되어 있다. 번역자는 영미권 인명의 표면 음성형을 찾기 위하여 네 종류의 영어 발음사전을 참고하였다.

① Abate(1999), *The Oxford Desk Dictionary of People and Places*, Oxford University Press.
② Wells(2000), *Longman Pronunciation Dictionary*, Longman Publishers.
③ Upton et al.(2001), *Oxford Dictionary of Pronunciation*, Oxford University Press.
④ Roach et al.(2006), *Cambridge English Pronouncing Dictionary*, Cambridge University Press.

모든 로마자 이름이 이들 사전에 모두 다 들어 있는 것은 아니다. 그럴 경우에는 두 가지 방법을 썼다. 하나는 각국의 이름에 대한 발음을 들을 수 있는 누리집을 이용하는 것이다. 특히, forvo에서 도움을 받거나(http://www.forvo.com), 구글 검색을 통해서 동영상 파일들을 보고 들으면서 정하였다. 다른 하나는 경상대학교 영어교육과에 있는 런던 출신의 마리 기오또(M. J. Guilloteaux) 교수에게서 RP(표준발음, 용인된 발음)를 듣고 표기해 두었다.

영어권 화자들은 자신의 이름에 대한 로마자 표기에 대하여 오직 하나의 발음만을 지녀야 한다고 고집을 세우지 않는 특성이 있다. 영어 철자 자체가 로마로부터 수입된 것이고, 다른 민족들에 의해서 같은 철자라 하더라도 발음이 달리 나옴을 인정하기 때문이다. 한 가지 예로, John이란 이름은 나라별로 여러 가지 발음을 지닌다. 쫜, 쟝, 후안, 요한, 이봔(러시아 발음) 등이다. 뿐만 아니라, 급격히 영미권으로 다른 민족들이 옮겨가 살면서, 자신의 이름을 자신의 생각대로 철자를 적어 놓았기 때문에, CNN 방송국 아나운서가 특정한 이름을 발음하지 못하여 쩔쩔 매었던 우스운 경우까지도 생겨난다. 그렇다고 하여, 이는 영어 철자 이름을 아무렇게나 발음해도 된다는 뜻이 아니다. 번역자는 가급적 영미권 화자들이 발음하는 표면 음성형을 따라 주는 것이 1차적이라고 본다. 따라서 이 책에서 번역자가 표기한 한글 표면 음성형만이 유일한 발음임을 뜻하는 것이 아니라, 가능한 발음 가운데 유력 후보임을 나타낼 뿐임을 이해하여 주기 바란다.

원저자 서문

이 책은 입말 교육에 대한 장기간의 관심으로부터 나온 것입니다. 특히 저자들은 입말이 글말과 차이가 나는 방식과 입말의 갈래가 어떻게 서로 달라지는지에 관심을 갖고 있습니다. 이 책에서는 다양한 방식으로 논의를 제약시켜 두었습니다. 발음이나 억양의 문제는 거의 다뤄지지 않는데, 과거의 입말 교육에서 아주 지배적인 분야였습니다. 또한 언어 내부에 있는 사회적 변이에 대해서도 다루지 않았습니다. 문법과 낱말 교육에 대해서도 언급하지 않았습니다. 이들 주제가 분명히 입말 교육과 관련되지만, 이들 분야에 대해서는 이미 많은 논의가 나와 있기 때문에 일부러 다루지 않았습니다. 그 대신, 맥락 속에서 청자에게 말하는 이유와 함께 의사소통적인 언어의 사용에 초점을 모으기로 선택하였습니다. 이 선택은 급속히 발전하고 있는 담화 분석의 연구에 대한 접근으로부터 많은 부분을 빚지고 있는 입말에 관한 견해로 이끌어 갑니다.

이 책에서 제안한 몇 가지 주장은 이미 검증하여 사용해 보았기 때문에 합리적으로 안전한 근거를 지닙니다. 특히 입말 산출에 대한 교육 및 평가를 다룬 장들에서 그러합니다. 다른 부분들은 상식에 근거하고, 저자들의 경험으로부터 나온 추정은 물론 이 책에서 개관해 놓은 접근법에 중요하게 기여한 많은 동료와 친구들의 경험에도 의존하고 있습니다. 가끔씩 직관에 근거하거나 일부 논란이 있지만 오래 품어 온 확신에 근거하여 제안을 하기도 하였습니다. 이런 공언은 독자들에게 응당 우리가 주장하는 모든 것을 독자 자신의 경험과 학생들의 필요성의 관점에 비춰 자세히 따져 보도록 경고하기에 충분합니다. 이런 종류의 일반 책자에서 모든 것이 모든 사람과 관련된다는 것은 실제 경우일 리 없습니다.

우리의 주장이 어떤 것도 특히 현재 교사들이 시행하고 있는 입말 교육의 임의 부분을 공격하지 않는 것으로 여기고서 무심히 넘어갈까 봐 걱정스럽습니다. 만일 교사의 이전 입말 교육 방법이 스스로를 위해서 그리고 학생들을 위해서 제대로 작동한다면, 응당 그 방식을 거의 그대로 시행해야 옳습니다. 그런 경우에 우리의 바람은 모든 교사가 지속적으로 추가해 놓을 필요가 있을 전략 및 도구의 무기고에 우리 주장을 조금 더해 놓을 있으면 합니다. 우리가 교사 여러분이 생각해 보지 못한 어떤 것이든 조금이라도 시사해 줄 수 있다면, 그것을 교실 수업에서 시행해 보고, 제대로 작동하는지 알아보기 바랍니다. 만일 괜찮게 작동한다면, 해마다 교사 여러분이 짜는 학교별 교과과정에서 그런 입말 교육의 시행을 위한 입지를 조금 마련하기 바랍니다. 여기에 영감을 주는 전반적인 해결책이란 존재하지 않는 것입니다.

기록된 자료와 전사 원칙

　이 책에서 우리의 목적 한 가지는 특히 자연스럽게 생겨나는 입말을 전혀 공부해 보지 못한 분들에게 입말과 글말 사이에 있는 많은 차이점들에 주의를 끌도록 하려는 것입니다. 자연스런 대화에서 자주 인용해 온 내용들이 들어 있습니다. 이것들은 녹취기록(또는 전사물)으로 나옵니다. 제4장에 일부를 제외하고서, 모든 녹취기록이 자연스럽게 자발적으로 말하는 영어 토박이 화자들의 대화입니다. 녹취기록은 나오는 장들 속에서 연결체로 일련의 번호가 붙어 있습니다. 일부 대화는 또한 같이 딸려 있는 녹음 카세트에 들어 있습니다. 이런 경우에는 해당 덩잇말에 장별 일련 번호에 이어 동그라미 숫자가 덧붙어 있습니다. 이런 동그라미 숫자는 카세트에 들어 있는 일련의 대화 인용 녹음 순서를 가리킵니다. 때로 서로 다른 장에서 같은 덩잇말 인용이 다른 설명 목적을 위하여 두 번 쓰일 수 있습니다.

　같이 딸린 카세트는 단순히 주어진 임의의 시점에서 우리가 무엇에 대하여 다루고 있는지를 예시해 주기 위하여 의도되었습니다(교사에게 참고용일 뿐임). '교육용' 테이프로 의도된 것이 아닙니다. 일부 녹음 인용은 소음이 많은 학교 환경에서 녹음되었고, 일부는 화자의 집에서 녹음되었으므로, 녹음 품질이 다양합니다. 모든 경우에서 언어가 녹취기록 형태로 되어 있으므로, 본문 속에서 주목하도록 함에 따라 테이프에 들어 있는 관련 자료들을 식별하여 찾을 수 있을 것이라고 믿습니다. 다양한 녹음 품질에도 불구하고, 교육 및 평가에 썼던 참된 자료를 산출하려는 시도가 저자들에게는 가치가 있는 듯합니다. 스코틀런드 지역에서 조사를 하였으므로, 비록 표준발음 화자, 미국인 화자, 다른 악센트를 지닌 화자, 토박이가 아닌 외국인 화자도 있지만, 당연히 테이프 속에는 스코틀런드 방언이 우세합니다. 그렇지만 이들 다양한 목소리에 의해 예시되는 핵심은, 독자가 말을 하고 있는 토박이 영어 화자들에 대한 듣기 기술을 신속히 안정되게 처리하듯이, 여러 방언이나 특정한 악센트에만 국한되지 않는다는 점입니다.

녹취기록된(전사된) 인용은 각각 표준 정서법으로 제시되어 있습니다. 녹취내용에 제시된 세부사항은 논의들마다 각각 달라질 수 있습니다(특히 해석하기 힘든 세부사항들의 경우에 그러함). 왜냐하면 특정한 녹취기록이 서로 다른 목적으로 제시되어 있기 때문입니다. 저자들은 낱말이나 휴지를 듣는 대로 표시해 놓았습니다. 주의력 깊은 청자가 상세한 녹취기록을 떠맡아 작성한다면 다른 내용을 산출할 소지도 있음을 배제할 수 없습니다. 응당 이것이 관심사가 아니라, 다만 흐릿한 음향 신호에 대하여 종종 다른 해석도 있을 수 있다는 사실에 주목하기 바랍니다.

이 책에서 휴지들은 다음과 같이 표시되어 있습니다.

— : 아주 간략한 휴지

+ : 짧막한 휴지

+ + : 긴 휴지

화자들 사이에서 말이 겹쳐지는 부분은 두 개의 수직선으로 표시됩니다.

| |

생략된 부분은 다음처럼 표시되어 있습니다.

…

불분명하지만 우리가 짐작해 놓은 부분은 다음처럼 표시되어 있습니다.

(?   )

화자가 채워 놓지 못한 침묵 부분은 다음처럼 표시되어 있습니다.

***

목차

녹음 자료 제공

『영어 말하기 교육』의 원서에는 책에 있는 발화 인용들의 일부에 대하여 직접 들을 수 있는 녹음 내용이 카세트로 제공되었습니다(모두 26개의 인용 녹음: ①~㉖). 이 자료들을 모아 놓은 두 개의 음성 파일을 글로벌콘텐츠출판사의 누리집(www.gcbook.co.kr) 자료실 게시판을 통해 내려 받을 수 있습니다.

제1장 **입말**

1.0. 개관

　이 장에서 우리는 입말과 글말[1] 사이에 있는 형태상의 그리고 기능 상의 몇 가지 차이점에 대해 탐구해 볼 것이다. 특히 입말을 놓고서 몇 가지로 특정하게 구분을 지을 것이다. 이러한 활동이 필요한 이유 는, 그런 구분이 실제 씌어진 언어 형태(글말)에 대해 영향을 미치기 때문이다. 이 장의 대부분은 방대하게 전사된 예시 용례와 토박이 영 어화자에 의해 표현된 입말 용례들로 이루어져 있다. 그리고 마지막 부분에서는, 외국인 학습자에게 입말을 가르치기 위해, 먼저 토박이 화자들의 발화 행위로부터 얻은 연구 결과가 담고 있는 바를 살펴볼 것이다.

---

1) [역주] 아직도 일제 식민주의의 그늘을 벗어나지 못한 채, 어렵고 난삽한 말을 써야 한다고 믿는 이들이 있다. '구두 언어·구어·음성 언어' 따위의 말이 우리말로는 쉽게 입으로 내뱉는 말이므로 '입말'로 부를 수 있다. 글자로 쓰는 말은 '글말'이다. 이를 굳이 '서사 언어·문자 언어·문어' 따위로 부르는 일이 빨리 청산되어야 할 것이다. 뒤친 이가 받은 인상으로는, 영어 교육 전공자들이 어려운 한자를 쓰는 일에 향수를 느끼는 경우들이 있는 듯하다. 가령, 행동주의 영향을 받은 언어 교육 흐름을 '말하기 듣기 교육'이라고 불러도 좋을 것을 굳이 청화식 교육이라고 이해도 잘 안 되는 난삽한 말을 만들어 쓴다.

1.1. 입말과 글말

언어교육 역사를 돌이켜 볼 때, 대부분의 언어교육은 주로 글말에 대한 연구에 관심이 모아져 왔다. 글말은 문학 및 학문의 언어이다.[2] 훌륭한 여러 전범들에서 존경받고 연구되고 그리고 풍부함을 자랑하는 언어가 바로 글말인 것이다. 아무리 교육을 잘 받은 사람이라도 자신이 배운 언어를 통해서만 문학 및 학문에 접근할 수 있다. 이러한 글말을 배우는 데는 필시 어떤 절차가 있기 마련인데, 교사에 의해서 (우리나라에서는 검인정 교과서 편찬자에 의해서) 선택된 훌륭한 글말 전범을 통해서 학생들을 가르치는 것을 말한다.

학생들은 한편으로는 훌륭한 글말에 대해 나름대로 이해를 해가면

---

2) [역주] 어느 문명권에서나 글자 기록을 갖고서 역사 이전(또는 유사 이전)과 역사 이후를 나누어 놓는 일이 일반적이다. 서구에서는 기계로 찍어내는 인쇄술이 크게 보급되면서 '글말' 나름대로의 몫이 생겨났고, 우리 쪽에서는 송나라 시대의 과거 제도를 조선조 때에 받아들여 시행하면서 진사과 시험을 대비하는 공부로 『문선』이나 『고문 진보』 같은 책을 외우고 나서 그것들을 응용하여 글을 짓는 일이 성행하였었다. 이런 풍습이 지금도 남아 있어서 언어 교육이라면 쉬이 문자에 대한 교육이고 어려운 낱말에 대하여 익히는 일이라고 생각하기 일쑤이다. 국어 교육 쪽에서는 매우 왜곡된 용어를 써서 글을 문학류의 글과 비문학류의 글로 나누어 왔지만, 이는 한낱 편견에 지나지 않는다. 서구에서 실시해 온 언어 교육의 발전 과정을 보면 문학류의 글은 일반 목적의 언어 교육에서 실생활 부류의 글과 짝을 이룬 일부였을 뿐이다. 이런 기본적인 언어 교육을 벗어나서 특정 목적의 언어 교육이 필요하다는 사실을 깊이 깨닫게 되면서, 이 갈래 속에 취업 목적의 언어 교육과 학업 목적의 언어 교육을 싸안게 된다.

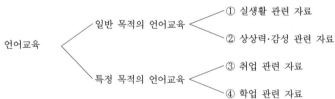

이런 틀 위에서는 문학류의 글이 네 가지 영역 중 한 영역일 뿐이다. 그런데 실생활 부류의 글과 취업 목적의 글과 학업 목적의 글을 포괄하는 이름을 붙여 주어야 할 것이다. 의사소통 중심 언어 교육(Communicative Language Teaching, 이하 CLT로 줄임)에서는 참된 실생활 자료를 가르친다는 뜻으로 authenticity(참된 실생활 속성)라고 부른다. 제2 언어 교육의 대종이 모두 참된 실생활 자료들을 가르치는 데에 모아져 있다. 국어 교육에서는 논술류의 글들을 다루게 되는데, 중학교 교과목의 갈래에 해당하는 주위 환경과 우주에 관한 지식을 얻고자 하는 논술류의 글들이 핵심을 차지하고 있다.

서, 다른 한편으로는 그들 스스로 문장을 만들어 내는 기술을 연습해 본다. 글말의 분명한 이점은 여러 세대의 문법책 저자 및 사전 제작자에 의해 기술되어 왔다. 그래서 만약 여러 문장들이 씌어져 있을 때, 그것들의 옳고 그름을 구분 짓는 일이 그런 기준에 따라 한결 쉬워졌다. 영어 문장을 쓰는 규칙은 실제로 잘 알려져 있고 잘 기술되어 있다. 더욱이 글말은 여러 세기에 걸쳐서 현격하게 변동하지 않았고, 어디에서 쓰이느냐에 따라 크게 달라지지도 않는다. 학습을 위해 외국 학생들에게 선택되는 교재는 거의 대부분 19세기와 20세기에 쓰이고 또한 표준영어를 쓰는 작가들로부터도 선택되었다. 심지어 미국 작가들이라도 이 표준으로부터 다만 상대적으로 사소한 방식으로 벗어나 있고, 언제나 학생들에게 '옳은' 형태로 제시될 수 있다.

역사적으로 오랜 기간 동안에 입말은 교과목으로서 심각하게 다루어져 왔지만,[3] 그러한 입말 교육의 추세는 일반적으로 제2차 세계대전 뒤의 외국어 교육에 결정적 영향을 끼쳤을 뿐,[4] 그다지 빛을 발하지는 못했다. 애초에는 주된 관심은 발음을 가르치는 데에 모아졌다. 입말을 배우는 학생들은 '영어 음소들'의 발음 학습에 많은 시간을 보낸다. 먼저 하나하나 모든 소리를 배우고 난 뒤에 고립된 짤막한 낱말들을 배우고, 마지막으로 아래의 용례에서 제시되듯이 고립된 짧은 문장들을 배운다.

---

3) [역주] 희랍 로마 시대의 웅변술을 염두에 두고 하는 말이다. 글말의 경우는 수사학으로 발전해 왔다. 희랍인 아리스토텔레스 및 로마인 키케로의 수사학이 번역되어 있다. 이종오 외 뒤침(2007~2008), 『아리스토텔레스 수사학 I, II, III』(리젬)과 안재원 뒤침(2006), 『수사학: 말하기의 규칙과 체계』(길)이다.

4) [역주] 입말이 연구의 대상으로 된 일은 언어학의 아버지로 불리는 소쉬르 이후이다. 소쉬르는 공시적인 연구의 대상을 전형적으로 입말로 보았다. 이런 일이 미국에서는 기술주의 언어학(미국 인디언 언어에 대한 기술과 분류로 이어짐)으로 불렸고, 미국 행동주의 심리학과 결합하여 문장 구조를 반복적으로 익히는 구조주의 언어교육이 탄생하게 되었으며, 네 가지 기술 영역이 따로따로 교육되어야 한다고 가정되었다.

(1.1) 긴 *i* 발음[5] 연습:

    We'll have tea for three, please, for Jean, Steve, and me.

    (쥐인과 스티이브와 나한테 차를 세 잔 주시겠습니까)

  짧은 ι 발음 연습:

    Pretty little Mrs Smith lives in the vicinity.

    (예쁘고 작은 스미스 여사가 이 근처에 살고 있다)

학생들은 여러 시간 동안 칸막이로 된 언어 실습실에서 영어의 모음과 자음을 반복적으로 들으면서 많은 시간을 보낸다. 그 다음으로 강세 유형을 배우게 되고, 마지막으로는 억양 유형을 연습한다. 이처럼 '입말 교육'이 학생들에게 글말로 된 문장을 발음하는 식으로 이루어진 곳은 세계 도처에 많이 있다.

　지난 25년 동안, 외국어에 대하여 교사가 가진 지식은 꾸준히 넓혀져 왔다. 학생들은 꼼꼼하게 입말 영어 사례들을 발음하는 법에 대해 배울 뿐만 아니라, 그것들을 듣는 연습도 하게 된다. 학생들은 개별적으로 발음된 소리들 사이 또는 단어들 사이를 구별하도록 교육받기도 한다. 토박이 화자들에게도 문제가 될 수 있는 과제이다. 또한 녹음테이프에서 나오는 여러 문장들을 듣고 강세를 받은 단어들을 확인하기도 한다. 어떤 경우에는 작은 분량의 교재를 큰 소리로 읽어본 뒤에 그 속에서 억양 핵들이나 강세 음들을 확인한다. 극적인 경우에는, 많은 교육 과정들이 이제는 교재를 큰 소리로 읽는 방식을 지양하고 '실제적'이면서 '참된' 회화, 라디오 방송, 강의 등의 교재로부터 인용된 것들을 이용한다. 그리하여 학생들은 씌어진 자료에서 벗어나, 단순

---

5) [역주] 영어 시간에 제대로 발음 방법을 가르쳐 주지 않으므로, 흔히 하나는 길게 발음을 끌고 다른 하나는 짧게 닫도록 오해하기 일쑤이다. 그렇지만 이 두 소리는 입을 벌리는 '개구도'에서는 동일하지만, 입술의 움직임에서는 차이가 난다. 긴 '*i*'는 반드시 아랫입술을 열고 당겨 열어주어야 한다. 짧은 'ι'는 반대로 (재치기가 나올 때처럼) 윗입술을 열고 코 쪽으로 올려 주어야 한다. 짧은 'ι'를 3.5에 있는 인용 (3.12)에서는 [ɪ]로 표시하고 있지만, 모든 동일한 소리를 가리킨다.

히 '글말 문장'을 입 밖으로 내뱉는 것이 아니라, 자발적으로 입말 형태를 쓰도록 유도된다.

이런 변화는 분명히 환영할 만한 일이다. 왜냐하면 많은 학생들에게 외국어로 말하고 들을 수 있는 능력과 외국어 화자들과 의사소통을 하는 능력을 길러주기 때문이다. 이론상으로는 어쨌든 교육에서 제공해 주는 바가 그러하다. 하지만 교사에게 쉽지만은 않은 일이다. 왜냐하면 교사가 가르치는 주제가 글말일 경우에 무시될 수 있는 수십 개의 실제적인 문제들이, 주제가 입말일 경우에는 갑자기 표면으로 부각되기 때문이다. 현재로서는 안전하면서도 검증된 기댈 만한 교수 전통이 없는 실정이다.

가르치기에 적절한 입말 형식은 무엇일까? 발음이라는 관점에서 보아, 무엇이 합리적인 모형인가? 발음은 과연 얼마나 중요한 것인가? 외국어 발음 교육이 적절하게 글자를 써 나가는 일보다 더 중요한가? 그런 것이라면 왜 그럴까? 가르칠 때 나타나는 구조의 관점에서 보아, 꼭 글말을 가르치는 것처럼 입말을 가르쳐도 괜찮은 것일까? 나이에 상관없이 또는 입말을 배우는 동기에 상관없이, 모든 외국어 학생들에게 동일한 구조를 가르쳐도 적절한 것일까? 표준 문법으로 퀵 등(Quirk et al., 1972)에서[6] 기술되어 있는 구조들은 학생들이 영어로 말할 적에 만들어 내리라 기대되는 것일까? 입말 영어를 만들 때 일종의 유의미한 연습을 학생들에게 부과하는 것이 어떻게 가능한 것

---

6) [역주] 흔히 입말 전개 과정에 개입하는 방식을 '담화 문법'이라고 부른다. 지금은 영어 뿐만 아니라 여러 나라의 언어들에 대한 자료가 입말과 글말 모두 수집되어 전산 처리 가 이뤄져 있다. 이를 흔히 '말뭉치 언어학'(corpus linguistics, 연세대 영문과 이상섭 교수가 만든 멋진 용어임)이라고 부른다. 방대한 자료들을 처리하면서 글말의 질서와 입말의 질서가 다른 측면들을 많이 깨닫게 되었다. 씽클레어(Sinclair, 1933~2007) 교수 가 주도한 코빌드(COBUILD) 사전에서부터 시작하여, 실제 입말 자료들을 토대로 하여 최근에 나온 영어 사전들은 풍부한 용례들을 담고 있어 도움이 크다. 영국의 입말 자료 에 대해서는 머카씨(McCarthy, 1998; 김지홍 뒤침, 2010), 『입말, 그리고 담화 중심의 언어교육』(도서출판 경진)을 읽어 보기 바란다. 북미 영어에 대해서는 손쉽게 이용할 수 있는 책은 바이버·콘뢰드·리이취(Biber, Conrad, and Leech, 2002), 『입말·글말 영어 에 대한 롱먼 학생 문법(*Longman Student Grammar of Spoken and Written English*)』(Longman)을 참고하기 바란다.

일까? 여러분이 한꺼번에 스무 명 또는 더 많은 학생들이 있는 교실에서 수업을 진행한다면, 학생들은 필시 교사의 질문에 대답함으로써 얻는 입말 산출의 연습기회를 이따금 가질 것이다. 학생들이 한정된 물음에 한정된 대답만 산출하도록 허용되는 언어 실습실에서는 예외이다. 그런데 지금 우리가 할 수 있는 모든 것들을 다하고 있다고 인정해야 하지 않을까?

듣기 이해의 관점에서 보면, 입말과 구분되는 글말의 차이점은 무엇이 있는 것일까? 학생들에게 녹음테이프를 들려주고 나서, 무엇을 들었는지 여러 항목 중에서 하나를 택하라는 질문을 던지는 것은 괜찮은 것일까? 듣기 이해를 위한 재료들은 어떻게 선택되어야 할까? 그 내용을 평가할 방법이 있는 것일까? 토박이 화자들의 무의식적인 발화에서 자주 나타나는 비문법성과 불완전성에 대해서 교사가 할 수 있는 일은 무엇일까? 그런 게 없는 척 해야 하는 것일까? '수행상의 변이'에 대해 언급함으로써, 토박이 화자들은 언어 규칙을 비틀기도 한다고 말해야 할까? 큰 소리로 읽어야 하는, 일부러 꾸며놓은 대화 내용들이 더욱 더 재미있고, 재치 있고, 분명하고, 옳을 수 있다면, 어쨌거나 일부러 '참된 실생활' 자료를 이용하는 것은 합리적일까?

해결해야 할 문제점이 아직도 더 많이 쌓여 있다. 다수의 성실한 교사들에게 입말을 가르치라는 요구는 사실 걱정스러운 것이며, 교사를 불편하게 만들 수 있다. 우선 첫째로, 글말 문법과 같은 지위를 갖는 입말 영어에 대한 영향력 있는 기술이 전혀 없다. 입말 영어는 매우 변이가 있어 보이고, 방언 영역들 사이에서 더욱 달라진다. 거의 '표준 영어'를 말하는 화자들 사이에서도 그들이 표준영어의 형태들을 선택하는 데에 강조점이 달라지게 된다. 예를 들어, 교육받은 많은 스코틀 런드 사람들이 교육받은 남부 잉글런드 화자들처럼

I shall/I will(나는 운명적으로 ~하게 될 것이다/나는 내 의지로 ~할 것이다)

과 관계 대명사 that/which(~라고는 것) 형태를 모두 사용할 것이다. 그렇지만, 스코틀런드 사람들은 I will과 that 형태를 더 많이 사용할 것이고, 반면에 남부 잉글런드 화자들은 I shall과 which 형태를 더 많이 사용할 것이다. 그와 같은 지역적 차이들은 설명할 만한 가치가 있는 것일까?

더욱 분명한 것은, 영국 언어사회에서 어린 학습자들에 의해 산출된 말과 어른들 특히 글말에 젖어 살아온, 고등 교육을 받은 어른들에 의해 산출된 말 사이에 있는 차이점(차이의 위상)은 무엇일까? 어른들의 말은 종종 글말과 공통점을 상당 부분 가질 개연성이 있다. 읽고 쓰는 데에 많은 시간을 보내기 때문에 놀라운 일은 아니다. 어른들은 유창하고 자신 있게 말한다. 이전에도 여러 번 그들 스스로에 대하여 표현해 왔다. 그런데, 그러한 내용을 여러분이 마냥 듣기만 한다면(녹음 속에 있는 인용 (I)의 화자처럼), 여러분은 입말/말하기 교육이 다음과 같다고 생각하며, 그것도 마치 합리적인 것처럼 생각할지 모른다. 즉, 입말/말하기 교육이란,

학생들에게 특성 있는 몇 개의 입말 구절과 함께 글말을 말하도록 가르치는 것

을 의미할 뿐이라고 말이다. 그렇지만 여러분들이, 교육받은 여러 사람의 어른 화자와 대학생들, 그리고 수준 높은 지식인들로부터 산출된 발화들이 담긴 테이프를 가지고, 그 속에서의 세부 사항들을 공부해 보았더라면, 여러분들은 그들이 말한 바를 그대로 적어놓은 것을 살펴보고, 특히 모든 면에서 글말과 닮지 않았다는 사실을 발견하였을 것이다. 이것은 영어 화자의 대다수가 고등 교육을 받지 않고, 글말에 젖어 있지 않음을 명백히 말해주는 것이다.

대부분의 영어 화자들은 통사 모습으로[7] 볼 때 글말보다 훨씬 더 단순한 입말을 만들어낸다. 낱말도 일반적으로 덜 명확하다.[8] 매우

7) [역주] 글말의 기본 단위를 흔히 문장(sentence)이라 부르고, 입말의 기본 단위를 발화(utterance)라고 부른다. 발화는 전형적인 사용 상황이 참여자들이 서로 얼굴을 마주 보고 있으므로 두 사람에게 뻔한 것은 표현하지 않게 되며, 이를 복원 가능한 생략이라고 부른다. 그런데 문장이든 발화이든 그 기본 얼개를 다룰 적에는 흔히 syntax(통사)라고 부른다. 허사 또는 기능범주로 불리는 낱말보다 작은 단위인 taxeme들이 나란히 놓여 계층을 이루면서 구조화되어 있는 실체이다. 일부에서는 통어(단어를 거느림)라고 번역하지만, 통사를 구성하는 요소는 단어보다 작은 단위이므로 올바른 번역이 되지 못한다. 그런데 철학이나 심리학에서는 생각의 기본 단위를 전통적으로 proposition(최소 진술문, 명제)으로 불러왔는데, 일본 개화 초기의 화란 유학생 서주(西周, 니시 아마네, 1829~1897)가 '명제'로 잘못 번역했다. 참과 거짓을 따질 수 있는 '최소 진술문'은, 결코 '명령문으로 된(命) 표제(題)'가 아니고, 반드시 서술 단정문으로 된 표제이어야 한다. 아무도 이런 엉터리 일본 용어(식민 잔재 청산)를 비판하지 못하는 것은, 우리 학계에서 제대로 이 한자의 뜻을 새겨 볼 여유가 없기 때문이다. 심리학 한 분야에서만 뽑아내더라도 생각의 기본 단위를 언급하는 용어는 이미 스무 가지가 더 넘는다.

현대 학문의 비조(forefather)로 칭송되는 독일 수학자 프레게(Frege, 1848~1925)는 양화사로 묶인 함수(function)와 논항(argument)의 개념으로 생각의 기본 단위를 다룬다. 여기서 함수는 채워져야 할 빈 자리를 지닌 진술문이다. 프레게(1878), 「개념 표기법(Beriffsschrift)」, 하이어누엇 엮고 뒤침(Heijenoort, 1967), 『프레게로부터 괴델까지(From Frege to Gödel)』(Harvard University Press)과 프레게(1893; 김보현 뒤침, 2007), 『산수의 근본 법칙 I』(울산대 출판부)을 읽어 보기 바란다. 분석철학에서는 뤄쓸(Russell)과 스트로슨(Strawson) 사이에서 벌여졌던 중요한 논쟁의 결과로서, 희랍 시대부터 써 온 맥락과 시제의 지시 내용이 없는 proposition(최소 진술문, 명제)과 시간과 공간의 지표를 분명히 갖고 있는 statement(진술문)를 서로 구분하여 쓰고 있다. 뤄쓸과 스트로슨의 논쟁 글들은 정대현 엮음(1987), 『지칭』(문학과 지성사)에 들어 있다.

8) [역주] 사람은 여러 가지 점에서 로봇이나 기계와 다르다. 말을 할 경우에도 의사소통 상황에 따라 다른 말투를 써서 '창조적으로' 상대방과 상호작용을 한다. 한 사람의 머릿속에 갖춰져 있는 상황별로 다양한 대처 능력은, 이미 1970년대에 촴스키(Chomsky, 1928~) 교수가 주도하는 형식 언어학에 반발하면서 기능주의 언어학(핼러데이, 1925~) 또는 사회언어학(하임즈, 1927~2009; 검퍼즈, 1922~2013)이라는 흐름을 새로 만들면서 언어 사용의 다양성에 초점을 모아왔다. 이런 새로운 흐름은 현재 크게 담화(discourse)라는 영역으로 통합되고 있다.

핼러데이(1978), 『사회 기호학으로서의 언어: 언어와 의미에 대한 사회적 해석(Language as Social Semiotic: The Social Interpretation of Language and Meaning)』(Edward Arnold)에서는 우리가 의사소통에서 상황마다 수시로 바꾸는 말투 또는 언어 투식을 'register'(언어 투식)라는 용어로 개념화한다. 이 개념은 때로 연구자에 따라 variation(변이체)나 variety(다양성)이란 용어로도 달리 불린다. 일본에서는 해괴하게 '사용역(사용영역, 사용범위)'이란 번역 용어를 쓴다. 말뜻이 제대로 통하지 않는 데도 불구하고 이를 맹종하는 식민지 학자들이 있다. 일반적으로 한 개인은 자신의 모어에 대하여 여러 가지 언어 투식들을 함께 머릿속에 저장하여 두고 있다. 여기서 언어 투식을 결정하는 차원들이 무엇인지가 핵심이 되는데, '격식성' 및 '공식성' 여부가 가장 기본적인 것으로 알려져 있고, 심리적·사회적 '거리감'도 같이 작용한다. 핼러데이(1985), 『입말과 글말(Spoken and Written Language)』(Oxford University Press) 제3장에서는 주제 영역(field)과 전달 격식(tenor)과 실행 모습(mode)이라는 삼차원 모형을 상정한 바 있다. 주제 영역은 무엇이 다뤄지고 있는지에 관한 제도적 현장이고, 전달 격식은 누가 참여하고 있는지에 관한 참여자들의 관계이며, 실행 모습은 어떤 역할/기능의 언어가 실행되고 있는가에 관한

24

학식 있는 화자들은 통사 구조가 복잡하고, 많은 양의 종속관계가 있는 발화를 산출해 낸다. 특히 '첫째로', '둘째로', '마지막으로'와 같은 구절들을 사용함으로써, 말하고자 하는 바를 아주 자신감 있게 드러낸다. 이러한 경우는 화자가, 많이 생각했거나 마음속으로 되풀이해 말했거나,[9] 아니면 예전에 얘기했던 의견을 다시 표현할 적에 일반적으로 나타난다. 대부분의 입말은 이처럼 구조화되어 있지 않다. 화자가 말하는 방식에 따라 대부분의 입말은 통사에 그리 많이 의지함이 없이, 서로 다른 것과 관련된 것으로 표시되는, 병렬 구조의 구절(병치절)로 이루어진다.

어느 부분의 말이 서로 간에 제대로 해석되어야 할 필요가 있는지를 청자에게 표시해 주기 위하여, 화자는 쉼과 운율 그리고 정도가

의사소통 매체 문제이다. 그런데 본문에서 지적한 '불명확한 의사소통'은 서로 간에 심리적 거리가 가깝고 사적이며(비공식적) 비격식적인 상황에서 자주 관찰되는 의사소통 방식이다.

머카써(1998; 김지홍 뒤침, 2010), 『입말, 그리고 담화 중심의 언어교육』(도서출판 경진) 제6장에서는 'thing'(거), 'or something'(또는 그런 거), 'or whatever'(아니면 아무거든 상관없이) 등처럼 막연한 낱말들을 동원해서 서로 말을 주고받는 일을 분석하고 있다. 일상생활의 대화를 풍부하게 모아 전산 처리를 함으로써 비로소 뚜렷이 부각되어 알게 된 사실이다. 우리말에서는 막연하게 듣는 사람이 척척 알아듣기를 기대하는 '거시기 머시기' 표현이라고 부를 수 있다. 그런데 왜 분명히 말하지 않는 것일까? 그 까닭은 의사소통 참여자들이 공통 기반을 많이 공유하고 있기 때문에, '거시기 머시기'처럼 막연한 표현으로도 충분히 뭘 가리키는지 서로 잘 알아차릴 수 있기 때문이다. 이런 방식을 어기고 아주 명백하고 정확한 표현을 할 경우에는 잘난 척하고 상대방을 업신여긴다는 오해를 받을 수 있다.

9) [역주] 언어를 연구하는 사람들은 누구나 스스로 머릿속에서 중얼거리는 현상을 주목하게 된다. 머릿속 언어 산출 과정에 대한 연구가 본격적으로 이뤄지기 전에는 직관적으로 이런 점을 언급해 왔다. 비고츠키(1934; 데이비드 켈로그·배희철·김용호 뒤침 2011), 『생각과 말』(살림터)에서는 '머릿속 말'(inner speech, '내적 말'로 번역됨)이라고 부른다(신현정 뒤침, 1985에서는 '속내말'로, 윤초희 뒤침, 2011에서는 '내적 말하기'로 번역하였음). 생성문법을 이끌어 온 촘스키(Chomsky) 교수는 외재적 언어와 대립하는 'I. 언어'(i를 촘스키 자신은 '내재적, 개별적, 내포적' 등의 여러 개념의 혼성으로 설명함)라고 부른다.

막연하고 직관적인 추측을 벗어나서 본격적으로 풍부한 자료들을 동원하여 언어 산출을 다루는 분야는 언어 심리학이다. 현재 화란 심리학자 르펠트(Levelt) 교수의 연산주의 산출 모형과 이에 맞서는 델(Dell) 교수의 연결주의 모형이 활발히 논의되고 있다. 르펠트 교수의 산출 모형에 대한 개관은 부록에 있는 글을 읽어 보기 바란다. 더 자세한 것은 르펠트(1989; 김지홍 뒤침, 2008) 『말하기: 그 의도에서 조음까지 I, II』(나남)을 참고하기 바란다.

덜하지만 억양이라는 수단을 이용한다. 물론 어떤 통사가 개재되느냐가 이 구조화에 기여할 것이다. 그렇지만 종종 통사가 보다 단순한 것이 사실이다.10) (1.2)의 인용을 살펴보자. 이 인용에서는 일정량의 종속절이 있다. 'so 따라서, when 할 적에, and 그리고, then 그러고 나서, but 그러나, because 왜냐하면'과 같이 모두 단순한 절 접속에 의해 도입되고 있다.11)

(1.2) ① D: on occasion we do a bit proof reading along there +

K: uhuh12)

D: and we're all sort of13) called on to do that from time to time

K: what does that involve

D: well + one of our main jobs in the Botanics is writing for the flora of Turkey +

---

10) [역주] 통사 구조만 단순한 것이 아니라, 일상적으로 입말로 이뤄지는 의사소통에서는 '계획적이고 의도된' 연설이나 강연이 아니라면, 통사들을 이어 나가는 방식도 또한 단순하다. 통사들을 전개하는(펼쳐나가는) 방식 중에서 가장 많이 쓰는 것은 두괄식 전개이다. '결론 먼저, 증거 제시'가 듣는 사람에게 분명히 화자의 의도를 찾아낼 수 있게 해 준다.

11) [역주] 원래 이 책에 있는 발화 인용들의 일부에 대하여 직접 들을 수 있는 녹음 내용이 카세트로 제공되었다(모두 26개의 인용 녹음: ①~㉖). 여기서는 두 개의 음성 파일로 만들어 글로벌콘텐츠출판사의 누리집(www.gcbook.co.kr)의 자료실 게시판에 올려 두었다. 예문 뒤에 동그라미 번호 ①은 녹음된 첫 번째 내용이다. 두 번째 인용 ②는 제3장에 있다.

12) [역주] 매우 비슷한 군말이 세 개나 있다. uh-uh(아-아)는 상대방 말을 알아듣지 못했거나, 그렇지 않다고 반대할 때(no) 관찰된다. 그렇지만 반대로 uh-huh(아하)는 상대방의 말에 긍정하는 뜻(yes)이 담겨 있다. oh-oh(오-오)나 uh-oh(어-오)는 화자가 스스로 뭔가 잘못되었음을 깨달았을 때에 말하는 군소리이다.

그런데 이 인용은 맨 처음 나오는 녹음 내용으로, 남자 화자 D와 여성 청자 K 사이에서 영국식 발음으로 뒤친이의 인상에 매우 빠르게 말하며 두 사람의 발화가 서로 겹쳐 있는 경우가 많다. 본문에서는 군말이 모두 uh-uh로 적혀 있다. 그렇지만 잘 들어보면 긍정적인 뜻의 추임새인 uh-huh가 쓰이고 있지만, 이를 서로 구분하여 적지 않았던 듯하다. 번역에서는 긍정의 뜻으로 번역해 둔다. 또한 2.2의 역주 8)도 같이 읽어 보기 바란다. 3.7의 끝부분에서는 넷째 항목으로 '발언권'을 지키기 위한 군말의 기능을 언급한다.

13) [역주] 이 화자는 군말로서 'sort of'(일종의)와 'a bit'(좀)이 자주 들어가고 있다. 우리말에서, '애또, 인저, 시방, 딱' 등이 말하는 사람의 습관에 따라 자주 들어가는 것과 같다. 번역에서는 집어넣지 않았지만, '시방'이나 '인저' 따위를 집어넣고 번역할 수도 있다.

K: uhuh

D: they haven't got the scientists to do it so + we sort of supply the scientists for that +

K: uhuh

D: well when + you've got all the scientific work written up + we all sort of check through it and one — one reads and the others +

K: oh I see you read aloud

D: uhuh that's right

K: I see

D: and then you sort of switch back and forward like this +

K: uhuh + and that doesn't bother you

D: it does actually (laughter) I'm terrible at it + but I don't know

K: even when it's something you're interested in +

D: well it makes it a bit easier to read certainly but + em just because you're reading to somebody else you feel + a bit uneasy somehow

K: uhuh

J: I think it comes from + having to stand up and read in school +

D: 계속 거기를 따라가며 교정을 좀 볼 경우란 말이야 +

K: 그래

D: 그리고 우리 모두 때때로 그 일을 계속 하도록, 일종의, 요구를 받게 되고

K: 그게 뭘 포함하는데

D: 어 + 식물학에서 우리 주된 작업 중 하나가 터키 식물상을 적는 건데 +

K: 그래서

D: 학자들로 하여금 그 일을 하도록 만들지 않어 그래서 + 그

땜에, 일종의, 우리가 학자들을 돕는 거야

K: 그렇구나

D: 그런데 + 네가 모든 논문 집필을 다 끝내는 경우 + 우리 모
두, 일종의, 교정을 보면서 죽 점검해 나가고, 한 사람 — 한
사람은 읽고 다른 사람들은 +

K: 아 그래 네가 큰 소리로 읽겠네

D: 응 그렇지

K: 알겠어

D: 그러고 나서 네가 이처럼 이리저리 앞뒤로 수정하면서 바꾸
겠네 +

K: 그래 + 그게 귀찮진 않을 걸

D: 사실은 말이야 (웃음) 그런 게 지긋지긋해 + 허지만 잘 모르
겠는데

K: 그게 네가 재미를 느끼는 뭔가일 경우라도 +

D: 어 분명히 읽기가 좀 더 쉬워질 거야 + 엄 바로 네가 느끼기
에 네가 딴 사람한테 읽어 주기 때문에 + 어쨌든 좀 불편하지

K: 그래

J: 내 생각으로는 그게 + 학교에서 일어나서 읽는 일에서 오는
거야

여기서 화자는 모두 대학원생으로서 전문 분야 학생들이다. 주 화자
D는 다음 주부터 첫 강의를 하기로 되어 있었다. 이들 젊은이가 글말
에 젖어 일만 하는 일생을 보내었다는 사실에도 불구하고, 여기서 산
출하는 입말은 상대적으로 단순하다. D의 첫 진술 두 대목은 단순한
절 구조로 이루어져 있다. 다음에 그는 다음처럼 말한다.

well + one of our main jobs in the Botanics is writing for the flora of Turkey
+ they haven't got the (uhuh) scientists to do it

그래 + 식물학에서 주된 우리 작업의 하나가 터키 식물상을 적는 건데 + 학자들로 하여금 (그래) 그 일을 하도록 만들지 않어

그의 두 번째 진술은 간단히 첫 번째 진술을 잇고 있다. 청자는 두 번째 진술이 어떻게 첫 번째 진술과 관련되는지 그것들 사이의 관련성을 점검해 내야 한다. 종종 문장들이 더 복잡한 글말에서는, 글쓴이가 두 번째 진술 앞에 'because 왜냐하면'을 집어넣고, 분명하게 설명 진술을 첫 번째 진술에 종속시킬 듯한데, 아마 거의 그럴 것이다. 이제 D의 진술을 살피기로 한다.

well when + you've got all the scientific work written up + we all sort of check through it and one — one reads and the others +
그런데 + 네가 논문 집필을 다 끝내는 경우에 + 우리 모두, 일종의, 교정을 죽 봐 나가고, 한 사람 — 한 사람은 읽고 다른 사람들은 +

여기서 분명하게 표시된 when…(~할 경우)이라는 시간 종속절이 있지만, 그러고 나서 단순히 "우리 모두 일종의 교정을 죽 봐 나가고, 한사람은 읽고"라는 말을 추가하고 있다. 설명문을 쓰고 있는 집필자였더라면 (글말 역할에서의 동일한 화자임) 아마 당연히 더 다른 구조로 삽입해 넣어야 할 것으로 느꼈을 만하다.

또한 입말의 전형적 특징이라는 '불완전한 문장'의 인용들을 주목하기 바란다.

- and one — one reads and the others
(한 사람 — 한 사람은 읽고 다른 사람들은)
- and that doesn't bother you
(그게 귀찮진 않을 걸)
- but I don't know

(하지만 잘 모르겠는데)

- even when it's something you're interested in

(그게 네가 재미를 느끼는 뭔가일 경우라도)

또한 입말의 전형적인 특성으로서 흔히 불특정한14) 낱말과 구절들을 관찰하기 바란다.

- *they* haven't *got* the scientists to *do it*

(학자들로 하여금 그 일을 하도록 만들지 않아)

- so we *sort of* supply the scientists for *that*

(그래서 우리가, 일종의, 그 땜에 학자들을 돕는 거야)

- we all *sort of* check through it

(우리 모두, 일종의, 그걸 죽 교정 봐 나가고)

- and *one* reads and *the others*

(허고 한 사람은 읽고 다른 사람들은)

- *that's right*

(그래 옳아)

- *like this*

(이처럼)

- *and that doesn't bother you*

(허고 그게 귀찮진 않을 걸)

- *it does actually*

(사실은 말야)

- even when it's *something*

(그게 뭔가일 경우에라도)

---

14) [역주] 고유명사(철수, 영이)나 영어 교사(특정 사람의 집합)처럼 지시 범위가 한계 지워지고 고정되어 있는 것이 아니라, 일반 사람이나 대상이나 방식을 두루 가리키는 표현인 they, one, the others, someone, somehow 따위를 말한다.

- *a bit* easier
(좀 더 쉽게)
- *to somebody else*
(딴 사람한테)
- *somehow*
(어쨌거나)

느슨하게 얽힌 통사 결합, 일반적으로 불특정한 낱말과 구절들의 수, 'well[그럼], oh[오], uhuh[그래]'처럼 사교적 상호작용 표현의 사용들이 모두, 지금 읽고 있는 이 책의 설명문보다도 이런 종류의 입말에서 정보가 아주 덜 긴밀하게 짜여 있다는 일반적 인상을 주는 데 이바지한다. 정보를 담고 있는 각 덩이마다[15] 상대적으로 얼마나 적은 정보가 제공되는지 주목하기 바란다.

- one of our main jobs in the Botanics is writing for the flora of Turkey
(식물학에서 주된 우리 작업 중 하나가 터키 식물상을 적는 건데)

---

15) [역주] 임의의 정보를 덩이(chunck)나 작은 묶음(package)으로 나눈다는 생각은, 미국 심리학자 밀러(G. Miller, 1920~2012)의 숫자 덩이 묶음 실험으로 잘 알려져 있다. 밀러(1956), 「신기한 숫자 7±2: 정보 처리 용량에 대한 모종의 제약(*The magical number seven, plus or minus two: Some limits on our capacity for processing information*)」, 『심리학 논평(Psychological Review)』 제63권, 81쪽~97쪽.

그런데 왜 이렇게 덩이로 나누는 것일까? 이는 '다중 기억 이론'에 따라, 정보를 받아들이는 인간 두뇌 전전두엽에 자리 잡은 작업 기억(working memory)에 처리 용량이 제약되어 있기 때문이다. 숫자만 제약되는 것이 아니다. 낱말로 이뤄진 단위 문장(또는 명제)들도 숫적 제약이 있다. 미국 심리학자 킨취(Kintsch, 1998; 김지홍·문선모 뒤침, 2010), 『이해: 인지 패러다임 I, II』(나남)에서는 대략 5개 내지 7개 정도의 명제가 동시에 작업 기억에서 처리된다고 보았다.

작업 기억의 처리 대상은 감각 재료 및 추상적 언어 재료인데, 작업 기억에서의 처리를 거쳐 비로소 장기 기억에 정보가 저장된다. 작업 기억은 1960년대에는 ¼초(또는 250밀리초)에서 2초 정도에 걸쳐 작동하는 단기 기억으로 불렸는데, 1980년대에서부터 그 기능에다 초점을 모아 '작업 기억'으로 불러오고 있다. 1980년대에 작업 기억이라는 이름을 처음 붙였고 그 뒤 계속 발전해 온 모습을 심층적으로 다루는 영국 심리학자 배들리(Baddeley, 2007), 『작업 기억·사고·행위(*Working Memory, Thought, and Action*)』(Oxford University Press)를 읽어 보기 바란다. 우리말로는 박태진(2003), 「기억」, 이정모 외 17인, 『개정판 인지 심리학』(학지사)을 참고하기 바란다.

- they haven't got the scientists to do it
(학자들로 하여금 그걸 하도록 만들지 않아)
- so we sort of supply the scientists for that
(그래서 그 땜에, 일종의, 우리가 학자들을 돕는 거야)
- when you've got all the scientific work written up
(네가 논문 집필을 다 끝내면)
- we all sort of check it through
(우리 모두, 일종의, 그걸 죽 교정 봐 나가고)
- one reads and the others
(한 사람은 읽고 다른 사람들은)
- you read aloud
(네가 큰 소리로 읽겠네)
- and then you switch back and forward like this
(그러고 나서 네가 이처럼 이리저리 앞뒤로 바꾸겠네)
- and that doesn't bother you
(그게 귀찮진 않을 걸)

등 명백히 복잡한 명사 구절인 '식물학에서 주된 우리 작업 중 하나'와 '터키 식물상'을 마주치게 되는 것은 첫 번째 소개 진술에서이다. 다른 곳에서는 명사를 꾸며 주는 형용사를 거의 찾기 어렵다. 가끔 입말에서 명사를 앞에서 꾸며 주는 한 두 개의 형용사를 발견하게 된다. 그러나 글말에서 자주 발생하는, 저것처럼 대량으로 앞에서 수식을 받는 명사 구절은 대부분의 입말에서는 아주 드물다. 화자들은 다음과 같이 한 번에 한 조각의 정보를 덧붙이는 것을 선호한다.

(1.3) draw a square + a red square + red square + equal sided + quite
small side quit a small square ++
정사각형 하나 그려 + 빨간 정사각형 하나 + 빨간 정사각형 + 변이

같고 + 아주 작은 변으로 된 아주 작은 사각형 하나 ++

'작고 빨갛고 변이 같은 사각형 하나'와 같은 명사 구절은, 대부분의 화자에 의해 말해질 수 있겠지만, 입말에서는 잘 나타나지 않는 듯하다. 물론 그런 구절은 글말에서 완벽히 수용되며 정상적인 것이다. 입말과 글말 사이에서 한 가지 중요한 차이는 정보를 짜 넣는 밀도이다. 글말에서의 정보는 조밀하게 짜이는데, 특히 전치 수식, 대량의 형용사 수식, 그리고 복합적인 종속절 통사 등을 동반함으로써, 대량으로 수식을 받는 명사구를 취한다. 우리가 이미 말했듯이, 글말에 대부분의 시간을 쏟는, 그러면서 '미리 연습된' 의견을 내어놓는 사람들의 말을 제외한다면, 그처럼 긴밀히 짜인 정보를 지니면서 앞의 글말처럼 산출된 입말을 찾기란 어려운 일이다.

그러므로 글말과 많은 공통점이 있는 입말은 대중 연설가(가령 정치가들), 법률가, 그리고 학자들의 말에서 찾아질 수 있다. 그렇지만 많은 영향력을 지닌 대중 연설가들이 비교적 '단순한 말'을 사용하는데, 영국 정치가 마이클 풋(Michael Foot)과 이녹 파울(Enock Powell)이 떠오른다.16) 많은 대학에서의 학술 강연도 입말의 특성인 — 정보를 덜 긴밀하게 짜 넣고, 정보를 수준이 덜 높게 구조화하는 — 단순한 문체로 산출된다. 이러한 현상의 증가는 아주 흥미로운 일이다. 그러한 말은 '큰 소리로 읽힌 복잡한 글말'보다도 입으로 말하는 양식에서 상당량 더 쉽게 이해된다고 가정하는 것이 합리적이다.

지금까지 우리가 예시해 온 말들은 교육 받은 어른 화자들에 의해

---

16) [역주] 마이클 풋(1913~2010)은 진보적인 사회주의 성향을 지닌 기자 출신의 정치인이다. 1979년 선거에서 대처 수상에게 패배한 영국 노동당의 당수로 선출되어 분열된 노동당을 통합시켰다. 핵무기 반대론자로 잘 알려졌고 유럽 연합 탈퇴 등을 주장하였다. 1983년 선거에서 다시 보수당 대처 여사에게 패배하자 당수직을 물러났다. 반대로, 군 출신이자 보건부 장관을 지낸 이녹 파울(1912~1998)은 보수당에서도 극우 성향의 선동가로 잘 알려져 있다. 1968년 '피바다'(Rivers of Blood)라는 충격적인 제목의 연설에서 "영국이 이민자로 인해 폭력사태와 내전을 겪으면서 피로 물들게 될 것"이라고 부르짖으면서 유색인 혐오증을 부추겼다.

산출된 것이다. 청소년을 가르치는 사람들에게는, 토박이 청소년 화자에 의해 사용되는 언어가 전형적으로 몇 측면에서 어른이 쓰는 말과 아주 다르다는 점을 이해하는 것이 중요하다. 윌킨즈(Wilkins, 1976), 『개념 중심 교과과정(*Notional Syllabuses*)』에서17)

'a wide range of utterances which are habitually associated with the seeking of permission'
(관습적으로 허락을 구하는 일과 관련된 광범위한 발화)

사례로서 인용하고 있는 표현 몇 가지를 살피기로 한다. 우리는 가장 짧고 '단순하며' 명백한 짝들을 인용한다.

---

17) [역주] 현재 이 흐름은 '개념·기능 중심 교과과정'(notional-functional syllabus)이라고 불리는데, 유럽연합 평의회(Council of Europe)에서 발간한 제2 언어 학습 교재에 크게 영향을 끼쳤다. (아마 한국 독일어교육 학회 차원에서 펴낸) 김한란 외 15인 뒤침(2010, 개정판), 『언어 학습, 교수, 평가를 위한 유럽공통 참조기준』(한국문화사)을 읽어 보기 바란다. 개정판을 내면서 초판 오류들을 많이 고쳐 놓았지만, 독자들이 쉽게 이해할 수 있도록 여전히 더 개선될 필요가 있다. 가령, 우리 교육현장에서는 쉽게 '상대 평가·절대 평가'라고 쓰고 있지만, 이를 무시하고 교육학에서 맹종하는 해괴한 일본말 '규준 참조 평가·준거 참조 평가'로 쓰는 것은 잘못이다. 왜냐하면 규준이나 준거라는 두 낱말이 모두 '물 평평할 준'(準)이라는 형태를 갖고 있으므로, 서로 구별될 수 없기 때문이다('규준'이 규범이 되는 준거의 줄임말임을 깨닫지 못하고 있음). 상대 평가는 산 모양의 정규 분포를 전제로 한 것이며, 굳이 한자 용어를 만들고자 한다면 '정규 분포 지향/관련' 평가라고 말할 수 있다. 문장이나 담화는 개개의 요소들은 펼쳐져(전개되어) 나가야 하는데, 이를 응집(凝集, 한 점에 모아져 엉킴)이라고 부르는 것도 전혀 반대 방향임을 자각하지 못한 소치이다. 일관성이나 의미연결 정도로 번역되어야 옳다. 식민지 잔재가 아직도 이렇게 남아 있는 현실이 서글프다. 또한 포트폴리오(수행 기록철)나 프로필(전반적 모습)이나 레퍼토리(과제 목록)나 모듈(독자적 단원체) 등의 외래어를 남용하는 일도 자제되어야 하겠는데, 자칫 번역자들이 정확하게 관련된 뜻들을 붙들어 내지 못한다는 인상을 준다. 외국어에 맞춰 그대로 우리말로 옮겨 놓는 일(나막신에 자기 자신의 발을 맞추는 일에 비유됨)은 특히 자연 언어의 소중함을 다루는 언어 교육 분야에서 반드시 지양되어야 옳다.
    윌킨즈의 주장은 더욱 직접적으로 제2 언어로서 영어 학습으로 계승되었는데, 3단계의 총서로 된 뷔넥·트림(van Ek and Trim, 1998~2001), 『초급 단계 1990, 유럽연합 평의회(*Waystage 1990, Council of Euripe*)』, 『문턱 단계 1990, 유럽연합 평의회(*Threshold 1990, Council of Euripe*)』, 『도약 단계, 유럽연합 평의회(*Vantage, Council of Euripe*)』(모두 Cambridge University Press에서 발간됨)를 살펴보기 바란다. 최근 우리나라 전역에 불고 있는 '한국어 교육' 열풍도 적합한 교재들을 제공해 주는 일로써 탄탄히 뒷받침되어야 오래 갈 수 있다. 유럽 연합의 언어교육 교재들에 대한 개발 과정은 우리에게 타산지석이 된다.

Can			
May		I use your telephone, (please)?	
Could			
Might			
Might	I	possibly	use your telephone?
Could		perhaps	

		쓸 수 있을까요?
		써도 되겠습니까?
제가 (좀) 귀하의 전화를		쓸 수 있으면 좋겠는데 괜찮겠습니까?
		쓸 수 있게 허락해 주시면 좋겠는데 그래 주시겠습니까?
혹시	제가 귀하의 전화를	쓸 수 있으면 좋겠는데 허락해 주시겠습니까?
아마		쓸 수 있으면 좋겠는데 가능하겠습니까?

이들 형태가 모두 완벽히 어른이 쓰는 형식들로서 적절하다. 점선 위쪽의 첫 번째 짝들은 비록 대부분의 청소년이 정상적인 방식으로 can(가능성)과 may(허락) 사이를 구별하지 않고, may보다는 can을 더 많이 사용할 듯하며, 과거 시제 형태 could와 might보다는 현재 시제 형태 may와 can을 더 많이 사용할 듯하더라도, 청소년들에게 적합하다. 점선 아래쪽의 두 번째 짝은 청소년들의 용법에서 아주 드물게 사용된다. 간단히 그 이유는 말하면, 청소년의 입말은 전형적으로 어른의 말투에서보다 양상 표현(가능, 필연, 의무, 허용 등의 조동사 표현)을 아주 드물게 산출하기 때문이다. might/could('정중한' 과거 시제 형태의 양상 조동사)와 양상 연산소 possibly/perhaps(혹시/아미도)와의 결합은, 비록 고급스럽게 '양상'을 쓰는 가정환경에서 길러진 몇 사람의 이례적 10대 말투에서 찾아질 가능성이 있더라도, 대다수의 청소년 말투에서는 전형적이지 않다. 윌킨스에 의해 제시된 몇 개의 더 긴 형태들은, 의도적으로 너무 정중한 형태를 산출한 것이다. 그렇지만 분명히 가능한 글말 형태이기 하더라도, 가장 현학적인 늙은 학자나 '우스꽝스럽게 놀려대며 모욕을 주려는' 화자를 제외한다면, 아무에게서도 입으로 다음처럼 말해지지 않을 듯하다.

"Would you consent to me using your telephone?"
(제가 귀하의 전화를 사용하는 일에 동의하여 주시겠습니까?)

윌킨스는 적절한 용법을 결정하는 데에 따른 일반적인 어려움을 논의하고 있다. 청소년 말투와 관련된 특정한 어려움에 대해서 논의하는 것은 아니다. 외국인 청소년 학습자들이 토박이 청소년 화자가 전형적으로 산출할 만한 형태를 말하도록 교육되는 것이 합리적인 듯하다. 물론 그런 접근이, 젊은 외국인 화자가 영화나 텔레비전에서 말하는 것을 관찰할 수 있는, 어른들에게서 적절하게 사용된 그런 표현을 마주치지 않을 것임을 뜻하지는 않는다. 젊은 외국인 화자들은 그와 같이 격식 차린 정중한 표현도 알아낼 수 있어야 한다. 어린 학생들을 가르치는 선생님이, 학생들이 정중하게 자신을 표현할 수 있기를 간절히 바란다면, 아마도 학생들에게 젊은 화자의 말로서 '기이하게' 들릴 뿐인 복잡한 양상 표현을 만들어 내도록 가르치기보다는, 오히려 정중한 말하기 방식, 정중한 미소를 산출하는 것을 배워야 한다. 학생들이 커서 어른이 되듯이, 점점 자연스럽게 더 복잡한 어른의 표현을 적절하게 사용할 수 있게 된다.

만일 우리가 지적한 전형적인 글말 및 입말 사이의 형식적 차이에 대한 특성이 옳다면, 이것으로부터 여러 가지 교육 내용에 대한 함의가 뒤따라 나온다. 첫째, 입말 산출에서 상당히 제한된 통사 구조가 적절한 수행에 요구되는 것이 사실인 듯하다. 우리가 제안하였듯이, 단순한 명사 구절과 아주 적은 수의 종속절 서술 구조들이, 질문하기 위한 의문 구조와 함께, 토박이 화자에 의해 산출된 전형적 입말을 특징짓는 듯이 보인다. 비슷하게, 산출된 낱말의 상당량이 매우 일반적이고, 불특정한 종류들이다.

chap, guy, individual, one, other one, place, thing, be, have, got, do, fine, good, bad

(녀석, 놈, 개개의, 거, 딴거, 곳, 것, 이다, 가지다, 당했다, 하다, 좋다, 좋은, 나쁜)

특정한 낱말이 도입되는 곳에서는 종종 많은 일들이 이뤄진다. 인용 (1.2)에서 이를 관찰할 수 있다(같거나 유사한 낱말들이 계속 발화되어 나옴).

scientists—scientists—scientific writing—written up
(학자들—학자들—학술 논문—다 집필된)
read—read—read—reading—read
(교정—읽다—읽다—읽어 주는—읽다)

그리고 인용 (1.3)에서는 다음과 같다.

square—square—square—square
(정사각형—정사각형—정사각형—정사각형)
red—red
(빨강—빨강)
sided—side
(변을 가진—변)
quite small—quite a small
(사뭇 작은—아주 작은)

화자들은 스스로 소개한 낱말(그리고 관련 형식)을 반복할 뿐만 아니라, 이전의 화자에 의해 도입되어 있는 형식도 반복한다. 한편으로, 이것이 동일한 화젯거리가 여전히 얘기되고 있음을 분명히 해 주고, 다른 한편으로, 바로 전에 이미 활성화되고 이용 가능한 형식을 사용할 수 있기 때문에, 지속적으로 서로 다른 낱말을 찾아내어야 하는 부담을 화자에게서 없애 준다. 통사와 낱말의 관점으로부터 입말 산출이 상대적으로 쉽다는 주장으로부터 나오는 첫 함의로서, 언어학 시각에서 바라보면 학생들에게 부과되는 수준이 글말에서보다 훨씬 엄격하지 않기 때문에, 우리는 학생들이 매우 이른 단계에서부터 얘기해 보도록 장려되어야 한다고 주장한다. 입말에서의 문제점은 언어적 복잡성이 아니라, 즉각적 산출에 관한 것과, 어떻게 하면 학생들 개개인이 융통성 있고 창의력 있는 방식으로 외국어에 대해 최소한의 지식을 활용하면서 연습할 수 있는 기회를 가지는가에 관한 것이다. 우리는 이 문제를 제2장에서 논의한다.

듣기 이해를 위한 전형적인 입말에 대해 우리가 말해 온 바가 함의하는 내용은 어떤 점에서 고무적이지 않다. 한편으로 입말은 'thing'(것), 'do'(대동사 하다)와 같은 항목을 훨씬 더 일반적으로 쓰고 있고, 덜 명확한 낱말들을 말하는 쪽으로 쏠려 있다. 외국인 청자의 눈으로 보면 이 점은 시작에서부터 희망적으로 들린다. 반면에, 관례적인 듣기 이해 교육이 제공해 주지 못하는, 어떤 종류의 맥락과 배경지식에 대한 정보를 청자가 얻을 수 없다면, 그러한 덜 명확한 말들은 사실상 이해하기가 아주 어려울 것이다. 듣기 이해는 낱말과 문장이 의미하는 바를 훨씬 넘어서는 내용으로 이루어지는데, 화자가 뜻하는 바(화자 의미, 의도)를 이해하는 것을 포함한다. 우리가 특정한 유형의 맥락에서 언어를 사용함으로써 화자가 의미하는 바를 가르치는 데 대한 일종의 도구를 얻기 전까지는, 듣기 이해 교육 분야에서의 발전은 필시 더디게 진행될 것이다. 이 문제를 제3장에서 다시 다룬다.

1.2. 언어의 기능

지금까지의 논의에서 우리는 단순하게 한편으로 글말이 있고, 다른 한편으로 입말이 있으며, 입말이 주로 정보가 느슨하고 덜 짜임새 있게 꾸려져 있다는 점에서 글말과 다르고, 이 점이 통사 구조와 낱말 선택에서 모두 함의를 갖고 있는 것으로 가정해 왔다.

분명히 그 실제 그림은 이보다 상당히 더 복잡하다. 글말은 문학적 기능과 (학술, 법, 신문 잡지 등의) 설명적 기능으로부터 시작하여, 직접적인 정보 전달 기능('뉴스', 가족 편지, '현관문 깔개 밑에다 숨겨둔 열쇠' 유형의 쪽지)과 기록 기능(핸싸아드18) 의회 기록, 몇 분 동안의 모임, 강의 노트, 환자에 대한 의사의 병력사 기록) 등에 이르기까지 다양하게 걸쳐 있다. 각 기능에서 언어는 조금씩 다른 목적을 위해 사용되고, 따라서 다소 다른 형식을 취한다. 서로 다른 기능마다 적절한 모양새, 즉 낱말과 구조 유형에 대한 서로 다른 전형적 선택과, 정보 조직화에 대한 서로 다른 관습으로 인하여 상이한 언어 투식(register)이19) 있다. 우리는 이제 문학 형식에서 언어의 사용은, 글말의 기본적 기능이 특별하고 특정하게 드러난 것일 뿐이라고 주장하게 될 것이다. 사람들이 풍부한 문학 전통을 가진 문화 속에서 살 특권을 가지듯이, 이 사실로 인하여 우리가 열정적으로 뒷받침할 문학의 기능과 위상을 우리 삶에서 결코 평가 절하할 수 없다. 그렇지만 글말로 된 문학 형식은, 글말이 나오고 다른 더 근본적 목적을 위해 글말을 사용하고 난 뒤 아주 오래 시간이 지나서 나타났다는 것은 사실인 듯하다(구디, Goody, 1977를 보기 바람). 이들 다른 더 근본적 목적이란 무엇일까? 그 목적은 사회와 사회 속의 개인에 대한 사실을 기록하는 것으로 보인다. 개인들이 그런 사실에 동의하지 않으면 논란이나 불행이 일어날 수 있다. 누가 무엇을 소유하는지, 누가 자신의 의지에 따라 누구한테 무엇을 유산으로 남겼는지, 한 차례의 적대감 끝에 무엇이 국제 조약으로 맺

---

18) [역주] 1887년까지 핸싸아드(Hansard) 집안에서 대대로 영국 의회의 의사록을 편찬했다고 한다.
19) [역주] 제1장의 역주 8)과 제2장의 역주 17)도 함께 보기 바란다. 뜻도 새겨 보지 않은 채, 일본 용어를 받아들여 '사용역'(使用域)으로 쓰기도 하는데 잘못이다. 왜냐하면 register가 결코 '사용 영역'이나 '사용 범위'만 가리키는 것이 아니기 때문이다. 오히려 register(언어 투식)는 매우 다양한 언어 사용 상황에 맞춰서 화자가 즉석에서 적절하게 그 상황에 맞는 말투를 골라 쓰는 일이다(수행 능력의 일부임).

어졌는지, 누가 누구한테 얼마만큼 돈을 지불하기로 동의하였는지, 누가 어느 권력을 가져야 한다고 누가 동의하였는지 등에 대하여 기록한 것이다.

또한 그러한 목적은 누가 어디서 언제 무엇을 할 것인지에 대한 정보를 주는 내용(메시지)을 포함한다. 적고 있는 시간보다 더 뒤에 올 시간에, 그리고 글쓴이가 더 이상 존재하지 않는 장소에서, 어떤 정보를 전달하기 위해 남겨질 수 있는 내용을 포함할 듯하다. 우리 사회에서 글말 사용을 전반적으로 일반화하면(여전히 문학을 예외로 두고), 글말 사용의 대부분에 공통되는 근본적 기능이 '정보 전달'임을 깨닫게 된다. 무엇이 과거에 있었는지에 대한 정보를 기록하거나 또는 무엇이 미래에 일어날 것인지에 대한 글쓴이의 의도를 기록하게 된다. 우리는 언어의 이런 정보 전달 기능을 정보 전달(transactional)[20] 기능이라고 부르겠다. 전달 기능이 논의될 경우, 내용(메시지) 산출자의 목적이 정보 전달이므로, 우리는 정보가 분명하게 전달되어야 하는 것이 관건임을 가정할 것이다. 글말에서는 일반적으로 전달 기능을 찾는 것이 가장 중요하다고 기대하게 된다.

(글말의 문학적 갈래 이외에) 이 기능이 일차적이지 않은 갈래들도 있다. '감사' 편지, 연애편지, 연회가 그 예로 떠오른다(의례적임). 이런 예들은 많은 측면에서 분명히 입말의 지배적 기능과 공통된 내용을 지니고 있다. 즉, 사회관계의 유지이다. 대부분의 사람들이 일상생활에서 많은 시간을 '잡담'으로 보낸다. 그들이 말을 건네고 있는 사람에게 호감을 갖고 잘 대해 주려는 것이 일차적 목적이다. 때로 전달의 입말이 그런 잡담 속에 끼워져 있기도 하다. 그러므로 치과 의사나 운전 교습자나 어린이를 돌봐 주는 이들을 찾아가면, 흔히 인사로 시

---

20) [역주] transact는 어원이 through+drive(통해+몰고 나가다)로서, '수행해 나가다'(carry on, perform)는 뜻을 지니고 있다. 가장 많이 쓰이는 용례는 '거래하다'(do business)이다. 여기서는 물건의 거래에서처럼 청자와 화자가 서로 정보를 주고받는다는 뜻으로 쓰였다. 이를 고려하면 거래 기능이라고 번역할 수 있겠으나, 말뜻이 금방 와 닿지 않는다. 여기서는 정보 전달 기능이라고 번역해 두기로 한다.

작하고, 날씨나 세계 뉴스로 어디에서 무슨 일이 일어나고 있는지에 대한 반응이 뒤따른다. 전달 요소는 그 때 수행된다. 그런 모임은 작별 인사와 더불어 끝난다. 대부분의 사회적 상호작용의 경우 거의 전달 내용을 담고 있는 않은 듯하다. 처음으로 버스나 기차에서 만나거나, 연회에서 만나거나, 새로운 강의의 시작에서 만나거나 할 적에, 사람들은 어떤 유형의 이야기를 이끌어 나가려고 할 것이다. 여기서 다른 사람에 의한 응답을 듣고자 한쪽이 화제를 제시하는데, 그 화제가 성공적이라면 상대방에게 반응할 것이고, 성공적이지 않다면 대화에서 다른 화제를 대신 내놓을 것이다. 그런 주로 사교적 잡담은 계속 화제를 빈번히 바꿈으로써, 그리고 그 화제를 상당한 정도로 수긍함으로써, 의사소통 성격이 규정된다. 다음 인용에서 얼마나 자주 화자들이 '예'라는 대답을 하면서 자신의 말할 차례를 시작하는지 주목하고, 또 이 짧은 인용에서라도 대화의 주제가 특정한 어느 '부부'로부터 시작하여 어떻게 바뀌어 가는지에 주목하기 바란다(석양 → 엽서 → 작년 달력 → 올해 → 앤더슨의 집 → 앤더슨 부부).

(1.4) (앞의 토론에서 여름마다 특정 지역을 찾는 부부에 대해 언급되었다)

A: you know but erm + they used to go out in erm August + they used to come + you know the lovely sunsets you get + at that time and

B: oh yes

C: there's a nice new postcard a nice ─ well I don't know how new it is + it's been a while since I've been here + of a sunset + a new one +

A: oh that's a lovely one isn't it

D: yes yes it was in one of the + calendars

A: yes that was last year's calendar it was on

D: was it last year's it was on + it was John Forgan who took that one

A: yes it's really lovely + this year's erm + the Anderson's house at Lenimore's in it + at em Thunderguy I should say +

D: they've sold their house

A: yes + the Andersons

B: oh have they

A: yes yes + erm + they weren't down last year at all +

A: 잘 알겠지만 그런데 엄 + 그들이 엄 8월에 나갔다가 + 돌아오곤 했어 + 잘 알겠지만 사랑스런 석양을 보게 되거든 + 그 무렵 그러고

B: 아 그래

C: 아주 좋은 새 엽서가 있는데 좋은데 — 허나 얼마나 새 것인지는 잘 모르겠어 + 내가 여기 있은 이후로 좀 되었지 + 석양에 대한 + 새 카드

A: 아 그거 참 사랑스럽잖니

D: 응 응 그게 + 달력 사진 중에 하나이었거든

A: 맞아 저게 그게 실려 있던 작년 달력이었어

D: 그게 있던 게 작년 거야? + 그걸 가져간 사람이 존 포어건이었거든

A: 응 참 사랑스러워 + 올해 거는 엄 + 그 속에 레니모어에 있는 앤더슨 집 + 음 썬더가이에 있다고 해야겠구나 +

D: 그들은 자기 집을 팔아 버렸어

A: 응 + 앤더슨 부부 말이야

B: 오오 정말이야?

A: 응 그래 + 엄 + 작년에는 전혀 내려오지 않았거든 +

이야기 참여자들이 서로가 정답게 편안함을 느끼면서 이야기를 끝맺는 상황을 만들어 내는 것이 이런 종류의 의사소통 특성이다. 이런 '잡담'에서는 전형적으로 화자들이 서로에게 도전하지도 않고, 논란을 벌이지도 않으며, 다른 사람이 말한 어떤 것을 반복하도록 요구하

지도 않음을 아주 쉽게 알아차릴 수 있다. 그런 상호작용에서 참여자는 화자가 말한 게 정확히 무엇인지를 듣지 못하였다면, 단지 고개를 끄덕이고 웃을 법하다. '일반적인' 낱말과 드문드문 배열된 정보에 대하여, 우리가 언급한 내용들이 거의 대부분 우연한 상호작용 잡담에 적용된다. 그런 잡담에서 무엇이 말해졌는지를 놓고서 자세히 사후 분석을 해 보면, 종종 아주 광범위하게 불분명성과 불특정성이 드러난다. 마치 독서에서 '빨리 훑어 읽기'와 동일한 모습으로 듣기를 하면서, 청자가 부분적으로만 들어오는 내용(메시지)을 처리하고 있는 듯하다. 따라서 상세한 내용보다 전체적인 인상, 즉 '요지' 듣기로 성격 지울 수 있겠다.

우리는 어느 문화에서이건 정상적인 개인이 1차적으로 상호작용 잡담에 참여하는 능력을 획득한다고 가정하겠다. 인간의 아기는 아주 일찍부터 엄마가 하는 말을 듣게 된다. 아마 아기가 자신에게 말해지는 언어를 이해하기 한참 이전에서부터, 엄마는 '응, 아니' 질문을 아기에게 한다(특히 '예'하고 대답할 수 있는 질문들임). 어떤 심리적 이유에 의해 만들어지든지 상관없이, 엄마는 아기가 그렇다고 대답하는 것으로 해석할 수 있는 얼굴 근육 움직임이 있는지 살펴보려고 아기 얼굴을 쳐다본다. 비록 자신에게 전달된 '말'을 이해하리라고 기대하지 않는 조건에서도, 아기들은 오랫동안 상호작용에 참여하는 연습을 한다. 필요한 것은 동의이고,21) 아기가 동의할 적에 엄마는 즐거워한다. 걸음마 단계의 아기들이 조부모를 방문할 적에는, 비록 아기가 낱말임을 알아차리지만 이해할 수 없는 말들로 종종 전달되는데, 여전히 필요한 것이 동의임을 계속 배우게 된다. 인사하거나 헤어질 때와 같은 격식 갖춘 형태와는 다소 거리가 먼, 대부분의 상호작용 잡담은 참여자 한쪽의 의견에 대한 표현을 상당량 담고 있다. 따라서 상대방

---

21) [역주] 강한 뜻으로 agreement(동의)한다기보다는, 비록 아기가 말뜻을 알아차리지 못하더라도 엄마가 자신을 즐겁게 맞춰 준다는 사실을 알아차림으로써 기쁜 표정을 짓는다는 뜻으로 새길 수 있다.

에 의해 공감이나 동의가 이루어지기도 한다. 또한 상대방은 자신의 말할 차례에서 의견을 나타내거나 또는 계속해서 오직 다른 주도적 참여자에게 동의를 해 주는 역할을 맡을 가능성도 있다.

입말은 또한 1차적으로 정보 전달 기능도 가질 수 있다. 비록 소수의 화자가 어느 정도 '청자에 맞춰지지' 않은 말을 산출한다고 하더라도, 정보 전달 기능이 청자의 지식 상태를 참작하면서 사려 깊게 만들어지며, 그로 말미암아 청자는 그 내용을 이해할 수 있게 된다. 입말이 1차적으로 전달 기능으로 쓰이면, 정보 전달 목적의 글말에서처럼 1차적으로 논점이 되는 바는 정보의 전달이다. 말하기에서 화자의 의도는 1차적으로 청자에게 잘 대하려는 것(≒사교적 상호작용)이라기보다는, 오히려 화자 자신의 전달 내용을 전해 주려는 것이다. 주로 상호작용 언어가 1차적으로 '청자 중심으로' 되어 있지만, 반면에 주로 정보 전달 언어는 1차적으로 '내용 중심으로' 되어 있다. 1차적으로 정보 전달의 입말은 실제 세계에서 어떤 일이 이루어지는 데에 초점이 있다.[22] 따라서, 사장이 비서에게 편지를 받아쓰게 하고, 자동차 판매원이 전자 창문 여닫이 도구가 어떻게 작동하는지를 설명하며, 고객이 정비 공장에 불평을 하고, 환자가 자신의 증상을 의사와 의논하며, 교사가 학급 학생들에게 영어 구문을 설명하고, 학생이 조퇴를 허락해 주도록 요청하며, 이발사가 샴푸를 대리점에 주문하고, 이웃사람이 자신이 휴가를 떠나 있는 동안 카나리아 새들을 먹이는 방법을 가르쳐 주고, 치

---

22) [역주] 언어를 써서 일을 하는 것이다. 그런 일을 이루기 위하여 언어가 도구로 이용되는 것이다. 이는 도구적 언어관으로 불리는데, 도구적 언어관에서는 그런 도구를 이용하는 주인이 더욱 중요하다. 흔히 주인을 인간의 정신작용이라고 부르기도 하고, 그 특징 중 하나를 거론하여 '자유의지'라고도 부른다. 이를 단계별로 그 실체를 표시해 보이면(2.1의 역주 5에서 원뿔 모형으로 비유하였음), 먼저 도구로서의 언어(언어 재료)가 있고(원뿔의 최상위 영역), 이 언어를 선택하여 발화로 표현하는 언어 사용이 더 상위에 존재하며, 언어 사용의 핵심은 의사소통 의도에 있다. 의사소통 의도를 만들어 내는 영역은 복잡한 정신작용 영역이고, 정신작용 영역을 가능하게 만들어 주는 실체는 일련의 누적적 실생활 경험들이며, 실생활 경험을 가능하게 만드는 영역을 생태환경 영역 또는 우주(원뿔의 최하위 영역)라고 부른다. 좀 더 자세한 논의는 부록에 실려 있는 언어 산출에 대한 다중 층위 모형에 대한 비판을 읽어 보기 바란다.

안 판사가 사회복지사(social worker)에게 무단 결석생을 지도하는 조건들을 설명하며, 어린이가 산타클로스에게 크리스마스에 무엇을 갖고 싶은지 말한다. 각각의 경우에 화자는 자신의 전달 내용을 분명하게 하는 데에 관심이 있다. 청자가 전달 내용을 올바로 이해하는지가 관건이다. 만일 청자가 제대로 이해하지 못한다면, 화자는 화가 나거나 초조하거나 실망할 수도 있다. 청자가 이해하지 못했거나 이해되지 않음을 보인다면, 화자는 자신이 말한 바를 반복할 것이다. 어떤 경우에, 화자가 관습적으로든 하여간 자신의 말을 반복할 것이다.[23]

어떤 경우에는 무엇이 말해졌는지에 대해, 영구히 기록해 두기 위하여, 관례적으로 수신자가 글로써 쪽지를 만들 것으로 기대할 수 있는데, 앞의 사례에서 비서·의사·학생 각자는 무엇이 말해졌는지에 대하여 기록해 둘 듯하다.

정보를 전달해야 할 경우, 화자는 전형적으로 자신이 말하는 내용을 분명하게 만들기 위해 상당히 신경을 쓴다. 만약 청자가 오해하는 것으로 보인다면, 청자에게 말하여 고쳐 갈 수도 있다. 전달 내용이 말하려는 목표가 된다면, 그런 내용은 청자에게 이해되어야만 한다. 성공적인 정보 전달의 의사소통은 종종 특정한 낱말들을 더 많이 써서 나타난다. 운전기사가 친구에게 자동차가 '얼빠진'(woozy)[24] 방식으로 움직인다고 말할 수 있다. 친구들 간에 잡담으로서 완벽하게 수용될 수 있다. 그렇지만 정비공장 정비사에게 알려 주는 내용으로서는 특별히 도움이 되지 않을 것이다. 정비공장 정비사는

---

23) [역주] 마땅히 사려 깊은 화자라면 자신의 말을 청자가 잘 알아차리지 못하는 조짐을 보일 경우에, 자신의 말을 다시 풀어 말해 주거나(paraphrase로 불림), 또는 청자와의 정보간격을 확인하기 위하여 청자에게 관련된 질문을 던지면서 의사소통에서 장애 원인들을 찾아내려고 노력할 것이다.

24) [역주] 옥스퍼드 영영 사전에는 "feeling unsteady, confused and unable to think clearly"(안정되지 않고 혼란스러우며 똑똑히 생각할 수 없는 상태)를 가리키며, 북미 쪽에서는 "feeling as though you might vomit"(구토가 나올 것 같은 느낌)으로도 쓰인다. woozy manner(얼빠진 방식)은 살아 있고 생각할 수 있는 개체에게 쓰여야 한다. 그렇지만 자동차는 무생물이므로 생각도 할 수 없고 스스로 느낌도 가질 수 없는 것이다. 따라서 '얼빠진 방식'은 오직 비유 표현으로 이해되어야 한다.

'기어를 바꿀 때마다 삐걱거리는 소리가 난다'

(it makes a grating noise each time I change gear)

와 같이 '얼빠진' 것이 특정하게 되도록 몇 가지 속성을 되물을 것이다.

정보 전달이 화자가 말을 선택하는 1차적 목적이 되는 정보 전달 상황에서, 언어는 1차적 상호작용 상황에서보다도 더 명백해지고 더 특정적으로 되는 경향이 있다. 임의 언어의 정상적 화자들은 적어도 단숨에 그들의 요구를 표현하기 위한, 또한 정보를 주고받기 위한 능력을 획득한다고 가정할 수 있다. 말하기를 배우는 단계의 갓난아기조차,

'*more*'(더), '*icecream*'(아이스크림), '*no socks*'(양말 아니)

등의 울음을 갖고서[25] 자신이 원하는 바를 얻기 위해서, 그리고

'*doggy*'(강아지), '*Daddy*'(아빠), '*car*'(차)

등의 감탄사들에서처럼 주위로부터 관심을 끌고 자신이 바라는 게 무엇인지를 청자들에게 알려 주기 위해서, 전형적으로 상당량 그런 말을 사용한다. 최소한 자신들이 말하고 싶은 바를 아주 간략히 표현할

---

25) [역주] cry(울음, 외침)는 아기들이 1살 이전의 경우에 말해지는 소리를 가리키는데, 이 경우에는 반드시 상황을 참고하면서 울음(외침)에 대한 해석이 이뤄지며, 그 해석 방식도 크게 스무 가지 정도를 넘어서지 않는다. 그런데 인간의 성대는 태어난 뒤 1살 전후로 밑으로 하강한다. 성대가 하강해야만 비로소 울림통으로 구강·후두강·비강이 확보되는 것이다. 이런 다음에라야 비로소 '분절음'을 말할 수 있게 된다. 모음의 분음도(formant)에서 모든 인간들 사이에서 모음들이 일정하게 특정 점을 중심으로 모이게 된다. '마디로 나뉜 소리'(분절음, segmented phoneme)에서 마디란 주로 모음(어머니 소리, vowel[홀소리] 또는 sonant[명음, 낭음])으로 이뤄지며, 이 모음 앞뒤로 자음(자식 소리, consonant[공명음] 또는 noise[소음, 비주기파])이 덧붙는다. 자세한 논의는 리버먼(Lieberman, 1991; 김형엽 뒤침, 2013), 『언어의 탄생』(글로벌콘텐츠)와 핑커(Pinker, 1995; 김한영 외 2인 뒤침, 2007 개정판: 제6장 '침묵의 소리'), 『언어 본능』(동녘 사이언스)을 읽어 보기 바란다.

필요가 있을 경우라도, 우리는 정상적인 화자들 몇몇이 간단한 정보 전달 의도를 주고받는 데에도 어려움을 느낀다고 가정한다. 그렇지만 의사소통이 이뤄질 정보의 복잡성에 따라, 심지어 어른 토박이 화자도 가끔 자신이 말하고 싶은 바를 분명히 만드는 데에 곤란을 겪는다. 다음 절에서 이 점을 다시 다루게 될 것이다.

영어의 입말 형태를 배우고 싶어 하는 외국인 학습자들이 모두 자신의 정보 전달 의도를 표현하고자 한다. 그들이 정보 전달 방식으로 언어를 사용할 때, 중요한 점은 자신들이 말하고 싶어 하는 바가 무엇인지를 분명하게 만들어 낼 수 있어야 한다는 것이다. 말하는 목적이 1차적인 상호작용(≒사교적 목적)일 경우, 이렇게 명백성의 차원에서 말을 산출하거나 해석하려고 함은 적절하지 않다. 다음의 상호작용을 살피기로 한다.

(1.5) G: I watched that film last night + remember that — did you see it

H: no I'm afraid I didn't — haven't got a television + what was —

G: it's eh + it was about eh + the assassination of + President Carter + I think it was

H: mm

G: aye it was him and you saw it it was a good film + I watched it all +

H: what happened in it

G: well eh you just saw the ashassina + assassination and there was somebody taking the part of what the man had done that got shot him eh + that shot him and they was following all the things and all that and then + eh this other man went and shot him because he liked the President + and then after that it just ended up that he got took to prision +

H: oh I see

G: so it was good +

G: 어제 그 영화를 봤어요 + 그거 생각나요? — 그 영화 봤어요?

H: 아니 안 그런 거 같애요 — 텔레비전이 없거든요 + 그게 뭐였는
데요? —

G: 그게 어 + 그게 뭐냐면 어 + 누구 암살인데 + 카아터 대통령
+ 그럴 거예요

H: 음

G: 예 그게 그 사람이었는데 그거 봤겠지만 좋은 영화였거든요 +
그걸 다 봤거든요 +

H: 그 영화에 무슨 일이 있었는데요?

G: 그게 어 막 암 + 암살을 목격했고 누군가 있었는데 <u>그 사람</u> 맡은
일이 <u>그를</u> 암살하는 건데요 암살해거든요 어 + 암살했고 <u>그들이</u>
모든 걸 뒤쫓고 있었는데 <u>모든 걸</u> 그리고 그 때 + 어 <u>그가</u> 대통령
을 좋아했기 때문에 <u>이쪽 다른 사람이</u> 나섰고 <u>그를</u> 쐈거든요 +
그러고 나서 그 뒤에 곧 끝났는데 <u>그가</u> 감옥으로 가는 거예요 +

H: 아 그래요

G: 그래서 그 영화 좋았거든요 +

G는 16살 된 스코틀런드 학교의 여학생이고, 자신의 말 속에 몇 가지
방언적인 비표준어 특질을 갖고 있으며, 친숙한 학교 환경에서 면접
관에게 잡담을 하고 있다. 면접의 격식적 부분은 아직 시작되지 않았
다. G는 계속 상호작용적으로 아주 능숙하게 잡담을 하고 있다. 첫
발화에서 여학생은 청자의 지식 상태를 점검한다. 자신이 설명하려고
하는 영화를 청자가 보지 않았음을 알게 되자, 여학생은 면접관에게
영화에서 무슨 일이 일어났는지를 말해 준다. 영화의 내용을 요약하
고 얘기해 주는 것은, 인지상 아주 어려운 과제이다. 만일 여기서 압도
적으로 정보 전달 요구가 있었더라면, 화자는 자신이 말하는 바를 아
주 더 분명히 표현할 필요가 있었을 것이다. 청자는 아마 요약 부분에

서 임의의 시점에 누가 무엇을 누구에게 실행하였는지를 알아차리기 위해 계속 점검하면서 끼어들었을 것이다. 늘 그렇듯이 화자도 청자도 '카터 대통령'의 암살에 관한 얘기를 담고 있는 영화에 대해 말하는 것을 부적절하다고 반응하지 않는다. 아마 청자도 그러할 텐데, 화자는 앞에 인용한 자신의 긴 발언기회에서

the man(그 사람), him(그를), they(그들이), and all that(그리고 모든 걸), he(그가), this other man(이쪽 다른 사람이), him(그를), he(그가)

와 같이 표현한 지시 대상에 대해서 아주 까다롭게 통제하지 않는다. 청자가 누가 누구를 가리키는지 알 필요가 있을 경우에, 영화에서 묘사된 사건에 대해서 배경지식을 갖고 있다면, 아마 언제라도 누가 지시되고 있었는지에 대해 가려낼 수 있을 것이다. 1차적 상호작용 이야기에서, 특정성이 결여되어 있다는 점은 크게 문제 되지 않는다는 사실을 깨닫는 것이 중요하다. 화자도 청자도 세부사항에 대해 정확하고 자세히 알 필요가 없다.26)

1차적 정보 전달 이야기 경우는 조금 다른 모습을 띤다. 다시 거듭하여 말하면, 사실상 관건이 되는 것은 말해진 바가 명백해야 한다는 점이다. 환자가 의사를 찾아가는 경우를 생각해 보자. 환자에게 중요한 바는, 의사가 환자를 확신시키고 병이 더 나아지도록 하는 것이다. 의사에게 중요한 바는, 환자가 아파하는 바에 대하여 그 정체를 분명히 알아내는 것이다. 이것은 단순히 대충 넘어가도 될 상호작용 이야기가 아니며, 실세계에서 일어나는 사건에 영향을 미치게 된다. 다음

---

26) [역주] 앞에 있는 역주 8)을 읽어 보기 바란다. 얼굴을 마주보는 의사소통에서는 막연하고 덜 분명히 '거시기, 머시기' 표현을 쓰기 일쑤이다. 그 까닭은 의사소통 참여자들이 서로 얼굴을 마주보면서 해당 상황에 대하여 공통 기반을 다수 공유하고 있으며, 동시에 비언어적인 기호(손짓, 얼굴 표정 따위)로도 소통이 이뤄지기 때문에, 막연히 표현하더라도 충분히 알아차릴 수 있는 것이다. 만일 이런 방식을 어기고 아주 명백하고 정확한 표현을 할 경우에는 잘난 척하며 상대방을 업신여긴다는 오해를 받을 수 있다.

인용에서 '뭘 해드릴까요?'라는 말에 대답하면서, 환자가 의사에게 말한 것의 일부를 살펴보도록 하자.

(1.6) Patient: well, uh, I was concerned about, uh … last summer I guess … I was very low in hormones, and he — uh — the estrogen

Doctor: mh

Patient: the count was so low he said I didn't get it so he put me on uh … on the estrogen pills. Now about four years ago when I went through Phipps, uh, they had cut me down to a half and I still was getting a lot of uh swel — swelling and soreness in my breasts and they told me to get one about every six months, but, I sort of took myself off the extrogen and found that I didn't have any of that feeling… (Quoted from Cicourel 1981)

환자: 저, 어, 제가 걱정했던 부분은, 어 … 지난 여름으로 짐작되는데 … 호르몬 수치가 아주 낮았었거든요, 의사가 — 어 — 여성 호르몬

의사: 음

환자: 호르몬 수치가 아주 낮다고 말했었는데요 저는 이해할 수 없었거든요 그래서 저한테 어 … 여성 호르몬 알약을 처방했거든요 제가 핍스27) 치료를 받은 게 한 4년 전쯤인데요, 어, 지금은 반으로 줄었지만 여전히 많이 어 부 — 붓기가 있고 젖가슴이 아프거든요 대략 6개월마다 하나를 먹도록 지시했지만, 저는 여성 호르몬을 이제는 거의 끊은 것 같고 그런 고통도 더 이상 없어요… (씨커릴, 1981에서 재인용)

---

27) [역주] 미상. 앞뒤 맥락으로만 짐작하면, 폐경기 여성들의 골밀도를 높이기 위한 호르몬 처방이다. 그렇지만 구글 검색에서는 찾을 수 없다. 다른 해석으로는, 유방암을 초래하는 호르몬 처방 이외의 대체 처방을 제안자의 이름일 수도 있고, 특정 제약회사의 알약일 수도 있겠지만, 무엇이 정확한지는 잘 알 수 없다.

씨커뢸은 환자가 무엇 때문에 고통 받는지에 대한 의사의 진단 기록이, 환자가 말한 것과는 세밀한 차이를 보인다고 덧붙인다. 이와 같은 상호작용이 이루어지는 이야기 속에서는 정보 전달이 어렵다는 것을 명백히 알 수 있다. 앞에서 토박이 화자들이

'최소한 말하고 싶은 바를 상당히 간략하게 표현할 필요가 있을 때'
(at least when they only need to express what they want to say rather briefly)

일반적으로 정보 전달 의도를 표현할 수 있으리라고 가정하였다. 그렇지만 위의 인용에서 여성 환자는 의사에게 자기 자신이 무엇을 걱정하고 있는지 분명히 설명하지 못하고 있다. 이런 토박이 화자에게서 보이는 무능력을 어떻게 설명할 것인가? 이 문제를 다음 절에서 다루게 된다.

1.3. 구조화된 긴 '발언기회'

이 절에서 우리는 '짤막한 발언기회'와28) '긴 발언기회' 사이를 구

---

28) [역주] 'turn'은 차례나 순서를 가리킨다. 여기서는 대화를 하면서 서로 이야기를 주고받는 것이므로, 말할 차례나 발언기회를 가리킨다. 대화에서 이야기 차례가 어떻게 정해지느냐에 대해서는 문화권마다 조금씩 차이가 난다. 가령, 회의를 할 경우에 우리나라에서는 나이가 많고 권위적인 사람이 주도하는 경향이 있다(중앙방송과 지방방송의 비유를 써서 권위자를 중앙방송으로 높이기도 함). 그러나 우리와는 다르게 일본에서는 그런 사람이 마무리를 짓는 경향이 있다고 한다(연장자나 권위자가 결론을 맺는 방식임). 토론을 할 경우에는 토론 사회자가 이야기할 순서와 발언권을 어떤 원칙에 따라 나누어 줄 수 있다. 그러나 둘 이상이 서로 대화를 한다고 할 경우에는, 이야기 차례가 어떻게 정해질까? 말할 차례를 보통 'turn-taking'(말할 순서, 발언기회 얻어내기)라고 부르는데, 여기서는 '발언기회'로 번역해 둔다. 쌕스·쉬글롭·제퍼슨(Sacks, Schegloff, and Jefferson, 1974)에서는 이를 매우 간단히 다음의 세 가지 규칙으로 제시한다.

    ㉠ 현재 말하는 사람이 다음 이야기 할 사람을 정해 준다.
    ㉡ 앞 규칙이 적용되지 않으면, 누구든지 먼저 말을 하는 사람이 발언권을 갖는다.
    ㉢ 이 규칙도 적용되지 않으면, 현재 말하는 사람이 계속 말을 한다.

분 짓게 될 것이다. 짤막한 발언기회는 하나 또는 두 개의 발화로 구성된다. 긴 발언기회는 한 시간의 강의만큼 지속될 수 있는 발화 연결체로 이루어진다. 이 둘 사이를 분명히 잘라내는 원리 깃든 기준은 없다. 그렇지만 구조를 만들어 내는 데에서 짤막한 발언기회가 화자에게 많은 요구를 하지 않음에 주목하게 될 것이다. 다음 대화를 살펴보기로 하자.

(1.7) C: whisky sour mix + did you +

J: whisky sour + daiquiri +

C: do you like —

K: it was all right

C: my mother's favourite is daiquiri + but I love whisky sour + it's a super —

K: and marguerita I love as well — it's beautiful

C: what's that

K: it's some + it's er tequila and lime + with something else +

C: I don't know it

J: salt + no

K: yes and it's got the rough really rough salt round the edge of the glass and you drink it through the salt + and it's whipped up somehow

C: I've never tasted it

K: it's a Mexican drink + absolutely beautiful + really liked it

C: 시큼하게 혼합한 위스키 + 마셔 보았었니 +

J: 신 위스키 + 대이퀴리[레몬 주스 칵테일] +

C: 너 그거 좋아해 —

K: 괜찮아

C: 내 엄마가 제일 좋아하는 게 대이퀴리야 + 허지만 난 신 위스키

가 좋아 + 그게 초—

K: 그리고 난 마구에리타도 좋아해 — 아주 아름답지

C: 그게 뭔데

K: 그게 뭐냐면 + 그게 어 테킬라[멕시코 용설란 수액 발효 음료]와 라임

　　[작은 녹황색 과일]이야 + 또 다른 거 좀 넣고 +

C: 난 잘 모르겠는데

J: 소금 + 아니

K: 맞아 그리고 잔 가장자리에 돌아가면서 굵은 진짜로 굵은 소금

　　을 얹고서 소금 사이로 그걸 마시거든 + 어쨌든 맛있어

C: 난 한 번도 먹어 보지 못했는데

K: 그게 멕시코 음료야 + 완벽히 아름답고 + 진짜 그게 좋아

대학원 여학생인 세 사람의 토박이 화자들 사이에서, 1차적 상호작용
대화가 짤막한 발언기회가 번갈아 바뀌는 것으로 이루어져 있다. 이
짤막한 발언기회에서 가장 긴 발화가 다만 추가 정보를 진술하는 것
으로 이루어져 있다

"it's got the rough ··· salt, and you drink it through the salt, and it's whipped up somehow"
(굵은 소금을 얹고, 소금 사이로 마시거든, 어쨌든 맛있어)

만일 이와 같은 짤막한 발언기회를 이용하여 전달할 필요가 있는 바
를, (1.5)의 인용에서와 같이 영화 내용을 요약하는 일 또는 (1.6)에서
와 같이 의사에게 환자의 관련 병력을 요약하는 데에 필요한 일과 대
조를 이루는 내용과 서로 비교해 본다면, 긴 발언기회에서 화자에게
요구되는 바는, 짤막한 발언기회에서 화자에게 요구되는 바보다도 현
격히 더 많음이 즉시 분명해진다. 화자가 긴 발언기회에서, '말을 시작
하고,' 구체적 사례를 말하며, 농담을 하고, 어떤 것이 어떻게 작동되
는지를 설명하며, 위치를 정당화하고, 개인에 대하여 기술하고, 기타

등등을 하자마자, 화자는 자신이 말하고자 하는 바에 대하여 '의미 연결된'(coherent)[29] 정신 표상을 청자에게 만드는 데에 도움을 주어야 하고, 구조화된 발화 연결체를 만들 책임을 지고 있다. 화자가 말하는 바는 '통사 결속'이 이뤄지게 구조화되어야 한다. 화자는 자신이 누구에 대해 무엇을 이야기하고 있는지 분명히 해야 하고, 무엇이 일어났는지를 말하기 전에 관련 속성들을 밝혀 주어야 한다. 무언가에 대해 이야기하고 있다면, 화자는 관습적으로 사건이 언제 어디서 일어났는지, 그리고 일련의 사건을 말하기 전에 누가 주인공인지를 밝힐 것이다. 화자는 사건이 일어난 순서대로 일련의 사건들을 말할 것이고, 어떤 이유 때문에 이런 순서를 따르지 않는다면, 정상적이고 기본적 순서로부터 벗어난 점을 분명하게 언급해 주어야 한다. 다음 인용을 살펴보기로 하자.

---

29) [역주] 담화 또는 텍스트를 엮는 원리는 두 가지를 다룬다. 하나는 문장과 문장을 묶는 것으로서, 이를 '통사 결속'(cohesion)이라고 부른다. 통사 결속 기제는 핼러데이·하싼 (Halliday and Hasan, 1976), 『영어에 있는 통사 결속 기제(*Cohesion in English*)』(Longman) 에서는 다섯 가지가 다뤄졌다. 대명사를 중심으로 한 지시 표현, 문장들 사이에 낱말을 바꿔 이어 주는 낱말 사슬, 동일한 사건이 반복될 경우에 이용하는 대용 표현과 생략, 그리고 접속사이다. 가장 많이 쓰이는 것이 지시 표현과 낱말 사슬이다. 다른 하나는 통사 결속이 이뤄진 단위들을 대상으로 하여 새로 묶어 가는 것인데(가령 문단과 문단을 묶음), 이를 '의미 연결'(coherence, 일관성 부여)이라고 부른다. 의미 연결을 이루는 방식을 다른 말로 추론 방식으로도 부르는데, 고정된 언어 표현이 없다는 점이 특징이다. 추론 방식에서 제일 단순하며 가장 많이 쓰이는 방식은 두괄식 표현으로, 결론을 먼저 제시하고 이어 그 결론에 대하여 예증이나 논증을 하는 일이다. 아리스토텔레스 『수사학』에서 처음 다뤄진 삼단 논법도 자주 쓰이는 방식이다. 현대 학문에서 흔히 취하는 추론 방식은 '가설 연역적 접근'이라고 부른다.
　　최근에 언어 심리학에서는 이들이 모두 엮어 놓는 일이므로, 지엽적 연결(local coherence)과 전반적 연결(global coherence)이라는 용어를 쓰기도 한다. 그렇지만 cohesion(통사 결속, 문장 묶음)은 '언어 표현'과 '언어 표현'을 서로 묶는 관계이다. 반면에 coherence(의미 연결, 일관성 부여)는 '언어 표현'과 '배경지식'을 묶는 관계이다. 따라서 언어 심리학의 용어는 이를 드러내어 주지 못한다. 학교문법에서는 각각 응집성과 통일성으로 번역했지만, 핵심을 제대로 포착하지 못하였다. 문장과 문장을 묶고서 문단을 만들며, 다시 문단들을 묶어 나가는 것을 우리말에서는 흔히 글을 펼쳐 나간다(전개한다)고 말한다. 이와는 달리 응집(엉길 응, 모일 집)은 엉겨 한 점에 모아져 있다는 뜻이다. 이는 정반대의 방향을 가리킨다. 통일성이라는 말도 의미 연결이나 일관성 부여의 결과를 평가하여 나온 개념이므로, 직접적으로 coherence와 연관되지 않는다. 쿡(Cook, 1989; 김지홍 뒤침, 2003), 『담화: 옥스퍼드 언어교육 지침서』(범문사)를 참고하기 바란다.

(1.8) there were + some very very good houses rather old-fashioned but quite good houses + with very big rooms and that + and these were sort of better class people + people with maybe + minor civil servants and things like that you know that had been able to afford + dearer rents and that in those days you know + + but the average working-class man + the wages were very small + the rents would run from anything from about five shillings to + seven shillings which was about all they could've possibly afforded in those days ⋯

거기에 + 아주 아주 좋은 집들이 있었는데 상당히 고풍스런 모양새 였지만 아주 좋은 집들이었어 + 방들이 아주 컸고 그리고 말이야 + 그리고 이들은 일종의 상층 계층 사람이었거든 + 아마 사람들이 + 소수의 관리들이고 그런 가구들도 잘 알겠지만 비싼 전세금을 낼 수 있었던 가구들을 두고서 말이야 + 잘 알겠지만 당시엔 말이야 + + 허지만 일반 근로자 계층의 사람은 + 월급이 너무 작아서 + 전세금이 어땠었더라 아마 5실링쯤으로부터 시작됐었는데 + 아마 당시 낼 수 있던 돈이 전부 7실링까지였었거든 ⋯

이는 나이 든 사람이 말한 긴 발언기회인데, 자신이 어렸을 때 상황이 어떠했는지를 기억해 내고 있다. 그는 도시의 특정한 구역을 언급하였다. 계속해서 말하기를, 그 구역에 '아주 아주 좋은 집들이 있었다'고 하였다. 다시 그 집에 대한 몇 가지 속성들을 추가하였다. '상당히 고풍스럽지만 아주 좋은 집들이었고 큰 방들이 있었다'. 그러고 나서 그 집에 살던 소수의 관리들에 대해 말한다. 필수 가구들이 '비싼 전세 금을 + 낼 수 있었던' 사람들에 의해 공유되었다. 다시 그는 대조하여 말하기를, 그런 집에 거주할 수 있었던 사람들의 조건과 다만 '대략 5실링으로부터 + 7실링까지' 아주 작은 전세금을 지불할 수 있었던, 즉 아주 작은 월급을 받는 '일반 노동계층 사람'의 조건을 비교하였다. 이 인용에서 진행되어 나가는 구조를 합리적으로 포착하기가 쉽다.

그러한 구조는 결코 화자에 의해서 항상 분명하게 만들어지는 것만은 아니다. 도시의 그 구역의 인구가 어떠하였는지, 왜 그랬는지를 놓고서 결속이 이뤄진 표상을 만들려면, 이어지는 진술이 어떻게 함께 이어지는지에 대해, 청자가 스스로 어느 정도 작업을 해야만 한다. 이제 자신의 과거에 대해 기억해 내고 있는 다른 노인 화자의 더 긴 발언기회를 살펴보기로 하자.

(1.9) I was + I was only eh + I was seven when the First World War broke out + I can remember the First World War though + I can remember + soldiers marching up the Canongate you know + of course being a kid and + following the band and + you know thinking it was wonderful and I can remember soldiers coming home + with mud still on them and all that sort of thing + these are things that do stick in your memory

내가 + 내가 겨우 어 + 내가 일곱 살이었을 때 1차 대전이 일어났거든 + 허지만 난 1차 대전을 기억할 수 있어 + 기억할 수 있어 + 잘 알겠지만 군인들이 캐넌개잇 문까지 행진하고 있었고 + 물론 꼬마였으니까 + 군악대를 좇아가면서 + 잘 알겠지만 그게 굉장하다고 생각했거든 나는 집으로 돌아오는 군인들도 생각이 나지 + 아직도 옷에 진흙이 묻어 있고 그런 거 전부 말이야 + 이런 것들이 우리 기억 속에 깃들어 있는 거야

이 화자는 어린 나이인 일곱 살의 자신과 1차 세계대전의 발발을 관련지음으로써 얘기를 시작한다. 어린이였음에도 불구하고 1차 세계대전을 기억할 수 있음을 말하면서 이야기를 이어가고 있다. 그런 다음에 '캐넌개잇 문까지 행진하는 군인들'에 대한 기억을 예로 제시하고 '(7살 정도의) 꼬마였으니까 (군악대가 행진하는 군인들을 인도하는데) 군악대를 좇아가면서' '굉장하다'고 생각하였음을 언급한다. 그 뒤 아마

전쟁이 끝날 무렵에 '집으로 돌아오는 군인들'에 대한 다른 기억을 덧붙인다. 그러고 나서 '이런 것들이 우리 기억 속에 깃들어 있는 거야'라고 일반화해 놓는다. 이전의 화자가 도시의 특정 구역에서 그곳에 있는 집들과 그 집에 사는 사람들로 화제를 옮겨가면서 점차 주제를 줄여 나갔던 것처럼, 이 화자도 1차 대전의 기억에 관하여 일반적인 진술로 시작을 하고 나서, 행진하는 군인들과 군악대로 주제를 좁혀 나간다. 각각의 경우에 화자가 말하는 바에서 그런 구조를 포착하는 것이 어렵지 않다.

긴 발언기회의 세 번째 사례는 스코틀랜드 남동부 도시인 에딘브뤄 (Edinburgh) 일부 지역의 최근 변화를 놓고 촌평을 하는 젊은 여성의 이야기이다.

> (1.10) actually I was coming down the Grassmarket + today and + it's quite nice just now the Grassmarket since + it's always had the antique shops but they're looking — they're em become a bit nicer and they've got the fair down there too which is + the Grassmarket Fair on the left hand side + it's an open-air market + er not an open-air market it's an indoor market on the left-hand side you know
> 사실 나는 그뢰스마킷 쪽으로 내려가고 있었거든 + 오늘 그리고 + 요즘은 막 아주 좋아졌는데 그뢰스마킷 말이야 왜냐면 + 언제나 골동품 가게들이 있었지만 가게가 어때 보이냐 하면 — 음 조금 더 멋있게 되었고 그러고 거기에서도 전시회를 갖거든 + 왼쪽 편에 있는 그뢰스마킷 전시회 말이야 + 야외시장인데 + 어 야외시장이 아니고 잘 알겠지만 문 안쪽 왼쪽에 있는 시장 말이야

그녀는 먼저 무엇에 대해 얘기하는지를 확인한다. 그뢰스마킷이고, '내가 오늘 그쪽으로 내려가고 있었거든'이라고 하여 그 시장에 대해 의견을 말할 자격을 스스로 부여한다. '(일반적으로) 요즘은 막 아주

좋아졌는데, (특정적으로) 언제나 골동품 가게들이 있었지만'이라 하면서 몇 속성을 제공하고 있다. 골동품 가게에 몇 속성을 추가한다. '허지만 가게들이 어때 보이냐 하면, 조금 더 멋있게 되었고'라고 한다. 그러고 나서 '거기에서도 전시회를 갖거든'이라고 하면서 그뢰스마킷에 대한 정보를 덧붙여 준다. '전시회'를 '왼쪽 편에 있는 그뢰스마킷 전시회'라고 더 자세히 밝히고 있다. '전시회'에 대한 추가 정보로서 '야외시장'이라고 덧붙이면서, 자신이 잘못 말하였음을 깨닫고 스스로 고치고 놓는다. 다시 말하자면, 약간 상호작용에 초점이 놓이지 않은 이 이야기에서도 어떤 구조를 인식할 수 있다. 구조화되지 않은 진술들이 단순히 열거 방식이 아니라, 긴 발언기회를 필수적으로 밑바탕에 깔고 있는 구조이다.

그러한 긴 발언기회를 구성하는 능력은 개인마다 다르며, 단언컨대 부분적으로 긴 발언기회를 만들어야 하는 기회에 달려 있겠지만, 다른 사람들이 듣기가 따분할 수도 있다. 우리의 주장은, 분명한 정보가 전달되는 긴 정보 전달의 발언기회를 만들어 내는 능력이, 자동적으로 모어를 쓰는 모든 토박이 화자들에 의해 획득되는 능력이 아니라는 것이다. 그 능력은 적절한 모형을 세워야 하고, 적절한 연습과 반복을 필요로 하는 능력이다. 최근 영국의 여러 조사에서 고용주·잠재적 고용주·국세청·사회보장국, 그리고 다른 관청들에 의해 평가가 내려졌는데, 특히 16살에 학업을 포기하고 떠나는 고교 중퇴자들 대다수가 '발음이 불명료하다'고[30] 한다. 우리는 이 사실이 긴 발언기회에서 정보 전달을 효과적으로 성공시키지 못하는 것을 의미한다고 가정하겠다. 자신의 병력을 서술하는 환자(인용 1.6)와 제4장에서 우리가 인용하는 많은 사례들이, 정보 전달의 긴 발언기회에서 정보를 주고받는 데에 부분적으로 실패한 경우를 예증해 준다.

이런 발견이 외국어 교육에 어떻게 영향을 미칠까? 만일 토박이 영

---

30) [역주] articulate은 소리를 만들어 내는 것이다. 이 반대 상황이 inarticulate이다. 따라서 입 속에서 우물거리거나 또는 알아들을 수 없도록 발음을 흐리는 것을 가리킨다.

어 화자의 대다수가 긴 발언기회에서 정보를 효과적으로 주고받는 데에 어려움을 겪는다면, 다른 언어의 토박이 화자들도 동일한 어려움을 겪을 가능성이 있다고 가정하는 것이 합리적인 듯하다. 영어 교과과정에 있는 요구사항의 하나가, 영어를 이용하여 효과적으로 정보를 전달하는 것이라면, 이 문제에 대한 가장 만족스런 반응은, 외국어로써 이 인지상의 복잡한 과제를 수행하도록 요구하기에 앞서서, 학생들에게 자신의 토박이말로써 이런 정보 전달의 모습을 효과적으로 말하도록 훈련시키는 것이 우선이 되어야 할 것이다.

그러나 한 가지 유의해야 할 점이 있다. 교사는 단순히 학생들로 하여금 짤막한 발언기회를 만들도록 훈련시킴으로써, 저절로 긴 발언기회를 만족스럽게 수행하는 것이 아니라는 사실을 깨달아야 한다. 언어교육 분야에서 현재 유행하고 있는 것은, '말하기 행위'의 범주의 용어로써 '의사소통적'이거나 '기능상' 가벼운 것으로 간주되는, 짤막한 발언기회의 형식 및 기능에 특별히 관심을 기울이는 것이다. (외국어) 언어교육의 초기 단계에서는 뛰어난 향상일 듯한데, 모든 문화에서 언어 기술을 정상적으로 습득하는 것을 반영해 주는 듯한 향상이라는 점에서 그러하다. 그렇지만 분명해져야 할 것은, 교과과정 내내 전적으로 짤막한 발언기회에만 집중하는 것은, 오직 (1.7) 인용에서 예시한 종류의 대화에만 참여할 수 있는 화자를 만들 것이다. 사실상 완벽한 문장으로 말해진 '이야기 행위'만 다루는 일부 수업에서의 요구를 심각하게 받아들인다면, 그런 종류의 대화에 외국인 화자는 참여할 수 없게 되고, 다음 인용에서 그려진 아주 연극적 대화만 수행하게 된다 (≒참된 실생활 대화를 익히는 데에는 전혀 도움이 되지 않는 사례임).

(1.11) A: (greets B) Good morning.

   B: (greets A) Good morning.

   A: (requests) Might I possible borrow your garden fork?

   B: (agrees) Yes. (warns) It's rather heavy.

A: (accepts) Oh. (thanks) Thank you very much.
   (apologies) I'm sorry I stuck it in your foot.
B: (accepts apology) That's all right. (generalises) I'm used to it.
   (warns) Careful you don't do it. (exclaims) You have! (offers)
   Can I lend you some iodine?
A: (accepts) Yes, please. (thanks) Thank you.
A: (B에게 인사하면서) 안녕하십니까.
B: (A에게 인사하면서) 안녕하십니까.
A: (요구하면서) 댁의 정원 쇠스랑을 제가 빌릴 수 있겠습니까?
B: (동의하면서) 예. (경고하면서) 그것이 꽤나 무겁습니다.
A: (받아들이면서) 아. (고마워하면서) 정말 고맙습니다.
   (사과하면서) 미안합니다. 쇠스랑을 발에 닿게 했습니다.
B: (사과를 받아들이면서) 괜찮습니다. (일반화하면서) 저는 늘 그
   렇습니다. (경고하면서) 조심해서 그렇지 않게 하십시오. (감탄
   하면서) 이미 그러셨습니다! (제안하면서) 제가 요오드 소독제
   를 좀 빌려 주시겠습니까?
A: (받아들이면서) 예, 그러겠습니다. (고마워하면서) 고맙습니다.

짧막한 발언기회를 가르치는 데 따른 관심은, 아주 자연스럽게 언
어교육에서의 전통적 관점으로부터 야기된다. 전통적 관점에서는 학
생에게 숙달토록 요구하는 유일한 구조가 문장이다. 최근에 주목받는
초점이 문장의 형식으로부터 언어 수행에 사용될 수 있는 기능으로
옮겨졌다. 이는 확인된 사회적 자극(요구)에 올바르게 반응하면서 짧
막한 발언기회에서도 올바른 문장을 만들어내는 학생들을 길러 낼 수
있을 것이다. 그러나 짧막한 발언기회만 만들어 본 학생들이 외국어
를 말하려고 애쓸 경우에 많은 좌절을 겪게 될 것임이 분명하다. 학생
들은 기본적인 상호작용 기술을 획득하고 나서, 정보나 서비스 등을
요구할 수 있게 해 주는 언어 형식을 갖게 될 가능성이 있다.[31] 그러

나 외국어로 '학습자 자신을 표현하게' 해 주는 많은 수업에 표현된 목적과는 사실상 아주 멀리 떨어져 있다. 제2장과 제4장에서 이 문제를 다루게 된다.

1.4. 입말 모형과 적합성

글말을 가르치는 기쁨 가운데 하나는, 거의 모든 종류의 글에 대해 (어떤 종류의 글이라도) 좋은 모형을 쉽게 제공할 수 있다는 점이다. 서로 다른 목적을 위해 만들어진 텍스트의[32] 모형이 제공될 수 있고, 서로 다른 목적을 위해 만들어진 문장 모형이 제공될 수 있다. 각각의 경우에, 모형은 그것에 바탕 삼아 학생이 자기 자신의 것을 지어 내는 데에 도움을 주는 것이다. 학생이 해당 모형을 신중히 베껴 낸다면,[33]

---

31) [역주] 이 책의 저자들은 묵시적으로 상호작용 의사소통이 더 쉽고 더 일찍 터득한다고 가정하고 있다. 따라서 이런 의사소통은 굳이 학교 교육에서 과제들을 통해 가르칠 필요가 없는 듯이 치부한다. 그렇지만 이런 가정은 어디에서도 지지되거나 확인된 바 없다. 오히려 상대방과의 원활한 의사소통을 엮어 나가는 일은 좀 더 어려운 것일 개연성이 높다. 뒤친이는 정보 전달의 의사소통뿐만 아니라 상호작용 의사소통도 같이 학교 교육에서 가르쳐져야 옳다고 본다.

고프먼(Goffman, 1967; 진수미 뒤침, 2013), 『상호작용 의례: 대면 행동에 관한 에세이』(아카넷)에서 제1장 체면(face)의 문제, 그리고 제2장 상대를 대접하고(deference) 내가 처신하는(demeanor) 연극적 또는 상호작용 의례적 문제를 다룬 글을 읽어 보기 바란다. 클락(Clark, 1996; 김지홍 뒤침, 2009), 『언어사용 밑바닥에 깔린 원리』(도서출판 경진)에서는 의사소통의 원리를 상징적 상거래(또는 공평성) 원리와 체면의 원리로 대분하고, 후자를 다시 상대방의 자율성과 자존심을 높이거나 낮추는 하위 개념으로 나누었다. 이런 상호작용 원리들을 구체적인 대화 사례들을 분석하고, 다시 산출하는 연습을 통하여 학습자들이 직접 체득하는 일이 학교 교육에서 중요한 몫이 되어야 한다. 소위 이런 상호작용 원리들을 제대로 현장의 의사소통에서 잘 파악해 내고 잘 구사할 적에라야 우리 문화에서는 비로소 '사람이 되었다'고 평가를 받아 왔다.

32) [역주] text(어원은 '옷감 따위를 짜다, 얽어 엮다')는 문장들을 모은 것, 즉, 문장들의 집합이다. 문장들 사이에는 통사적인 결속 관계(cohesion)와 의미상의 연결 관계(coherence)가 있어야 한다. 곧, 조리 갖추고 짜임새 있게 이어져 있는 일련의 문장들의 더미를 '텍스트'라고 한다. 이런 정의에 따라 텍스트는 쓰여 있는 글감만 가리키는 것이 아니라, 입말 덩어리도 가리키게 된다.

33) [역주] 이른바 '전범'(영어로는 canon)으로 불리는 이미 쓰여진 글들이다. 우리 문화 전통에서도 조선 시대에 과거 시험의 급제(주로 진사 시험)를 위하여 자주 읽었던 좋은 글들을 모아 놓은 책들이 있는데, 『문선』, 『고문 진보』, 『동문선』 등이다. 이런 흐름이

교사는 학생에게 지어낸 것이 '옳다'고 말하게 된다.

'올바름'(correctness)이라는 이 편리한 개념은, 입말 교육에 적용할 적에 상당한 정도로 덜 분명하다. 토박이 입말이

'언어능력(competence) : 언어수행(performance)'

의 구별에서34) 언어수행 축을 아주 명백히 반영하기 때문에, 외국 학

그대로 광복 뒤에 국어 교과서를 편찬할 때에 반영되어, 국어 교과서는 좋은 글들을 모아 놓은 전범이 되어야 하는 것처럼 착각하였다. 한 시대의 글은 그 당시 상황에 걸맞은 순기능을 하였겠지만, 시대와 상황이 달라진다면 그런 순기능보다 오히려 역기능이 더 많아질 수 있다. 오늘날 누가 양주동의 어렵고 현학적인 글을 읽히려고 하겠는가? 글이든 말이든 어떤 전달 수단을 택하든지 간에 중요한 것은 마주하게 될 청자와 독자의 반응을 예상하거나 고려하면서 말을 산출해 내어야 하는 것이다. 이런 측면에서, 더 낮은 학년의 학습자가 쓴 글을 일관된 의미가 드러나도록 고쳐 보는 기회도 학습자들의 언어 사용의 자각에 중요한 몫을 하는 학습자료가 된다. 언어 자각 운동은 뒤의 역주 38)을 보기 바란다.

34) [역주] 생성 문법을 이끌어 온 촴스키(Chomsky, 1928~) 교수의 용어이다. 흔히 언어 능력이 소쉬르의 랑그에, 언어 수행이 파롤과 대비되지만, 나란히 서로 대립되는 두뇌 부서가 아니다. 언어 능력을 이용하여 언어를 직접 산출해 내려면 여러 층위의 정신작용이 동시에 작동해야 하기 때문이다. 도구로서의 언어와 이 도구를 이용하는 주인으로서의 언어 사용은 층위가 서로 다르다. 언어 사용이 더 복잡다단한 정신작용으로 이뤄지기 때문이다. 생성문법 쪽에서는 언어수행에 관련된 연구가 거의 없으며, 또한 그 쪽의 관심거리도 아니다. 순수 또는 형식 언어학과는 달리, 오히려 언어를 갖고서 일을 하고 삶을 살아가는 모습들을 심층적으로 드러내기 위하여, 미시사회학(또는 상징적 상호작용 사회학), 언어 심리학, 담화 교육 쪽에서 언어를 사용하는 일과 관련된 실질적인 업적들이 온축되어 있다.

가령, 가장 먼저 작동해야 하는 단계인 '의사소통 의도'를 결정하는 과정만 하더라도 간단치 않다. 언어 교육에서는 흔히 상대방과의 정보간격과 공통 기반을 가늠한 뒤에 의사소통 가치가 있다고 판단되는 것을 중심으로 의도를 결정하게 된다. 이런 결정 과정이 베이즈(Bayes) 모형에 따라 이뤄진다고 보는 쪽도 있고, 이와는 달리 카느먼·스로빅·트버스키(Kahneman, Slovic, and Tversky, 1982; 이영애 뒤침, 2001), 『불확실한 상황에서의 판단』(아카넷)에서 주장한 주먹구구식 어림치기(heuristics)로 이뤄진다고 주장하는 쪽도 있다. 어떤 방식으로든 신속히 의사소통 의도가 결정되면, 다음 단계로 표현 방법의 선택이 이뤄져야 한다. 직접 표현 방법과 간접 표현 방법이 있는데, 후자는 다시 우회적 표현 방법과 비유적 표현 방법으로 나뉜다. 이런 선택 뒤에 비로소 실제 언어 표현을 머릿속에서 구성하게 되며, 이것이 입을 통해 발화된다. 그 발화도 또한 스스로 점검하는 과정에 의해서 1차적으로 평가되고 걸러지며, 다시 상대방의 반응을 파악하면서 화자 자신이 내보내었던 언어 표현에 대하여 스스로 평가하는 것이다.

이런 언어의 산출 과정에 대한 심리학 연구는 1980년대 중반에서부터 크게 연구가 진작되어 왔다. 촴스키 교수의 '언어능력 : 언어수행'의 대립 개념은 이런 복잡다단한 언어 산출 과정을 제대로 알 수 없었던 1960년대에 만들어졌던 용어이다. 따라서 언어

습자에게 어떤 종류의 입말 모형을 적합하다고 판단하고서 제공할지
는 전혀 분명치 않다. 입말은 화자에 의해 만들어지는 말실수, 오류,
불완전성의 사례를 드러낸다. 시간상 산출 압박감으로 화자가 '지금'
말하고 있는 바를 막 말해 온 바와 일치시키려고 애쓰면서

'지금-그리고-여기'(here-and-now)

이야기를 하게 된다.[35] 동시에 다른 한편으로 화자는 무엇을 말해야
하는지에 대해서도 머릿속에서 준비하는 작업을 해 나가야 한다. 분
명히 외국 학생에게 불완전한 문장을 만들도록 가르쳐서는 안 된다.
교사는 어떤 만족스러운 합의점을 만들어 내어야 한다. 아마도 초기
단계에서 학생들에게 곧장 모방할 모형으로서, 교사에 의해 만들어진
짧고 완벽한 문장들과 구절들이 제공될 수 있다. 학생이 그런 모형
구절 및 문장들을 '대화' 연습에서 재생하려고 노력할 경우, 학생이
토박이 화자에 의해 만들어지는 종류의 쪼가리 문장, 불완전한 구절
들은 만들어 내더라도, 중간에 끼어들어 교정을 받지 않도록[36] 하는

가 사용될 적에 실체적으로 인간의 두뇌 부서가 작동하는 방식들을 전혀 포착해 줄
수 없다. 언어 산출 과정에 대한 자세한 소개는 부록에 있는 뒤친이의 글을 읽어 보기
바란다. 또한 연산주의 가정 위에서 언어 산출 과정을 다루는 르펠트(Levelt, 1989; 김지
홍 뒤침, 2008), 『말하기: 그 의도에서 조음까지 I, II』(나남)를 읽어 보기 바란다.

35) [역주] 흔히 이를 입말이 지닌 현장 중심의 특성으로 부른다. 그렇지만 입말로 의사소통
을 해 나가는 동안에 계속 다른 주제나 소재를 도입함으로써 그런 현장성은 유지되지
않고 다른 상황들에 대하여 의사소통 참여자들이 간여하게 된다. 스텐퍼드 대학 심리
학과의 클락(H. Clark, 1940~) 교수는 클락(1996; 김지홍 뒤침, 2009), 『언어사용 밑바
닥에 깔린 원리』(도서출판 경진)에서 이를 새로운 층렬(layer)의 도입이라고 부른 바
있다. 서로 얼굴을 마주보고 있는 현장 상황(늑현장 층렬)에서 새로운 시간과 공간 속
에서의 사건들을 언급하는 새로운 층렬(늑가상 층렬)이 여러 겹 도입되더라도, 의사소
통 참여자들은 그런 층렬 속의 사건들을 좇아가다가 필요하다면 곧장 현장의 상황으로
되돌아올 수 있는데, 이를 포착하기 위하여 클락 교수는 '상상의 원리, 식별의 원리'(번
역본의 557쪽)를 도입한다.

36) [역주] 언어교육에서는 흔히 실수(mistake)와 오류(error)를 구분한다. 실수는 화자의
부주의 때문에 저질러진다. 그렇지만 오류는 잘못된 지식이나 지식 결여로 인하여 생
겨난다. 고쳐 주는 일에서 실수에 대해서는 너그러이 넘어갈 수 있겠지만, 오류는 학습
자의 체면이 손상되지 않는 범위에서 잘 가르쳐 주어야 옳다. 오류는 현재 학습자의
언어에 대한 자각(language awareness)과 언어 사용 능력의 결손 때문에 생겨나는 것이

것이 합리적일 듯하다. 학생은 토박이 화자들이 얘기하는 것을 들을 때에, 자발적으로 만들어진 말을 듣고 있는 대부분의 시간 동안, 학생이 자신의 토박이말로 이야기하는 듯이, 외국어 화자들도 우리들처럼 이야기를 한다는 사실을 깨달아야 한다. 외국어 화자도 완결되고 완벽히 형성된 문장의 이상적 연결체를 만들지 않는다. 상대방과 의사소통하기 위하여 말을 능숙하게 탐구하며 사용하고, 의사소통을 진행해 나가면서 자신들이 말하는 바를 만들어 낸다.

때때로 영어를 외국어로 말하는 화자들 가운데 특히 북유럽 화자들이 완전한 문장을 만들어 내고 분명하게 발음하기 때문에,37) 토박이 영어 화자에 의해 말해지는 것보다도 '더 완벽한' 말을 한다고 언급된다. 영국의 일간지 '수호자'(The Guardian)의 최근 사설을 보면, 러시아 화자들이 쓰는 영어에서 바로 이 점을 언급하였다. 그 사설에서 러시아 화자들이 외국 사람이라고 말할 수 있는 유일한 길은,

그들이 영어를 그렇게 '완벽하게' 말하였기 때문에 그러하다
(because they spoke English so 'perfectly')

고 하였다. 그렇게 '완벽한 영어'로 말하는 외국인 화자에 의해 말을 전해 듣는 토박이 화자라면 다음처럼 느낄 듯하다. 미리 여러 번 생각해 온 내용을 놓고서 격식을 갖추고 자세하게 말하는 공적인 모임에 참여한 청중처럼 느끼며 그 외국인의 말을 들을 법하다. 그런 언어는

므로, 이런 것들을 알려 주거나 스스로 터득하도록 관련된 자료들을 내어 주는 것이 올바른 처방이다.

37) [역주] 기술언어학자 파익(Pike, 1945), 『음운학(*Phonemics*)』(University of Michigan Press)에서는 세계 언어를 크게 둘로 나누었다. 하나는 강세 박자(stress-timed 강세로 시간을 재는) 언어이고, 다른 하나는 음절 박자(syllable-timed 음절로 시간을 재는) 언어이다. 영어는 강세 박자 언어에 속하며, 악센트를 어떻게 놓느냐에 따라 품사도 달라지기 일쑤이며, 강약들이 이어져 있기 때문에 음절 박자 언어를 쓰는 사람들에게는 또렷이 들리지 않을 수 있다. 불어나 독어 그리고 한국어는 음절 박자 언어에 속한다. 이 지적은 음절 박자 언어를 쓰는 화자가 강세 박자의 언어를 듣는 과정에서 생겨날 수 있다. 제3장의 역주 30)도 참고하기 바란다.

격식상으로 보아 올바를 수 있다. 그렇겠지만 분명히 부적절하다. 많은 영어 토박이 화자들의 반응은, 아마 공적인 모임에 참여한 청중이 그러하듯이, 여러분에게 말을 하고 있는 사람한테서 거의 친밀감을 느끼지 못한다고 말하는 편이 합리적일 듯하다. 고급 학습자를 위한 수업에서, 모든 상황에서 '정확성'에 대한 비합리적인 '비-토박이'(러시아 사람과 같은 외국인) 표준을 요구하기보다는, 오히려 서로 다른 맥락 상황마다 적합한 이야기 모형의 범위를 구체적으로 과제를 통해 노출시켜 주는 데에 초점을 모으는 것이 좀 더 합리적일 듯하다.

외국어로 말할 적에 '정확성'을 크게 강조하는 교육제도를 놓고서 추론을 해 본다면, 다만 상대적으로 소수의 예외적 능력을 지닌 개인만이 완벽히 '정확하고' '완전한' 형태를 만들어 내면서 대화를 수행해 나가는 능력을 획득하기 때문에, 많은 학생들이 스스로 실패자라고 여긴다는 점일 것이다.[38]

---

38) [역주] 흔히 도구로서의 언어는 퍼어스(C. Pierce, 1839~1914)의 기호 모형에 따라 형식과 내용의 결합체(비자연적, 관습적, 사회적, 상징적, 자의적 결합)로 간주한다. 형식은 소리에서 낱말과 낱말들을 묶어 문장으로 만드는 규칙을 가리킨다. 내용은 각 형식 단위들마다 결합되는 인간 기억 속의 경험 내용이나 의미를 가리킨다. 목표언어가 외국어나 제2 언어일 경우에, 초보자의 목표와 중급 수준 이상의 학습자들이 지닌 목표는 달라지게 마련이다. 초보자일수록 목표 언어의 형식을 정확히 익힐 필요가 있다. 이것이 정확성 기준이 요구되는 이유이다. 그렇지만 수년 동안 목표 언어를 익혔다면 어느 정도 그 형식에 대한 자각을 하고 있을 것이므로, 목표가 달라질 필요가 있다. 이를 흔히 유창성 또는 능통성 기준이라고 부르는데, 그 초점이 내용 쪽에 모아져 있다. 더 상급 수준의 학습자들에게는 언어 사용에 따른 여러 전략들을 연습시킬 필요가 있는데, 여기서 이용되는 것은 참된 실생활 담화 자료들이다.

제2 언어로서 영어를 가르치는 사람들은 모어 또는 모국어에서 목표 언어인 외국어나 제2 언어를 배울 경우에, 모어에 의해 간섭받아 잘못 산출되는 것들을 셀린커(Selinker, 1972), 「Interlanguage」, 『국제적인 응용언어학 평론(*International Review of Applied Linguistics*)』제10권 3호(209~231쪽)에서는 [미완성의] 중간언어(inter-language)라고 부른다. 의사소통 중심 언어교육(CLT)에서는 1980년대부터

ㄱ 호킨즈(Hawkins, 1987 개정판), 『언어 자각: 입문(*Awareness of Language: An Introduction*)』(Cambridge University Press),

ㄴ 페어클럽 엮음(Fairclough, 1992), 『비판적 언어 자각(*Critical Language Awareness*)』(Longman),

ㄷ 제임스·게륏 엮음(James and Garrett, 1992), 『교실 수업에서 언어 자각(*Language Awareness in the Classroom*)』(Longman),

ㄹ 뷘리어(van Lier, 1996), 『언어 교육과정에서의 상호작용: 언어 자각·자율성·참된 실생활 자료(*Interaction in the Language Curriculum: Awareness, Autonomy, and Authenticity*)』(Pearson Education)

등에서 보듯이 학습자들이 스스로 목표 언어에 대한 자각을 불러일으키도록 장려한다.

수업의 내용을 결정하는 데에, 외국어를 배우고 있는 학생의 동기가 무엇인지를 생각하는 것은 가치가 있다. 대부분의 학생이 외국어를 아주 잘할 수 있기를 희망한다. 그렇지만 자신의 문화적 뿌리(identity, 정체감)를 존속시키는 듯하다. 이는 무엇이 그들에게 말해졌는지를 아주 쉽게 이해하고 싶어 한다는 뜻으로 해석될 수 있다. 당연히 잘 알아듣기에서는 많은 훈련을 요구할 것이다. 입말 산출에서 이는 1차적 상호작용 '잡담'에서 짤막한 발언기회를 취하는 것으로부터 시작하여, 더 긴 정보 전달용 발언기회를 취하는 것에 이르기까지 능력 범위를 스스로 잘 통괄해야 함을 의미한다.

독자들이 이 책에서 자주 보게 될 토박이 화자 이야기 녹취 기록으로부터 보게 되듯이, 토박이 화자는 비교적 입말에서 완전하고 정확한 문장을 거의 산출하지 않는다. 그렇다면 그렇게 하는 것이 아주

이런 개념을 슈밋(Richards Schmidt, 1990)은 '주목하기'로 부르고, 스미쓰(Sharwood Smith, 1981)의 '자각 일깨우기'로 부르는데, 여기서는 자발적이고 능동적인 언어 학습 모형을 다음 단계를 거쳐 일어난다고 가정한다.

"입력물 → 주목하기(noticing) → 자각 일깨우기(awareness) → 섭취물(intake) → 산출물"

이런 흐름에서는 무엇보다 중요한 것이 학습자들에게 제공되는 입력물, 즉 과제 연속물이다. 이 점을 부각시켜 최근 일련의 과제 연속물을 구성해 가는 흐름을 과제 중심 언어교육(Taske-based Language Teaching, 이하 TBLT로 줄임)이라고 부른다. 유대계 러시아 심리학자 뷔고츠키(Vigostky, 1896~1913)의 근접 발달영역(zone of proximal development)의 개념을 응용하여, 미국 제2의 언어 교육학자 크뢰션(Krashen, 1985)에서는 이해 가능한 입력물 가정(comprehensible input, 또는 i +1 단계의 자료)을 주장하였다. 또한 캐나다 언어 교육학자 스웨인(Swain, 1985)에서는 학습자들의 정확도를 높여 주기 위하여 또한 이해 가능한 산출물(comprehensible output)을 만들어 내도록 강조하여 큰 향상을 이뤘음을 보고한 바 있다. 이런 언어 교육의 모형에서는 학습자들이 목표 언어를 배워 나갈 때에 반드시 거치게 되는 미완성의 '중간 언어' 단계가 있다. 따라서 학습자들에게 이런 사실을 잘 주지시켜 주면 스스로 실패자로 낙인찍지 않을 것이고, 계속 분발할 수 있을 것이다.

한국인이 영어를 목표 언어로 배울 경우에 나타나는 중간 언어 사례를 들면 다음과 같다. 예를 들어, 한국어에서는 명사를 수식하는 말을 여러 개 쓸 경우에 연결어미 '-고'를 쓴다(착하고 예쁜 영이; ??착한 예쁜 영이). 영어는 이런 경우에 결코 and라는 접속사를 쓰지 않는다(honest, pretty Mary; *honest and pretty Mary). 만일 한국어 문법의 영향으로 잘못된 '*honest and pretty'라는 표현을 썼다면, 이것이 중간 언어가 된다. 영어는 더 내재적이고 본질적인 속성을 명사에 더 바짝 붙여 표현하는 것이다. 그렇지만 차츰 이런 표현이 영어 문법에 없음을 깨닫고서, 목표 언어로 수식 구조를 만들 경우에 주의하도록 일깨워 준다면, 점차 영어다운 영어를 구사하게 된다. 이런 점 때문에 목표 언어 학습은 곧 미완의 중간 언어를 점차 줄여가는 것으로도 언급된다.

이국적으로 들리게 만들기 때문에, 외국인 학생들에게도 언제나 그렇게 하도록 강요되지 말아야 하는 것이 합리적일 듯하다. 입말 산출에서는 아마 어떤 일정한 수준을 넘어서게 되면, 학생들이 자신의 발음을 더 나아지게 만들려고 개선하려는 동기를 많이 가지게 되지 않음을 의미한다. 대부분의 학생은 '말하는 방식'을 자신의 개인적이고 문화적인 뿌리와 같이 생각한다. 영국에서 20년이나 30년을 살고 있는, 영어를 말하는 많은 외국인 화자들은, 바로 거의 완벽하게 영어를 알아듣는다. 다만 자신의 모어에 영향을 받은 외국 억양을 많든 적든 여태 보존하는 점만 제외한다면, 모든 측면에서 바로 거의 완벽하게 영어를 산출한다. 그렇게

불어, 폴란드 어, 헝가리 어, 인도 서부의 구즈라티(Gujarati) 어

의 많은 화자들은 발음만 제외하고서 모든 측면에서 토박이 화자처럼 말을 산출하기를 바란다. 그들은 자신의 뿌리를 유지하여, 예를 들면 웨일즈 사람이나 잉글런드 사람으로 간주되기보다는, 품위 있는 영어를 구사하는 프랑스 화자로 알려지기를 희망한다. 물론 다양한 언어에서 종종 드물게 소수의 개인이 뛰어난 흉내꾼으로서, 토박이를 빼닮은 발음을 재빠르게 수용하기도 한다. 그들은 탁월하고 잠재적으로 숨겨진 재주꾼이다. 그런 사람들은 일반 교육제도와 아주 무관하게 이런 능력을 지닐 수 있는 것으로 보인다. 이런 종류의 수행이 교육제도에 의해 설정된 목표가 되어야 한다고 가정하는 것은 합리적이지 않다. 왜냐하면 대부분의 교사와 학생이 모두 자신이 실패자라고 느끼면서 시간을 보내게 될 것이기 때문이다. 더 합리적인 접근은 '정확성'에 대해 더욱 느슨한 태도가 채택되는 것일 듯하며, 더욱 많은 학생이 성공을 얻어낼 수 있는 것일 듯하다.

1.5. 적합성: 무엇이 가르쳐질 수 있을까?

비록 상대적으로 문학처럼 주요 예외 및 연애편지처럼 상대적으로 소수의 상호작용이라는 예외가 있지만, 우리는 글말의 1차적 기능이 정보를 전달하는 '정보 전달'이라고 언급하였다. 이에 맞서서 입말의 1차적 기능이 사교적 관계를 수립하고 유지하기 위한 상호작용이라고 말하였다. 그렇지만 입말의 또다른 1차적 기능에 정보를 전달하는 정보 전달 기능도 있다. 이런 기능을 〈그림 1.1〉처럼 나타낼 것이다.[39]

〈그림 1.1〉 언어 기능의 두 끝점

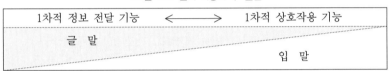

입말이 대체로 '1차적 상호작용 기능' 아래 놓여 있지만, '1차적 정보 전달 기능' 아래에서도 또한 아주 또렷이 그 몫이 두드러짐에 주목하기 바란다. 이미 지적되었듯이 이런 기능에서는 종종 입말이 메모 쪽

---

39) [역주] 흔히 언어 기능을 언급할 경우에 야콥슨(Jakobson, 1961), 「언어학과 시학」에서 다루었던 구조·기능적 요소들을 받아들이는 것으로 만족하는 경우가 있다(신문수 엮고 뒤침, 1989, 『문학 속의 언어학』, 문학과 지성사; 권재일 엮고 뒤침, 1989, 『일반 언어학 이론』, 민음사에 번역되어 있음). 특히 국어교육 전공자들이 케케묵은 주장을 맹종하는 경향이 있다. 발신자(감정 표시 기능), 수신자(명령 수행 기능), 상황(지시 기능), 전달내용(시적 기능), 접촉(친교 기능), 부호(상위 언어 기능)라는 6가지 요소마다 고유한 기능을 부여해 놓은 글이다.
　그렇지만 의사소통 중심 언어교육(CLT)을 수행하려는 연구자들 사이에서 이런 기능들이 너무 복잡할 뿐만 아니라, 또한 거의 언제나 여러 기능이 겹쳐 나오기 때문에 적절치 못하다는 비판이 일찍부터 제기되었다. 그렇다면 의사소통의 기능을 대분할 적에 어떤 기능으로 나눠야 하는 것이지 대안이 제시될 필요가 있다. 그 대안이 바로 위의 그림이다. 여기에서도 두 기능이 서로 겹칠 수 있음에 유의하기 바란다. 그런 까닭에 수식어를 붙여 '1차적'이라고 말하고 있는 것이다. 이 개념은 2014년 현재도 그대로 받아들여 쓰이고 있다. 리틀우드(Littlewood, 1981; 안미란 뒤침, 1981: 제4장, 제5장), 『의사소통 교수법』(한국문화사)와 브롸운·율(Brown and Yule, 1983), 『담화 분석 (*Discourse Analysis*)』(Cambridge University Press)을 참고하기 바란다.

지를 적어 두는 일, 즉 글말을 이용하는 일과도 연결되어 있다.

언어교육에서는 자신의 모어에서40) 1차 상호작용(사교적) 이야기의 본질에 대해서 학생이 배우는 바의 대부분은, 외국어로 전달될 수 있다고 가정하는 것이 합리적인 듯하다.41) 그렇게 말을 주고받는 일에 대해서는, 우리의 '지식'이 의식 수준 아래에 통제되기 때문에, 자신의 모어에서 무엇이 일어나는지에 대해 학생이 관심을 갖게 만들 필요가 있다. 학생의 모어에서 무엇이 진행되고 있는지를 놓고서, 녹음물을 분석하면서 듣는 일은, 목표 언어에서 비슷한 녹음물을 듣는 데에 가치 있는 전주곡이 될 수 있다. 1차 사교적인 의사소통에서 학생이 만들어 내는 바의 대부분은, 대체로 직접 학생 자신의 모어 경험 위에서, 그리고 듣기 수업에서 학생이 듣는 녹음물상의 모형으로 만들 수 있다.

1차 정보 전달의 입말에서는 문제가 달라진다. 앞에서 이미 예시하였고, 제4장에서 더 상세히 예시하겠지만, 많은 토박이 화자들이 '확장된 정보 전달용 발언기회'를 통괄하는 데에 특정한 어려움을 겪게 된다. 토박이 화자의 수행은 연습에42) 의해 개선될 수 있다. 외국어의

---

40) [역주] 우리는 민족과 국가가 크게 서로 다르지 않기 때문에 나라 국(國)을 써서 '모국어'로 번역하기도 한다. 아마 우리처럼 부계 사회에서는 조상 조(祖)를 쓰는 것이 일관된 조어 방식일 듯하다(조국어). 그런데, 실제에서는 소수 민족들로 이뤄진 국가도 많으며, 민족 개념과 국가 개념이 서로 일치하지 않는 경우가 많다. 이런 점을 고려한다면, 젖먹이 때부터 어머니와 상호작용하면서 계속 익혀 왔던 말을 '모어'(mother tongue)라고 부르는 것이 더 낫다. 생성문법에서는 '엄마 말투'(motherese)라는 낱말을 새로 만들어 쓰기도 한다.

41) [역주] 저자들의 주장과는 정반대로 상호작용을 위주로 한 의사소통은 더욱 높은 수준의 수행에 속할 수 있다. 앞의 역주 31)에서 언급한 반대 논점을 읽어 보기 바란다.

42) [역주] 언어교육에서는 학생들의 활동을 가리키는 말들이 점차적으로 바뀌어 왔다. 암기 위주의 언어교육에서는 'drill, training'(훈련)이란 말을 썼고, exercise(연습)이란 말도 썼다. 이는 신체 훈련(단련)이나 정신 훈련이 서로 구분되지 않는다고 보는 것이다. 그러다가 구조주의(또는 미국의 행동주의) 언어학에서 기본 유형의 구조를 제시해 주고 학습자들이 주어진 것을 반복 연습한다는 뜻으로 'practice'(연습)이란 말을 쓰기 시작했다. 여기서는 흔히 언어교육의 모습이 세 단계로 요약된다.

언어자료 제시(presentation) → 학습자 연습(practice) → 학습자 산출(production)

이며, 첫 글자를 따서 '3P' 모형으로 부른다. 지금도 제2 언어로서의 영어 수업에서 이용되고 있다. 오늘날에도 보다 학습자의 '동기와 자발성'에 초점을 모으는 쪽에서는 practice(연습) 또는 activity(활동)이란 말을 자주 쓴다.

입말 형태를 산출하는 것을 분명하게 교육하는 일은, 특히 확장된 정보 전달용 발언기회를 교육하는 데 관심이 모아져야 함은 합리적인 제안인 듯하다. 한 가지 이유로, 많은 화자들에게 긴 발언기회가 어려운 것으로 드러나는 듯하고, 다른 이유로는 영어를 모어로 말하는 나라를 찾는 외국인 학습자들이 거의 전적으로 정보를 효과적으로 주고받는 입말 사용의 개인 능력에 따라, 산업화되고 관료화된 사회에서 성공할 것으로 판단되기 때문이다. 또 다른 이유를 들면, 토박이처럼 말하는 맥락으로부터 입말 영어를 필요로 하는 외국 학생들에게는, 정보를 얻고 전달하기 위하여 영어가 1차적으로 정보 전달을 목적으로 하기 때문이다. 마지막으로 제2장에서 주장되겠지만, 사교적 발언기회를 놓고서 명백히 통괄하도록 가르치는 일보다, 정보 전달용 발언기회를 놓고서 제대로 통괄하도록 가르치는 일이 방법상으로 좀 더 적합하다.

1.6. 텍스트(=덩잇말)

'텍스트'라는 말은 글말에 적용되는 것으로서 친숙해져 있다. 우리는 이 용어를 또한 입말 '텍스트(덩잇말)'에도 적용하게 된다. 이 책에서 '텍스트'는 '의사소통의 입말 기록'을 의미한다. 우리가 다루는 녹취 기록이 '1차적' 지위를 갖고 있고, 녹음 내용을 글로 적은 내용이, 말해진 바에 대한 우리의 '해석'을 나타낸다고 가정하게 될 것이다. 몇몇 경우에 녹음 내용이 분명하지 않으며, 독자의 해석이 저자들의 해석과 달라질 가능성도 있다. 우리가 일상생활에서 듣게 되는 상당한 부분에서 동일한 상황이더라도 사람에 따라 해석이 달라지는 경우가 거의 분명히 참이다. 대부분의 경우에 참여자 둘이서 모두 동시에 합치가 이루어지는 합리적인 해석을 구성하게 된다. 입말 교육에서 화자가 말하는 바나 말하려고 하는 바가 언제나 분명하다고 가정하는 것은 잘못이며, 화자가 만들어 내는 선명치 않은 음향 신호에 대해 오직 유일한 하나의 '정확한' 해석이 있다고 가정하는 것은 잘못일 것이다. 우리는 항상 이 책에서 계속해서 '텍스트에 대한 정확한 해석'보다는 오히려 '텍스트에 대한 합리적인 해석'이라는 개념을 사용하게 될 것이다.

제2장

입말 산출 교육

2.0. 입말의 산출

외국어로 말하기를 배울 적에, 입말 산출은 학생들을 도와주어야 할 교사에게 종종 언어 학습의 가장 어려운 측면의 하나로 여겨진다. 실제 문제들은 명백하다. 쓰기 산출에서, 스스로 글을 써 나가는 학습자들은 각자 학급의 나머지 급우들을 방해하지 않고, 자기 자신의 속도에 맞춰 수행해 나갈 수 있다. 이해 학습의 경우에 입말이든 글말이든 상관없이, 학급 전체가 동시에 동일한 자극을 받게 되고, 학생 각자는 스스로 자신에게 어떤 과제가 주어지든지 해당 과제를 실행할 수 있다. 그렇지만 말을 만들어 낼 적에, 화자 각자는 말을 해야만 한다. 학습자는 개별적으로 말을 해야 하고, 이상적으로 자신이 말하는 것을 듣고 자신에게 반응을 해 줄 청자가 필요하다. 학생들이 동시에 한꺼번에 말하는 경우가 아니라면, 또는 말하는 바에 대해 학생들이 귀 기울여 듣는 경우가 아니라면, 학습자가 말을 할 때에, 다른 학생들을 방해하게 될 소음을 만들게 된다.

이를 성공적으로 해결할 방책은 한정되어 있는 듯하다. 여러분은 씌어져 있거나 학습되거나 또는 즉시 선행하는 모형을 복사하는 언어

합창 연습을 발견하게 된다. 교사의 질문에 개별적으로 간단히 답변을 하는 학생들을 발견하게 된다. 다른 사람들을 방해하지 않고서 언어 실습을 수행하고 있는 학생들도 발견하게 된다. 이런 과정에서 청자가 있는 듯한 느낌을 줄 수 있고, 때때로 학생들이 말하는 것을 청취하다가 교사가 그것을 고쳐 줄 수 있다. 드물게, 특수한 환경에서 때때로 여러분은 여덟에서 열 명 정도의 사람이, 외국어로 함께 애기하는 소규모 회화 교실을 발견한다.

대규모 교육이나 언어 실습실에 바탕을 두고 이루어지는 학습 과정에서는, 필시 입말 산출에 있어서 '정확성'과 관련된 이점이 있다. 교사가 교실에서 학생에게 질문하였을 때에 종종 '완벽한 문장 형태로 대답하도록' 기대된다. 왜냐하면 학생이 단순히 '예' 또는 '아니오'로 대답한다면, 말하기 형식을 산출하는 데 거의 연습을 할 수 없기 때문이다. 학생이 만들어 내는 말은 전형적으로 발음이나 문법, 또는 둘 모두와 관련하여, 정확성에 대해 교사가 평가하게 된다. 언어 실습실에서는 미리 정해진 올바른 대답이, 종종 짧고 완벽한 문장 형식을 취한다. 만일 이 대답이 평가된다면 아마도 발음이나 문법의 정확성에 대해 평가가 이루어질 것이다.

제1장에서는 입말 영어의 산출 모형에 대한 문제점을 논의하였고, 입말 기술에서 문장에 바탕을 둔 모형이 적합하지 않음을 지적하였다. 입말을 가르치는 데에 가장 널리 퍼져 있는 가정은, 아마 문장이 계획 및 수행에 적절한 단위라는 것이다.1) 그럼에도, 토박이 화자들

---

1) [역주] 사고 또는 생각의 단위(또는 기본 개념 단위)는 서구 문명권에서 오래 전에서부터 '명제'로 다뤄져 왔는데, 아마도 전통 논리학의 영향인 듯하다. 제1장의 역주 7)과 15)도 같이 보기 바란다. 가장 소박하게 말하여 명제란 우리가 실제 생활 속에서 경험하는 가장 작은 '단위 사건'과 대응한다. 명제의 형식은 수학자 프레게(Frege)의 용어로는 함수와 논항이고, 언어학자 촘스키(Chomsky)의 용어로는 핵어(head)와 논항이다. 함수로 부르든 아니면 핵어로 부르든 간에, 이는 서술어를 만들어 주는 씨앗인 동사, 형용사, 계사, 존재사를 포함한다. 계사와 존재사는 내포의미론에서 각각 내포의미와 외연의미(지시의미)를 가리키는 언어 기제로 취급된다. 그런데 임의의 명제는 자연언어에서는 '절'(clause)과 유사한 단위로 불린다. 임의의 절은 문장으로도 나올 수 있고, 절로도 나올 수 있으며, 또한 명사구로도 표현될 수 있다. 가령, '철수가 영이를 사랑하

74

은 전형적으로 문장보다는 구에 더욱 직접 관련되는 이야기 덩이를 만들어 낸다. 이것은 전형적으로 문장보다 더 짧고 단지 느슨하게 이어져 있는 것이다. 만약 토박이 화자들이 흔히 짧은 구-크기의 뭉치 (chunks)를 만들어 낸다면, 외국인 학습자들이 완벽한 문장을 만들어 내기를 기대하는 것은 무리한 요구인 듯하다. 실제로 그들 자신의 모어를 말할 적에는 좀처럼 보이지 않는 사전 계획 및 기억 능력을, 외국어 학습에서는 요구할지도 모른다. 완벽한 문장이란 측면에서, '정확성'은 입말에서는 부적절한 개념인 듯하다.

이미 지적하였듯이 발음에서의 '정확성' 또한 입말 교육 내용에서 흔한 목표이다. 영국 영어를 말하는 학습에서의 기준은 흔히 '표준발음'(RP, received pronunciation)으로[2] 간주된다. 남부 영국의 r-소리가 없

다'(또는 '철수 영이 사랑하다')라는 명제는 시제와 양상 표현을 갖고서 "철수가 영이를 사랑하게 될 것이다."라는 문장으로도 나올 수 있고, "철수가 영이를 사랑하기"(가 쉽지 않다)에서와 같이 명사절로도 표현될 수도 있으며, "철수의 영이 사랑"과 같이 명사구로도 나올 수 있다. 이들이 모두 같은 명제로 표상되지만, 표현 방식에 따라 명제에 부가되는 조건들이 다 다르다. 이런 부가 조건들을 어떻게 구현해 주느냐에 따라서 명제들 사이의 관계들이 부각되어 나오며, 그 관계들은 우리가 느끼는 직관을 형식화해 주는 쪽으로 완성되어 왔다.

2) [역주] 나라마다 표준어를 정하는 기준이 다르다. 영국에서는 표준어에 해당되는 개념을 '표준발음'(RP, 또는 축자적으로 '통용 발음'이나 '용인된 발음'으로도 번역할 수 있음)라고 말한다. 표준화 정책은 영국의 산업혁명 뒤에 물건의 규격을 일정하게 정하는 일에서부터 시작하여 언어에까지 확장되었는데, 표준화라는 개념이 고급 품질이라는 함의까지도 깃들게 되어, 거꾸로 다른 사회계층 방언이나 지역 방언은 열등한 것으로 차별을 받게 된다. 3.6에서는 구체적으로

"demotic RP, the educated speech of those who live in the south of England"
(남부 잉글런드에 살고 있는 고등교육을 받은 일반 대중의 언어)

라고 규정하고 있다. 이는 특정 지역의 특정 사회계층을 언급한다는 점에서 우리말의 표준어 규정과도 비슷하다. 그런데 영국에서는 프랑스와 같은 내부 혁명이 없었기 때문에, 오랜 기간 사회 계층들이 서로 고정되어 한 지역에 사는 사람들이라도 사회계층에 따라 발음이 현저하게 다르다. 아일랜드에서는 혀를 입안에서 구부리는 r-발음이 매우 두드러지다. 카크니(Cockney)로 불리는 런던 노동자 계층의 말도 발음과 억양과 문법이 조금 다른데, 가령 book를 독어처럼 '부흐'로 발음한다. 이런 차이는 중립적인 것이 아니라, 사회 내부에서 차별하는 데 쓰이기 때문에 문제가 심각하다. 한편, 미국에서도 지역 방언이 있고, 또한 흑인 영어가 현저하게 다른 특징을 지닌다. 미국에서는 동부에 있는 뉴욕 사람들과 서부에 있는 캘리포니아 사람들의 말로 보며, 이를 표준 미국 영어라고 말한다. 부정적인 낙인이 찍혀 온 미국의 흑인 영어가 고유한 구조와 완벽한 체계를 지니고 있음은 사회언어학자 러보웁(Labov, 1972a), 『도심 내부에서 쓰이는 언어: 일상적인 흑인 영어에 대한 연구(*Language in the Inner City: Studies in the Black*

는 악센트(강세 음절)로서 '옥스퍼드 영어' 또는 '영국 공영방송 영어'(British Broadcasting Corporation, 영국방송협회)로 불린다. 1950년대와 1960년대 초반 동안 발음에 대해 엄격하게 주의를 기울이도록 한 지 몇 해 지나자 많은 교사들이 토박이와 같은 발음을 얻는다는 목표는 1.4.에서 논의한 이유들 때문에 이룩될 수 없을뿐더러, 이치에도 맞지 않음을 인정하게 되었다. 지금 현재 교사들은 아마도 표준발음(RP, 통용 발음, 용인된 발음)에 보이는 일련의 음소 대조군들을 얻어내려고 노력하고 있지만, 음성 세부 사항들에 대해서는 그리 많은 걱정을 하지 않는다. r-소리가 어디에서 발음되는지, l-소리가 밝은 것인지 어두운 것인지와 같이 미세한 것들은 무시하고, 다만 학생들이 l과 r 사이의 차이를 만들어 낼 수 있다면 고마울 뿐이다. 목젖을 떠는 r과 밝은 l을 보여 주는 영국 영어의 토박이 악센트가 있다. 아주 세련된 악센트를 익힐 필요가 있는 학습자들이 있다면, 오직 영어 전문 교사가 되려는 사람이다. 그들이 은밀한 대행자(간첩 따위)로서 일하는 것이 아니라, 다만 외국어 강세를 갖고 영어를 곧잘 말하는 이태리, 덴마크, 이집트 교사라는 점을 대부분의 사람들이 받아들인다. 현재로서는 요크셔 또는 소머셋 악센트를 버려야만 하는 토박이 영어 교사를 요구하지 않는다. 그러한 지방 출신 교사들에게 요구되는 점은, 다만 그들이 말하는 바가 분명하고, 억센 강세가 들어가지 않은 영어라야 한다. 그들은 '표준발음' 화자가 되기를 바라지도 않는다.

외국어 학습자들에게도 필요하지 않다. 외국인 학생들에게 입말 산출 학습과정이 여전히 존재하는데, 이는 토박이와 같이 표준발음의 표준을 정확히 따르도록 희망하는 듯하다. 특히 능력이 떨어지는 학생들은 발음에 강조점이 놓인 학습과정을 대단히 따분하게 여기는 듯하다. 정확한 발음을 요구하는 태도는 학생들을 두드러지게 능력이 향상되지 않도록 이끌어간다. 능력 있는 소수 집단의 학생들은 더 자

English Vernacular)』와 러보웁(1972b), 『사회 언어학 유형(Sociolinguistic Patterns)』(두 권 모두 Pennsylvania Press에서 출간)에서 처음으로 논의되었다.

발적으로 좋은 모형을 흉내냄으로써 얻어지는 듯하다. 모음·자음과 개별적으로 낱말 하나하나를 연습하는 데 보내는 시간보다는, 좋은 발음으로 이뤄진 담화 학습과정에서 나온다.

잘만 쓰이면, '정확한 반응'의 개념에 바탕을 둔 언어 학습 경험은, 학생들에게 자신의 발음을 향상시킬 수 있고,[3] 친숙한 대화의 빈칸에서 짧게 구성된 반응을 만들어 내는 능력을 높여줄지 모른다. 명백히 그런 연습이 학생들의 수행 준비를 뒷받침해 주지 못하는 경우가 있는데, 긴 발언기회에 참여하기 위해 확대된 언어 반응을 산출하는 일이다. 짤막한 단답형 연습이 학생들에게 길게 확대된 반응을 만들어 내도록 하는 기회를 박탈해 버리기 때문이다. 또 학생들에게 입말 외국어를 스스로를 위해 써 나갈 수 있도록, 자신이 말하고 싶은 바를 말함으로써 그리고 그 내용을 스스로 고쳐 나감으로써 긴 발화를 수행해 낼 수 있도록 뒷받침해 주지 못한다. 긴 발언기회를 이용하는 그런 방식은 우리처럼 많은 사람들이 대부분의 시간에 입말을 쓰는 방식이다. 기묘하게, 짧고 구조화된 '올바른' 반응들로만 구성된 학습과정을 따르는 평가에서는, 종종 어떤 주제의 '준비된 이야기'에서 학생들이 확대된 길이의 말하기를 산출해야 한다고 적어 놓지만, 정작 그런 학습과정에서 학생들에게 준비시키지도 않은 유형이다.

2.1. 학습과정의 목표

입말 영어 산출의 학습과정에서 학생들이 하도록 준비해야 할 것은 무엇인가? 종종 학습과정의 의도는 목표 언어로

---

3) [역주] 제1장의 역주 38)에서 지적하였듯이, 캐나다에서 불어를 모어로 쓰는 학생들에게 영어를 가르치는 학습 환경에서 학습자들에게 아무렇게나 말하지 말고 정확하게 말하도록 요구를 함으로써 점자 2중 언어로서 영어 사용 능력이 두드러지게 향상되었음을 스웨인(Swain, 1985)에서 보고하였는데, 그녀는 이를 '이해 가능한' 산출물(comprehensible output) 제약으로 부른 바 있다.

㉠ 학생들이 '자신에 대해 표현하고',

㉡ 인사와 감사와 사과를 주고받는 것처럼 기본적인 상호작용 기술을 잘 해 내며,

㉢ 정보나 서비스 등을 요구하는 자신의 '필요'를 표현할 수 있게 해야 함이다.

간단한 주장이 두 개의 아주 상이한 종류의 학습과정, 또는 최소한 두 개의 상이한 부문의 학습과정을 담고 있음에 주목하기 바란다. '필요'나 '개념' 접근으로부터 귀결되는 수업계획은, 정보 전달 그리고/또는[4] 상호작용 형식의 짤막한 발언기회를 만들어 내도록 마련될 것이다. 수업계획은 대체로 구조화되어 있지 않다. 왜냐하면 사과를 표현하는 능력이 고마움을 표현하는 능력 위에 세워져 있다든지, 또는 요구를 표현하는 능력이 경고를 표현하는 능력 위에 세워져 있다든지 하는 분명한 방식이 없기 때문이다. 근본적으로 그런 수업계획은 사회적/인지적 기능들의 범위 속에서 수행하도록 쓰일 수 있는 형식들에 대한 목록으로 이루어질 것이다. 그 형식들은 '문장 유형'이 될 것이며, 기능들은 '행위 유형', 즉 짤막한 발언기회를 취하면서 짧은 문장을 말함으로써 수행되는 발화 행위와 동일시될 것이다.

그러나 '화자로 하여금 스스로를 표현할 수 있게 함'과 같은 표현을 심각하게 취함으로써 귀결되는 수업계획은, 분명히 짤막한 발언기회를 초월한다. 이것이 의미하는 바는 화자에게 긴 발언기회의 구조에 대하여 책임을 지우는 것이다. 더 나아가 긴 발언기회의 어떤 유형이 어떤 점에서 다른 것들보다 더 '쉬운지', 또는 그렇지 않은지 여부를

---

4) 라틴 어에서는 두 가지 선택 접속사(or)를 갖고 있다. vel(포괄적 선택)은 "사과 또는 같이 과일이다"에서처럼 두 항목이 모두 다 선택될 수 있다. 반면 aut(배타적 선택)는 "영이는 남자 또는 여자이다"에서처럼 어느 하나의 항목만 선택되어야 한다. 이런 모습이 전통 논리학에서 쓰여 왔으므로, 일상 영어로 이런 관계를 표시할 경우에는 or를 배타적 선택의 접속사로 쓰고, 대신 새롭게 말을 만들어 and/or를 포괄적 선택의 접속사로 쓴다. 여기서는 '그리고/또는'으로 번역해 둔다. 콰인(Quine, 1976 개정판: 12쪽), 『수리 논리학(*Mathematical Logic*)』(Harvard University Press)을 보기 바란다.

분명하게 고려하도록 한다. 그런 수업계획에서는 화자가 유익하게 교육을 받을 수 있으며, 긴 발언기회를 통제할 수 있는 전략이 있는지 여부를 생각해야 한다. 만일 긴 발언기회의 더 쉬운 유형이 있다면, 그리고 만일 도움이 되는 전략이 있다면, 교사는 구조화된 학습과정을 구성할 수 있을 것이다. 거기에서 학생들은 더 복잡한 기술을 획득하기 위하여 구조화된 과정을 본격적으로 연습하기에 앞서서 좀 더 간단한 기술을 배울 수 있을 것이다. 그런 학습과정에서는 학생들이 다만 다른 종류의 말할 내용만을 배우는 것이 아니라, 또한 좀 더 나아가 향상을 이루게 될 것이라는 점은 분명한 듯하다. 교사는 학생들을 도와, 그들의 수행을 증진시켜 줄 일련의 전략들을 통제하는 위치에 있게 된다. 만일 대화 수업에서 학생이 '자신을 표현하는' 데에 어려움을 겪고 있다면, 교사는 그 학생의 문제를 진단하고, 학생의 문제를 단순히 그의 급우들이 익힌 것을 '배울' 능력이 없다는 것으로 치부하는 것이 아니라, 곤란을 겪는 학생에게 도움이 되는 전략들을 연습시킬 수 있을 것이다.

교사는 어떤 난점이 있는지를 결정하고, 학생을 도울 수 있는 분석 도구를 가짐으로써, 확신을 지니고서 학습자들을 이끌 위치에 있어야 한다. 우리는 지금 모든 사례를 해결할 수 있는 이미 완성된 분석적 전략 꾸러미를 제공할 수 있는 지점으로부터는 훨씬 멀리 떨어져 있다. 그러나 2.3에서는 제한된 접근의 시작을 제안한다. 이러한 접근은 교사로 하여금 여러 상황에 걸쳐서 의사소통에 알맞게 언어를 사용하는 학생들의 능력을 뒷받침하고 발달시킬 수 있도록 허용할 것이다. 언어교육이 여러 해 동안 언어 형식의 논의에 주력해 왔기 때문에, 이 책에서는 학생들이 언어의 형식을 배우게 되는 과정에 관심을 많이 기울이지 않게 될 것이다. 그보다는 학생들이 언어 형식들을 창조적이고 적절하게 이용하는 과정에 관심을 갖게 될 것이다.[5]

---

5) [역주] 기호학에서는 언어를 형식 및 내용의 결합체(비자연적인 상징적 결합)로 여긴다. 그렇지만 형식 및 내용을 결합하는 밑바닥의 동기는 언어 사용이며, 이 과정에서 임의

2.2. 상호작용의 짧막한 발언기회

상호작용의 짧막한 발언기회를 도입해야 하는 원리 깃든 순서를 붙들어내기는 어렵지만,6) 초보 학습자에게 간단한 대화에 참여하기 위해, 여러 가지 방식으로 적절한 말을 가르치는 것은 자연스럽다. 다소 불분명하더라도 어떤 순서에 대한 원리를 붙드는 일이 가능하다. 예를 들어, 만일 다른 사람이 말하는 것에 대해 대답을 해야 하고, 다른 어떤 사람의 주제에 반응해야 하며, 따라서 자신의 반응에 대해 만들어진 첫 화자의 말을 사용할 수 있는 사람으로 대화에 참여한다면, 초보 학생에게 의사소통 중압감이 덜 주어져 있다고 제안할 수 있다.

의 형식을 선택하게 되는 것이다. 제1장의 역주 34)와 38)을 읽어 보기 바란다. 김지홍 (2014)에서는 원뿔 모형을 써서 언어와 언어 사용의 관계, 언어 사용을 가능하게 하는 정신작용, 정신작용이 깃들도록 만들어 주는 실생활 환경의 관계를 제시하고, 이들 층위에 각각 짝이 영역들을 도표로 함께 제시한 바 있다.

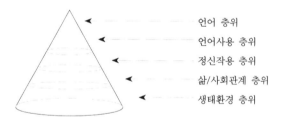

원뿔 모형	낱말로 된 기호학 틀	명제로 된 모형	층위
언어	기호 { forms(형식) / contents(내용)	표현 { syntax(통사론) / semantics(의미론)	표면 ⇧
언어사용	언어사용 의도	의사소통 의도, 화용 의도	⇧
정신작용	자유 의지	가치와 이념이 깃든 담화, 담론	⇩
삶(사회관계)	삶(사회관계)	삶(사회관계)	⇩
생태환경	주위 환경	보편 우주	심층

6) [역주] 가장 잘 알려진 것은 미시사회학자 쉬글롭·쌕스(Schegloff and Sacks, 1973)에 의해 제안된 찾아낸 '인접쌍'(adjacent pairs)을 이용하여 짧막한 발언기회들을 서로 주고받는 일이다. 가령 인사하면, 인사를 받고 다시 건네는 일, 질문을 하면 대답을 하는 일, 단정하면 수긍하는 일, 요구하면 약속하는 일, 고마움을 표현하면 받아들이는 일 등이 각각 인접쌍이라고 부른다. 자세한 논의는 클락(1996; 김지홍 뒤침, 2009), 『언어 사용 밑바닥에 깔린 원리』(도서출판 경진)의 제7장 2절을 읽어보기 바란다.

물론 이것은 많은 청각-시각 재료에 대한 기초이고, 다수의 교실수업에서 교사 주도적인 방법인데, 재료 또는 교사가 늘 말을 이끌어 가고, 학생은 단순히 대답하기를 요구받는다. 상호작용의 짤막한 발언기회에서, 학습과정은 '짧은 대답'들로 시작될 수 있고, 이전의 화자가 말한 바를 추가하여 늘이는 방식으로 계속할 수 있으며, 마지막으로 화자가 말을 이끌고 자신의 주제를 도입할 수 있는 형식을 제안할 수 있다. 여기서 다만 최소한의 '짧은 대답'을 만들도록 요구하는 몇 가지 형식들에만 관심을 두게 될 것이다. 우리는 대화에서 추려낸 예들에서 그런 짧은 대답의 이용을 예시해 나가게 될 것이다.

(가) 화자가 협동하는 데 동의하거나 그렇지 않음('Can you help me?'[너나 좀 도와줄래?]라는 요청의 대답으로)

  yes, of course (응, 물론이지).
  right (좋아).
  right, I will (좋아, 그럴게).
  sure, of course (그래, 물론이야).
  sorry, I can't (미안, 난 못해).
  I really can't manage it (사실 난 그럴 수 없어).
  I'm afraid not (그러지 못할 것 같은데).

(나) 화자가 말해진 바에 동의한다. 다른 많은 언어들에서처럼, 영어에서 대화상 다만 '응' 또는 '아니'로만 대답하는 일은 흔치 않다. 친한 사람끼리 대화에서 흔히 화자는 최소한 '거듭된 형식'(doublet)을[7] 만든다.

---

7) [역주] 매우 작은 차이이지만, 우리말에서는 '응, 아니'만으로 충분하다는 사실과 서로 대조가 된다. 한국어 사용 방식과 영어 사용 방식의 차이이기 때문에 학습자들에게 잘 일깨워 줘야 한다.

yes, it is (응, 그래).

yes, that's right (응, 그게 옳아).

of course it is (물론 그래).

quite, absolutely true (정말로 진짜 옳아).

yes, I do (응, 그럴게)/ yes, he was (응, 그가 그랬어)/ yes, they were(응, 그들이 그랬어) 등

(다) 화자가 정중하게 반대한다. 상호작용 대화의 목적이 동의를 만드는 것이므로, 동의하지 않을 경우에 우회적인 방식으로 표현되는 경향이 있다.

well not really (글쎄, 그러지 않을 거야).

not quite, no (그러지 않아, 아냐).

perhaps not quite as bad as that (아마 그만큼 아주 나쁘진 않아)/ good (아주 좋진 않아)/ difficult (아주 어렵진 않아).

erm, I don't know (어, 잘 모르겠는데).

(라) 화자가 다음처럼 단순히 '있을 만한 의심'을 가리킬 수 있다.

I'm not quite sure (난 잘 모르겠어).

really? (정말이야?)

is that right? (그게 옳으니?)

is that so? (그게 그렇니?)

are you sure? (너 확실해?)

(마) 화자가 의견을 나타낼 필요가 있다. 평가에 관한 일련의 '좋은' 표현들과 일련의 '나쁜' 표현들, 그리고 이들 표현에 덧붙어 있는 일련의 수식구들이 필요하다.

very nice indeed (정말 아주 좋아)/ good(괜찮아) / pretty(예뻐) 등

really nice (정말 좋아).

quite nice (아주 좋아).

not very nice (아주 좋은 건 아냐).

not at all (전혀 아니야) 등

very nasty indeed (정말 아주 저질이야)/ disagreeable (불쾌해)/ bad (나빠)/ difficult (어려워) 등.

really nasty (정말 저질이야) 등.

모국어에서 덜 박절한 표현 'not nice at all'(어쨌든 좋은 건 아냐)와 박절하고 솔직한 표현 'very nasty indeed'(아주 정말 저질이야) 사이에 존재하는 상보적인 관계가 있는데, 그러한 대답을 잘 사용하면 청자에게 관심을 끌 수 있다. 남부 영국 토박이들이 어떤 상황에서 특히 덜 박절한 형식을 선호하는지를 아는 것과 그런 상황이 어떤 상황인지를 아는 것은 영어의 '배경지식'과 관련된 부분이다.

(바) 화자는 자신의 발언기회를 취하거나 또는 발언기회를 계속 유지하려고 의도하면서, 무엇을 말할지 계획하고 있음을 분명히 할 수 있도록 허용하는, 일련의 '군말'(filler)이 필요하다. 직접 질문에 대한 가장 흔한 토박이 영어의 첫 반응은, 쉼을 동반하고 발화 중간중간에 흩어져 있는

well(글쎄 말이야, 그런데), erm(엄), er(어) [순서는 무관함]

이다. 다른 '군말'은

ah(아), uhm(어엄), mhm(으흠)

들이다(3.7의 뒷부분 논의에서 넷째 항목에서 다시 군말이 다뤄짐).[8]

'미리 짜여' 있어서 화자에게 계획할 시간을 벌어 주는 표현도 있는데, 발언의 첫 부분에 놓거나 중간에 집어넣을 수 있고, 토박이 화자들이 광범위 하제 자주 이용한다. 예를 들어, 자신이 말하고 있는 바를 참이라고 믿고 있음을 표현하는 것으로

'of course (물론), obviously (분명히), it's clear that (다음 사실이 아주 확실한데…)'

따위를 이용할 수 있다. 이런 표현은

'perhaps (아마도), I think (내 생각에는), I suppose (내 짐작으로는)'

과 대립된다.

(사) '짧은 대답'을 구성하며 융통성 있게 쓸 수 있는 아주 일반적인 일련의 낱말 목록들도 알아둘 필요가 있는데, 다음과 같은 낱말이다.

용언: do (하다), be (이다), come (오다), get (얻다, 당하다),[9] can (할 수

---

8) [역주] 1.1의 역주 12)에서 이 책의 녹취 기록에서 이용된 군말 표현에 대하여 언급해 두었다. 그런데 북미 영어에서는 군말 또는 말을 더듬는 표현이 크게 두 종류로 나뉜다. 클락(1996; 김지홍 뒤침, 2009), 『언어사용 밑바닥에 깔린 원리』(도서출판 경진)의 §.9-2에서는 주관적으로 느끼는 '1초 간격'을 중심으로 하여 기능이 다른 두 종류의 군말이 있음을 논의한다. 비록 평균 시간이 각각 uh(어)는 2.23초, um(어엄)은 8.83초이지만, 주관적으로 느끼기에 앞의 군말은 짧게 느껴지고, 뒤의 군말은 길게 느껴진다. 앞의 군말은 내가 계속 발언권을 지니고서 말을 이어나가고 있으니까, 내 발언권을 빼앗아 가지 말라는 요구를 담고 있다. 그렇지만 뒤의 군말은 화자가 스스로 언어 표현을 인출하는 데에 어려움을 겪고 있으니까 청자로 하여금 도와달라는 요청을 담고 있다. 런던-룬드(London-Lund) 입말 말뭉치에서 찾아지는 군말의 경우에 통계를 내 보면, uh(어) 계열은 55%를 차지하고, um(어엄) 계열은 20%를 차지하였다고 한다. 3.7의 뒷부분 논의에서 넷째 항목으로 '군말'을 다시 언급하는데, 이 책의 저자들은 단순히 '발언권 유지'로만 해석하고 있다.

9) [역주] get(얻다)라는 일반 동사가 영어에서 문법 구성에 쓰일 경우에는 get-passive(피

있다), know (알다)

체언: thing (거), bit (조금), person (사람), one (거), side (쪽), place (곳)

수식어: bit (약간), little (조금), nice (좋다), small (작다), good (괜찮다), easy (쉽다), hard (힘들다) 등.

(아) 몇 가지 간단한 구조도 알아 둘 필요가 있다.

(I think) it's a good one (내 생각엔 그게 좋은 거야)/ it's good (그게 좋아)/ it's really very nice (그게 진짜로 아주 좋아)/ it's very nice (그게 아주 좋아). (of course) he's difficult (물론 그가 사귀기에 힘들지)/ it's no good (그게 안 좋아) 등.

이처럼 적합하게 최소한의 생산적 무기로 무장해 두면, 학습자가 대부분의 일을 하려고 준비되어 있는 화자와의 대화에 참여할 수 있다. 다음 토박이 화자 대화로부터 가져온 인용에서 각각 두 번째 화자에 의해 만들어진 기여 내용을 생각해 보자.

(2.1) A: you will have seen a lot of changes if you've lived in Edinburgh

B: well + yes + ah ha + really + most of them not very nice actually + + a few quite nice ones

A: 네가 에딘브뤄에 살고 있으면 많은 변화를 보게 될 거야.

B: 으음 + 그래 + 아 하 + 정말 + 실제로 그런 거 대부분이 아주 좋은 건 아냐 + + 몇몇 개만 아주 좋은 거지.

해 수동태)를 구성한다. He got killed(죽임을 당했다), It got burnt(불태워졌다), She got sued(고소를 당했다). 영어에서 be-수동태는 by-명사구에 의해서 행위 주체가 표현될 수 있지만, get-수동태는 행위주가 표현되지 않고, 오직 결과 상태만을 가리키게 된다. 이런 측면이 최근에 입말 말뭉치를 분석하면서 부각되어 나왔다. 자세한 논의는 머카씨(McCarthy, 1998; 김지홍 뒤침, 2010), 『입말, 그리고 담화 중심의 언어교육』(도서출판 경진)의 제4장 6절을 읽어 보기 바란다.

(2.2) A: there was no ele + there was no electricity and there were trees
and everythhing all over the road + it was quite frightening

B: terrible

A: 저 + 전기는 없었고 나무들만 있었는데, 길 위에 그게 전부였거
든 + 아주 무서웠어

B: 끔찍했었구나

(2.3) A: the nest day they go round to people's houses

B: hm hmm

A: but + eh + it was very good

B: ah ha

A: and very friendly + and nobody got too obstreperous as they do
here

B: (laughs)

A: but I — I thoroughly enjoyed myself

B: good + great

A: 다음날에 사람들이 주민의 집들을 돌아다니지

B: 흠, 으흠

A: 허지만 + 어 + 아주 좋은 일이었어

B: 아하 그래

A: 그리고 아주 친절하게 + 그리고 아무도 여기서 하듯이 소란스레
떠들지 않았거든

B: (웃음)

A: 허지만 난 — 나는 완전히 즐거웠어

B: 좋지 + 대단해

(2.4) A: she goes up north and takes eh + recordings of singing

B: oh + + yes + they's lovely

A: 그녀가 북쪽으로 올라가서 그러고 어 + 노래를 녹음 했거든
B: 오 + + 그래 + 사랑스럽네

(2.5) A: you buy a ticket for a week or two weeks and you can travel
        wherever you like + my grandson bought one for a month
     B: uhuh
     A: an Ameripass you call it
     B: that's right + that's right
     A: that's time last year he was there + three and a half months
     B: ah + great
     A: 1주일이나 몇 주일어치 표를 사고 원하는 곳이면 어디든 여행할
        수 있거든 + 내 손자는 한 달 간의 표를 한 장 샀어
     B: 그래
     A: 미국 전역 통과 차표라고 부를 수 있겠지
     B: 그게 옳겠네 + 그게 옳아
     A: 작년 이맘때 걔가 거기 있었거든 + 석 달 반이나
     B: 아 그래 + 대단하네

(2.6) A: you meet people in funny ways
     B: amazing + yes +
     A: 재미있게 사람들을 만나는구나
     B: 재미있지 + 응 +

(2.7) A: did you like it
     B: great + fine + fantastic
     A: 그게 좋았니?
     B: 대단했어 + 좋아 + 끝내주게 좋아

(2.8) A: were you watching TV last night + I put up with it + I wouldn't
say I watched it + did you watch it on Saturday

B: I watched it on Saturday

A: did you see the supporters + their own supporters + were booing
them

B: yes + they were booing them

A: 어젯밤 텔레비전 보고 있었니 + 난 꾹 참았어 + 난 그걸 봤다고
말하고 싶지 않거든 + 넌 토요일에 그걸 봤어?

B: 난 토요일에 그걸 봤지

A: 너 그 후원자들 봤니 + 그들의 후원자들이 + 그들을 야유하고
있었어.

B: 응 + 그들이 야유하고 있었지

주로 상호작용 대화(사교적인 대화)에서 뽑은 이런 짤막한 인용에서,
B는 각각의 경우에서 '발언권을 갖고 있는' A에게 반응을 보이고 있
다. 예시에 드러나 있듯이, 전형적인 응답은 A가 말한 바에 대해 반응
하거나(가령 웃음으로써), A가 말한 바에 대해서 간단한 촌평을 하거나
('좋아, 대단해' 따위), 또는 질문에 대답하는 것이다. 특히 (2.8)에서 A가
사용한 구절을 골라내어, 자신의 대답 속에 집어넣고 있는 B의 전략에
주목하기 바란다. 각각의 경우에서 B의 역할이 발화 산출에서 더 제약
되어 있고, 적어도 곧 들어올 메시지(반응 대답)가 뭘 의미하는지에 대
해 어떤 판단을 하는 화자에 의해서 이내 받아들여질 수 있다.

분명히 B의 역할이 신속히 좌절을 겪게 되는데, 왜냐하면 대답으로
서 반응할 바가 제약되어 있고, '자신을 표현'하거나 대화를 이끌어갈
수 없기 때문이다. 만일 여러분이 간단한 「여행 안내책자」로부터 모
아 놓은 짧은 문장과 표현만으로 무장하고 있다면, 대부분 외국어로
의사소통을 시도하더라도 아주 만족스럽지 못함을 깨닫는다. 시작에
서부터 B가 보다 제한된 역할을 맡아야 함을 인정한다고 해도, 교실에

서 '1 대 1'로 대화하는 일을 뒷받침해 주는 선임자 역할을 떠맡기가 아주 어렵다는 점이 곧 분명해진다. 교사가 이용할 수 있는 유일한 '선임자' 역할의 대화 상대라면 학습자가 연습할 기회는 분명히 제한된다. 입말 영어를 연습하려는 진지한 시도는 대화 연습에 대한 서로 다른 수준의 학습자들을 섞어 놓음으로써, 고급 수준의 학생이 대화에서 선임 역할을 맡고, 상대적으로 초보자를 뒷받침하는 일을 포함할 수 있을 듯하다. 원리상 여전히 미리 계획된 시간표의 주기에 따라 제도화된 '잡담'(chat)을 계속 유지해 나가기는 어렵다. 대화의 주제는 낮은 수준의 참여자가 더 높은 수준의 참여자의 노력을 충분히 인정하여 받아들일 수 있다면10) 아주 광범위하게 변동될 수 있다. 더 나은 해답은, 우리가 뒤에서 논의하게 될 방식으로 두 사람의 참여자가11) 모두 준비할 수 있는, 정보 전달용 대화를 위한 구조를 제공할 수 있다. 예를 들어 시작 부분에서 1분이나 2분 정도 상호작용 잡담으로 지난주에 자신이 했던 일이 무엇인지를 낮은 수준의 참여자에게 높은 수준의 참여자가 말을 해 주도록 제안할 수 있다. 그런 연습은 아마 양쪽 참여자들에게 모두 유용할 것이다.

교사로서는 학생들에게 적절한 범위의 표현·구조·낱말들을 소개하고, 학생들에게 그런 낱말의 적절한 용례를 관찰하는 기회를 주는 문제가 여전히 남아 있다. 여기서 녹음기 또는 아주 최상의 것으로서 녹화기가 제몫을 하게 된다. 학생들은 자신과 동일한 연령대인 두 사람 사이에서 자연스레 일어나는 대화의 녹화 또는 녹음 내용에 노출된다. 그들은 대화의 내용의 상당량을 이해하지 못할지도 모른다. (제3장에서 듣기 이해에 초점을 모을 적에, 이 점을 좀 더 논의할 것이다. 우리는 단지 어른 토박이 화자로서 스스로 참여하고 있는 대화를 놓고서 드물잖게

---

10) [역주] 수준 높은 학습자가 대화의 주제를 일방적으로 결정하고, 그 주제를 낮은 수준의 학습자가 받아들여 서로 대화를 해 나가는 일을 가리킨다.
11) [역주] '참여자'(participants)라는 말 속에는 교사도 들어가 있기 때문에, 학습자라는 말을 쓰지 않은 듯하다.

부분적으로만 이해함에 주목하였고, 모어를 습득하는 어린이들도 부분적으로만 이해하는 대단히 많은 양의 발화에 노출되어 있음을 주목한 바 있다.) 말하기 교실에서 그런 대화를 연구하는 한 가지 목적은, 대화를 하고 있는 수준 낮은 참여자의 행위를 관찰하고, 어떤 표현이 사용되는지를 관찰하며, 화자가 어떻게 언어 표현과 얼굴 표정, 몸짓 등을 통합하는지를 관찰하는 일이 될 것이다. 우리는 학습자를 위한 모형으로 그런 대화들이 씌어져야 한다고 제안한다.

교실 수업에서 '자연스레 일어나는' 대화를 모형으로 이용하도록 주장하는 이유는 다음과 같다. 씌어진 대화가 '자연스럽게' 들릴지 모르겠지만, 이미 씌어져 있는 대화만큼만 '자연스레' 소리 날 뿐이다.12) 즉, 미리 씌어진 대화에서 토박이 화자들이 아주 익숙하여 즉각 알아차릴 수 있는 구조에 대한 관례들이 있다. 그렇지만 많은 점에서 이것들은 자연스럽게 일어나는 대화에 있는 구조의 관례와는 성격상 서로 다르다. 해뤌드 핀터의13) 연극은 자연스럽게 일어나는 대화의 녹취 기록과 닮은 점이 아주 적다. 많은 이들이 좋아하는 영화나 텔레비전과 라디오 연속물에서도 동일하다.

이들 사이의 차이에 대해 말할 수 있는 한 가지 분명한 대답은, 씌어진 많은 대화 각본들이 재미가 있다(≒일부러 재미를 더 해 주기 위하여 갈등 및 해결이 더 들어가 있음). 반면에 여러분이 한쪽에서 우연히 능동적인 참여자가 되지 않는다면, 대부분 자연스럽게 일어나는 대화는 아주 따분해지기 일쑤이다. 어떤 사람 자신에 대한 것이거나 쑥덕공

---

12) [역주] 연극이나 드라마 대본 또는 각본 따위가 그러하다. 그 대본 또는 각본을 보면서 얼마나 자연스럽게 말을 주고받는지는 배우나 연기자의 역량과 몰입 정도에 따라서 아주 다양하게 달라질 것이다.

13) [역주] Harold Pinter(1930~)는 영국 런던 출신의 극작가로서 공갈 코미디로 잘 알려져 있다. 이런 코미디에서는 목숨을 빼앗거나 빼앗으려고 하는 위협에 대응하여 유머스럽고 빈정대는 말투로 의사소통을 시도하는 사람들을 그리고 있다. 첫 연극은 1957년에 공연된 '호텔 방과 바보 시중꾼'이며, 1960년에 상연된 '관리인'으로 명성을 얻었는데, 신경 쇠약에 걸린 두 형제에 대한 이야기로서, 덧없는 관계가 부랑자에 의해 뒤집어지는 내용이다.

론(gossip)이 아니라면, 대화를 곁에서 듣는다는 것은 실제로 재미있지 않다. 대화는 우정을 나눈다거나 따듯하게 맞아 준다거나 위로해 준다거나 기타 등등 그들의 목적을 성취하려고 대화에 참여하는 사람들을 위한 것이다. 사람들은 보통 지엽적이고 순간적인 대상에 관심을 갖고, 순전히 개인적 관심사를 다룬다. 그러므로 대화 모형으로 사용될 수 있는 '진정한' 대화에 대한 연구는, 시간상으로 아주 오래 늘어나선 안 된다. 학생들이 주목하도록 되어 있는 요소들을 놓고서 학생들의 주의가 모아져야 한다. 학생들은 특별히 중요한 특질들, 예시되고 있는 대화 유형의 특성을 관찰하도록 이끌어져야 하고, 가능하면 빨리 이런 관찰을 해 나가도록 해야 한다.

2.3. 정보 전달용 발언기회

앞 절에서는 학생들에게 주로 상호작용 대화(사교적 이야기)에 참여하도록 가르치려고 하는 교사가 마주치게 될 몇 가지 문제를 다루었다. 의심할 바 없이, 이는 조금이라도 자연스런 배경과 같은 모종의 것을 학생들에게 가르치는 데에 있어서 가장 어려운 기술들 가운데 하나이다.

학생들에게 주로 정보 전달용 언어들을 잘 통괄하도록 가르치는 과제는, 상당히 이성적으로 보인다. 정보를 전달하는 데에 사용되는 언어인 정보 전달용 언어는, 특정한 정보 전달 과제의 맥락에서 가르쳐질 수 있다. 우리는 분석적인 기술을 서로 다른 유형의 과제를 놓고서, 그리고 학생들이 과제를 수행하도록 요청받게 될 수 있는 서로 다른 조건들을 놓고서 집중적으로 다룰 것이다. 원리상 난이도에 따라 등급화된 학습과정을 구성할 수 있다. 뒤에 이어지는 단원들에서, 등급화된 학습과정의 계발에 적절히 적용될 수 있는 것으로 믿어지는 몇 가지 원리들을 개관한다. 여기서 제안하려는 몇 가지 원리는 EFL(외국

어로서의 영어)로 잘 알려져 있고, 토박이 언어로서 영어를 가르치는
데에 몇 가지 원리가 시험되고 검사를 거쳤다. 그런 원리는 해당 문제
에 대하여 상식적인 견해를 취함으로써 얻어진다. 어떤 누구도 이런
원리를 비판 없이 맹목적으로 받아들이지는 않는다. 모든 경우에서
교사는 여기서 주장된 바가 얼마만큼이나 광범위하게 자신의 학생들
과 자기 자신에게 적용되는지를 살펴보아야만 한다. 이하에서 다음
순서에 따라 논의를 전개하기로 한다.

(가) 의사소통 중압감,
(나) 과제에 대한 등급화: 시간상으로 전개되는 사건,
(다) 과제의 등급화: 묘사 및 설명,
(라) 과제의 등급화: 담화 접근,
(마) 발음과 억양

2.3.1. 의사소통 중압감(stress)

화자가 말해야 하는 바를 산출하는 데에 더 편안함을 느끼는 조건
이 있고, 덜 편안한 조건이 있다는 점을 제안하는 일은 바람직할 듯하
다. 우리는 의사소통 중압감이 거의 없는 조건에서, 학생들이 외국어
로 자신이 할 수 있는 최선의 것을 더 산출할 것으로 가정한다. 의사소
통 중압감과 관련되는 조건들은 무엇이 있을까? ㉠ 맥락 특성, ㉡ 청
자의 지식에 대한 상태, ㉢ 과제 유형을 포함할 것으로 생각한다.

㉠ 맥락 특성
㈀ 청자: 청자가 동료의 한 사람이거나 또는 학년(등급)이 낮다면 화자
로서는 더 쉽다. 여러 사람보다 한 사람의 청자에게 말하는 것이 화
자에게는 더 쉽다.
㈁ 상황: 화자가 익숙하고, 사적인 환경에서 얘기를 한다면, 화자로서

는 더 쉽다.

ⓛ 청자의 지식에 대한 상태

　(ㄱ) 언어: 화자가 아는 만큼이나 많이 목표 언어에 대하여 청자도 알고 있다면, 화자에게 도움이 된다.

　(ㄴ) 정보: 화자는 청자가 갖고 있지 않으나, 어떤 이유로든 청자가 알아야 할 필요가 있는 정보를 갖고 있다면,14) 화자에게 도움이 된다. 이 점은 화자에게 정보에 대한 통괄을 확실히 하고, 그 정보를 놓고서 의사소통을 하는 동기를 만들어 준다.

ⓒ 과제의 유형

　(ㄱ) 지식의 상태: 화자가 통괄하고 있는 정보가 친숙한 종류이므로, 그것을 완전히 이해하고 있다면, 화자에게 도움이 된다. 화자가 과제를 완수하는 데에 필요한 외국어 낱말에 친숙해 있다면 도움이 된다.

　(ㄴ) 과제의 구조: 과제에 있는 정보가 고유한 구조를 제공함으로써, 외부에서 과제의 필요조건에 의해서 언어가 뒷받침된다면, 화자에게 도움이 된다. 따라서 아무 화자에게나 왜 그런 사건들이 일정한 순서로 일어났는지에 대한 논쟁을 제공하는 일보다, 일련의 사건들을 놓고서 설명을 말해 주는 것이 더 쉬워진다.

상당한 정도로 의사소통 중압감을 가중시키는 어려운 과제는, 학생이 친숙하지 않은 환경에서, 학생 자신이 그 이유를 충분히 깨닫지 못하고, 필요한 언어를 구사하지 못하며, 검사관이 이미 정답을 알고 있다고 믿는 환경에서 「종이 울릴 때 개가 왜 군침을 흘리는지」에 대해서 낯선 외부 검사관에게 꼭 말을 해야만 하는 경우일 듯하다. 그런 극단적 과제는 자연히 거의 마주치지 않는다. 그렇지만 동정심 있는 검사

---

14) [역주] 흔히 이를 정보간격(information gap)이라고 부른다. 화자는 언제나 청자와의 정보간격을 가늠해야 한다. 그렇지만 실제에서는 그런 가늠이 늘 실제와 정확히 맞아 떨어지는 것은 아니다. 따라서 화자는 언제나 실시간으로 청자의 반응을 예의 주시하여야 하는 것이다.

관(examiner)이 앉아서 쳐다보고 있는 일련의 만화 그림으로부터, 이야기를 재구성하도록 학생들이 자주 요구받는다는 것은 놀랍다. 검사관이 거짓으로 무지한 척하는지에 대하여 대체로 학생들이 복잡한 가정을 한다면, 학생들로부터 무엇이 산출되도록 기대하고 있는지가 전혀 명백하지 않을 수 있다.

다른 혼한 연습은 교실에서 학생을 일어서게 하고, 학급 학생들에게「주말에 무엇을 하며 보내었는지」에 대해 말하도록 하는 일이다. 만일 그런 과제로부터 기대되는 바의 아주 분명한 모형을 제공받지 못한다면, 학생들에게 이것도 아주 힘든 일이 될 것이다. 주말 동안의 경험 기억으로부터 어떤 사건을 뽑아내어야 한다. 이는 고유한 속성을 지니는 어떤 구조나 의미를 가질 수 있다. 그리고 그 사건을 놓고서 설명해 내려면, 학생은 얼마나 많은 맥락 배경지식이 교사와 동급생들에 의해서 공유되어 있는지를 상상해 봐야 하고, 더불어 자신이 말하려고 하는 바를 적절히 표현할 언어 형식도 찾아내어야 한다. 그들 자신의 모국어로 말하는 많은 학생들이, 이를 무시무시하게 어려운 과제로 알고 있다. 다음에 아주 일반적인 질문을 받았을 적에, 면담에서 토박이 어른들로부터 가져온 두 가지 아주 전형적인 응답 녹음이 있다. 주저하는 일과 짤막한 응답을, 면담에 응하는 사람이 영어를 사용할 수 없다는 증거로 봐서는 안 될 것이다. 대신 그런 열린 질문을 놓고서 대답을 어떻게 구성해야 하는지를 잘 모르고 있다고 봐야 할 것이다.

(2.9) A: what do you like doing with your free time?
 B: going to discos + + (long silence)
 A: yeah + anything else?
 B: babysitting + +
 A: 자유 시간에 뭘 하고 싶어?
 B: 디스코에 가고 + + (오랜 침묵)

A: 그래 + 그밖에는?

B: 애보기 + +

(2.10) A: what do you like doing with your free time?

B: em + going to judo + + em sometimes I go swimming + +

A: 자유 시간에 뭘 하고 싶어?

B: 음 + 유도하러 가고 ++ 음 때때로 수영도 가지 + +

이들 기준에 의해 상대적으로 쉬운 과제는, 화자 자신이 어떻게 하는 지를 알고 있으며, 청자가 알지 못하지만 알고파 할 만한 것을 어떻게 하는지 그 방법에 대해 다른 학생들에게 얘기하도록 하는 것이 될 듯 하다. 정보 전달 연습은, 학생들이 짝을 이루고서 한 사람이 다른 사람 에게 과제를 완성하는 데에 필수 정보를 주게 된다면, 가장 잘 짜이게 될 것이다. 만일 과제를 완성해야 하는 대여섯 명의 다른 학생 집단에 대해 또한 화자가 말해 주어야만 한다면, 문제는 더 어렵게 된다. 이들 상황에서, 특히 외국어 사용에서 화자(학생)가 다소 허둥댄다면, 그 학 생은 단편적인 조각난 발화로서 'them' 및 'me' 반응만 더욱 경험할 것 같다.

이른 단계에서, 학생들이 상대적으로 자신에게 필요한 외국어를 갖 고 있지 않고, 모든 가능한 도움을 필요로 할 경우에, 화자는 무엇이든 지 간에 청자가 완성하는 관련 특징들을 지적해 줄 수 있다.

'*this — here*'(여기 있는 거),

'*that over there*'(저쪽에 있는 거)

와 같이 영어의 장면 지시 표현이나, 또는

'*this one on top*'(꼭대기에 있는 이 거),

'*those at the bottom*'(바닥에 있는 저것들),

'*the red one next*'(옆에 있는 빨간 거)

등과 같이 단순한 구절을 쓰도록 권장되면 아주 쉽다. 나중에 장면 지시 낱말이 잘 수립되고, 도움이 덜 필요할 경우에는, 청자가 칸막이 뒤에 앉아 상대편 학생(화자)이 무엇을 하는지를 볼 수 없도록 가려 놓을 수도 있다. 이런 상황에서는 화자가 무엇을 의미하는지 파악하기 위하여 오로지 언어에만 의존해야만 한다.

과제에 대한 '외부 도움'이나 '구조'라는 말로써 가리키는 바를 간단히 이용할 수 있는 사례가 있다. 한 학생이 다른 학생에게 화자가 잘 알고 있지만 청자가 알지 못하는 카드 속임수를 어떻게 하는지를 보여 주는 경우를 고려함으로써 제공될 수 있다. 화자와 청자가 모두 과제 수행에 필요한 낱말을 갖고 있다고 가정하기로 한다. 즉,

카드 짝패 한 벌(suit)의 이름,

10까지 숫자,

임금(royal) 카드의 이름,

'put'(놓다)라는 장소 관련 명령문,15)

---

15) [역주] 이런 부류의 동사들이 항상 대격과 사격이 서로 교체되어 나온다는 사실을 가리키는 듯하다. 전형적으로 사격(전치사 구문) 표현이 전치사 없이 대격으로 바뀌는 경우(이중 대격 구문으로 부름)가 있는데, 이는 '일부 : 전체'의 대립을 가리키게 된다.
　　put something here(둘 다 전치사 없이 나오며, 오직 장소의 일부를 채움)
　　put here with something(하나는 전치사를 갖고 나오며, 장소의 전부를 채움)
두 구문이 서로 의미 차이가 난다. 둘 모두 전치사가 없는 구문은 장소의 일부만 대상으로 채워지지만, 전치사가 있는 것은 그 장소가 전부 가득 해당 물건으로 채워진다. paint(칠하다)도 그러하다.
　　paint the board with red ink(일부 영역에만 칠을 함)
　　paint red ink (on) the board(전체 영역을 대상으로 칠을 함)
특정한 판자를 대상으로 하여 일부만 칠하는지, 전체를 모두 칠하는지가 영어에서는 구조의 차이로 표현되는 것이다. 수여동사 give도 마찬가지이다.
　　give something to someone(하나는 전치사를 갖고 나오는데, 주는 과정이 초점임)
　　give someone something(둘 모두 전치사 없이 나오며, 준 결과 상태가 초점임)
사격 명사구가 있는 표현은 대상이 상대방에게 넘어 가는 과정을 가리킨다('일부' 해

'next to(곁에), to the left of(왼쪽에), to the right of(오른쪽에), on the top of(위에), underneath(바로 밑에)'와 같은 일련의 공간 표현,

'next(다음), now(지금)'과 같은 시간 표현,

최소한의 명령문 구조, 전치사를 포함한 공기 제약에16) 대한 일부 지식

등이다. 이제 화자가 청자에게 할 첫 번째 것을 말하고, 이를 말함에 따라서 관련된 일을 수행함으로써, 화자가 말과 행위를 일치시킨다. 화자가 다음에 수행해야 할 것을 청자에게 말해 줌에 따라, 말하는 대로 다시 그 일을 하게 된다. 외부 행위가 말을 뒷받침한다(≒명령이 나 요구에 따라 실행함). 화자는 자신이 무엇에 대해 말을 하고 있는지 완벽하게 알고 있다. 따라서 다음의 경우를 걱정할 필요는 없다. '기 억'에 문제가 생겨 방해받는 경우, 또는 상대방의 반응에 따라 순식간 에 바꿔야 할 카드 속임수 구조는 화자가 다음에 말해야 할 필요가 있는 것을 결정하기 때문에, 다음에 뭘 말할지 미리 계산하고 선택해

석). 그렇지만 이중 대격 구문은 준 결과 상태를 가리키고('전체' 해석), 그 대상이 이미 상대방에게 있다는 함의가 깃들어 있다. 영어의 능동태와 수동태의 해석도 비판적 담 화 분석 쪽에서는 이런 방식으로 작동한다고 본다. 영어에서 어린이들이 이런 구문의 차이를 어떻게 익히는지에 대한 논의는 핑커(Pinker, 1987), 『학습 가능성과 인지: 논항 구조의 습득(*Learnability and Cognition: The Acquisition of Argument Structure*)』(MIT Press)를 읽 어 보기 바란다. 이런 '일부 : 전체'의 대립을 낱말 또는 문장 구조로 표현하는 방식은 보편적이다. 우리말의 사례를 다룬 것으로는 양정석(1995), 『국어 동사의 의미 분석과 연결이론』(박이정)의 제3장 처소교차 동사를 읽어 보기 바란다. 언어 표현에 따른 인지 방식의 차이를 체계적으로 드러내는 논의는 주로 '인지 언어학'이란 흐름에서 추구되 어 왔다. 가장 압권은 단연 탤미(Talmy, 2000), 『인지 의미론을 향하여: 여러 가지의 개념 구조화 체계(*Toward a Cognitive Semantics: Concept Structuring Systems*)』제1권과 『인지 의미론을 향하여: 개념 구조화에서 찾아지는 유형 및 과정(*Toward a Cognitive Semantics: Typology and Process in Concept Structuring*)』제2권(MIT Press)인데, 그가 평생을 써 온 감동적 인 걸작 논문 16편이 들어 있다.

16) [역주] 구조주의 또는 기술 언어학에서 말하는 공기 제약(co-occurrence: 共起)이란, 문장 표현에서 임의의 요소가 나타나면, 더불어 또는 따라서 반드시 나타나야 하는 요소를 가리키는 말이다. 우리말에서 형식 명사 '줄'이 나오면, 반드시 '알다, 모르다' 동사가 나오며, 형식 명사 '수'가 나오면 또한 반드시 '있다, 없다' 동사가 나와야 한다. 전통문법에서는 일직선 상(앞뒤 관계)에 있는 둘 이상의 요소가 서로 호응한다고 말하 였다. 생성 문법에서는 일원론을 추구하기 때문에 핵어(head)가 다른 요소를 지배하고 거느린다고 보아, 핵어에 들어 있는 '하위 범주화 틀'(subcategrization)이라고 부르기도 하고, 또는 핵어가 지닌 '선택 제약'(selectional restriction)이라고도 부른다.

야 하는 경우이다. 듣는 사람에게 얼마만큼 많이 화자가 관련된 배경 지식을 설명할 필요가 있는지에 대해서도 걱정하지 않는다. 청자가 일반적으로 카드에 대해서 잘 알고 있더라도 이 특정한 속임수는 알지 못한다는 점을 화자가 알고 있기 때문이다. 가능한 한 의사소통 중압감이 최소한도로 유지되고 있는 것이다.

원리상 외국어 학습과정의 시작 단계 가까이에서 가능한 한 최대로 의사소통 중압감이 줄어들고, 그리고 만일 학생들이 준비가 잘 되어 있다면 수업 동안 학생들에게 중압감이 더 들어 있는 상황에서 말하기 연습 기회를 주도록, 우리가 언급한 몇 가지 변수들에 대한 의사소통 중압감 지표가 신중하게 조정되는 상황을 만들 수 있다. 마침내는 연습의 강도를 높여 더 많은 사람들에게 말해 주도록 요구될 수 있는데, ㉠ 화자가 스스로 충분히 이해하지 못하는 어떤 것을 설명하거나, ㉡ 자신이 옳다고 여기지 않는 입장을 방어하거나, ㉢ 덜 분명한 구조를 지닌 사건을 놓고 구조화된 설명을 만들어 내거나, ㉣ 자신의 청자가 이전에 경험해 보지 않은 것으로 알고 있는 사건에 대해 설명하거나, ㉤ 어떤 주제에 대해 일부 청자는 아주 잘 알고 있지만 나머지 청자들은 전혀 무지한 내용에 대해 설명해 주거나 하는 일이다. 과제 유형을 더 어렵게 만드는 조건을 생각해 내기는 어렵지 않다. 교사가 조정하는 힘을 갖고 있고, 학생이 외국어로 말하기 시작할 경우, 학생들에게 말을 할 수 있는 가장 도움이 되는 가능한 환경을 제공해 주는 변수를 깨달으려면, 사고실험을 통하여 고려해 보아야 한다.

학생들이 서로 짝을 지어 작업하면서 한 쪽은 (정보를 전달하면서) 선임 역할을 맡고, 다른 쪽은 (요구된 과제를 완결 지으면서) 신참 역할을 맡도록 할 경우에 교사에게 명백한 문제가 생겨난다. 학생 둘이 성실하게 함께 작업을 하고 있고, 참으로 '사적인' 1 : 1 상황에 있다면, ㉠ 교사는 화자가 말하는 바를 얻어들을 수 없고, ㉡ 화자의 산출을 '고칠' 방법도 없으며, 화자가 실제로 영어를 말하고 있는지를 점검할 방법이 없다. 그렇지만 학생들에게 입말 영어를 연습할 기회를 갖도록 할 필요성은 아마도 이런 반론을 압도한다.

첫 번째 문제는 어쨌거나 아마 더 잘 무시되는데, 이미 제안하였듯이, 간섭받고 교정되는 일(또는 심지어 누군가가 여러분 곁에서 이미 간섭하고 고쳐주려고 서성거리고 있음을 깨닫는 일) 더 낙담스럽게 외국어 산출을 못하도록 때문이다. 연습 활동은 직접 가르치는 활동이 아니라, 편안하게 틀리는 일에 개의치 않는 연습 활동으로서 간주되어야만 한다. 물론 일부 가르치는 일은 연습 활동들과 결합될 수 있다. 교사가 몇 가지 필수 낱말을 먼저 제공한다. 예를 들어 칠판 위에 그 낱말들을 써 두는 것이다. 학생들은 그들 자신의 문제를 점검할 수 있고, 과제를 수행하는 동안이나 또는 심지어 과제를 수행한 뒤에라도, 말하고 싶지만 어떻게 말해야 할지 알지 못하는 바를 말하는 방법에 대해서 질문할 수 있다. 바로 이러한 점이 교사가 직업적으로 가르치는 모든 위치에서 최상의 위치에 있게 된다. 학생이 적극적으로 현재 관심을 갖고 있지 않은 정보를 내주는 것이 아니라, 실제로 학생 자신에게 필요하고 필요한 시점에 요구받는 정보를 통괄하고 제공할 수 있는 위치이다. 어떤 목적을 위해, 학생이 어떤 정보를 의사소통할 필요가 있는 상황에 놓임으로써, 교사는 학생에게 의사소통 필요를 제공할 뿐만 아니라 또한 최소한의 의사소통 중압감이 주어지는 상황을 제공해 주는 것이다.

2.3.2. 과제에 대한 등급화: 시간상으로 전개되는 사건

많은 사람들이 자신의 일상생활에서 많은 시간을 다른 사람들과 정을 나누는 대화를 한다. 그런 대화에서 사람들은 오늘 아침에 일하면서 무슨 일이 일어났는지, 주말에 무슨 일이 있었는지, 또는 어제 저녁 무슨 영화를 보았는지 등, 전형적으로 서로 그들의 경험에 대하여 말한다. 주로 상호작용 대화(사교적 이야기)에서 일화(경험담)로 일어난 바에 대하여 정확한 낱낱의 사항이 완벽히 옳은지 여부를 청자가 아는 것은 중요하지 않다. 다른 사람이 일화를 말하는 것을 들을 적에, 사람들 대부분의 전형적 반응은 그들 자신의 일화(경험담) 하나를 준비하기 시작하고, 현재의 화자가 말을 끝내자마자 이야기를 서로 교환하려고 하는 것이기 때문에, 어쨌든 청자는 아마 반쯤 듣고 있게 된다. (2.11)에서부터 (2.14)까지의 인용 부분이 서로 다른 사람들 간의 많은 대화로부터 나온 것인데, 이런 말 이어져 나감(sequencing)을 예시해 준다.

(2.11) A: and eh + I flew from Inverness to Stornaway + it was eleven pound single

B: uh huh

A: and that's a short flight + it was only twenty minutes

B: good heavens + + I paid twenty-one poundes from Stornaway to Glasgow + single + on a cheap day

A: 그리고 어 + 나는 (스코틀런드 북쪽에 도시) 인버네스에서부터 (영국과 떨어져 동북북쪽에 인접해 있는 섬) 스토너웨이까지 비행기로 갔는데 + 한 사람당 11파운드였어.

B: 어 그래

A: 그러고 비행 구간이 짧더구나 + 고작 20분이었거든

B: 괜찮은데 + + 나는 스토너웨이로부터 (스코틀런드 남쪽에 있는 도시) 글라즈고우까지 21파운드를 지불했거든 + 한 사람에 + 저가 항공권 판매 날에

(2.12) A: I never give the milk boy a tip

B: well + the milk boy with us + has got a problem just now + because it's exactly two pounds + so he can't very well get a tip out of that

A: 나는 우유 배달 꼬마한테 한 번도 팁을 주지 않았어

B: 헌데 + 우리와 함께 있던 우유 배달 꼬마에게 + 방금 문제가

있었거든 + 왜냐하면 우수리 없이 정확히 2파운드였기 때문이
야 + 그래서 그 돈으로부터 걔가 팁을 제대로 받을 수 없었거든

(2.13) A: I find my grandpa is really funny on the telephone 'cos if I phone
him up + he never says anything + he picks up the phone + and
waits to hear from you +

B: hmhm

A: I say + Grandpa you're supposed to say 'hallo' + or say the
number + or something (laughs) + 'cose you don't know if the
line's + gone dead or what

B: I have an aunt + I have an aunt who never says who she is +
my Aunt Ella + and she just launches straight into + whatever
she's got to say + and she's halfway through it when it strikes
you | who + + | you're speaking to

A: | who it is |

A: 전화를 하면 우리 할아버지가 재미있다는 걸 알게 되지 왜냐면
내가 전화 걸면 + 할아버지가 아무 말도 않고 기다리시거든
+ 전화만 우두커니 받아들고서 말이야 + 상대방 쪽이 말하기
를 계속 기다리시지 + +

B: 흠 그러니

A: 내 말은 말이야 + 할아버지에게 상대방 쪽에서 '여보세요'라고
말하거나 + 전화번호를 묻거나 + 또는 뭔가 말하게 되어 있어
(웃음) + 왜냐면 전화가 + 끊겼는지 어떤지를 모르잖아

B: 우리 숙모가 있는데 + 자기가 누군지 절대 얘기 안 해 + 우리
엘라 숙모 말이야 + 그리고 곧장 바로 본문으로 들어가는데 +
숙모가 뭘 말하든 상관없이 말이야 + 그리고 | 누구랑 + + |
말하느냐고 물을 때쯤이면 거의 절반을 다 끝낸단 말이야

A: | 누군지 |

(2.14) A: a friend + a stupid friend of mine got the telephone cut off + because well she asked for it to be cut off in fact + because her last bill was £500

B: oh goodness + ··· oh that's dreadful

A: she comes from Venezuela + of course that's these long distances + it's two or three pounds a time + maybe for a minute or two + +

B: oh but imagine getting a bill into the house for that oh my goodness + that's the biggest one I've heard of + Mrs. Gibson got an awfully big one but she's been talking to Can + Canada a few times ···

A: 어떤 친구가 + 멍청한 내 친구가 전화가 단선됐대 + 왜냐면 글쎄 실제로는 걔가 끊어 달라고 요구했었대 + 왜냐면 걔 마지막 청구서가 500파운드였거든

B: 어머머 + ··· 아이구 저런 끔찍하네

A: 그 애는 베네수엘라에서 왔거든 + 물론 그게 장거리 전화야 + 한 번에 2파운드나 3파운드 들거든 + 아마 1분이나 2분 정도에 그렇게 들지 + +

B: 어휴 허지만 청구서가 집에 날라드는 걸 생각해 봐 저런 어떡허지 + 내가 들었던 금액 중에 제일 크네 + 깁슨 아줌마도 끔찍하게 큰 금액의 청구서를 받았지만 그건 캐 + 캐나다에 몇 분 간 통화한 건데 말이야···

일상생활에서는 이러한 개인 경험들의 뒤바뀜이 늘 일어난다(늘 기대와 다른 엉뚱한 일이 일어남). 때로는 내용이 정보 전달에 관한 것이므로 발생한 세부내용이 중요하고, 청자가 세부사항을 정확히 이해하는 것이 관건이 된다. 명백한 사례들은 다음과 같다.

㉠ 라디오나 텔레비전에서의 뉴스 보도,

㉡ 도둑이나 은행 강도에 대해 경찰에 접수된 목격담,

㉢ 국내 교통사고의 보험 지급인에게 접수된 이야기,

㉣ 사회복지사에 의해 지방 법원에 접수된 불량 학생들에 대한 이야기,

㉤ 치과 의사에게 접수된 환자의 치아 문제에 대한 이야기,

㉥ 불만스런 가전제품에 대해 불평하는 소비자들에 의해 소비자 보호원에 접수된 이야기,

㉦ 건물주에 의해 정확히 자신이 어디에 살고 있는지 소방서에 접수된 이야기

등이다. 정상적인 사회생활에 필요한 부분으로서 의사소통 능력 중 하나가 관련된 주요 사실을 일련의 세부사항들로부터 적절히 뽑아내고, 해당 사건을 놓고서 화자에 의해 주어진 구조를 통하여 원활하게 의사소통을 하는 능력이다.

어떤 일련의 사건을 생각해 보기로 한다. 특정한 시간대에 걸쳐 어떤 배경에서 사건이 일어나고, 그 속에서 어떤 일이 일어나도록 요구된다. 상호작용 대화(사교적 이야기)에서는 배경이 언제나 명백히 언급되는 것은 아니다. 사건의 본질이 특정한 배경을 전제로 하기 때문이다.

'I was watching TV last night'
(어젯밤 텔레비전을 보고 있었어)

라는 말은 어느 장소에서 텔레비전을 보고 있었는지 밝히지 않는다. 거꾸로 명시적인 지시가 결여되어 있어도, 청자는 화자가 보통 사람들이 텔레비전을 보는 곳에서(즉, 집의 거실에서) 보고 있었다고 가정할 것이다. 그렇지만 정보 전달용 대화에서는 이런 세부사항이 명백해지도록 만들 필요가 있다. 상호작용 대화에서는 많은 양의 서로 공유된 지식을 가정하고, 상대적으로 덜 분명해지도록 한다.17) 반면에 정보

전달용 대화에서는 공유 지식의 가정을 덜하고 더 많은 정보를 말로 내보낸다. 무엇이 말해지는지 철저히 청자가 이해하는 것이 관건이 되기 때문이다. 이 장에서는 정보 전달용 대화에 관심을 두므로, 따라서 명확성에 우선권을 둘 것이다.

학생 앞에 일련의 사건을 그려 놓은 몇 장의 만화 그림이 있다고 하자(외국어로서의 영어[EFL] 교육에서 자주 쓰이는 익숙한 길라잡이임). 청자에게는 순서가 헝클어진 만화 그림들을 갖고 있지만, 이 이야기와 관련된 그림들도 들어 있고, 관련이 없는 것들도 뒤섞여 있다. 화자가 할 일은 다음과 같다. 청자가 관련된 그림들을 뽑아내고 올바른 순서로 그것들을 배열할 수 있는 방식으로 이야기를 해 주는 것이다. 더 수준이 높은 고급반에서는 청자(또는 '검사관')가 모두 볼 수 있는 유일한 그림인, 연결체의 마지막 결말 그림에 묘사되어 있는 사건에로 이끌어가는 연속 사건들에 대한 쪽지를 청자가 갖게 되거나, 사건의 연결을 이끌어내는 질문을 할 수 있다. 이제 화자는 일련의 만화 그림들

---

17) [역주] 일찍이 유뤄(Ure, 1971), 「어휘 밀집도 및 언어투식의 차이(lexical density and register differentiation)」라는 논문에서 입말 사용 환경에서 실사 어휘의 밀집도가 낮다는 지적이 있었고, 이를 핼러데이(Halliday, 1985), 『입말과 글말(*Spoken and Written Language*)』(Oxford University Press)에서 중요하게 받아들여진 바 있다. 영국에서 구축된 입말 말뭉치들을 분석하면서 머카씨(1998; 김지홍 뒤침, 2010), 『입말, 그리고 담화 중심의 언어교육』(도서출판 경진) 제2장에서는 이 점이 다시 한 번 사실임을 확증하였고(비언어적 표현도 중요한 몫을 차지함), 입말과 글말이 서로 다른 고유한 질서를 지니고 있음을 크게 부각시켰다. 예를 들어 애매하게 뭉뚱그리는 'stuff(거), thing(거), guy(놈)' 또는 손으로 가리켜 주는 'this(이), that(저), down(아래), over there(저쪽 건너에)' 따위가 허다히 쓰이는데(따라서 '행위 동반 표현'으로 부름), 우리말로는 '거시기 머시기' 표현으로 부를 수 있다.

그런데 왜 그렇게 애매하고 막연하게 표현하는 것일까? 핵심은 긴밀히 상호작용하는 청자의 지식과 판단을 존중하여 상대방의 자율성이 손상되지 않도록 보호하기 때문이다. 만일 거꾸로 친한 사이(친밀한 맥락)에 너무 세세하고 정확하게 말을 해 준다면, 상대방을 깔보는 것으로 오해를 살 법하다. 그렇다면 얼굴을 마주 보는 의사소통 참여자들은 부지불식간에 상대방에게 맞춰 주려고 서로 끊임없이 긴밀한 협력을 하고 있는 셈이다. 이런 속성을 처음 본격적으로 논의한 글이 작년에 번역되어 나와서 이제 학부 학생들도 원전의 맛을 느낄 수 있게 되었다. 고프먼(Goffman, 1967; 진수미 뒤침, 2013), 『상호작용 의례: 대면 행동에 관한 논총(에세이)』(아카넷)의 제1장 '체면 지키기: 사회적 상호작용에 내재된 의례적 요소의 분석'과 제2장 '대접(존대)과 처신의 성격'을 읽어 보기 바란다.

로부터 구조화된 사건을 뽑아내어야 한다. 이는 언어학 과제가 아니라, 인식론 과제이다. 서로 다른 개인마다 어느 정도 잘 하는지에서 차이가 나게 된다. 이야기를 시작하기 전에, 화자가 실제로 해당 이야기와 이야기의 골자를 이해하고 있어야 함이 중요하다. 동일한 만화 연결체들을 토박이 어른들 앞에 제시하여 동일한 작업을 해 보도록 하였다. 우리는 만화 연결 내용의 구성에서 화가가 의도한 바를 파악하는 일에서 어른들이 광범위하게 서로 다른 능력을 보여 줌을 관찰할 수 있었다. 마찬가지로, 누구나 공통적으로 인식할 수 있는 표준 입력에 근거를 하더라도, 아주 동떨어지고 심지어 이상한 이야기들이 일부 학생들에 의해서 만들어진다.[18] 이런 결과 때문에, 언어 산출에

---

18) [역주] 교실 수업에서 시지각 도움물을 쓸 경우 무턱대고 아무거나 쓸 수 없다. 꼭 의도된 사건이나 사건 흐름을 파악할 수 있는 것으로 지정되어야 한다. 이것이 현장 사진보다 간략하게 그려 놓은 만화가 선호되는 이유이다. 또한 그런 도움물도 여러 학생들에게 동일하게 해석되는지를 미리 시험해 보아야 하는 것이다. 최근에 언어 교육에서 동영상물을 이용하는 일이 부쩍 많은데, 반드시 이런 점에 주의해야 옳다.
  어느 수업에서는 착각하여 동영상을 만드는 일이 오히려 언어교육보다 낫다고 선언하는 '망발'도 서슴지 않는다. 철저한 착각과 오류이다. 인간이 의존하는 다섯 감각 기관에만 좁혀서 감각의 강도와 지속도를 비교한다면, 냄새(후각)를 따라갈 기관은 없다. 진화의 역사에서 피조물에 등뼈가 생겨나면서 감각 신경 기관들이 감각점으로부터 두뇌로 배선이 이뤄질 경우에 대부분 교차 배열을 하지만(왼손 바닥의 통각은 오른쪽 두뇌 부서에서 혈류가 증가함), 유일한 예외가 후각 신경계이기 때문이다. 따라서 진화 선상에서 가장 오래되고 본원적인 감각 기관임을 추론할 수 있다. 눈의 진화는 다윈의 시대에는 신비의 영역이었으나, 캄브리아기의 진흙돌(세일) 층으로부터 나온 풍부한 화석들 덕택에 피부 세포로부터 눈이 어떻게 진화했는지를 파악할 수 있게 되었다. 파커(Parker 2003; 오숙은 뒤침, 2007), 『눈의 탄생: 캄브리아기 폭발의 수수께끼를 풀다』(뿌리와 이파리)와 쏠소(Solso 1996; 신현정·유상옥 뒤침, 2000), 『시각 심리학』(시그마 프레스)를 읽어 보기 바란다.
  그렇지만 평면적으로 다섯 감각 기관의 우열을 비교할 수는 없다. 왜냐하면 생태환경을 극복해 오면서 '통합적'으로 작동하는 '복합 감각 경험'이 인간 진화의 열쇠가 되어 왔기 때문이다. 단지 20세기 초반에 들어서서 일부에서 시지각의 중요성에만 쏠리어 왜곡된 생각들(이미지즘[회화주의] 따위)에 골몰한 적도 있다. 그러나 시지각은 쉽게 교란될 뿐만 아니라(다양한 종류의 착시 현상), 시지각 처리에서 시상하부의 처리 도중 입력 자료들을 무시하는 일이 대상을 입체적으로 파악하기 위해 중요한 몫을 맡는다는 사실도 새롭게 드러났다. 3차원의 시지각 대상을 만들어 가기 위하여 무엇이 배경이고 무엇이 초점이 되는지에 대한 결정도 중요하다. 이런 지적들은 시지각 처리에 비감각적 명제 지식이 동원되고 있음을 잘 부각시켜 준다. 핑커(Pinker 1997; 김한영 뒤침, 2007), 『마음은 어떻게 작동하는가?: 과학이 발견한 인간 마음의 작동 원리와 진화심리학의 관점』(동녘 사이언스)의 제4장 '마음의 눈'을 읽어 보고, 또한 마커스(Marcus, 2008; 최호영 뒤침, 2008), 『클루지: 생각의 역사를 뒤집는 기막힌 발견』

대한 길라잡이(prompts, 도움물)로서 만화 연결체를 사용할 경우에는 조심스럽게 통괄해야 한다. 학생의 언어능력을 만화 연결체 해석 능력과 혼동하지 말아야 한다는 점이 중요하다.

학생이 해당 이야기를 이해하였다면, 화자가 청자에게 어떤 정보를 전달할 필요가 있을까? 첫째, 화자는 그 장면이 집 안이거나 집 밖인지, 거실이나 음식점인지, 현대 유럽 도시이거나 고대 이집트인지, '배경'에 대한 언급을 해 주어야 한다. 배경을 기술하는 데에 필요한 만큼의 세부내용은, 배경이 이야기에 대한 기여 정도에 따라서 변동될 것이다. 그림들이 밤중의 배경을 보여 준다면, 그리고 강도나 또는 지독하게 술에 취해 가는 어떤 사람에 대한 이야기라면, 배경이

'*evening*(저녁), *dark*(어둡다), *night*(밤)'

등을 언급하는 것이 아마 관련이 있다. 아무런 시간 언급이 주어져 있지 않다면, 그리고 시간이 사건을 전개하는 데에 관련되지 않는다면 시간은 언급될 필요가 없다. 비슷하게, 그 이야기가 거실 배경이라면, 이야기의 초점이 누군가 하나씩 훔쳐간 그림이 아니거나, 또는 그림들 중 어느 그림에 주인공이 몰입해 있는 것이 아닌 한, 관습적으로 벽에 걸려 있을 수 있는 그림들에 대해서는 언급할 필요가 없다. 배경

(갤리온)도 읽어 보기 바란다.

오늘날에도 인간의 두뇌 처리 과정을 논의하는 전통은 18세기 계몽주의의 주장을 그대로 따르고 있는 형편이다. 두뇌 작동 재료는 크게 감각재료와 개념재료로 나뉘지만, 양자 사이도 또한 복잡하게 뒤얽혀 있으며, 흔히 network(그물짜임)이란 비유 낱말로 표현된다. 여러 학문 분야에서 인간 정신을 다루고 있기 때문에 용어들이 아주 다양하다. 감각재료를 가리키는 용어는 qualia(스스로 느끼는 감각재료), impressions(감각 인상), images(인상, 수식어를 써서 시각 인상, 청각 인상, 감각 인상 등으로 구분함), percepts(감각 인상), sensibilia(감각 자료), sense data(감각 자료) 따위가 자주 쓰인다. 개념재료는 concepts(개념), propositions(명제), ideas(관념), inner language(머릿속 언어), mentalese(정신 언어) 따위가 있다. 어떤 연구자는 각각 20여 종 이상이나 되는 낱말들을 제시하기도 한다. 이런 논의를 파악하려면 갤러버더·코쓸린·크뤼슨(Galaburda, Kosslyn, and Christen) 엮음(2002), 『두뇌 작동 언어(*The Language of the Brain*)』(Harvard University Press)에 들어 있는 23편의 논문들을 읽어 보기 바란다.

에 대한 관련 세부사항의 선택은, 화자 쪽에 특정한 복잡성을 부과한다. 영어권 문화 배경에 친숙한 학생들에게는 이것이 어려운 문제가 아닐 것이다. 그렇지만 아주 다른 문화 배경을[19] 지닌 학생에게는 해당 이야기에 관련된 특질을 선택하는 데에 도움과 연습이 주어질 필요가 있을 것이다.

일반적으로 전제되고 또 토박이 화자들에 의해서 명백하게 언급되지 않는 상당수의 문화적 전제들은, 다른 문화 배경을 지닌 화자의 관심을 분명하게 이끌어 낼 필요가 있을 것이다. 따라서 소파와 두 개의 편한 의자가 있는 공간에 두 사람이 앉아 있고, 그들이 텔레비전을 보고 있음을 보여 주면, 토박이 화자는 이 장면을 이들 두 사람이 평소에 거주하고 있는 집의 거실을 보여 주는 것으로 해석하는 경향이 있다. 이들 두 사람이 남자와 여자이고, 중년이나 나이가 든 이라면, 그들이 결혼한 부부라고 가정할 것이다. 이야기 속에서 뒤따르는 세부내용이 사실 그 두 사람이 치과 치료 대기실에 있었음을 명백하게 한다면, 영국에서 치과 치료 대기실에는 흔히 텔레비전을 놓아두지 않기 때문에, 화가가 잘못 그렸다고 주장될 것이다. 만화는 만화가 자신이 뿌리를 두고 있는 문화를 반영하는 강력한 판박이 틀(stereotype)에 의해 지배된다. 외국어 교육에서 만화는 교사가 외국어 학습자에게 동일한 전형적 틀을 세워 줄 수 있는 버팀목으로서 유용한 역할을 하는 듯하다. 영국적 배경 및 문화에 대한 지식을 관련짓는 전형적인 틀을 인식하는 학생의 능력과 그런 내용을 기술하는 적절한 언어를 통괄하는 능력 사이를 서로 구별해 놓는 것이 중요하다. 학생이 적절한 언어를 산출한다면, 본질적으로 그런 전형적인 틀을 이미 학생이 인식하고 있는 것이다.

관련된 몇 가지 특질만 그려져 있다면, 아마 배경에 대한 관련 특질

---

19) [역주] 이 점 또한 문화적인 차이가 있다. 우리 문화에서는 조금 격조가 있는 거실이라면 한자로 씌어진 글귀가 걸려 있을 것이다. 평범한 서민의 집에서는 조상 사진과 벽시계와 달력이 걸려 있을 듯하다. 청소년 방이라면 유명한 연예인 사진이 걸려 있을 법하다.

들에 대해 확인하는 것은 학생들에게 더 쉬운 일이 될 것이다. 세부사항들이 더 많이 주어질수록, 무엇이 필요할지가 분명치 않은 학생들에게는 더 많은 주의가 필요할 듯하다. 더욱이 포함되어 있는 세부사항들이 제멋대로 선택될 터인데, 만화가가 배경의 일부로서 제시한 어떤 특정한 대상에 대해, 해당 이름을 우연히 이용할 수 있는지 여부에 달려 있다. 연습 과제가 해당 그림에서 인식할 수 있는 대상을 모두 말해 보도록 하는 것이라면, 모든 가능한 대상물을 언급하는 학생이 점수를 높게 받을 것이다. 요구되는 것이 모두 배경에 대한 관련 특질을 전부 확인하는 것이라면, 아주 다른 종류의 기술이 선택에 부과된다. 대상들에 대하여 낱말 항목을 짝짓는 일뿐만 아니라, 대상들 가운데 어떤 것이 언급될 필요가 있는지를 결정하는 일이 요구된다.

배경에 대하여 적절하고 관련된 특성을 학생이 제공하는 데에 성공하였다고 가정하자. 다음으로, 학생은 청자에게 해당 이야기 속의 주인공이 누구인지 알려 주어야 한다. 다시 한 번 여기서 인지적 부담과 언어적 부담에 대한 등급화가 분명히 가능해진다. 화자가 남자와 여자에 대한 이야기를 하게 되면, 'man'(남자)과 'woman'(여자)이라는 낱말 항목을 화자가 제대로 통괄하는 한, 초점이 되는 두 사람의 개인을 화자가 쉽게 확인하게 된다. 화자는 다시 'the man'(그 남자)과 'the woman'(그 여자)이라고 표현함으로써 이들 개인을 가리키거나, 또는 화자가 전혀 애매하지 않게 'he'(그)와 'she'(그녀)라는 대명사를 쓸 수 있다. 그런 과제에서 화자가 어떤 시점에서 누구를 언급하고 있는지 분명히 해 주는 일은 비교적 더 쉽다. 실지로, 가령 개라고 하는 제3자의 참여를 추가할 수 있고, 애매하지 않게 개가 'the dog'(그 개)나 'it'(그게)이라는 표현으로써 가리켜질 수 있기 때문에, 이야기 속의 새로운 참여자가 거의 내용을 복잡하게 만들지 않는다. 아래 예문을 보면서 이탤릭 글자로 쓰인 대명사에 의해서 이야기 속의 참여자가 쉽게 확인될 수 있음에 주목하기로 한다.[20]

(2.15) there's a boy + erm with a catapult + *he*'s just turned round and *he* can see a + a fly + flying about + *he*'s turned round and *he*'s going to hit *it* with *his* catapult +

(어떤 꼬마가 있네 + 음 새총을 갖고 있는데 + ⌀ 막 빙 돌자마자 ⌀ + 파리가 한 마리 + 주위에서 날아다니는 걸 볼 수 있거든 + ⌀ 빙 돌고 나서 ⌀ <u>자기</u> 새총으로 <u>그걸</u> 쏘려고 하네 +)

'he'(걔가), 'it'(그걸), 'he'(걔가)라는 표현이 가리키는 대상은 완전히 명백하다.

소년과 파리에 대한 이야기 대신에, 두 사람에 대한 이야기라면 대명사 사용에서 과제가 즉각 복잡해진다. 더 이상 화자가 주인공들을 'a man'(한 사람)과 'the man'(그 사람)과 같이 표현하여 확인하는 일이 적합하지 않은 것이다. 이제 화자는 같은 부류의 두 개인 사이를 서로 다음과 같이 구분해 주어야 한다.

'the old man(늙은이): the young man(젊은이)',
'the dark man(음흉한 사람): the fair man(공정한 사람)',
'the man who is bold(대머리인 사람): the man with glasses(안경 쓴 사람)'

주인공들은 상당수의 서로 다른 변항에 따라 달라질 것이다. 화자는 개인에 따라 각각 독특한 특질을 선택하고, 그런 독특한 특질을 유지해야만 한다. 화자는 어떤 때에라도 어떤 개인을 가리키는지를 분명히 해야 한다.

먼저 책을 읽으면서 부엌 의자에 앉아 있는 나이 든 주부를 묘사하

---

20) [역주] 우리말에서는 담화의 전개에서 같은 사람을 가리키기 위해서는 '⌀'(영 대명사, 공범주 대명사)를 쓰는 것이 자연스럽고 부드럽다. 단, 이는 새로운 주인공이 소개되지 않은 경우에 그러하다. his(그의)나 her(그녀의)란 말도 입말에서는 '자기'나 '자신의'로 번역되는 것이 더 낫다.

고, 다음에는 중세풍의 응접실에 있는 예쁜 어린 소녀(공주)에 대한
사건으로 넘어가고, 다시 부엌에 있는 주부로 되돌아가는 이야기를
살피기로 한다. 여기서 어른 토박이 영어 화자가 이런 이야기를 하는
데에 끄집어낼 만한 어구들이 몇 가지가 있다.

(2.16)

주인공\화자	주부를 소개함	공주를 소개함	다시 주부를 소개함
A	a woman(어떤 부인)	a princess(어떤 공주)	the woman(그 부인)
B	a mother(어떤 엄마)	a beautiful girl(어느 예쁜 소녀)	the mother(그 엄마)
C	a woman(어떤 부인)	a woman(어떤 부인)	the woman(그 부인)
D	a woman(어떤 부인)	a lady(어떤 여인)	the lady(그 여인)

화자 A와 B가 모두 두 개인 사이를 구분하기에 적합한 기술을 만들어
낸다. 그들은 서로 다른 낱말을 써서 개인들을 다르게 성격 짓고 있다.
모두 처음 언급에서 둘을 서로 구분해 내고(부인/공주, 엄마/예쁜 소녀),
'다시 소개함'에서 두 번째 인물보다 처음 소개된 부인을 도로 가리키
는 데에 성공하고 있다. 화자 C는 두 개인을 구분하는 데에 실패하고
있다. 분명히 두 번째 소개된 부인이 첫 번째 인물과는 다르다. 두 번
째 소개된 부인은 첫 번째 사람과 구별된다. 왜냐하면 '어떤 부인'이라
는 비한정적 지시 표현에 의해 지시되고 있으나, '다시 소개함'에서
쓰인 표현 '그 부인'이 누구를 가리키는지 분명치 않기 때문이다. 화자
D는 이 측면에서 분명하게 잘못되어 있다. '그 여인'이라고 '다시 소개
하는' 표현이 부인을 다시 가리키는 것이 아니라, '어떤 여인'이라는
표현으로 도입된 '공주'를 가리키기 때문이다.
  동일한 부류의 두 주인공을 하나의 이야기 속에 도입할 때 문제점
하나는, 화자가 두 사람 사이에 일관된 구분을 유지해야 할 필요가
있다는 점이다. 낱말 표현을 쓸 때에 일관되어야 한다. 인용 (2.17)에
서도 해당 사례를 논의하면서 살펴보았던 것과 같다. 또한 대명사를

쓸 적에도 주의를 기울여야만 한다. 다시 여기서 혼동될 수 있는 요소들이 존재하기 때문에 그러하다. 만일 화자가 대명사 표현을 단순히 바로 이전에 도입한 인물을 도로 가리키도록 쓴다면, 아래 인용 (2.17)에서 보듯이 지시 대상에 대한 문제는 일어나지 않는다.

(2.17) there's a housewife who's bored with _her_ everyday chores in the kitchen and + _she_ dreams of how life could be for _her_ + and _she_ has a daydream

어떤 주부가 있었는데 부엌에서 <u>자신의</u> 일상생활에 싫증을 느꼈거든 + ∅ <u>자신한테</u> 인생이 어떻게 전개될지를 꿈꿔 + ∅ 백일몽을 꾸는 거야

그러나 두 사람의 여성이 가리켜야 할 후보로 들어 있다면, 앞의 인용 (2.16)에서 보았던 예에서처럼 '다시 도입하는' 표현으로 'she'(그녀)를 쓰는 데 혼동을 일으킬 우려가 있다.

(2.18)

주인공 화자	주부를 소개	공주를 소개	다시 주부를 소개
E	this woman (이 부인)	this beautiful young woman (이 아름다운 젊은 부인)	she (그녀)
F	this woman in her kitchen (부엌에 있는 이 부인)	a princess upstairs (윗층에 있는 어느 공주)	she (그녀)

각각의 경우에 'she'(그녀)라는 표현이 이전에 소개된 부인들 중 어느 사람을 가리키는지 분명치 않다. 토박이 화자들의 경향은 바로 앞에서 언급된 주인공과 관련하여 대명사 표현을 해석하게 될 것이다.21) 그렇

---

21) [역주] 원래 표현과 지시 대명사의 짝을 찾아 주는 일을 담화 분석에서는 '통사 결속'(cohesion, 응집성이란 말은 잘못임)이라고 부르고, 생성 문법에서는 binding(결속)이라고 부른다(생성 문법에서 주요한 논의 영역의 하나임). 언어 표현은 계층 또는 구조

지만 두 경우에서 모두 지시대상을 가리키는 일에서 잘못될 것이다.

'의사소통 중압감'이라는 부담은 인지상의 어려움이라는 측면에서 볼 경우, 동일한 성별의 지시대상이 포함됨에 따라 어려움이 더욱 증가하게 된다. 따라서 누가 무엇을 하고 있는지를 명확히 하는 측면에서, 한 남자와 한 여인에 대한 이야기가, 두 여자 친구를 가진 한 남자에 대한 이야기보다 좀 더 쉬워질 것이다. 또한 두 여자 친구를 가진 한 남자에 대한 이야기가, 여자 친구를 한 명씩 갖고 있는 두 남자에 대한 이야기보다 더욱 쉬워질 것이다. 가장 능력 뛰어난 토박이 화자조차, 각각 두 명의 여자 친구가 있는 두 사람의 남자가 있는데, 그들이 모두 각기 다른 행동을 하고 있는 이야기를 말하는 것이 만만치 않음을 이내 알게 될 것이다. 복잡하게 만드는 요소는 언어 형식이라기보다, <u>인지상의 부담</u>임이 분명하다. 논의되고 있는 것이 단순히 언어 형식을 아는 일이라기보다, <u>적절하게 언어를 사용하는 능력</u>인 것이다.

이런 고려사항은, 아주 성숙하고 지적인 초보자들이 수행하도록 되어 있는, 늘 따분하고 싱거운 연습 문제들로 인해 학생들이 식상해 한다고 불평하는 교사들과 관련될 수 있다. 언어에 대해 아주 적게 알고 있으면, 언어가 쓰이는 용법들이 단순하다는 점이 필연적으로 뒤따를 것이라고 생각하기 쉽다. 지시대상을 찾는 데에 쉬운 과제들

를 지니는데, 지시 대명사가 가리키는 원래 표현을 찾아내려면 바로 상위 계층에 있는 후보를 지정하게 된다. 바로 앞에 나오는 명사구란 표현은 이런 구조적 계층을 반영해 주지 못하기 때문에 올바른 표현은 아니다.

영어에서 self 부류의 재귀 대명사와 일반 대명사는 서로 상보적인 기능을 지닌다. 재귀 대명사는 자신이 실현된 계층 속에서 짝을 찾아내고 결속되어야 하지만, 일반 대명사는 자신이 실현된 계층 밖에서 짝을 찾고 결속되어야 한다. 자신이 실현된 계층은 명사구로도 나올 수 있고, 또는 절로도 나올 수 있다. 미국 인디언 말에서는 대명사 표현이 자신의 짝을 찾는 경우에 언어 표현 속에서 찾는 경우도 있고, 그렇지 않고 실세계에서 찾는 경우도 있다. 그 동안 이런 결속 구조에 대하여 심도 있게 논쟁이 불붙으면서 다수의 언어 이론들이 발전해 왔다. 생성 문법에서의 논의는 김용석(1996), 『대용화 문법론』(한신문화사)을 읽어 보기 바란다. 심리학에서의 논의는 워커·조쉬·프륀스 엮음(Walker, Joshi, and Prince, 1998), 『담화에서 중심소 전개 이론(*Centering Theory in Discourse*)』(Clarendon Press)에 있는 19편의 글을 보기 바란다. 우리말에 대한 논의는 임홍빈(1987), 『국어의 재귀사 연구』(신구문화사)가 가장 심층적인 논의를 담고 있다.

에 대해서 우리가 논의한 것으로부터, 지시대상이 더 복잡한 과제와는 반대로, 이런 함의가 반드시 뒤따라 나오는 것이 아님이 분명해진다. 학생들은 일상적인 많은 양의 낱말을 통괄(터득/사용)하는 일만 필요할 뿐이다(≒언어 사용에다 더 큰 가중치가 부여됨).

인지상으로 요구사항이 훨씬 더 많은 과제를 학생이 떠맡을 수 있으면, 이야기에서 주인공들 사이를(누가 누구를 가리키는지) 구별하는 것으로 충분하다. 어른 초보자와 12살 난 초보자에게 알려진 언어 형식들이 아주 비슷할 수 있다. 반면에 그런 언어를 연습해 보도록 요구받게 되는 인지적 과제의 본질은, 분명히 아주 다른 수준에서 정해져야만 한다. 어른들은 자신의 언어를 능숙하게 사용하는 모든 경험을 해 보았다. 이런 점이 인지상으로 부담스런 과제를 아무 어려움 없이 수행하도록 해 준다. 어른에게서 찾아지는 문제는 다만 외국어를 적절하게 통괄(터득/사용)할 수 없는 데에서 생겨난다. 미성숙한 어린 학습자에게는 언어에 대하여 적절치 않은 지식과 그리고 과제에 대한 인지상의 어려움 두 가지에 모두 문제가 깃들어 있다.

지금까지 우리는 배경에 대한 관련 특질을 서술하는 데에서 나오는 문제만 다루어 왔다. 주로 주인공(이야기 속 참여자)이 누구인지, 그리고 그 주인공들을 가리키도록 하고 있는지에 대해서였다. 제4장에서는 이를 수행하는 데에 상대적인 성공을 어떻게 평가할 것인지에 대해 상세하게 논의한다. 사건 구조에 대한 다른 특질들은, 비교적 쉽거나 또는 어려움을 일으키게 되는데, 동일한 배경이 이야기 내내 유지되는지 여부가 핵심이 된다. 왜냐하면 장소가 바뀌면, 장소 변화에 대한 관련 특질이 무엇인지, 그리고 해당 이야기에서 장소 변화가 암시하는 것이 무엇인지를 결정하기 위해, 일련의 새로운 판박이 틀이 언급되어야 할 필요가 있기 때문이다.

우리가 다루려는 어느 만화 연결체에서 보면, 어느 남자와 그의 부인이 거실에 앉아 있다. 부인은 팔걸이 소파에 앉아 있고 책을 읽고 있다. 그 남자는 앉아서 담배를 피우고 있다. 다음 그림에서는 남자가

<예시 6>

복도에 서 있고, 거울을 보면서 자신의 넥타이 매무새를 고치고 있다. 이런 장면 변화의 중요성은 무엇일까? 왜 그 남자가 복도에 있을까? 일상적으로 어떤 환경에서 남자들이 넥타이 매무새를 고칠까?

그 다음 장면은 그가 선술집에 있는 것을 보여 준다. 이에 대하여 우리가 무슨 가정을 해야 할까? 우리는 다음처럼 가정해야만 한다. 만화 연결체는 거실로부터 나오면서(자신의 아내를 뒤에 남겨둔 채), 그 집 복도에서 외출하려고 준비를 끝내고 난 뒤, 그의 집에는 없는(흔히 평범한 영국 가정집에서는 술집 주인과 술꾼들이 있는 바를 갖는 경우가 없음) 선술집으로 가고 있는 남자를 그리고 있다. 선술집(서서 술 마시는 술집)은 같은 동네에 있는 것으로 가정해야 한다. 왜냐하면 가령 그가 라스베가스로 가는 비행기를 탔다는 이야기를 듣지 못했기 때문이다. 더욱이 배경 장소의 변화는, 우리에게 시간적 배경의 구조를 알려주고 있다고 가정한다.

우리는 묘사된 순서대로 이들 사건이 일어났고, 모두 시간상 서로 연속되어 있어서, 같은 날 저녁에 아마도 30분 간격으로 일어났다고 가정한다. 외국 학습자는 이런 일련의 연속 사건에서 무엇이 진행되고 있는지를 해석하기 위해서, 토박이 화자가 하는 똑같은 방식으로 장소 지시표현과 결과적인 시간 지시표현들을 쓸 수 있어야 한다.

분명히 만화 그림 연결체에 드러난 사건들로부터 더 한층 복잡한 일이 일어날 수 있다. 시간상의 사건 연결은 단순한 연결로 일어나는 것이 아니다. 회상이나 또는 동시 해석도 담을 수 있다. 사건 그 자체는 복잡한 사회-문화적 변이체의 관점에서 해석될 수 있다. 따라서 현재 논의 중인 만화 연결체를 살펴보면, 아내는 책을 읽으면서 자신의 의자에서 단정히 앉아 있고, 인생의 여정에서 자신의 몫에 만족하고 있는 듯이 보인다. 이와는 달리, 남편은 얼굴을 찡그리고서 의자 속에 몸을 푹 기대고 있다. 모든 문화권의 학생들로부터 집에서는 따분하기 때문에 밖으로 나가리라고 결론을 내릴 것이리라 미리 기대할 수 없다. 그러나 그 남자가 젊은 여인을 만남으로써, 결론은 이야기

나머지 부분에서 무슨 일이 일어날지를 해석하는 화자의 능력에 대한 중요한 요인을 구성하게 된다.

만화에 표현되는 사건 연결체는 관련된 사회-문화적 해석에 상당한 복잡성을 요구한다. 이 그림은 영국 사람의 삶과 문화의 상투적인 특질을 예시해 주는 데에 교사가 아주 유용하게 이용할 수 있다. 그런데 여기 담긴 특질들은 만화 속 그림 표현의 해석에 중요하다. 언어에서 무엇이 그림으로 표현되고 있는지를 해석하는 학생들의 능력에 이 점은 본질적이다. 제1장에서 암시하였듯이, 교사가 토박이 화자의 언어 용법과 해석 아래 깔려 있는 사회-문화적 상투성을 탐구하기 위해 영국식 배경 및 문화에 관련된 학습과정들을 이용하는 일은, 외국인 학습자에게 토박이 청소년들이 거의 접해 보지 않았을 영국의 의회제도에 대한 세부사항을 가르치는 일보다도 오히려 더욱 가치 있는 듯하다. 만화에 표현된 사건 연결체가 서구 유럽 문화에서는 잘 해석될 수 있다. 반면에 일반적으로 외국인 학습자들 사이에서는 분명히 상당히 주의를 기울이며 이용되어야 한다.[22]

사회-문화적 결정이 덜 개입된 사건 연결체에 대한 설명이 자동차 사고에 대한 목격담이다.

여기서 화자는 청자에게 자동차 충돌에 대한 설명을 해 주도록 요청받는다. 청자는 보험 대리인의 역할을 맡고 있다. 청자는 배경(장소)을 가리켜 주는 그림과, 몇 대의 자동차가 어느 방향으로 진행했는지, 사건이 일어났을 적에 서로서로의 최종 위치가 어떻게 되어 있는지를

---

22) 우스갯소리로, 아랍 사람을 만나면 절대로 가족 관계를 '묻지 말라'는 충고를 받는다(돈으로 부인을 여러 명 살 수 있고 이복 자식들이기 때문임). 이와는 달리 한국 문화에서는 서로 간에 심리적 거리를 좁히기 위하여 특히 가족 관계에 대하여 묻곤 한다. 이는 결코 첩보원이 되겠다는 말이 아니다. 서로의 거리를 좁히는 데에, 상대방이 속한 집단에 대하여 관심 있게 물어본다는 일 자체가, 상대방과 가까이 지내고 싶다(더 이상 내밀한 영역에 속하지 않음)는 속뜻을 지니게 된다. 더욱이 한국 문화 속에서도 하위 문화권에 따라서 교류의 범위가 달라질 수 있는데, 경상도 쪽 사람들은 친해지면 가족들끼리도 서로 허물없이 소통하는 일이 잦다. 그만큼 서로의 배려 범위가 가족 성원들에게까지 확대되어 있음을 뜻한다.

완성하게 된다. 화자에게는 서로 다가가고 있는 몇 대의 차량을 보여 주는 일련의 사진이 제시될 수 있다. 즉석에서 분명해지는 것은, 자동 차들 사이를 구별하는 과제가 어렵게 될 것이라는 점이다. 왜냐하면 모든 자동차가 동일한 성별(중성 it)로 쓰이기 때문이다.

가장 단순한 과제는 두 대의 다른 자동차가 직선 길 위에서 서로 충돌하는 것인데, 가령 탱크로리(통이 없는 유조차 따위)와 버스일 수 있다. 분명히 더 어려운 과제 내용은 삼거리(T자) 교차로나 사거리(십 자) 교차로에서 세 대의 자동차가 부딪치는 사건이다. 다시 한 번 화자 는 개별적으로 세 대의 차를 가리켜 주어야 한다. 예를 들어, 밝은 지 붕의 차, 봉고차, 포드 자동차들이다. 이것들을 배경 속에 놓고 나서, 자동차들이 서로 사건에 어떻게 연관되는지를 설명해 주어야 한다. 어느 시점에서 어느 차가 다른 어느 차의 진행을 방해하고(masking, 가리고), 들이받으면서 돌진해 가는지를 아주 분명히 말해 주어야 한 다. 이 과제는 배경(직선 길, 교차로, 로타리 길), 관계된 자동차('밝은 지 붕의 차'보다는 '탱크로리'를 말하기가 더 쉬움), 자동차의 숫자, 시간상 사건의 상대적인 구조화(더 많으면 더 어려워짐)에 따라 여러 등급으로 나눌 수 있다. 공간과 시간 관계를 구체적으로 나타내기 위하여, 그리고 자동차들에 의해 생겨나는 움직임(돌다, 오다, 가다, 박치다)을 기술하기 위해서, 관여하는 자동차들을 구분하기에 충분한 제한된 수의 낱말을 갖고서 이런 유형의 과제를 성공적으로 완성할 수 있다. 어려움은 무슨 일이 일어나고 누가 무엇을 누구에게 행하였는지를 분명하게 만들어 주기 위하여 상당히 제한된 언어 표현을 능력 있고 융통성 있게 이용하는 데에 있는 것이다. 언어에 대한 확장된 지식에 놓여 있는 것이 아니다(≒해당 외국어 지식을 많이 알더라도 활용하지 못하면 쓸모가 없음). 제4장에서 우리는 이런 종류의 과제에 대한 평가를 논의한다.

2.3.3. 과제의 등급화: 묘사 및 설명

사교적 대화에서 종종 서로에게 사물에 대해 기술하는데, 다른 사람, 다른 사람의 집, 식사, 옷, 책, 영화, 살림 소품 따위이다. 이는 시간상의 전개 구조가 아니라, (2.19)에서처럼 그들의 물리적 속성에 따라 기술하게 된다.

(2.19-a) A: they were very dark houses +

B: very narrow windows and things too + +

A: very little ventilation + and substandard + +

A: 그게 아주 어두컴컴한 집들이었어 +

B: 창문들도 아주 좁고 또 내부시설도 그래 + +

A: 환기가 거의 안 되고 + 기준 이하이거든 + +

b) well I have a friend + quite a well-educated lady she is + +

그런데 내게 친구가 있는데 + 걔가 얼마나 교육을 잘 받은 애인지 + +

c) you've never had a Harvey Wallbanger + it's vodka galleano and fresh
   orange juice with lots of crushed ice + blows your head off +
   자네 전혀 하아비 월뱅어를 마셔보지 못했겠지 + 잔뜩 얼음을
   갈아 넣고 신선한 오렌지 주스를 깃들인 갤리애노 보드카인데
   말이야 + 완전히 뿅 가게 만들거든 +

d) we found erm + an Irish Bar in San Francisco that was famous
   for its Irish coffee and they had a long bar it was about fifty feet
   long + with just rows and rows of glasses + +
   우리 엄 + 아이리쉬 커피로 유명한데 샌프란시스코에 있는 아
   이리쉬 바를 찾아갔거든 그런데 바가 아주 길고 아마 50피트나
   될 걸 + 그 위에 줄줄이 유리잔들이 줄을 서 있었지 + +

e) along there I think second floor up + there was a big family of
   them + oh there must have been ten or twelve + and oh I can
   vividly remember going along there + in the kitchen there was a
   huge dresser + oh longer than this room is long + (really) a great
   big wooden dresser + +
   거기를 따라서 2층으로 올라간다고 생각되는데 + 아주 큰 대가
   족이 있었거든 + 어 틀림없이 열 명인가 열두 명이었을 거야
   + 그리고 생생하게 거기를 따라서 가는 길을 기억할 수 있어
   + 부엌에 아주 큰 옷장이 있었거든 + 어 이 방보다 길이가 더
   길어 + (사실이야) 대단히 큰 나무 옷장인데 말이야 + +

짜이지 않은 사교적인 대화에서 따온 이 대목들은, 일상생활에서 우
리가 얼마나 자주 대상들을 기술하고 있는지를 상기시켜 준다. 물론
(2.19-d)에서 보듯이, 종종 어떤 일화에 대한 배경 설명의 일부가 되
기도 한다. 화자는 커피집 '아이리쉬 바'(Irish Bar)에서 무슨 일이 있었

는지를 기술하게 된다.

비슷하게 일상생활에서도 종종 다른 사람에게 어떤 일을 하는 방법
에 대해 말을 해 준다. 어디에서 가게를 찾을지, 호텔에서 기차역까지
어떻게 갈지, 작업 흐름을 어떻게 그릴지, '자가 조립' 제품을 어떻게
맞춰 조립할지 등이다. 설명서는 언어가 사용되는 관점에서 보면 아
주 공통점이 많다. 내재적으로 시간과 무관한 대상들의 모음에도 종
종 시간 구조가 스며들어 있고, 종종 공간적 관계와 특정한 속성에
대한 특질도 담겨 있다. 설명서는 명령형을 사용해서 표현될 수 있다.
그렇지만 종종 서술문 형식의 간단한 묘사 용어로도 표현된다. 아래
(2.20-a)는 기능상으로 보아 청자가 설명서를 따라서 실행하고 있음
을 이해하고 있는 (2.20-b)와 동일한 듯하다.

(2.20-a) put the rod diagonally across the switches (명령문 형태)
막대를 스위치를 가로질러 사선으로 놓으시오

b) the rod is put diagonally across the switches (서술문 형태)
막대가 스위치를 가로질러 사선으로 놓인다.

합리적으로 실제처럼 보이는 과제는, 어느 학생에게 다른 학생한테
부엌살림 기구(간단한 도구)를 조립하는 방법을 말하도록 요구하는 것
이다. 가령 〈예시 5〉에서처럼 부품들이 나열되어 있는 구식 고기 저미
개(mincer, 고기를 으깨고 저미어 놓는 수동식 도구)와 같은 것이다. 이 고
기 저미개는 다섯 개의 중요한 부품으로 이뤄져 있다. 각 부품이 확인
되어야 하고, 그러고 나서 올바른 순서대로 놓여야 한다(설명서에는 시
간적 순서로 놓여 있음). 적절한 공간 관계에서 가령 'screw-like object'(돌
개 같은 물건)의 납작한 끝 또는 둥근 끝이 'the gun-shaped object'(총
모양으로 생긴 물건)의 좁은 끝으로부터 툭 튀어나와야 하는지 여부가
핵심 사안이 된다.

<예시 5>

우선 고기 저미개(mincer)의 여러 부품을 확인하는 데 쓰일 '정확한 낱말'이 없음에 주목해야 한다. 여느 토박이 화자처럼 외국인 학습자도 부품들을 구별해 낼 수 있도록 하는 언어를 임의대로 골라내야 한다. 의심할 바 없이, 저미개 제작자들에게 이용되는 '정확한' 기술 용어가 있겠지만, 이런 용어가 영어를 말하는 일반 대중들에게는 쓰이지 않는다. 여기서 엄격한 일련의 '정확한' 낱말을 내어 주기보다는, 학생이 스스로 묘사를 해 낼 수 없을 경우에, 교사는 특정한 부품을 묘사할 법한 것에 대한 해석을 제공해 주는 것이 낫다. 따라서 (2.21)에서와 같이 여러 방식으로 토박이 화자들이 작은 부품들을 묘사한다.

(2.21-a) the smallest piece (가장 작은 부품)

b) the small star-shaped piece (별 모양의 작은 부품)

c) this four-blade sort of propeller (날을 네 개 가진 프로펠러)

d) the cross-shaped bit (십자가 모양의 부품)

e) a round bit in the middle with four little jaggy bits sticking out
(네 개의 **뾰죽뾰죽** 나온 날들이 있고 가운데가 둥근 부품)

f) the bit that's the blades (날들이 있는 부품) 등등

이는 언어를 융통성 있게 사용하는 연습으로서, '정확한' 낱말을 맞추는 것이 아니다. 화자가 언급하고 싶은 부품을 확인하는 데에 성공하는 적합한 묘사를 제공하는 일이다. 이는 학생의 '의사소통 능력'을 향상시키고 늘여 준다. 마지막 절에서 논의된 이야기 연결체와 같이, 이 종류의 연습에도 평점을 매길 수 있다. 소수의 더 단순한 부품으로서, 부품들의 상호 관계가 적으면 적을수록, 단순하면 단순할수록, 더 상세하고 복잡한 상호관계를 가진 더 복잡한 부품을 묘사할 때보다 더욱 쉬워질 것이다. 이런 종류의 과제에 대해 상세한 채점표가 제4장에서 논의된다.

이런 특정한 과제가 드러내는 유형의 연습 내용은 많은 다양한 형식으로 제시될 수 있다(부록에 있는 도형 그리기 그림들을 참고할 것). 한 가지 분명한 형식은 한 학생이 다른 학생에게 도형 그리는 방법을 묘사하는 것이다. 첫 학생은 볼 수 있지만 두 번째 학생은 볼 수 없는 도형이다. 도형은 단순하다. 가령 간단한 공간 관계 속에서 쉽게 이름 붙일 수 있는 속성을 가진 두 개의 항목을 담고 있다. 곧, 검정 동그라미 위에 빨강 사각형이 있다. 여기서 두 개의 항목이

㉠ 속성(색깔과 크기),

㉡ 그것들 사이에 있는 관계,

㉢ 그 면 위에 놓여 있는 위치

〈예시 3〉

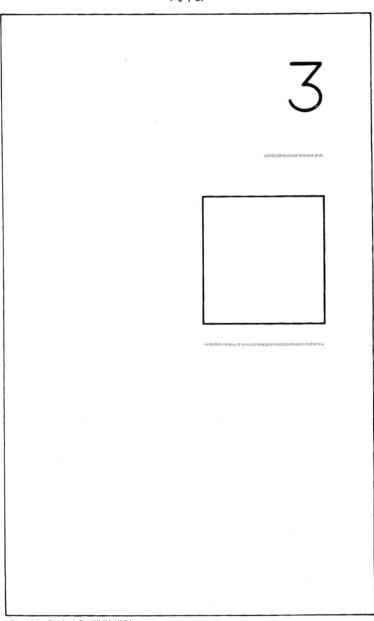

*희미한 음영선은 빨강색임.

*희미한 음영선은 빨강색임.

와 더불어 같이 확인될 필요가 있다. 더 복잡한 도표를 상상하기도 아주 쉽다. 전체가 겹치거나 또는 부분적으로 겹치며, 각각 복잡한 물체는 상이한 여러 특질에 의해서 구체화되는데, 몇 가지 복잡한 도표 유형이 제4장에 묘사되어 있다. '도형 그리기' 과제 그 자체가 즉시 우리들 대부분이 일상생활에서 실행하도록 요구되는 종류의 과제를 나타내어 주는 것은 아니다. 그렇지만 어떤 사람에게 그리도록 할 도형을 묘사하는 데에 이용되는 능력은, 물론 전기 단자(플러그)를 어떻게 연결해야 할지, 선으로 연결하는 도형을 어떻게 완성할지, 천막(텐트)을 어떻게 조립할지, 또는 실제로 복잡한 화학 기계나 심지어 헬리콥터를 어떻게 조립할지를 놓고서 특정 사람에게 가르쳐 주는 데에 필요한 동일한 능력이다. 각각의 경우에, 화자는 자신이 언급하고 있는 대상을 확인할 수 있어야 하는데, 흔히 중요한(핵심적인) 속성으로 확인해 주어야 한다. 그러고 나서 이 대상이 다른 대상 속으로 들어가게 되는 관계를 밝혀 줄 필요가 있다. 이는 더 복잡한 관계이며 적절히 묘사해 내기가 좀 더 어렵다. 대상들이 더 비슷한 것일수록, 서로 적절하게 구별해 주기가 더 어려워진다. 이 유형의 과제를 넓혀서 기술상의 설명서도 담고자 한다면, 필요한 사항은 청자가 반드시 화자가 바라보는 대로 주의 깊고 정확하게 해당 사항들을 복사해 내어야 한다는 점임을 명백히 해 주어야 한다.

제4장의 입말 평가에서는 직접 평가 가능한 언어를 이끌어낼 수 있는, 일정 범위의 묘사적이고 설명서와 같은 과제들에 대하여 논의하겠다. 물론 교사가 준비할 수 있는 많은 유형의 과제들이 있다. 그 과제들 가운데 몇몇은 평가를 위한 기초로 고려될 만한, 충분한 양의 발화를 이끌어 낼 수 없을 것이다. 그럼에도 불구하고, 다양하게 많은 종류의 묘사와 설명을 만들어 내는 데에 학생들에게 연습거리를 제공할 것이다.

분명히 상이한 관심을 갖고 있고, 상이한 문화적 배경을 갖고 있는 학생들은, 언어 요인보다는 인지적 이유 때문에, 어떤 묘사 과제를 다소 어렵게 여길 것이다.23) 어떤 화자가 눈앞에 세 장의 사진을 갖고 있다. 사진 각각은 서로 다른 흑백 암소(black-and-white cow)를 보여 준다고 하자. 청자 앞에는 이 사진들 중 어느 하나의 복사본이 있다. 화자는 자신의 사진을 각각 묘사해 줌으로써, 청자가 어느 사진을 찾아내야 하는지 결정할 수 있도록 해야 한다. 소에 대한 서로 다른 속성들을 고려하는 데에 익숙한 시골 출신의 화자-청자 짝에서는, 이 일이 편안하고 비교적 어려움 없는 과제가 될 수 있다. 반면에 도시 출신으로 된 짝이라면, 온전히 비생산적인 곤경을 겪는 셈이 될 것이다. 이는 언어능력과 거의 관계가 없다. 소에 대한 일정한 경험과 관련이 더 있다(≒인지적인 측면임). 대다수의 흥미롭고 그럴 듯한 연습은, 일반적으로 만족스럽게 작용하지 않는다. 왜냐하면 짝을 이루고 있는 화자에게 현저하게 지각되는 것이, 청자에게도 현저하게 지각되는 것이 아니기 때문이다. 예를 들어, 서로 다른 물질적 특성이 실제 아주 크지 않다면, 사람들에 대한 신체 속성을 묘사하는 일은 종종 아주 잘못되기 일쑤이다. 동일한 배경을 가진 토박이 화자들이, 종종 동아리의 어느 한 사람을 묘사하여, 청자가 그 개인을 동아리의 다른 사람들로부터 구별해 내도록 하는 것이 어렵다는 것을 깨닫는다. 묘사에 의해 다른 사람에게 학생 한 명을 가리킬 경우에 겪는, 교사들에게는 잘 알려진 문제이다. 그렇지 않은 다른 사람들과는 반대로, 안경을 끼고 있는 개인을 포함하기 때문에, 학습과정 계발 주체에게 아주 쉬워 보이는 과제가 있다고 하자. 코 모양새 또는 구레나룻이나 웃옷 색깔에 관심이 있지만, 안경만 언급한 이 경우에 변별적으로 되지 않으며, 너무 당연한 것이라고 생각하여, 단순히 안경에 대해 주목하지 않는 개

---

23) [역주] 일반적으로 묘사를 하는 데에는 '배경'과 '초점'을 구분하여 진행하는 것으로 알려져 있다. 배경은 성글게 표현하고, 초점은 세밀하게 표현하는 것이다. 이런 전략이 없이 모든 것을 다 자세하게 표현하려면 한도 끝도 없다. 이런 어려움은 단적으로 고고 미술사에서 임의의 대상을 땅속에서 파내었을 경우 그 대상의 기능이나 쓰임을 알 수 없다면 자주 생겨난다. 무엇을 배경으로 깔고 무엇을 초점으로 부각시켜야 할지 결정할 수 없을 것이기 때문이다.

별 학생에게는 이 과제가 아주 어려운 것으로 드러날 수 있다. 학생 집단들 사이에서 묘사될 수 있을 법한 항목들은, 관심 범위가 넓기 때문에, 예를 들어 보면,

clothes(옷),

cars(차),

buildings(건물),

chess configuration(바둑 진행 모습),

bridge hands(브리쥐 카드놀이에서 특정한 카드),

flowers(꽃),

electronic games(전자 게임),

figures in modern dance(현대 무용에서의 유명 인사),

diesel engines(디젤 엔진),

kitchens(부엌)

등이다. 이것들이 모두 신문, 잡지, 색도 인쇄물, 기술 전문지 등에서 묘사되어 쉽게 찾아질 수 있다. 그렇기 때문에 학생들은 관심을 끄는 주제들에 대해서, 그들 자신의 연습 과제를 스스로 만들어 보도록 효과적으로 요구될 수 있다. 학생들이 간단한 도구, 그림, 사진, 신문에서 오려낸 시각 자료들을 갖고 온다. 청자들은 묘사 내용을 들으면서 수행할 과제를 정할 수 있다. 좋은 과제를 계발하였다는 데 대해 화자와 청자가 동의하고, 그 과제가 외국어로 말하고 이해하는 능력을 높여 준다면, 교사는 그런 형식을 유용하게 '빌릴' 수 있고, 교사 자신의 과제 은행에도 추가할 수 있다. 따라서 학생들은 외국어로 말하고자 원하는 바가 무엇인지에 대해 선택을 하고, 학생들 자신의 필요와 관심을 정하는 일을 시작할 수 있다.

입말 산출 수업을 조직하는 일은 다양하게 변동될 수 있다. 교사에 의해 제시된, 기초적이고 단계적이며 점증적인 학습과정을 구성하는

과제와 관심을 갖는 것들에 대해 외국어로 말해 볼 수 있게 하는, 학생들에 의해 만들어지는 연습 사이에서 결정할 수 있다. 과제가 완성된다면, 학생의 화자·청자 짝은 원한다면 그들을 위해 과제별로 제공된 주제를 놓고서 '잡담을 할 수 있다'(chat). 따라서 정보 전달용 과제가 상호작용 대화의 기초로서도 이용될 수 있다.

비록 명시적으로 주장하지는 않았지만, 아주 분명하게 될 것이 틀림없는 논점이 있다. 여기서 묘사하고 있고 뒷장에서 다시 더 묘사하게 될 이런 종류의 과제에 바탕을 둔 연습은 하나하나 화자에게 말하는 연습을 제공할 뿐만 아니라, 또한 청자에게는 특정 목적으로 듣는 연습을 제공해 주기도 한다.

2.3.4. 과제의 등급화: 담화 접근

마지막 절에서는 다소 상세하게 긴 발언기회를 담고 있는 종류의 언어 사용을 논의한다. 여기서는 화자가 당분간 대화 구조를 통괄해야 한다. 우리는 정보 전달용 언어에 초점을 모은다. 화자가 특정한 정보를 갖고 있고 이를 청자에게 전달하려고 한다. 청자는 어떤 특정한 과제를 완수하기 위해서 그 정보를 필요로 한다. 정보 전달 상황에서 정보 전달 내용에 대한 정확성은 가치가 더 높다고 제안하였다.

더욱이 입말 교육의 측면에서, 교사는 신중하게 학생들이 해 낼 수 있기를 바라는 어려운 단계들을 선택하고, 그런 능력의 단계까지 학생들을 훈련시킬 수 있음을 제안하였다. 교사는 특정 유형의 과제가 화자에게 부과하는 언어 요구사항은 물론, 인지적인 요구사항도 분석하고, 그런 기술이 필요하게 되는 맥락에서 화자에게 필요한 언어 기술을 배울 수 있게 하는 학습과정을 만들어 낼 수 있다.

이런 접근은 교사가 입말로 된 담화가 어떻게 만들어지는지, 그리고 긴 발언기회들이 어떻게 구조화되는지에 대해 더욱 잘 깨닫고 있기를 요구한다. 교사는 전통적으로 '짤막한 발언기회' 접근의 관심사였던 문장 구조뿐만 아니라, 의사소통 상황의 요구를 잘 이루어내기 위하여, 토박이 화자들이 언어를 어떻게 창조적이고 융통성 있게 쓰는지를 관찰해야만 한다. 여기서는 이런 종류의 담화 통제의 한 측면을 논의하게 될 것이다. 이는 토박이 화자들에서처럼, 외국어 학습자에게서도 만들어 내도록 기대될 수 있다.

지금까지 논의해 온 모든 과제들에서, 화자가 개인들을 논의 속으로 끌어들이면서 그 개인들이 누구인지에 대해 확인할 뿐만 아니라, 개인 각자에 대해 따로따로 가리키기 위하여 별개의 지시를 해 주어야 할 필요성을 설명해 왔다. 이야기 속에서 인물이 다시 소개될 적에 (the housewife 그 주부, the princess 그 공주, she 그녀), 몇몇 화자가 분명히 정확한 지시 표현을 만드는 데에 어려움을 겪음을 언급하였다. 자동차 충돌의 목격담에서는 특히 세 대 이상의 자동차가 포함되어 있을 경우에 다수의 같은 성(중성 it)으로 표현되는 지시물들 사이를 구별해 주는 데 어려움을 겪음을 논의하였다. 동일한 문제가 묘사 과제에서도 일어난다. 예를 들어, 도형 묘사 과제에서 둘 또는 그 이상의 같은 성별 대상(가령 중성 it으로 언급되는 삼각형)들이 포함되어 있다. 이미 제안하였듯이 학생들은

㉠ has to maintain the same description of the entity
(대상에 대해 동일한 묘사를 유지해야 한다)

㉡ has only to use a pronominal form when it is quite clear which entity the pronoun refers
(어느 대상이 대명사로 지시되는지 분명해질 경우에라야만 대명사를 써야 한다)

우선 자동차 충돌 사건에 대한 설명 과제에 적용되는 요구조건 ㉠을 살펴보기로 한다.

아래 예문에서, 동일한 지시물에 대하여 첫 번째 언급과 두 번째 언급에 대한 표현이 나타나 있다.

(2.22) A: 1. there's a car coming from the right …

2. the car coming from the right …

A: 1. 오른편으로부터 오는 자동차가 한 대 있고 …

2. 오른편으로부터 오는 그 자동차는 …

B: 1. there were two cars coming from the right …

2. the two cars on the right …

B: 1. 오른편으로부터 다가오는 자동차가 두 대 있었고 …

2. 오른쪽에 있는 그 자동차 두 대가 …

C: 1. there's one car coming from the right …

2. the car that came from the right …

C: 1. 오른쪽으로부터 다가오는 자동차가 한 대 있는데 …

    2. 오른쪽으로부터 다가온 그 자동차가 …

이들 화자가 모두 두 번째로 언급할 경우에 성공적으로 관련 자동차 (들)에 대하여 동일하게 묘사해 주고 있다. 그러나 다음 화자들은 덜 성공적이다.

(2.23) A: 1. a car's going along the road …

       2. the car coming down …

    A: 1. 어떤 자동차가 길을 따라 가고 있는데 …

       2. 내려오는 그 자동차가 …

    B: 1. there's two cars coming one way …

       2. the car at the top …

    B: 1. 한쪽 길로 다가오는 자동차가 두 대 있는데 …

       2. 윗쪽에 있는 그 자동차가 …

    C: 1. there were two cars on one side of the road …

       2. the car that came straight along …

    C: 1. 길 한쪽 편에 자동차가 두 대 있었는데 …

       2. 길 따라 곧장 다가온 그 차가 …

(2.23)에서 화자 A는 이미 자신의 묘사에서 움직이고 있는 자동차가 한 대 더 있으므로,

'the car coming down'(내려오는 자동차)와
'the car going along the road'(길을 따라서 가고 있는 자동차)

가 서로 동일한 자동차인지 여부를 청자에게 확실히 해 줄 수 없었다. 화자 B나 C도 마찬가지이다. (2.23)의 첫 번 묘사에서, 다음번에 언급될 경우에 두 대의 자동차 중 어느 것이 지시되고 있는지를 청자에게 알려 줄 수 있는 어떤 표현도 말해 주지 못한다. 제4장에서는 채점표에서 이런 점에 대한 함의를 검토한다.

 이제 대명사의 부적합한 사용으로 생겨나는 문제점을 살펴보기로 한다. 아래에 자동차 충돌에 대한 다른 묘사가 있다.

앞의 〈예시 8〉 사진과 〈예시 9〉 사진을 참고하기 바란다.

〈예시 9〉

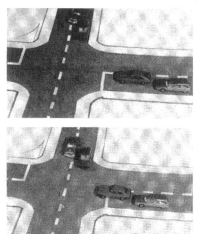

(2.24) the second car + hasn't got time to avoid + the car which tried + which + swerved away to avoid the car which was pulling out + and he hits *it*

그 두 번째 자동차가 + 피할 시간이 없었거든 + 피하려 했던 그 자동차는 + 그 차는 + 앞으로 진행해 나가는 자동차를 피하려고 획 틀었어 + 그가 <u>그걸</u> 박았어 토박이 화자 묘사의 중요한 특질은, 충돌 모의 사건에 관련된 모형 자동차를 종종 운전자들로 표현해 준다(3.7의 역주 51 참고). 실제로 'he's a speed merchant'(그가 속도광이야)라는 표현에서 보듯이, 운전자들에게 어떤 속성을 부여해 놓는다. 여기서 문제는 'it'(그걸)이 무엇을 가리키는지에 있다. 방향을 획 튼 자동차인가? 아니면, 다른 자동차 앞으로 진행해 나가는 자동차인가? 여기에는 두 가지 가능한 해석이 있다. 이 사고에서 어느 자동차가 떠받혔는지를 알지 못하는 보험사 직원에게는 진짜 문젯거리이다.

수용할 법한 절망적인 치료법 하나는, 같은 성별(남성·여성·중성)에 속하는 두 개의 지시물이 경합하고 있을 경우 결코 대명사를 쓰지 말도록 학생들에게 조언하는 것일 수 있다. 그 결과는 아주 부자연스런 종류의 영어로 귀결될 것이다. 그렇다면 이 과제를 흔히 성공적으로 묘사하는 토박이 화자에 의해서 이용된 전략을 학생들에게 수용하도록 장려하는 것이 좋을 듯하다. 다음 발췌를 살펴보도록 하자.

(2.25-a) there was a car approaching a T-junction and *it* was going quite fast
자동차가 한 대 세거리 길에 접근하고 있었는데 <u>그게</u> 아주 빨리 가고 있었거든

b) there's another car coming and *it*'s supposed to stop + but *it* doesn't stop[24]
또 다른 자동차가 오고 있는데 <u>그게</u> 멈춰야 했지만 + <u>그게</u> 멈추질 않았거든

---

24) [역주] 우리 교통규칙과는 달리, 서구에서는 신호등이 없는 교차로에 이르면 반드시 멈추었다가 주위를 살피고 나서 안전하게 다시 진행해야 한다. 누가 먼저 교차로에 왔는지 그 순서대로 운전을 계속해 나가며, 우리나라에서처럼 얌체 운전자들이 없다. 따라서 이 설명에서 누가 교통규칙을 위반하였는지 쉽게 판명된다. 우리나라에서는 교차로에서 길을 건너는 사람만 없다면 오른쪽으로 진행해 나가도록 허용된다. 그러나 서구에서는 이런 진행이 허용되지 않는 경우가 많다. 우리나라 운전자들은 해당 지역의 교통 규칙을 잘 파악하여 억울하게 벌금을 물지 않도록 주의해야 한다.

여기서 화자들은 안전하게 '*it*'(그게)을 이용하여 마지막 언급된 자동차를 도로 가리키고 있다. 그렇지만 다른 자동차가 논의 속으로 들어오면, 성공적인 화자는 이 다른 차를 완전한 명사 구절과 (가령, the car with a light roof [밝은 색 지붕을 가진 자동차]처럼) 동반 수식절로 다시 소개한다. 써 볼 수 있는 '안전한' 전략 한 가지는 다만 대명사를 마지막에 언급된 참여물(참여대상)을 도로 가리키는 데에 이용하는 것일 듯하다. 새로운 참여물이 소개되자마자, 이제 더 새로운 또다른 참여물이 도입되지 않는다면, 어떤 대명사도 새로운 그 참여물을 도로 가리킨다. 본디 이 점이 대명사 연습에 대한 기초를 형성하게 된다.

그렇지만, 최소한 토박이 화자들이 의존하고 있는 대명사 용법의 다른 전략이 존재한다. 이 전략은 화자가 특정한 한 개의 주제-참여자 (topic-participant)를 선택하고, 화자가 선택한 특정한 주제-참여자에 관하여 일어나는 다른 모든 일들을 관련짓도록 요구한다. 예를 들어, 앞의 〈예시 9〉 사진에서 제시된 복잡한 자동차 사고의 사례를 놓고서, 다음 인용에서 화자가 말하듯이 여러 자동차 중에서 어느 하나의 관점에 서서 무슨 일이 일어나는지를 말해 주게 된다.

(2.26) the two cars were waiting at the right-hand side junction + waiting to come in + *the car at the front* decided to pull out not seeing the car overtaking from behind + then as *it* came out from the junction + *it* saw the other two cars + *it* hit the first one which then collided with the one overtaking +

자동차가 두 대 오른쪽에 있는 접속로에서 기다리고 있었거든 + 들어올 자동차를 기다리고 있었는데 + 앞에 있는 그 자동차가 뒤쪽으로부터 추월해 오는 자동차를 보지 못한 채 앞으로 진행해 나가기로 결정했어 + 따라서 그게 접속로에서 나오면서 + 그게 다른 두 대의 자동차를 봤거든 + 그게 첫 번째 자동차를 들이받았는데 그런 다음에 이 자동차와 추월하는 자동차가 다시 충돌했어

비록 화자가 자동차들에 대해서 묘사하고 있지만, 자동차 운전자가 '결정할' 수 있고 '볼' 수 있음에 주목하기 바란다(3.7의 역주 51을 보기 바람). 제3장에서 자동차들에 운전자가 있어야 한다는 가정을 다시 고려하게 될 것이다.

이 절에서 논의한 초점은 다음과 같다. 성공적인 담화 능력을 향상하는 교육은25) 교사에게 다음을 요구한다. 교사들은 토박이 화자가 담화에서 쓰는 언어를 분석해야 한다. 그 결과, 합리적이고 실제적인 모형이 학생들에게 제시되어, 학생들이 모방하고 그들 자신의 수행 내용에 토대로 삼을 수 있음을 확신할 수 있을 것이다.

---

25) [역주] 이미 서구에서는 언어 교육이 형식에만 초점 모아진 것이 아니라, 내용과 언어 사용에도 초점을 모아야 하는 '담화 교육'임을 천명해 오고 있다. 그런데 영국을 중심으로 하여 담화 교육이 무엇이고 어떻게 해야 하는지에 대한 논쟁이 벌어졌었다. 순수한 담화 교육을 주장하는 위도슨(Widdowson) 교수와 실용적이고 비판적인 담화 교육을 주장하는 페어클럽(Fairclough) 교수 사이의 논쟁이다. 자세한 전개 과정은 페어클럽 (2003; 김지홍 뒤침, 2013), 『담화 분석 방법: 사회 조사연구를 위한 텍스트 분석』(도서 출판 경진)에 있는 번역자의 해제를 읽어 보기 바란다.

순수한 담화 교육은 쿡(Cook, 1989; 김지홍 뒤침, 2003), 『담화: 옥스포드 언어교육 지침서』(범문사)와 위도슨(2004), 『텍스트, 맥락, 숨겨진 텍스트 산출 동기: 담화 분석에서 핵심 논제들(Text, Context, Pretext: Critical Issues in Discourse Analysis)』(Blackwell)을 읽어 보기 바란다. 미국에서 심리학자를 중심으로 관련된 몇몇 학회가 연합하여 펴낸 그뢰이써·건스바커·골드먼 엮음(Graesser, Gernsbacher, and Goldman, 2003), 『담화 처리 소백과(Handbook of Discourse Processes)』(Lawrence Erlbaum)에 있는 13편의 글은 가히 압권이다.

실용적인 담화 교육은 우리말 담화를 중심으로 하여 최윤선(2014), 『비판적 담화 분석』(한국문화사)이 나왔다. 페어클럽 교수의 책은 현재 3권이 번역되어 있다. 앞에서 언급된 번역서와 페어클럽(1995; 이원표 뒤침, 2004), 『대중매체 담화 분석』(한국문화사), 페어클럽(2001; 김지홍 뒤침, 2011), 『언어와 권력』(도서출판 경진)이다. 비판적 담화 분석은 고급 수준의 언어 교육과 국어교육을 어떻게 마련해야 할지에 대하여 큰 울림을 주는 주장들을 접할 수 있는데, 또한 화란 학자 폰대익(van Dijk) 교수와 미국의 인지언어학 창시자 레이콥(Lakoff) 교수의 저작들도 중요하다. 폰대익(1980, 독일어 판; 정시호 뒤침, 1994), 『텍스트학』(민음사)과 폰대익(2008), 『담화와 권력(Discourse and Power)』(Palgrave MacMillan)을 읽어 보기 바란다. 레이콥 교수의 저작들은 현재 8권이 번역되어 있다(번역서 발간년 순서로 제시).

ⓐ 이기우 뒤침(1994), 『인지 의미론: 언어에서 본 인간의 마음』, 한국문화사.
ⓑ 노양진·나익주 뒤침(1995), 『삶으로서의 은유』, 서광사.
ⓒ 이기우·양병호 뒤침(1996), 『시와 인지』, 한국문화사.
ⓓ 손대오 뒤침(2002), 『도덕, 정치를 말하다』, 김영사.
ⓔ 임지룡 외 3인 뒤침(2002), 『몸의 철학: 신체화된 마음의 서구 사상에 대한 도전』, 박이정.
ⓕ 유나영 뒤침(2004), 『코끼리(=공화당)는 생각하지 마』, 삼인.
ⓖ 나익주 뒤침(2007), 『프레임 전쟁: 보수에 맞서는 진보의 성공 전략』, 창비.
ⓗ 나익주 뒤침(2010), 『자유는 누구의 것인가』, 웅진 지식하우스.

이 장에서 논의해 온 그런 종류의 담화(담화 교육 과제)를 만드는 데에, 우리는 일반 화자들이 기술하고 서사 이야기로 말해 주며 자세히 설명해 주는 구조화된 길게 짜인 발언기회를 얻는 담화 전략이, 모두 그 자신이 모어(모국어)에서 이용할 수 있는 동일한 전략이라고 가정하고 있다(≒언어 사용과 관련된 인지 능력 및 상위 인지가 모두 보편적이고 공통적임). 또한 그런 담화 기본 기술을 가르치는 일이 외국어 담당 교사의 몫이 아니라고 가정하고 있다. 오히려 외국어 교사의 몫은 영어에서 그런 기술이 작동할 수 있도록 학생들에게 필요한 언어 형식을 제공해 주는 것이다. 거꾸로 모국어 교사는 종종 이런 기술들을 명백하게 훈련시킬 필요가 있음을 깨닫게 될 것이다.

2.3.5. 발음과 억양

이 책에서는 발음 및 억양 교육에 관심을 쏟지 않는다. 이는 부분적으로 이 책의 목표가 긴 정보 전달용 발언기회에서 영어를 써서 다른 사람과 의사소통을 하는 학생의 능력을 향상시키는 데 초점을 두고 있기 때문이다. 우리는 이 능력이 상대적으로 최근 EFL(외국어로서의 영어) 교육에서 무시되어 왔다고 믿고 있다. 학생이 외국어로 긴 발언 기회를 형성하고 구조화하려고 노력할 경우에, 교사가 고려하지 말아야 할 것(the last thing)은 학생의 발음이나 억양을 고쳐주는 일이다.26) 긴 발언기회를 유지하는 중압적인 이런 과제에서, 학생은 교사로부터

---

26) [역주] 초보 수준의 학습자에게는 언어 형식에 대하여 초점을 맞출 필요가 있고, 형식을 평가할 적에는 정확성 기준이 적용된다. 그렇지만 어느 정도 목표 언어를 익힌 중급 이상의 학습자에게는 내용 중심에 초점을 모으면서, 언어 사용 능력을 향상시켜 주어야 하는데, 여기서는 유창성/능통성 기준이 적용되어야 한다. 윌리스 부부(Willis and Willis, 2007), 『과제 중심 언어교육 실천(Doing Task-based Teaching)』(Oxford University Press)에서는 초보 학습자에게도 인지 능력이 충분하므로 내용 중심의 교육이 시행되어야 한다고 주장한다. 모어 또는 모국어 교육에서와 같이 유창성/능통성 기준이 처음에서부터 적용되되, 부분적으로 형식의 정확성 기준을 채택하도록 권장하는 것이다. 이는 모어 또는 모국어 습득 과정대로 목표 언어도 학습할 수 있다는 크뢰션(Krashen) 교수의 주장과 서로 정합적인 것으로, 모름지기 외국어 교사들도 귀 기울여 들을 만한 주장이다.

얻을 수 있는 모든 도움을 필요로 한다. 상대적으로 발음과 같이 예외적 특질들에 대한 비평은 필요하지 않다. 비유하건대 이는 마치 좋은 글을 짓고 있는 학생에게 교사가 기쁨이 되는 것이 아니라, 오히려 교사가 학생의 글씨가 엉망이라고 평하는 것 말고 아무것도 할 게 없음을 깨닫는 것과 같으며, 그런 만큼 결코 도움이 되지 못한다. 따라서 말하고 싶은 바를 조직하는 데에 몰두하고 있는 학생은, 내용을 어떻게 발음으로 만들어 낼지에 대해 꼭 충분한 주의를 기울일 필요는 없다. 연습한다는 관점으로 보아, 학생이 말하는 바를 발음하는 방식에 대한 촌평에 의해 학생의 생각이 흐트러지게 해서는 안 된다.

교사들 중 특히 발음에만 신경을 곤두세우는 교사들에게는, 학생들이 지속적으로 발음 오류를 만들어 내는 것을 참고 들어주기가 어렵다.27) 이런 일이 있으면, 교사는 오류들을 주목해야 하고(다른 분절음 및 초분절 요소의 문제와 함께), 학생이 수행하고 있는 과제가 다 끝난 뒤에 따로 다루어야 한다(≒과제 수행을 방해하지 않고 과제가 다 끝난 뒤에 모아서 가르쳐 줘야 함). 초점이 입말로 '자신을 표현하기'에서 유창성을 향상시키는 것이라면, 중간에 간섭받으면서 계속 교정되기보다는, 오히려 간섭하는 일이 거의 없어야 한다. 학생이 말하는 바가 아주 불분명하다면, 분명히 해 주도록 요구해야 하는 사람은, 같이 말하는 동급생인 청자이지, 교사가 아니다. 토박이 화자들이 일상생활에서 늘 그러하듯이, 평가와 대립되는 연습 과정에서는 청자가 필요하다면 언제나 분명히 말해 주도록 화자에게 요구할 수 있어야 한다.

---

27) [역주] 번역자의 경험으로는 목표 언어를 유창하게 구사하지 못하는 교사들이 목표 언어의 형식에만 강조점을 둠으로써 자신의 실력 없음을 감추기에 바쁘다. 국어 교육에서는 글쓰기를 고쳐 주는 데 실력 없는 교사는 오직 맞춤법 따위에만 자잘하게 트집을 잡고 신경 쓰는 일과도 비슷하다. 응당 더 근본적인 것에 초점을 맞춰야 옳은데, 내용 및 언어 사용 능력이며, 현재 '담화 능력'으로도 부른다. 국어과 교육과정도 이런 흐름에 맞춰 개편되어야 마땅하다. 우리나라 현행 교육과정의 주장대로라면 중고등학교의 외국어 교육은 모두 목표 언어로 진행되어야 옳다. 비록 교사들의 발음과 문장 구조가 조금 달리더라도, 교사들은 수업에서 목표 언어를 주로 써 나가면서 수업을 진행해야 옳다.

이런 요구가 장려되어야 한다. 만일 청자는 화자가 말하는 바에 대해 의미를 알아차릴 수 있다면, 이 경우 화자는 성공적으로 의사소통을 하는 것이다. 발음 교육과 억양 교육에 대한 논의는 책 끝에 실린 참고 문헌의 목록을 참고하기 바란다.

제3장 듣기 이해 교육

3.0. '듣기 이해는 자연스럽게 습득되어야 한다'

지난 10년 동안 듣기 이해가 조심스럽게 다루어지기 시작하였다. 전혀 관심조차 없었던 이전에는, 학생들이 바로 외국어를 학습하는 일반적인 과정에서 어쨌든지 재빠르게 알아차릴 것으로 가정되었던 듯하다. 마치 말하기를 배우듯이, 학습자가 저절로 이해하기를 배울 것처럼, 그리고 어쨌거나 교사에 의해 학습자에게 전달된 말을 물론 이해할 것으로 가정하는 것이 합리적인 듯이 보일 법하다.[1]

---

1) [역주] 듣기 활동을 가르치는 일이 말하기와 함께 이뤄져야 한다고 가정하는 경우가 종전의 방식이다. 이런 흐름에서는 언어 기능 교육(또는 언어 사용 활동)이 '말하기-듣기', '읽기', '쓰기'로 세 영역으로 나뉜다. 말하기와 듣기 교육을 함께 묶은 까닭은 입말이라는 매체를 이용하기 때문이다. 그러나 입말과 글말은 피상적인 구분일 뿐이고, 더 심층적인 구분은 '언어 투식'으로부터 도출되어 나오는데, 중요한 차원이 공식성과 격식성과 거리감이다. 핼러데이(Halliday, 1985), 『입말과 글말(*Spoken and Written Language*)』 (Oxford University Press) 제3장에서는 주제 영역(field)과 전달 격식(tenor)과 실행 모습 (mode)이라는 삼차원 모형을 상정하여 언어 투식을 다룬 바 있다(제1장의 역주 8과 제2장의 역주 17도 참고 바람). 다시 말하여, 텔레비전의 9시 뉴스는 비록 입말을 빌려 진행되지만, 철저하게 씌어진 글말인 것이므로, 입말이라고 말하면 모순을 띠게 된다. 만일 그러하다면, 입말과 글말이 언어 사용의 근본적인 구획이라는 주장이 더 이상 성립되지 않는 것이다.
　종전의 3영역 구분을 버린다면, 대체 어떤 대안이 제시될 수 있을까? 뤼친이는 언어의 산출과 이해 두 측면으로 나누는 것이 더 타당한 것으로 본다. 언어 산출이 입말을

슬프게도, 겉보기에 자연스런 이런 과정은 바람직스런 결과를 산출하는 것 같지 않다.2) 이에 대하여 여러 가지 이유들이 제기될 수 있다. 하나는 학생에게 천천히 그리고 분명히 말하도록 가르쳐지며, 교사는 일반적으로 학급 학생들에게 격식 갖춘 공식적 유형(public style)으로

빌리거나 글말을 빌려 실행될 수 있고, 언어 이해의 측면 또한 그러한 것이다. 전자에서는 말하기와 쓰기 활동이 다뤄지고, 후자에서는 듣기와 읽기 활동이 다뤄진다. 이런 구분이 종전 삼분법보다 뭐가 더 나을 것인가? 이렇게 이분 영역으로 구분하면, 언어 사용 활동의 심리적 처리 과정에 대한 공통 기반을 학습자들에게 일관되게 자각시켜 줄 수 있다. 이 책의 자매서를 번역한 김지홍·서종훈 뒤침(2014), 『모국어 말하기 교육: 산출 전략 및 평가』(글로벌콘텐츠)의 부록에 실린 김지홍(2012), 「언어의 산출과 이해에 대한 '다중 처리' 모형」을 읽어 보기 바란다.

2) [역주] 듣기 교육에 대해서는 최근에 나온 로스트(Rost, 2011; 허선익 뒤침, 2014), 『듣기교육과 현장 조사연구』(글로벌콘텐츠)와 피일드(Field, 2008), 『언어 교실 수업에서 듣기 활동 (*Listening in the Language Classroom*)』(Cambridge University Press)를 읽어 보기 바란다. 두 책에서 모두 제1 언어(모어, 모국어) 듣기 활동과 제2 언어(목표 언어, 외국어) 듣기 활동을 함께 다루면서 공통점과 차이점을 논의하고 있다. 제2 언어로서 듣기 교육은 앤더슨·린취(Anderson and Lynch, 1988; 김지홍 뒤침, 2003), 『듣기: 옥스퍼드 언어 교육 지침서』(범문사)를 참고하기 바란다. 특히 듣기를 이해하는 일로 전제하고 있으므로, 학습자들이 제대로 이해하면서 듣는지를 점검하기 위하여, 입말 제시 자료들 속에 일부러 모순되는 어구나 진술 또는 누락된 정보를 집어넣고, 학습자들이 능동적으로 그런 모순이나 누락을 깨닫고 원래 화자에게 되묻는 일을 장려하고 있다.

'듣기 활동'은 왕초보 학습자 수준에서는 말소리 듣고 구별하는 일이 필요하겠지만, 어느 정도 익숙해지면 '이해 활동'으로 넘어가게 된다. 이해 활동은 불가피하게 청자의 경험 및 지식수준과 밀접하게 관련된다. 인지과학 분야를 개척한 존슨레어드(Johnson-Laird, 1983)와 젠트너·스티븐즈(Gentner and Stevens, 1983)에서는 이를 (여러 가지) '정신 모형'(mental models)으로 불렀고(3.7의 역주 55 참고), 스퍼버(Sperber, 2000)에서는 '정신 표상'(mental representations)으로 불렸다. 인간이 지식을 얻게 되는 이해 과정이 비단 언어를 매개로 한 의식적 면모만 지니는 것이 아니라, 또한 부지불식간에 무의식적으로 작동하는 측면들도 무시할 수 없이 중요한 몫을 차지하고 있음을 전문 연구자들은 누구나 인정하고 있다. 그렇지만 무의식적인 부분들을 명시적으로 다룰 수 있는 분명하고 객관적인 도구가 아직 우리에게는 주어져 있지 않다.

이런 상황에서 '언어'를 매개로 하여 의식적으로 자각할 수 있는 듣기 교육이란, 1차적으로 언어를 산출하게 만들어 놓은 산출자의 '의도'(intention, 1980년대까지는 '화자의 의미' speaker's meaning란 용어도 썼음)를 찾아내는 일에 모아지겠지만, 이런 과정에서 신속하게 화자가 발화하고 있는 주제에 대한 '정신 모형'(또는 '덩잇말 모형'으로도 부를 수 있음)을 스스로 수립해 놓고서, 자신의 모형과 지금 듣고 있는 발화 내용을 비교하면서 비판적으로 듣는 연습을 시켜 주어야 한다. 이 훈련도 궁극적으로는 읽기 교육과 같이 이해 주체의 전문 지식과 일반 배경지식을 점차 정교하게 만들어 주는 일로 귀착될 수밖에 없는데, 이는 현재 중고교 수업 내용들이 모두 서로 유기적으로 긴밀하게 맞물려 이런 목적을 지향하고 있는 것이다. 듣기도 이해 과정이며 읽기도 또한 이해 과정인데, 우리 정신 속에서 이해 처리 절차가 도대체 무엇을 가리키는지에 대해서는 킨취(1998; 김지홍·문선모 뒤침, 2010), 『이해: 인지 패러다임 I, II』(나남)을 읽어 보기 바란다.

말을 전달하는데(가끔 풍자만화에서 '외국인이나 멍청이나 귀머거리한테 말하는' 유형임), 이것이 또한 느리고 분명하다는 점이다. 토박이 화자들은 대부분의 시간동안 천천히 말하거나 특히 분명하게 말하는 것이 아니다. 더욱이 학생은 흔히 하나의 영어 악센트(=강세 음조)에만 노출된다. 보통 학생의 교사에 의해서만 말해진 악센트이며 학생의 교사에 의해서만 발화된 입말인 것이다. 악센트를 특성 짓는 간략화에 대한 일반적 습관은 교사가 천천히 그리고 '인위적으로' 분명하게 말하는 경우에는 상실될 수 있다. 결과적으로 학생들은 모든 소리마디가 분명하게 발음되는 말하기 모형에만 익숙해진다. 정상적인 영어 토박이 화자들은 말하기에서 간략화에 대한 습관적 유형을 갖고 있다. 이는 개인들 사이에서 변동하며, 악센트들 간에도 현저하게 변동한다. 녹음내용에3) 있는 다음 발췌 (3.1)과 (3.2)를 귀 기울여 들어보기 바란다(제1장의 역주 37도 참고 바람). 첫 번째 화자는 표준발음(RP, 통용 발음, 용인된 발음) 화자이며, 무지개를 묘사하고 있다.

(3.1) ② | an actual bow | + an arc + right over the sky + +
        | [ən'akʃəl] |
        which has got | different colours | erm | + +
                | [dɪfrən'kʌləz] | |
        | can't remember what | they are but they're …
        | [kã'tɹɪmwɒt] |
        (실제 활 + 원호 + 바로 하늘 위에다 + + 그게 여러 가지 색깔을
        지녀서 엄 + 그게 뭔지 기억 안 나지만 그게 …)

녹취기록(또는 '전사')에서 이 여성의 말하기에서 몇 가지 세부사항이 주목을 끈다. 처음 두 개의 구절에서 다음처럼 아주 일반적인 표준발

---

3) [역주] 인용문의 번호가 (3.1) ②로 되어 있다. 맨 뒤에 있는 ②는 녹음테이프 속에 들어 있는 두 번째 내용을 가리킨다.

음(RP) 습관으로 간략하게 되어 있다.

actual의 [k-ʃ] 사이에 [t]가 없어지고, different colours의 [n-k] 사이에 [t] 가 없어짐.

can't remember what에 대한 산출에서도 그녀만의 특이한 방식으로 간략하게 되어 있다. 거기서 remember의 많은 부분이 함께 사라진다. 이제 두 번째 화자를 살펴보기로 하겠는데, 또한 무지개를 묘사하고 있는 미국 북부 지역의 화자로부터 가져왔다.

(3.2) ③ you ｜usually｜see a ｜rainbow｜+ uh + when it's raining +
    ｜[juʒəlɪ]｜   ｜[rẽɪbou]｜
  or ｜just before｜or ｜just after it｜rains + ｜when the sun｜
    ｜[dʒəsbɪ'fɔr]｜   ｜[dʒəstaftr]｜   ｜[wən?ə'sʌn]｜
  comes out + + so + + after it rains + + uh + + and you
  see something in the sky — that's ｜red — and green and blue｜
    ｜['rɛd+n ː 'grinən 'blu]｜
  ((hm) laughter)⋯

혼히 무지개를 보는데 + 어 + 비가 오고 있거나 + 비가 오기
바로 전이나 + 또는 바로 뒤에 + 해가 나오는 경우 + + 그래서
+ + 비가 온 다음에 + + 어 + + 하늘에서 뭔가를 보는데 —
그게 빨강 — 그러고 초록 그러고 파랑 (홈 [웃음]⋯)

rainbow에 있는 [n]을 대체하고 있는 콧소리에 주목하고, just가 자음 앞에 나타날 경우(just before)에 [t]를 잃어버리지만 모음 앞에 나타날 경우에(just after) [t] 소리를 유지하는 방식을 주목하기 바란다. 그리고 when the sun이란 구절에서 [ð]가 있는지 분명하지 않다(따라서 이는 when a sun으로 전사될 소지도 있음). and라는 낱말이 경우에 따라 다른

방식으로 실현되는데, 한 번은 [n :]으로 한 번은 [ən]으로 됨에 주목하기 바란다. 여기서 예를 보여 준 이런 유형의 간략화는 정상적인 말소리에서 아주 흔하고, 흔히 생각보다 더 훨씬 많다. 이런 현상을 다루고 있는 문헌들은 이 책의 참고문헌 목록에 올려 두었으므로 참고하기 바란다. 이렇게 간략화된 발화는 불가피하게 학생들에게 덜 친숙한 입력물을 제공해 줄 것이다. 오직 외국어로 인쇄된 텍스트들만을 읽도록 훈련을 받았을 경우에, 낯선 유형의 필사법(녹취기록)이 우리 모두에게 불러일으키는 같은 종류의 어려움을 일으킬 것이다.

물론 덜 익숙한 입력물에 대한 인상은, 분명하게 분절된 문장들을 목표 언어로 들어왔다면 학생들에게 더욱 강화될 것이다. 갑자기 (3.1)과 (3.2)의 인용에서처럼 정상적인 화자에 의해 산출된 입말을 구절 단위로 '진행해 나가면서 이해해 나가는 일'을 처리해 내어야 할 것이다.

대부분의 외국어 학습자들이 단지 자신의 교사와 학급 친구들, 그리고 그들 자신의 입말 산출로부터 되짚어보기를 듣기만 한다면, 토박이 화자들에 의해 말해진 것으로 외국어를 듣고 이해하는 편안한 능력을 제도로 습득하지 못할 것이다.

3.1. 듣기 이해 교육

외국어의 입말 형태를 이해하는 능력이 자연스럽게 습득되지 않는다면, 이 능력이 반드시 가르쳐져야 함은 명백한 것으로 보인다. 결과적으로 듣기 이해에 대한 교실 수업은 많은 교과과정들 속에 들어가 있다. 듣기 이해에서 작은 물방울로 시작하였지만, 이제 큰 물줄기로 된 강좌들이 일반 시중에서도 구매가 가능하다.

이들 강좌 대부분은 동일한 방식으로 구조화되어 있다. 전형적으로 녹음 내용을 틀어놓는 데에 3분에서 7분 정도 소요되는 입말 덩이들을 담고 있다. 녹음테이프를 틀어 주는 일은 때때로 내용상의 일부에 대한 언급과 함께, 그리고 가끔 씌어진 덩잇글에서 마주치게 될 몇 가지 '어려운' 낱말 항목에 대한 설명에 의해서 시작된다. 그렇다면 학생들은 녹음테이프를 (가끔 두 차례) 귀 기울여 듣도록 기대된다. 그러고 나서 텍스트의 사실 내용을 놓고서 일련의 물음에 대하여 대답을 하도록 요구되는 경우가 흔하다. 흔히 이들 물음은 다지 택일형4) 물음으로 제시된다. 몇몇 경우에 학생은 손으로 가리킬 수 있는 덩잇글의 씌어진 녹취기록(전사물)을 갖게 된다. 다른 경우에는 학생이 들은 바가 무엇인지를 기억하도록 기대된다. 물음들은 전형적으로 덩잇말/덩잇글 전반에 걸쳐 골고루 분포되는데,5) 보통 녹음테이프의 씌어진 녹취기록에서 매번 서너 줄에 상응하는 간격이다.

물론 이런 유형의 제시 방식은 50년이나 그 이상 동안 글말 이해 연습에 대한 표준 제시법이었다. 글말 이해 연습들에 대해서 이런 방식이 작동한다면, 그리고 대부분의 학생들이 궁극적으로 최소한 간단한 덩잇글을 이해하도록 배우게 된다면, 왜 그것이 입말 이해를 위하여 똑같이 잘 작동하지 않는 것일까? 제3장의 나머지 부분에서는 이 물음에 대답을 마련하는 데에, 그리고 듣기 이해를 가르치는 이런 견해(공정한 관찰자에게는 '가르치기'보다는 오히려 좀 더 '시험 부과하기'처럼 비칠 수 있는 내용임)를 토박이 화자의 입말 경험에 좀 더 자세하게 관심을 쏟는 견해로 대체하려고 노력하는 데에 바치게 될 것이다.

이 물음을 자세하게 살펴보기에 앞서서, 우선 우리가 사용하게 될

---

4) [역주] 잘못된 말로 '선다형'(많은 항목을 뽑는 형태)이라고 쓰는데 옳지 않다. '다지 택일형'(여러 선택지 중에서 하나를 선택함)이라고 불러야 정확하다. 둘 이상의 항목을 뽑는 시험도 있는데, 가장 전형적인 것이 미국의 의사 자격시험이다. 그 시험에서 가령, 10개 항목 중 세 개를 골라야 할 경우에, 정확히 세 개를 골라내지 못한다면 0점으로 처리된다. 그렇지만 중고교 현장에서는 네 가지 선택지 중에 하나를 고르는 경우가 가장 일반적이다.

5) [역주] 이 점 또한 과제나 시험 문제 난이도를 늘여 주는 기법 중 한 가지이다. 주어진 지문을 읽지 않고서도 상식적으로 답을 골라낼 수 있는 것이 가장 쉬운 과제이다. 다음으로 일부 지문만 읽고 답을 찾아내는 것이 있고, 전체 지문을 읽고 나서야 답을 찾아낼 수 있는 것이 좀 더 어렵다. 제일 어려운 과제는 주어진 지문을 다 읽고 나서 다시 학습자가 갖고 있는 배경지식도 더해 놓아야 해결되는 과제가 될 것이다.

몇 가지 핵심 용어들에 대하여 명확한 정의를 수립하기로 한다. 어떤 발화의 '의미'(meaning)라고 말하는 경우에, 우리는 특정한 구조로 결합된 낱말들의 '축자 의미'(literal meaning)를[6] 언급할 수 있다. 또한 화자가 이들 낱말을 발화함으로써 전달하려고 의도한 바도 언급할 수 있다. 이를 '화자의 의도 의미'(speaker's intended meaning)라고 부른다.[7] 어떤 발화를 들을 경우에 우리가 포착하려고 하는 것이 이런 후자 유형의

---

6) [역주] '축자 의미'와 대립되는 것이 '비유 의미'이다. 비유가 너무나 많은 것을 포함하므로, 용어가 더 정밀해질 필요가 있겠지만, 쉬운 예로 반어법을 들어보자. 방학을 마치고서 오랜만에 만난 친구를 보면서 흔히 진주쪽 학생들은 "야, 이 문디!"라고 말한다. 그 친구가 문둥이이기 때문에 문둥이라고 부르는 것이 아니다(축자 의미가 아님). 너무 반갑다는 뜻으로(화자 의도 의미) 친한 친구를 '문둥이'로 부르고 있다. 서로 심리적 거리감이 가깝지 않았더라면 결코 이런 표현을 쓰지 못한다. 서로 소원한 사이에 이런 말을 썼다면 한참 주먹질에 휘말릴 것이다. 이 책에서는 일단 이런 복잡한 비유 의미는 다루지 않는다고 미리 제한을 하고 있다.

비유에 대한 논의는 최근 자연언어를 컴퓨터로 처리하려고 노력하는 과정에서 크게 부각되었고, 좋은 책들도 많이 번역되어 있다. 크게 문학 전공자들에 의한 연구와 인지언어학자들에 의한 연구로 나눌 수 있다. 전자는 뒤부아(Dubois, 1981, 영어 발음은 '드보이즈'; 용경식 뒤침, 1989), 『일반 수사학』(한길사)과 케뵈체슈(Kövecses, 2002; 이정화·우수정·손수진·이진희 뒤침, 2003), 『은유: 실용 입문서』(한국문화사)를 읽어 보기 바란다. 후자의 번역서는 다음과 같다.

㉠ 레이콥·존슨(Lakoff & Johnson, 1980; 노양진·나익주 뒤침, 2006 수정판), 『삶으로서의 은유』(박이정).
㉡ 레이콥·터너(Lakoff & Turner, 1989; 이기우·양병호 뒤침, 1996), 『시와 인지』(한국문화사).
㉢ 깁스(Gibbs, 1994; 나익주 뒤침, 2003), 『마음의 시학: 비유적 사고·언어·이해』(한국문화사).
㉣ 레이콥·존슨(Lakoff & Johnson, 1999; 임지룡·윤희수·노양진·나익주 뒤침, 2002), 『몸의 철학: 신체화된 마음의 서구 사상에 대한 도전』(박이정).
㉤ 존슨(Johnson, 1993; 노양진 뒤침, 2008), 『도덕적 상상력: 체험주의 윤리학의 새로운 도전』(서광사).
㉥ 케뵈체슈(Kövecses, 2006; 김동환 뒤침, 2009), 『은유와 문화의 만남』(연세대학교출판부).
㉦ 래네커(Langacker, 1990; 나익주 뒤침, 2005), 『개념·영상·상징』(박이정).
㉧ 포코니니·터너(Fauconnier & Turner, 2002; 김동환·최영호 뒤침, 2009), 『우리는 어떻게 생각하는가』(지호).

7) 일상언어 철학자 그라이스(P. Grice, 1913~1988)가 1957년 논문에서 처음으로 썼던 용어이며, 1975년 논문에서부터는 줄곧 화자의 의도(intention)로만 불렀다. 화자가 가리키려고 하는 발화의 의미란, 결국 화자의 의도와 동일한 개념이다. 그라이스는 세 권의 중요한 유작을 남겼는데, 일상언어 철학과 관련된 글들은 모두 다 그라이스(1989) 『낱말 사용 방식의 연구(Studies in the Way of Words)』(Harvard University Press)에 실려 있다. 옥스퍼드 대학의 선배 오스틴(Austin) 및 후배 스트로슨(Strawson)과 더불어 세계대전 속에서도 칸트와 아리스토텔레스를 꾸준히 공부하였고, 매우 상식적인 입장에서 언어 사용을 해석하는 원리를 제안하였다. 인류 지성사 흐름에서 그라이스의 글들에 대한 평가와 조명은 그뢴디·워너(Grandy and Warner) 엮음(1986), 『합리성에 대한 여러 가지 철학적 근거: 의도·범주·목적(Philosophical Grounds of Rationality: Intentions, Categories, Ends)』(Clarendon)에 있는 19편의 글들을 읽어 보기 바란다.

의미이다. 따라서 뒤따르는 논의는 화자가 전달하려고 의도한 바를 이해하는 입장에서, 발화의 '이해'에 바쳐질 것이다. 용어상의 구분이 의미 유형에서 이런 구분과 관련하여 생겨난다. '축자 의미'는 명백하게 어떤 '낱말'이 실제로 발화되는지에 관련된다. 그것은 말해진 '텍스트'(=덩잇말)에 근거를 둔다. 여러분이 한 도막의 말소리에 대하여 '언어 기록'을 적어 놓았다면, 포함된 발화들에 대한 어떤 텍스트를 산출하였다. 만일 여러분이 '화자의 의도 의미'에 대하여 말하고자 한다면, 어느 정도 발화된 낱말들에 의존할 것이지만, 또한 맥락의 많은 측면들도 고려할 필요가 있을 것이다.8) '텍스트'(text)와 '맥락'(context)이 모두 함께 발화에 대한 해석의 입장에서 고려될 경우에는 우리가 '담화'(discourse)라는 용어를 사용하게 될 것이다. 즉, 담화는 맥락 속에서 해석된 텍스트이다.

'축자 의미'와 '화자의 의도 의미' 사이의 구분은 듣기 이해에 대한 개념을 살펴볼 경우에 반드시 염두에 두어야 한다. 화자가 자신이 의사소통을 하려고 하는 모든 것을 낱말로 제시해 줄 것이라고 생각하는 것은 불합리하다. 화자는 청자들이 세상이 존재하는 방식에 대한 어떤 배경지식을 지닐 것이며, 이런 지식에 바탕을 두고서 합리적인 추론을 해 나가는 능력이 있을 것으로 기대할 수 있어야 한다.9) 따라서 청자가 다음과 같은 발화와 마주칠 경우에

(3.3) the car turned round the corner and _he_ couldn't see what was coming

---

8) [역주] 가장 쉬운 실례가 반어이다. 예쁜 아기를 보고서 우리는 "에그 이 못난이~!"처럼 반어법을 쓰기 일쑤이다. 축자 의미는 반어로 해석하기 이전의 각 낱말에 대한 의미이다. 그렇지만 화자가 의도하는 의미는 그 반대인데, 이런 발화에서 보통 과장된 어조가 반어법으로 해석하도록 하는 토대가 된다. 이 책에서는 후자를 '축자 표현 + 맥락'으로 보고, 맥락이 이런 반어 해석을 유도하는 것으로 논의하고 있다.

9) [역주] 이 개념은 독일의 '전체 형상' 심리학(gestalt, 게슈탈트로 불림)에서 부각된 것이다. 오늘날 심리철학에서는 인간 정신의 맨 밑바닥에 작동하는 원리는 '같음 : 다름'을 파악하여 유형별로 대상들을 묶는 것(patterning)이라고 논의한다. 김재권(1998; 하종호 뒤침, 1999), 『물리계 안에서의 마음』(철학과 현실사)와 김재권(2004; 하종호 뒤침, 2007), 『물리주의』(아카넷)을 읽어 보기 바란다.

(차동차가 귀퉁이를 빙 돌았지만 ∅ 뭐가 다가오는지 볼 수가 없었거든[10])

이 자동차에 운전자가 있다는 사실에 대한 축자적인 단정은 전혀 없다. '*he*'가 누구인지(=보행자인지 아니면 운전자인지) 이해하기 위하여, 청자는 축자적 내용에서 이 간격을 '채워 넣을' 필요가 있다. 그렇게 함으로써, 청자는 화자가 전달하려고 의도한 것에 대하여 자신의 해석을 구성하는 것이다.

물론 청자가 잘못된 해석에 이를 수도 있다. 인용된 예문에서, 화자는 길을 막 건너려던 어떤 보행자(*he*)에 대하여 말하고 있을 수도 있다. 화자가 청자로 하여금 이런 해석에 이르도록 의도하였다면, 청자 쪽에서 추론에 대한 필요성 또는 일정 분량의 해석 '작업'은 좀 더 명백해지기까지 한다.

만일 이런 이해의 과정을 우리가 듣는 바를 놓고서 화자가 의사소통을 하려고 의도한 것에 대한 합리적 해석에 도달하는 과정으로 깨닫게 된다면, '이해'를 완벽히 100% 개념으로 취급할 위험을 피할 수 있다. 토박이 청자가 운영하는 것은, 자신이 듣고 있는 것에 대한 부분적이고 합리적인 해석이다. 이런 점 때문에 비-토박이 청자에게 토박이 청자보다 좀 더 높은 수준의 해석을 하도록 요구하는 것이 정당화

---

10) [역주] 우리말에서는 동일한 사람을 가리킬 경우에 소리 없는 대명사(∅, 공범주 대명사)를 써야 더 자연스럽다. 영어는 악센트가 없는 대명사를 써야 하는데, 대명사의 1차적인 해석은 자신이 실현된 영역(주로 절 또는 명사구)을 벗어나서 자신의 짝을 찾아야 한다. 이때에 전형적인 환경은 언어로 표현된 이전의 절이 되지만, 2차적인 해석으로 언어로 표현되지 않았지만 해석자의 머릿속에 있는 임의의 대상도 가리킬 수 있다. 촘스키(Chomsky 1981: 61쪽),『지배 결속 강좌』에서는 1차적인 해석 환경을 proximate(거리상 가까운)이라고 부르고, 2차적인 해석 환경을 obviative(언어로 표현되지 않은)라고 불렀다.

예문 (3.3)에서는 자동차 속에 운전하는 주체가 함의되어 있기 때문에, 1차적 해석은 운전자가 되고, 2차적 해석은 보행자 따위가 된다. 이런 해석은 결코 기계적으로 결정되는 것이 아니며, 여러 변수들이 종합적으로 파악되어야 한다. 만일 이 문장 이전에 교통사고를 당한 사람에 대한 문장이 나왔다면, 당연히 이런 맥락에서 he는 2차적인 해석을 얻게 될 것이기 때문이다.

될 수 없는 듯하다. 아마도 일반적인 성공 경험이, 토박이 청자들에게 자신이 듣는 것을 이해하는 능력에 확신을 갖게 해 주는 그런 부분적인 해석을 통한 것이므로(어떤 의미에서도 자신이 듣는 모든 것을 전체적으로 이해함이 없이), 그렇다면 비-토박이 청자들에게 제공해 주어야 하는 것도 바로 이런 경험이어야 될 것이다. 다시 말하여, 듣기 이해 연습의 목적은 학생들이 성공적으로 어떤 합리적인 해석에 도달하도록 하는 것이어야 한다. 모든 낱말을 일시에 처리하는 것도 아니며, 발화의 축자 의미에 포함된 것을 모두 작업해 내도록 하는 것도 아니다. 왜냐하면 원리상으로 그것이 불가능한 과제이기 때문이다.

3.2. '듣기 이해'가 무엇을 의미할 수 있는가?

누군가 여러분에게 말한 모종의 것을 이해한다는 것이 무엇을 뜻하는 것일까? 외국어로서 영어(EFL) 교육에서, 이는 흔히 청자가 텍스트를11) 반복할 수 있음을 뜻하는 것으로 간주되는 듯하다. 즉, 청자가

---

11) [역주] 옷감(textile)을 짜는 일로부터 나온 text(덩잇말, 덩잇글)는 의도적으로 표현되어 있는 형식들을 모두 다 가리킬 수 있다. 여기에는 귀로 들을 수 있는 말소리뿐만 아니라, 눈으로 볼 수 있는 시각적 대상들도 포함하여, 대상과 범위가 광막하게 넓어질 수 있으며, 그럴수록 대상으로 삼고 다루기가 쉽지 않다. 독일 쪽의 연구자들이 text를 넓은 뜻으로 쓰는 경우가 있고, text의 의미를 만들어 주는 meta-text(상위 텍스트)라는 개념까지 상정하는 경우도 있다. 그렇지만 연구의 대상을 구체적으로 붙들기 위해서는 text를 좁은 뜻으로 규정할 필요가 있다. 즉,
    ㉠ 의사소통 의도를 지니고서
    ㉡ 언어 형식을 이용하여
    ㉢ 일관되게 표현되어 있는 일련의 연속체
를 가리킨다. 조건 ㉠에 의해 text는 인간들 사이에 주고받는 대상으로 좁혀진다. 조건 ㉡에 의해서는 비언어적 형식이 배제된다. 조건 ㉢에 의해서는 낱개의 단일 대상이 아니라, 둘 이상의 복합체가 어떤 내적 질서를 지니고 이어져 있는 것을 지정할 수 있는데, 작은 영역의 내적 질서를 '통사 결속'(cohesion)이라고 부르고, 전체 영역의 내적 질서를 '의미 연결'(coherence)라고 부른다. 이럴 경우에 text를 우리말로 '덩잇말'이나 '덩잇글'로 번역할 수 있다. 더 나아가 이런 조건들을 지닌 text도 적합하게 해석되려면 반드시 맥락이 고려되어야 한다. text와 맥락을 모두 합쳐서 이 책의 저자들은 담화(discourse)로 부르고 있다.

들은 대로 텍스트(덩잇말 표현 내용)를 실제적으로 익힐 수 있었다면 '이해했다'고 말할 수 있을 것이다. 그러고 나서 자신이 익힌 텍스트의 덩이들을 이용하여, 텍스트의 일부와 관련된 질문과 그 질문에 답하기 위하여 즉각적으로 앞서거나 뒤따르는 덩잇말 도막을 덧붙이도록 하는 요구를 충족시켜 줌으로써, 시범적으로 이런 이해 내용을 보여 줄 수 있다. 이것이 대다수의 '다지 택일형' 질문이 담고 있는 요구사항이다. 이해에 대한 추가적인 요구사항은 학생이 특정한 낱말 항목의 의미를 그것들이 텍스트에서 쓰임에 따라 듣고 이해하여야 한다는 점일 듯하다. 때때로 만들어지는 한 가지 더 추가되는 요구사항은 학생이 대용표현의 지시대상을 해결하고, 앞에서 언급된 남성 주인공을 'he'(그 사람)라는 특정 표현이 가리키는지 결정할 수 있어야 한다는 점이다. 특별하게 복잡한 최근의 몇몇 강의에서는 학생이 덩잇말에서 직접 주장된 것뿐만 아니라, 또한 속뜻으로 깔려 있는 것까지도 찾아낼 수 있도록 요구하는 질문 유형도 도입하였다.

누군가 토박이 화자에게 말한 것을 이해하였다는 것은 무엇을 의미하는 것일까? 이런 질문을 놓고서 진지하게 생각하기 시작하자마자, '책임 경감 표현'(hedges)을[12] 도입하고 싶음을 자각하게 될 것이다. 일반적으로 여러분은 다음처럼 말하기 시작한다.

'*well*, it depends [on] what you mean by understand'
(<u>글쎄요</u>, 그게 '이해'라는 말로 무엇을 의미하는지에 달려 있어요)

'*obviously* it's different on different occasions'

---

12) 우리들의 의사소통은 결코 기계처럼 말하는 것이 아니다. 일상생활에서 자주 간접 표현을 할 뿐만 아니라, 화자가 어떤 말에 대하여 추궁을 당할 경우를 대비하여 일부러 임의의 진술이 참임을 누그러뜨려 미약하게 표현하기도 한다. 또한 듣는 사람에게 너무 단정적으로 표현할 경우에 자칫 고압적이고 권위적이라는 오해를 살 경우도 있으므로 추정하거나 짐작하는 듯이 막연히 표현하는 경우도 있다. 영어에서는 이런 표현을 hedge 또는 hedging이라고 부르는데, '책임 경감 표현'(김지홍 뒤침, 2012, 『담화 분석 방법』, 236쪽, 384쪽), '완화 표현'(이원표 뒤침, 2004, 『대중매체 담화 분석』, 5쪽, 121쪽), '울타리 표현'(노양진·나익주 뒤침, 1995, 『삶으로서의 은유』, 169쪽) 등으로 번역한다. 제3장의 역주 27)과 관련된 본문 내용에서 '양상 표현'도 같이 참고하기 바란다.

(<u>분명히</u> 그게 경우가 다를 때마다 달라집니다)

라디오에서 〈리어 왕 King Lear〉의 전체를 막 들어 둔 사람이 있고, 이와 대립되는 경우로 자신의 아버지로부터

'Shut the door!'(문 닫아!)[13]

라고 고함을 질러대는 것을 들은 사람이 있다고 하자. 이와 관련하여 해석 방식이 의미하는 것을 구분하기로 한다. 겉보기에 간단하지만, 두 번째 경우에도 다른 종류의 이해가 깃들 것으로 결론지을 수 있다. 반면에, 청자는 전달내용이 정중하게 발화되는 것이 아니라, 야단치고 고함지르듯 산출된다는 것을 이해할 수도 있다. 왜냐하면 자신의 아들이 그날 아침에 이미 여덟 번이나 문을 닫지 않아서 아버지가 짜증이 났기 때문이거나(즉, 명백하게 자신이 짜증이 났음을 아들에게 전달함), 또는 자신의 주택 담보에 대한 융자 상환을 계산해 내는 데 절절매고 있기 때문이다(즉, 아들과 무관한 일로 짜증을 내고 있으며, 자신의 아들은 죄 없는 희생양일 뿐임).

　첫 번째 사례로서, 특정한 이 경우에 아들이 방을 나선 뒤 꼭 문을 닫아야 한다는 사실뿐만이 아니라, 또한 아버지의 노여움을 피하려면 앞으로도 방을 나선 뒤 문을 닫는 게 좋겠다는 점을 이해할 수 있다. 두 번째 사례로서, 이 경우에 아들은 자신이 문을 꼭 닫아야 한다는 사실뿐만 아니라, 또한 아버지의 짜증이 사라질 때까지, 특히 아버지가 복잡한 숫자를 계산하는 동안에 방해하지 않도록, 오히려 몸가짐을 조용히 하도록 충고 받는 것으로 이해할 수도 있다. 아버지의 고함

---

13) 이를 단순히 특정 행위를 실행하도록 요구하는 명령으로만 여길 경우도 있고(리어 왕의 대사에 해당함), 왜 노발대발 그런 말을 하는지를 따지면서 그런 말을 하게 된 동기를 찾아볼 경우도 있다(짜증이 난 아버지가 대신 아들에게 못마땅하다는 듯이 화풀이를 함). 다른 맥락이 덧붙으면 또다른 해석도 가능하다.

소리를 정상적으로 문을 닫도록 발화된 명령(실행 요구)을 이해하는 것과 똑같은 방식으로 '이해하는' 아들은(=정상적인 실행 요구를 욕설로 잘못 받아들인다면) 사회적 상호작용에서 어려운 시간을 갖게 될 것이며, 아마 전달내용의 주된 초점을 놓쳐 버리게 된다. 정상적인 의사소통 상대방으로서 의사소통 참여자들은 쌕스(H. Sacks, 1971, 강의 노트)에 있는 절차적 질문

'Why this, to me, now'
(왜 이 발언이 지금 나에게 말해진 것일가?)

과 더불어 해석하는데, '이 발언이'(this)를 기존의 환경 및 화자에게 부여하는 의도의 견지에서 해석하는 경향이 있다. 앞의 예문에서 아들은 언어로 된 전달내용을 이해했을 뿐만 아니라, 또한 '그것이 말해진 맥락 속에서' 그 발화를 이해하였다.

정상적인 입말 경험은 대체로 상황에 대한 친숙한 맥락 속에서 화자와 상호작용을 하는 우리를 포함한다. 토박이 입말을 이해하도록 배우는 일은 그런 제약들 속에서 진행되어야 한다. 우리가 듣는 모든 발화에 대하여 가능한 다수의 해석들이 우리 머릿속에서 일어나지 않기도 한다. 왜냐하면 우리가 뽑아내는 의미가 발화 맥락에 의해 그렇게 제약되어 있기 때문이다. 정상적인 의사소통 상대방으로서 화자가 말한 것을 우리가 철저히 이해했는지에 대해서는 결코 확신할 수 없을 것이다. (강의에서와 같이) 화자가 말을 많이 하였다면, 그가 말한 상당량을 이해하는 데 실패했음을 확신할 수도 있다. 우리가 지닌 공통된 경험은, 분명히 화자가 발화하면서 몇몇 자신의 의도를 드러내었고, 오직 그런 의도의 일부에 대해서만 이해를 성취한다는 점일 것이다. 대부분 우리는 관점에 대한 부분적 상호작용, 화자가 의도한 바에 대한 부분적 이해를 얻어낸다. 이 단락의 언어를 여러분이 완벽히 이해했을 가능성이 있겠지만, 저자들이 개진하려고 노력하는 초점을

완벽히 이해하였는가?('개진하려고 노력함'은 완벽에 도달할 수 없는 그런 문제를 가리킴)

우리는 발화를 놓고서 부분적 성공만 달성하기 일쑤이다. 오직 우리에게 전달된 대부분의 언어를 놓고서 부분적 이해만 기대할 수 있음에도 불구하고, 우리는 웬만한 정도의 상호 이해에 대한 기대, 웬만한 정도의 상호 이해의 관습을 갖고 움직인다. 우리가 학생들에게서 향상시키기를 희망하는 것도 분명히 바로 웬만한 상호 이해에 대한 이런 기대와 이런 관습이다.[14]

이로부터 학생들을 100% 올바른 이해를 얻어내어야 한다고 기대하도록 해서도 안 되고, 100% 올바른 이해를 얻어내지 못하면 실패라고 생각해도 안 됨이 귀결되어 나와야 한다. 그런 기대 위에서 연습 받은 학생은 항상 듣기 과제를 수행해 나감에 따라 공포감을 경험하게 된다. 차라리 이해하지 않기를 기대할 소지도 있다. 왜냐하면 과거 자주 그렇게 실패하였고, 낱말이나 표현 하나를 제대로 인식하지 못하자마자 이해 시도를 포기해 버리기 때문이다. 그런 경우에 외국어 화자가 말할 법한 바에 대하여 비합리적인 가정을 세운다. 왜냐하면 외국인이 자신의 언어에서도 그러하지 않는 표현의 완벽성을 성취하기 때문이다. 학생이 시도하는 해석을 놓고서, 교사로 하여금 100% '맞거나' 또는 '틀린' 평점을 주도록 하는 채점표에 드러난 완벽성이다. 그런

---

14) [역주] 지은이들의 이런 태도는 신 중심의 중세 시대까지 믿어 왔던 완벽성이나 절대성 또는 객관성이 철저히 무너진 뒤에, 새로 부각된 '상호주관성'(inter-subjectivity)이란 개념을 반영해 주고 있다. 이런 고민은 계몽주의 철학자들로부터 시작되었다. 원문에는 tolerable degree(조금 틀리더라도 여전히 참을 수 있는 정도)라는 표현을 쓰고 있다. 공약 가능한 요소를 찾을 수 없는 극단적 상대주의와 유아론(solipsism, 독단론)을 벗어나기 위하여 미국 기능주의 철학자 퍼트넘(Putnam)은 'discounting differences in belief(믿음 체계에서 차이점들을 삭감함)'으로 표현하고, 스승 콰인(Quine)의 의미 불확정성을 옹호하는 데이빗슨(Davidson)은 'principle of charity'(자비 원리)를 적용하여 서로서로 조정하여 공통분모를 마련해 나간다고 보았다. 우리가 느끼고 주장하는 절대 진리는 오직 우리가 긴밀히 상호작용하는 구체적 사람들에게 향해 있고, 그런 사람들과 공유하여 옳다고 믿는 범위와 정도로만 가치가 있고 효력을 발생할 따름이다. 최근 이론 물리학 쪽에서는 우리가 살고 있는 우주가 단일한 우주(universe)가 아니라, 여러 개의 다중 우주(multi-verses) 중에서 우연히 우리가 속한 우주를 경험하고 있을 뿐이라는 작업 가정도 제안되고 있다.

일이 있고 나서도 여전히 화자가 말하던 바를 풀어내고 말한 바를 정확히 알아내려고 '올바른 낱말'들을 회상하려고 하면서 계속 시도한다. 흔히 이해가 어렵다는 사실을 인정하는 관점에서, 녹음테이프를 듣기 전에 미리 교사로 하여금 어려운 낱말들을 소개해 주도록 하더라도 이런 공포감에서 벗어나는 데 도움이 되는 게 아니다. 부분적으로 여러 개가 정답일 듯한 서로 다른 선택 항목들 중에서 하나만 선택하도록 강요한다고 하더라도 도움이 되는 게 아니다. 동일한 간격을 두고 시간별로 핵심사항을 듣도록 하여도 도움이 되는 것이 아니다. 왜냐하면 화자들이 이처럼 고르게 시간별로 자신이 발화 내용을 조직하는 경우가 거의 없기 때문이다. 이는 청자가 가끔 제 판단대로 주된 핵심사항들에 주목해야 하지만, 종종 자의적으로 아주 사소한 점에도 주목해야 함을 의미한다. 그런 듣기 수업에서 특정한 기술을 어떤 것이든 학생들에게 가르치고 있음을 찾아보기는 어렵다. 불가피하게 능력이 떨어진 학생들이 신속히 깨닫는 것이 외국어로는 듣기 이해 능력이 아주 약하다는 점이다.

다음처럼 주장할 수도 있다. 종종 목표 언어를 쓰는 토박이 화자들도 제법 어려움을 겪을 법한 과제를 수행하도록 학생들에게 요구된다. 입말을 마치 씌어진 글말처럼 취급하도록 요구되는 것이다. 학생들은 사교적 상호작용 언어와 정보 전달용 언어 사이에 찾아지는 형식 및 기능의 차이점들을 무시하도록 요구받고, 모든 입말을 1차적으로 사실에 대하여 전달하기 위해 의도된 듯이 간주하도록 요구받고 있다. 몇 분 동안 지속적으로 유의 수준과 함께 입말 내용을 모두 해석하기 위하여, 그리고 그 내용 중 어떤 사항에 대해서 동기가 결여된 질문에 대답하기 위하여, 입말의 해석을 모두 기억 속에 집어넣기 위하여, 입말에 귀를 기울이도록 강요받고 있다. 정상적인 어른 화자들이라 하여도 자신의 모국어로 1분 이상 정도로 더 많은 분량을 놓고서 거의 완벽한 수준의 지속적으로 주의 기울이기·해석하기·기억 속으로 집어넣기 따위를 실행할 수 없다.

3.3. 토박이들의 듣기: 맥락 및 앞뒤 문맥

바로 앞에서 묘사하였듯이 외국어 학습자의 교실 상황을 입말로 소통하는 토박이 화자의 경험과 서로 비교해 보기로 한다. 독자들은 우리가 개략적으로 교실 상황을 그렸다고 생각할 수도 있겠으나, 슬프게도 이게 여전히 표준적인 일반 사례인 듯하다.

이미 시사하였듯이 토박이 화자는 정상적으로 상황 맥락 속에서 입말을 마주치게 된다. 그는 자신의 문화에서 유아 시절 말을 처음 습득하였을 때부터 지속적으로 수립해 온 일련의 상투적(stereotypical, 당연시하는) 지식과 더불어 그런 맥락을 만나게 된다. 이런 상투적인 지식의 토대 위에서 기대치를 구성하는 경향이 있다. 이런 상투적 지식을 다음과 같이 일곱 차원의 각도로 논의할 것이다. (가) 화자, (나) 청자, (다) 장소, (라) 시간, (마) 갈래, (바) 화젯거리(topic, 주제), (사) 지엽적인 앞뒤 문맥(co-text).

3.3.1. 화자

토박이 청자는 이전에 있던 자신의 청자 경험을 두루 일반화하고, 어떤 측면에서 현재 화자와 비슷한, 이전에 겪은 자신의 화자 경험에 바탕을 두고서, 의사소통 기대치들을 구성해 낸다. 관련 상황의 나머지 특징에 대한 지식을 갖고 있다면, 다음 종류의 역할을 맡고 있는 다음 종류의 화자가 무슨 이야기를 할 것 같은지에 대한 배경지식과 더불어, 현재 말해지고 있는 바를 놓고서 자신의 해석을 구성해 나갈 것이다. 가령,

수상, 의사, 부두 노동자, 아버지, 정원사, 어떤 사태에 정통한 사람, 경력 풍부한 부인, 버스 정류장에 있는 사람, 짓궂은 꼬마, 산업체 노조 지도자, 종교 성직자, 경찰, 구멍가게 주인, 조사연구에 응해 주는 사람, 자동차

판매원, 간호원 등의 역할인데, 젊은/늙은, 남/여, 뚱뚱한/야윈, 고등교육을 받은/교육을 받지 못한, 아름다운/추한, 기쁨이 넘치는/언짢은, 잉글랜드 북동부 요크셔 사람/런던 사람

따위 정보가 알려진 화자이다.

청자는 화자의 태도(가령, 만족스런/친절한/예절 바른)와 어떤 의도로 말을 하는지에 대해서도 나름대로 판단을 내릴 것이다. 청자는

'I, me, myself'(화자인 내가, 나를, 내 자신에게)

와 같은 표현을 화자가 스스로를 가리키는 것으로 해석하고,

'we, us, ours'(우리가, 우리를, 우리들의 것)

를 화자를 포함하지만 상황 맥락에 따라, 특히 화자가 채택하는 역할에 따라,

'me-and-you'(화자인 나와 청자인 너),
'me-and-you-and-others'(나와 너와 다른 사람들),
'me-and-my-family'(화자인 나와 나의 가족),
'me-and-my colleagues'(화자인 나와 나의 동료들)

등을 포함하는 것으로 해석할 것이다.15)

---

15) [역주] 'we, us, ours'(우리)와 관련해서는 언제나 두 가지 해석이 가능하다. 흔히 청자가 포함되는지 여부에 따라서 '배타적 해석'(exclusive 'we')과 '포괄적 해석'(inclusive 'we')으로 불린다. 우리말에서도 '우리'가 또한 그러하다. 청자가 포함된 포괄적 우리는 학급 친구에게 '우리 학교, 우리 선생님'이라고 말할 경우에나, "우리 밥 먹으러 가자"라고 말할 경우에 해당된다. 그렇지만 우리말에서 친구에게 '우리 아버지, 우리 집, 우리 동생'이라고 말하는 경우가 허다한데, 이 경우에는 듣는 사람이 배제된 '우리' 용법이다. 다시 말하여 화자가 소속된 집단만을 가리키는 우리이다. 청자인 너와 화자인 내가

3.3.2. 청자

많은 경우에 화자는 자신이 현재 고려하고 있는 상황을 특정 청자에게 직접 말로 전달할 수 있다. 경험상 청자는 이런 경우의 화자가 그에게 무슨 종류의 말을 했는지 알게 된다. 그렇지만 때로 청자는 자신에게 전달되지 않은 말도 듣게 된다. 곧, '방청자'(overhearer, 곁에서 우연히 듣게 되는 사람)의16) 역할인 것이다. 그런 경우에 화자가 자신의 역할에서 어느 청자에게 전달할 바에 대하여 예상 내용을 지닐 것이다. 격식 갖춘 모임에서 두 사람의 동료는 자신들의 직함으로 서로 상대방을 부르며 관련 사무를 논의하겠지만(가령, 감사님, 총무님, 이사님 따위), 집에서 사적 관계로 만나는 경우에는 서로 간에 친밀하게 이름을 부르며 좀 더 넓고 다양한 화젯거리를 두루 이야기하게 된다.

공유하는 집도 아니고, 동생도 아니다. 이런 중의적인 해석 방식은 화자가 따로 지정해 주지 않더라도 맥락을 고려하면서 쉽게 결정할 수 있다.

16) [역주] 클락(Clark, 1996; 김지홍 뒤침, 2009), 『언어사용 밑바닥에 깔린 원리』(도서출판 경진)의 §.1-2에서는 의사소통 현장에서 찾을 수 있는 청자들의 자격을 구분하여 서로 다른 이름으로 불렀다. 먼저 주된 참여 당사자가 있다. 의사소통 준비 단계에서 화자가 1차적으로 가늠해야 하는 공통기반과 정보간격의 원천이다. 영어에서는 흔히 addressee(의도된 청자, 1차적인 청자)라는 용어를 쓴다. 의도된 청자(1차 청자) 이외에도 부차 참여자(side participant)도 있다. 부차 참여자는 발언권을 얻고 주된 참여 당사자들의 대화에 끼어들 수 있는 사람이다. 이런 두 부류의 청자를 '참여자'라고 부른다. 이밖에도 다른 청자들이 있다. 모두 우연히 옆에서 듣는 사람(overhearers)들인데, 대화에 발언권을 얻을 수도 없고 권리나 책임도 없다. 여기도 두 유형이 청자가 있다. 방청자(bystanders)들은 공개적으로 의사소통 상황에 출현하지만 대화의 참여자로 간주되지 않는다. 그러나 염탐꾼(eavesdroppers)에 대해서는 화자가 전혀 깨닫지 못하지만, 해당 상황을 예의 귀 기울여 듣는 사람이다.

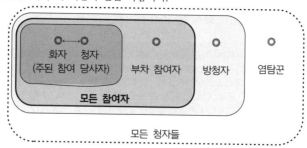

3.3.3. 장소

청자는 서로 다른 상황에서 서로 다른 말을 들을 것으로 기대할 것이다. 의사소통 상황을 결정하는 요소들 중 하나가 이야기가 진행되고 있는 장소이다. 적합한 언어 종류에 대하여 강력하게 전형적인 틀을 갖춘 어떤 유형의 장소들이 있다. 국회, 법정, 외과의사의 수술대, 우체국, 교실 수업, 고급 양복점들이 있는 런던의 새빌가(Saville Row) 양복 재단사, 공군 기자회견실, 공연 중인 극장, 침실, 도박장 따위이다. 물론 청자는 어떤 종류의 말이든지 어떤 장소에서라도 산출될 수 있음을 깨닫고 있겠지만, 그럼에도 불구하고 어디에서 발생하느냐에 따라 특정하게 한 가지 방식으로 짜인 말이 쓰일 것으로 기대하도록 하는 '적합성'에 대한 표준을 지닌다. 청자는 또한

'here(여기) : there(저기), come(화자 쪽으로 다가옴) : fetch(가서 갖고 옴),
in front of(앞에) : to the left-hand side of(왼쪽편으로)'

라는 표현을17) 화자의 위치 및 화자가 채택한 관점을 통하여 해석할

---

17) [역주] 전문 용어로 이들을 '직접 가리키기'(deixis)로 부른다. 희랍 어원은 '붙들다, 붙잡다'이며, 한자로는 직접 가리킨다는 뜻의 '직지'(直指)가 더 옳다. 그렇지만 한자 뜻을 새기지 못하는 일부에서 허무한 일본말 '직시'(直示, 직접 보임)를 쓰는 경우도 있다. 직접 가리키는 표현에는 두 가지 종류의 기준점이 도입된다. 하나는 철저히 화자인 '나' 중심이고(내적 기준), 다른 하나는 화자가 아니라 다른 사물 중심이다(외적 기준, 가령, "나무 뒤에 있는 의자"에서 나무가 기준점임).

언어로 직접 가리키기의 대표적인 사례는 지시대명사이다. 우리말의 '이, 저', 그리고 '그'이다. 우리말이나 영어에는 지시대명사가 2분 체계로 조직되어 있다. 그러나 일본어나 스페인 어에서는 3분 체계로 되어 있다고 알려져 있다. 비록 2분 체계로 조직되어 있지만, 우리말과 영어에서 쓰이는 하위 규칙이 조금 다르다.

먼저 우리말에서는 화자를 중심으로 하여 '이 : 저'가 대립한다. 거리상 화자에게서 가까운 대상을 가리키려면 '이'를 쓰고, 멀리 떨어져 있는 대상을 가리키려면 '저'를 써야 한다. 심리적으로 멀리 느끼는 경우에도 '저 녀석'이나 더 낮추어 '저치'라고 부르기도 한다. '그'는 우리말에서 두 가지 용법이 있다. 하나는 청자와 화자가 서로 머릿속에서 공유하고 있는 공통 대상을 가리킬 수 있다. 다른 하나는 화자가 더 앞에 있는 언어 표현을 가리키거나, 또는 다음에 오는 모든 발화를 대신 가리킬 수 있다.

영어에서는 신체상 서로 분리될 수 없는 대상임에도 스스로 느끼기에 낯설게 느낀다

것이다.

3.3.4. 시간

우리는 시간 구조로부터 나오는 전형적인 기대들을 갖고 있다. 이야기와 농담과 대화의 전개에서, 그리고 모임의 처음부터 끝뿐만 아니라, 또한 발화하는 시간(=기준점으로서의 발화 시점)이 이야기 속에서 가리켜지는 시간(=사건 발생 시점)과 어떻게 관련되는지 등에 관한 것이다. 즉, 그 사건이 과거에 일어났는지, 지금 일어나고 있는지, 미래에 일어날 것으로 보이는 사건인지 등이다. 청자는

'now(지금), then(그 당시), a year ago(1년 전), this morning(오늘 아침), next Tuesday(다음 주 화요일), after that(그 뒤에)'

과 같은 표현은 물론, 시제가 들어간 문장에서 시제 표현 형태도 발화 시점에서 해석을 할 것이다. 만일 화자가

'during the war(그 전쟁 기간 동안), when I was at school(내가 학교 다닐 적에), during the Turkish occupation(터키 사람들이 정복해서 지배하는 동안), when my sister was little(내 여동생이 꼬마였을 때)'

면 that을 쓸 수 있다. 수전증 환자가 덜덜 떨고 있는 자신의 손을 가리키면서, "Look at that"(덜덜 떨고 있는 내 손을 보렴!)이라고 말할 수 있다. 우리말에서는 화자의 신체 일부이므로 언제나 '이'를 써서 "이 손 봐라, 덜덜 떨고 있네!"라고 말하였을 것이다.

'가다, 오다'라는 동사의 경우에 우리말에서는 기준점이 화자가 있는 곳이다. 매우 단순한 기준이다. 그런데 영어에서는 청자가 화자와 멀리 떨어져 있을 경우에, '도착점'을 기준으로 삼아서 "I am coming over to you"(내가 지금 너한테 건너가고 있어)라고 말하게 된다.

언어로 직접 가리키기를 다룬 책으로서 필모어(Fillmore, 1997), 『직접 가리키기 표현에 대한 강의(Lectures on Deixis)』(CSLI, Stanford University)를 읽어 보기 바란다. 뷜러(Bühler, 1934; 지광신·최경은 뒤침, 2008), 『언어 이론: 언어의 서술 기능』(나남)의 제2부 '언어의 지시영역과 지시어'에서도 풍부한 정보를 얻을 수 있다.

처럼 하나의 사건을 시간상 특정한 시점에 배치시켜 준다면, 청자는 화자에 대한 지식, 말하는 목적, 화젯거리, 말하는 시간에 대한 교집합으로부터 도출되어 나오는 전형적인 기대치들을 갖게 될 것이다.

3.3.5. 갈래

언어에서 이용된 종류의 사물에 대한 자신의 경험으로부터, 그리고 이들 사건의 하나로서 자신이 겪고 있는 특정 사건에 대한 확인으로부터, 가령, 격식 없는 잡담, 뉴스 보도, 공식적으로 격식을 갖춘 경고, 일화, 논쟁, 강의 따위로부터 청자는 서로 다른 기대치를 이끌어 낼 것이다. 큰 규모의 갈래로 나뉘는 항목을 확인하고(가령, 교회 예배), 그 안에서 더 작은 규모의 하위사건도 배치시키며(가령, 기도 따위), 하위사건 속에서도 더 자세한 미시적 사건도 확인할 수 있다(가령, 신을 부르는 표현). '갈래'에 대한 경험은 이전의 비슷한 텍스트(덩잇말)에 대한 경험, 즉 이전에 비슷한 언어 사용 경험을 포함한다. '적합성'이란 개념은 특히 임의 '갈래 상으로 적합함'(appropriate in a genre)이라는 개념으로부터 명백히 도출되어 나온다. 일상생활에서 언어를 통한 이전의 경험은 '무엇을 기대할지'에 대한 착상을 우리에게 남겨 준다.

3.3.6. 화젯거리(또는 주제)

우리는 이 개념을 오히려 느슨히 '이야기가 이뤄지고 있는 것이 무엇이든 상관없이'를 뜻하는 것으로 쓰게 될 것이다. 대체로 낱말 선택을 결정해 주는 것이 바로 화젯거리이다. 화젯거리가 어느 여성이 막 아기를 가졌다는 사실에 관심을 둔다면, 관련 낱말들은 아기 및 임신과 관련된 것을 포함하게 될 것이다. 청자가 산부인과 의사인지, 아니면 친구인지에 따라, 화자는 아기에 대해서 서로 다른 측면을 말하게 될 것 같다. 화젯거리가 자전거 바퀴 수선 방법에 관한 것이라면, 낱말 선택은 자전거 바퀴와 관련된 것이 될 것이다. 만일 화젯거리가 초등 교육이라면, 낱말 선택은 이것에 의해 영향을 받게 될 것이다. 몇몇 화젯거리 영역에서는 화젯거리나 주제 영역의 특징이 되는 논증 절차를 놓고 특정하게 선호되는 구조들이 있다.

3.3.7. 지엽적인 앞뒤 문맥(co-text)[18]

청자의 기대치는 전반적으로 이미 기술해 놓은 맥락의 특징들에 의해서 결정될 수 있다. 그 특징들은 지엽적으로 특정 사건에서 이미 말해진 바가 무엇인지에 따라 결정될 것이다. 그러므로 화자가 청자에게 나이가 들어 다리를 저는 자신의 어머니가 기차 여행이 얼마나 힘든지 잘 알고 있지만 루마니아로 기차 여행을 막 떠났다고 말한다. 자신의 어머니가 겪은 모험담에 대하여 숨겨진 이야기를 시작한다면, 청자는 기차로 루마니아까지 힘든 여행을 하는 노파에게서 일어날 수 있는 모험들을 들게 될 것으로 기대할 것이다. 화자가 이야기 시작을 다음처럼 말한다면,

I really think *The Times* is taking the strangest line on the Falklands
(난 사실 남대서양에 있는 포클랜드 섬들에 대해서 영국 시사지『더 타임즈』가 아주 이상한 입장을 취한다고 봐)

청자는 화자가 말하는 바에 대한 한 가지 사례를 들을 것으로 기대할 것이다. 화젯거리를 바꾸는 암시를 조금도 주지 않은 채, 화자가 계속

---

18) [역주] 우리말에서 '손보다'라는 말은 무엇과 연결되어 쓰이는지에 따라 다른 뜻을 지니게 된다. 가령, "창문을 손보다"는 고치거나 수리하는 일을 말한다. "돌쇠를 손보다"는 흔내 주거나 때린다는 뜻이다. 또는 "내 손 보럼"과 같이 축자 의미도 띨 수 있다. 이와 같이 앞뒤로 이어져 있는 다른 낱말에 의해 한 낱말의 뜻이 결정되는 경우를 흔히 'co-text'(앞뒤 문맥)라고 부른다. 이 책에서는 좁은 뜻으로 바로 인접해 있는 낱말들만을 가리키는 것이 아니라, 더 넓은 뜻으로 하나의 발화가 주어질 때 다음 발화도 일관되고 올바르게 해석되도록 연결되는 일까지도 'co-text'라고 부르고 있다.

해서 다음처럼 말한다면 청자는 의아해 할 것이다.

It's reported 'sun in Malaga' for the whole of last week
(지난 주 내내 스페인 남쪽 휴양지 '말라가'는 맑음으로 보도됐었거든)

정상적으로 서로 얼굴을 마주보며 말하는 대부분의 상호작용에서, 청자는 우리가 언급해 놓은 맥락의 특징에 대한 정보와 접속하게 된다. 그런 정보에 접속할 뿐만 아니라, 또한 자신의 이전 경험을 그 정보와 관련지을 수도 있다. 청자가 말을 들으며 해석하는 데에는 두 가지 기본 원리(유추의 원리, 최소 변경의 원리)가 작동한다.

첫째, '유추'의 원리(the principle of analogy)이다. 이 원리는 우리들에게 사물이 그 이전에 있었던 듯이 될 것임을 기대하도록 알려준다. 이는 우리가 일상생활에서 늘 깔아 두는 원리이다. 뭔가 잘못되고 실패할 때까지는, 예전처럼 문은 열릴 것이고, 다리는 구부려질 것이며, 고양이는 기분 좋다고 가르랑거릴 것이고, 건물들은 서 있을 것이며, 자동차는 시동이 걸려 움직일 것이고, 피아노는 누군가에 의해 연주될 것임을 전제로 한다. 우리의 습관적인 동작, 행위, 언어가 모두 평상시대로 작동할 것이라는 기대치 위에서 대부분의 일상행동이 예측된다. 일상적 기대치는 습관적이며 개별적인 동작이나 행위에 대하여 관심 쏟을 필요가 없고, 잠재의식 차원에서 발생하게 된다. 반면에 차이가 날 가능성이 있고 의식적으로 결정 내리기가 요구되는 대상에 대해서는 주의를 기울이며 찬찬히 살펴본다. 외부세계에 관심을 쏟지 않는다면, 우리가 몰입하는 내부세계를 구성하고 있다. 칼 포퍼(Karl Popper, 1963)에서는[19] 이런 근본적인 인간 심리처리 과정을 다음처럼

---

19) [역주] 이 책은 이한구 뒤침(2001), 『추측과 논박: 과학적 지식의 성장 1~2』(민음사)로 나와 있다. 본문 인용은 번역본 1권 102쪽에 있다. '규칙성'이란 말은 흔히 원리(principles)라고도 불러왔다. 수학에서는 'function'(함수)라는 말로 쓰고, 심리학에서는 'patterning'(유형화, 유형으로 묶기)이라고 부르기도 한다. 더 나아가 현대 심리철학에서는 유형화의 밑바닥에 있는 정신의 작동 요소는 '같음 : 다름', '동일성 : 차별성'에

주장하였다.

we are born with expectations … One of the most important of these
expectations is the expectation of finding a regularity. It is connected with
an inborn propensity to look out for regularities, or with a need to find
regularities.

우리는 기대치를 갖고서 태어난다 … 이런 기대치들 중에서 가장 중요한
것 하나는 규칙성을 찾아내려는 기대이다. 이는 규칙성을 찾아내려는 선
천적인 성향이나 또는 규칙성을 찾아내려는 욕구와 관련되어 있다

둘째, 최소 변경의 원리(the principle of minimal change)이다. 첫째 원리
가 적용되는 않음을 인정하도록 강요될 경우에 이는 무엇을 기대할지
를 우리들에게 알려준다. 가령, 예전처럼 문이 열리지 않거나 자동차
가 시동이 걸리지 않거나 아니면 귀 기울여 듣는 일에 실패할 경우이
다. 이 원리는 사물이 가능한 한 이전의 상태대로 비슷하게 있을 것임
을 전제하도록 해 준다. 그 문이 벽돌을 쌓아 완전히 막아버린 것이
아니라, 오히려 문이 끼었거나 잠겨 있기 때문에 열리지 않는 것으로
가정하도록 한다. 누군가 자동차에서 엔진을 훔쳐갔다기보다는, 축전
지가 방전되어 있기 때문에 시동이 걸리지 않는다고 가정하도록 만든
다. 누군가 수술로 귀를 완전히 제거해 버렸다기보다는, 지엽적인 결
함 때문에 귀로 듣지 못하였다고 가정하게 만든다.

자동차에서 엔진이 완전히 도난당해 없어진 것을 깨닫는 일이 아주
잦은 환경이나 문화 속에서 살아간다면, '최소 변경'에 대한 개념은
그런 일이 거의 일어나지 않는 문화에서 살고 있는 사람들의 개념과
는 현격히 차이가 날 것이다. 비록 다소 해석이 문화마다 그리고 실제
로 개인마다 변동할 가능성이 있더라도, 최소 변경의 원리는 여전히

대한 인식임을 찾아내었다.

작동할 것이다. 우리 대다수가 유별나게 극적인 인생을 살아가는 사람들(을 마주치는 일)에도 익숙하다. 거기에서는 '최악의 상황을 기대'한다. 정확히 우리들 대부분이 훨씬 제한된 기대들로써 생활을 해 나가기 때문에 또는 우리가 오직 좀 더 평범한 경험만을 지니기 때문에 이런 사람들은 유별난 사람으로 잊혀지지 않는 것이다. '이전에 그랬던 방식과 될 수 있는 대로 비슷한 상태'를 선호하는 한계는 우리들을 모범 사례의 유추에 좀 더 가깝게 배치해 놓는다.

마치 일상생활에서 그렇게 하듯이, 언어 처리 방식에서도 우리는 이 두 가지 기본 원리를 지니고서 운용해 나간다. 우리에게 알려진 화자가 이전에 자신이 행동하던 방식으로 행동하게 될 것이라고 가정한다. 그 사람이 일관되게 호의적이거나 친절하거나 비판적일 것이고, 동일한 범위의 화젯거리에 대하여 동일한 종류의 시각을 유지할 것이며, 그 사람에 대하여 우리가 지니고 있는 마음속 인상과 일치하는 방식으로 그 사람이 행동할 것이라고 가정하는 것이다. 때때로 화자의 분위기가 변동될 수 있다고, 흥미가 바뀔 가능성도 있다. 우리는 이미 수립된 정보에다 첨가물로서 제한적으로 새로운 정보를 더해 놓으면서, 그의 행위를 이전의 경험에 미루어 해석을 하려고 할 것이다. 우리는 지금까지 논의한 상황 맥락의 모든 특징에 대하여 비슷한 기대치들을 지닌다.

어느 담화 속에서, 우리는 동일하게 일련의 제약들을 따라 언어를 해석한다. 우리는 화자가 바꿔 놓은 것으로 분명하게 표시하지 않는 한, 동일한 시간과 동일한 장소와 동일한 화젯거리가 모두 일관되게 관련되는 것으로 가정한다. 그런 기대치들 속에서 운용하지 않았다면, 다음과 같은 말을 어떻게 해석할 수 있었는지 알기 어렵다.

(3.4) A: I remember very vaguely but when the first man landed on the
      moon + +
   B: mhm + +

A: my mother was saying + + sit and watch this + + this is history
+ +

B: Oh + yes it was history right enough and

A: and my grandmother was there + my father's mother was there
at the time + and she was just sitting there and saying + and that's
somebody on the moon + I can look here at someone

B: I know

A: and she used to sit and think + oh +

B: it really is wonderful

A: I can't understand it

A: 아주 희미하게 기억나는 건데 달에 사람이 처음으로 착륙했던
때 말이야 + +

B: 음

A: 우리 어머니가 말하기를 + + 앉아서 이걸 지켜보라면서 + + 이
게 역사적인 건데 + +

B: 아 + 맞아 그게 정말 충분히 역사가 되고도 남지 뭐 허고

A: 그러고 할머니도 거기 계셨었는데 + 우리 아버지 엄마도 그 때
에 거기 같이 계셨었거든 + 그러고서 거기 앉아서 말도 하셨었
단 말이야 + 그게 달 위에 누군가 있는 거라고 + 내가 여기서
누군가를 바라볼 수 있다고

B: 알아

A: 그러고 할머니가 앉아서 생각하곤 하셨거든 + 아 +

B: 정말로 대단하시구나

A: 난 그걸 이해할 수 없단 말이야

20대 초반의 여성 A는 사촌 언니 B한테 삶의 질을 바꿔 놓은 대단한
현대 발명품들에 대해서 말을 하고 있다. 그녀는 이야기 시작을 'I
remember'(내 기억에는)이란 갈래로[20] 말하면서 시작한다. 이는 그녀

가 오직 '아주 희미하게만' 기억하며, 자신이 회상하려는 일이 아주 오래 전에 일어났음을 암시한다. 시점을

'when the first man landed on the moon'
(달 위에 처음으로 사람이 착륙했을 때)

로 고정시킨다. 이 기준점으로부터 청자는 화자가 언급하고 있는 시점에 분명히 화자가 어린이었을 것임을 추론할 있었다. 계속해서 화자는

'my mother was saying ++ sit and watch this'
(우리 어머니가 말하기를 앉아서 이걸 지켜보래)

라고 말한다. 청자는 어머니가 딸한테 '앉아서 지켜보라'고 말할 법한 맥락을 생각해 내어야 한다. 이전의 경험으로부터 도출되어 나온 자신의 전형적인 배경지식으로부터 아마 그 일이 화자 자신의 집안(전형적으로 '어머니'들이 있는 공간)에서 일어났고, 그리고 딸에게 텔레비전을 지켜보도록 말해졌음을 가정하게 될 것이다. 'this'(이걸)라는 표현에 의해서 가리켜진 것은 무엇일까? 여전히 우리는 그녀가 앞에서 말을 하고 있었던

'when the first man landed on the moon'
(달 위에 처음으로 사람이 착륙한 때)

라고 가정한다. 우리는 'this is history'(이게 역사적인 일인데)라는 표현이 여전히 동일한 화젯거리를 가리키며, 같은 화자에 의해 같은 청자

---

20) [역주] 만일 이름을 붙인다면 자기 경험을 말해 주는 '자전적 일화 갈래'라고 부를 법하다.

에게 동일 시간에 동일 장소에서 말해진 것으로 이해하게 된다. A가
계속 자신의 다음 발언기회에서

'and my grandmother was there'
(그리고 할머니도 거기 계셨었는데)

라고 말한다. 청자는 이것이 여전히 동일 시간과 동일 장소이며, 거기
할머니가 있는 것이 어쨌든 같은 화젯거리와 관련된다고 가정할 것이
다. 이런 해석 과정에서 우리의 해석을 제약하는 아주 강력한 기대치
들이 있지만, 우리는 거의 그것들을 의식하지 못한다.
　이들 동일한 처리 과정이 작동하는 다른 예를 한 가지 더 살펴보기
로 한다. 제2장에서는 다수의 특정 문화에서 일련의 만화 그림으로
제시된 사건을 해석하는 데 작동할 소지가 있는 여러 가지 제약을 살
펴보았다. 자연스럽게 청자가 그런 일련의 만화 그림에 대해서 설명
을 해 주고 있는 누군가에 의해 산출된 말을 해석할 경우에도 동일하
게 적용되는 아주 똑같은 제약들이다. 만화 그림들을 보지 못한 청자
는 (3.5)에 들어 있는 말을 어떻게 해석할까?

(3.5-a) a man and a woman sitting in the living room + the woman sitting
　　　 reading quite happily ― the man's bored goes to the window looks
　　　 out of the window + and gets himself ready and goes out
　　　 한 남자와 한 부인이 거실에 앉아 있어 + 앉아 있는 부인은 아주
　　　 행복하게 책을 읽고 있거든 ― 남자가 따분해져서 창으로 가서 창
　　　 밖으로 내다봐 + 그리고 스스로 외출복을 차려입고 밖으로 나가

청자는 'the woman sitting reading quite happily'(앉아서 아주 행복하게
책을 읽고 있는 부인)를 바로 앞에서 들어 두었던 같은 부인으로 해석해
야만 한다. 따라서 부인에 대한 해석을 '거실에 앉아서 아주 행복하게

책을 읽고 있다'로 구성해야 한다. 비슷하게 그 남자가 걸어간 'the window'(창문)도 '같은 거실의 창문'으로 해석하게 될 것이다. 왜냐하면 그 장소가 바뀐 것으로 듣지 않는 한, 청자가 동일 장소에서 사건들이 일어난다고 해석할 것이기 때문이다. 다음 발화 'and goes out'(그러고 밖으로 나간다)에서는 이야기 속 남자의 운명을 추적한다면, 아내와 함께 집에 있기보다는 목표 장소가 바뀔 것이라고 청자에게 예고된다. 화자는 다음처럼 계속 이야기한다.

(3.5-b) goes to his goes to a club + has a drink talks to the barman + then he starts dancing with a beautiful girl — long black hair + has a good time +
나가는데 어느 사교 클럽으로 가거든 + 술을 마시고서 선술집 주인과 이야기해 + 그러고 나서 길고 검은 머리 — 어느 예쁜 소녀와 춤을 추기 시작해 + 즐거운 시간을 보내는 걸

'최소 변경' 원리에 따라 청자는 남자(동일 화젯거리의 동일 남자)가 같은 도시에서 그날 저녁에 'goes to a club'(어느 사교 클럽에 간다)과 가정할 것이다. 청자는 'the barman'(선술집 주인)을 사교 클럽에 있는 술집 주인으로 가정할 것이다. 주인공 남자가 예쁜 소녀와 춤을 춘 것이 동일한 장소인 사교 클럽에서 최소한의 시간 간격(가령, 한 해 동안에 걸쳐 일어난 일은 아님) 속에서 동일한 사태라고 합리적으로 가정할 것이다. 우리는 'long black hair'(길고 검은 머리)를 가진 사람이 '예쁜 소녀'이며, 동일한 사태에서 'has a good time'(즐거운 시간을 보낸) 사람이 '동일한 남자'라고 가정한다.

지금 논의하고 있는 종류의 원리가 인간 행위에서 근본적이다. 따라서 여러 문화에 두루 걸쳐서 언어 처리 과정에서도 근본적이라고 제안하는 것은 합리적인 듯하다. 의심할 바 없이, '최소 변경' 원리는 이미 시사하였듯이 다소 상이한 문화에서는 서로 다르게 해석될 가능

성이 있다. 그렇지만 모든 외국 학습자들이 그들 자신의 모국어를 해석하는 데에서 그런 해석 절차에 의존하는 일에 익숙하다는 점은 사실임에 틀림없다.

지금까지 우리들은 상황 맥락, 특히 언어 처리기로서 특정 맥락에서 특정 화자에 의해서 말해질 수 있는 바를 놓고서 우리의 기대치가 이전 경험에 의해 좁혀진다는 사실을 설명하는 '지엽적인 앞뒤 문맥'(co-text)을 요구하였다. 우리의 해석을 제한해 놓는 기대치들과 더불어 임의의 상황 맥락에서 특정한 말하기 사건에 도달하였다. 맥락 효과는 다음의 〈그림 3.1〉로 나타낼 수 있다.[21]

〈그림 3.1〉 발화 내용의 기대치들을 제한해 주는 맥락 특징

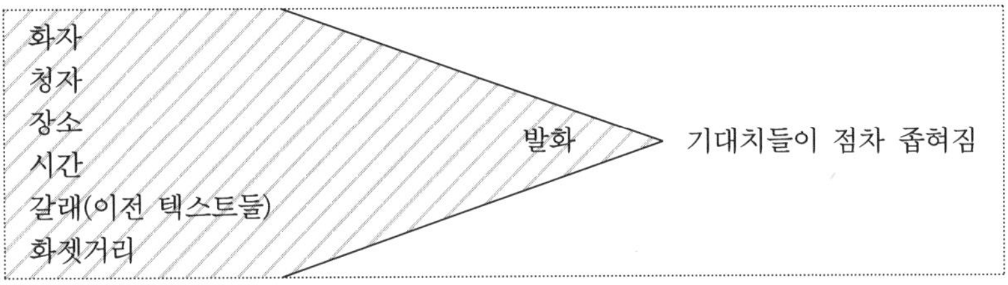

화자
청자
장소
시간
갈래(이전 텍스트들)
화젯거리
발화 → 기대치들이 점차 좁혀짐

이것이 오직 맥락상으로 말을 해석하는 데 진행되는 처리 과정의 일부만 나타냄에 유의하는 것이 중요하다. 일반적으로 청자의 기대치들이 활성화될 가능성이 있다. 따라서 청자는 무엇이 말해질 것 같은지에 대하여 전반적인 기대치를 지닌다. 그렇지만 맥락이 아주 제약됨으로써 사용될 실제 낱말들에 대하여 예측할 수 있는 것은 오직 아주 드문 사례에서일 뿐이라는 점도 또한 분명히 사실이다. 상대적으로 100% 예측력을 지닌 소수의 사례들을 생각해 볼 수 있다. 영국 세면

---

21) [역주] 이해가 입말을 대상으로 하든지 글말을 대상으로 하든지 간에, 전전두엽에 자리한 작업 기억 속에서 바쁘게 추론 내지 골자 추려내기, 더 나아가 의도 파악하기로 진행하게 된다. 추론 과정은 논술류의 글말을 대상으로 하여 두 종류의 작업을 하게 된다. 정보 줄여놓기와 정보 더해놓기이다.

대의 수도꼭지에 씌어진 낱말, 밀고 당기는 출입문 위에 씌어진

PUSH/PULL (미시오/당기시오)

전기 스위치 위에 씌어진

ON/OFF (켜기/끄기)

등이다. 입말에서 100% 예측이 가능한 경우는 종교 예배, 법정 선서, 공식 위원회 모임의 개회사 등과 같이 명백히 의례들에만 제한되는 듯하다. 여기서도 여전히 언어상으로 창조성이 깃들 여지가 들어 있다. 저자들 중 한 사람이 가나 사람의 결혼 예식에서 다음과 같은 발화를 들었다.

those whom God hath joined together let no man + *nor* no woman *neither*[22]
+ put asunder
(하늘이 맺어짐을 허락한 이들이므로 신랑이든 신부든 절대 아무도 흩어지지 말게 하소서)

이는 기대된 규범으로부터 벗어난 것으로서 깜짝 놀랄 수사적 효과를 창조하였다.

맥락 지식의 효과는 청자의 전반적인 기대치들을 제약하게 될 것이므로, 말하는 일에 접속함에 따라 부지불식간에 자신의 관련 경험이

---

22) [역주] 두 가지 해석이 가능하다. 첫째, 부정(no man/no woman)에 대한 부정(neither)이므로, 자칫 긍정의 뜻으로 해석되어 '산산조각 흩어지게 하라'는 말이 될 수 있다. 그렇지만, 표준영어에서 벗어난 형식으로서 이중 부정이 아니라, 'neither'가 '절대로 그런 일이 생기지 않게 하라'는 강조 용법으로 해석이 될 수 있다. 표준영어 화자인 이 책의 저자는, 첫 번째 해석을 갖는 이런 이중 부정문을 듣고서 깜짝 놀랐을 것이다. 흔히 흑인 영어라든지, 어린이 영어에서는 이중 부정문이 많이 쓰인다. 이중 부정은 부정의 범위나 영역이 아주 좁다(짧다)는 특징을 지닌다.

활성화된다. 비록 논의될 화젯거리에 대한 사전 지식이 없다 손치더라도, 전문적인 학술모임에서 화공학 전문기술자들에 의해서, 또는 교통 감시원과 불법 주차로 막 딱지를 받은 운전자 사이에 논의될 것 같은 종류의 화젯거리를 놓고서 어떤 기대치를 지닐 것이다. 그런 의미에서 청자는 말해질 법한 종류의 대상에 대한 기대치를 갖게 될 것이다. 앞으로 말해질 것 같은 의견의 유형, 화자가 드러낼 법한 태도의 유형에 대해서도 기대치를 지닐 것이다. 청자는 말하기에서 화자들의 의도와 목적들에 대한 기대치도 지니게 될 것이다. 이는 해당 맥락에서 청자의 해석 범위를 제한할 것이다. 물론 가끔 우리 모두가 그러하듯이, 잘못된 해석을 할 수 가능성도 배제할 수 없다.

말하는 일(speech event)에서 처음으로 발화를 듣고 해석하는 효과는, 가능한 화젯거리의 영역을 수립하게 될 것이다. 이것이 좀 더 청자의 기대치들을 계속 좁혀 나갈 것이다. 청자가 참여하고 있는 말하기 사건의 내용 이외에도 장소 및 시간 차원을 배치할 수 있다. 따라서 화자가

On my way to work this morning…
(오늘 아침에 직장으로 가는 길에서…)

라고 말한다면, 청자는 적합한 시간과 장소를 구성해 내야 하는 것이다. 임의의 맥락에서 특정한 발화를 경험하는 일은, 더 나아가 다음 발화가 무엇을 담고 있을지를 놓고서 청자의 기대치 범위를 좁혀 놓는다. 그렇지만 동시에 맥락을 지닌 임의의 발화를 경험하는 일이 또한 그렇게 좁혀진 범위 속에서 청자의 기대치들을 확장해 주기도 한다. 이런 모습이 〈그림 3.2〉에 드러나 있다.

〈그림 3.2〉발화를 처리한 결과로서 청자 모형이 확장된 모습

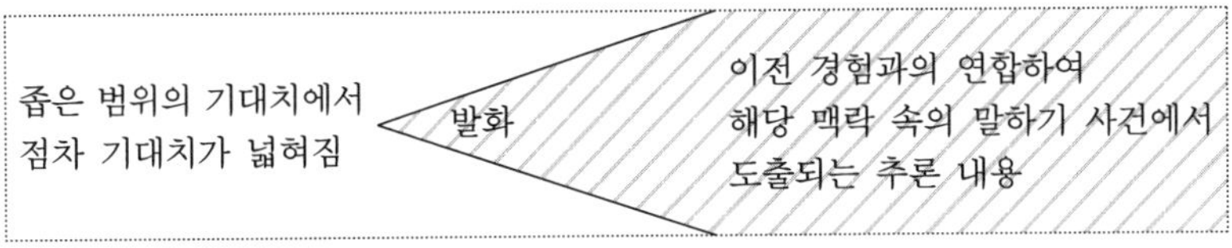

| 좁은 범위의 기대치에서
점차 기대가 넓혀짐 | 발화 | 이전 경험과의 연합하여
해당 맥락 속의 말하기 사건에서
도출되는 추론 내용 |

여기서 은유가 도움이 될 수 있다. 사진기의 view-finder(화면 맞춤 창)를 통해서 사건을 살펴보고 있다고 상상해 보자. 여러분이 이용할 수 있는 모든 시각 영역으로부터, '화면 창'에 의해 경계가 지워진 어떤 작은 영역을 선택하여 주시하려고 할 수 있다. 전반적인 기대치상으로 맥락의 효과란, 이용할 수 있는 모든 시지각 영역으로부터 제한된 영역을 선택하는 일과 같다. 일단 여러분의 관심 영역을 확정해 놓음으로써, 이제 초고속 확대 렌즈(zoom-lens)를 통하여, 여러분이 선택한 영역 속에서 세부사항들을 가리키도록 렌즈를 피사체에 옮겨 놓는다고 생각해 보자. 비로소 단순히 이전에 가능하지 않았던 세부사항들의 다양성을 깨닫게 된다. 우리는 '초고속 확대 렌즈' 효과가 상황 맥락에서 언어를 이용하는 일에 의해 만들어진다고 제안한다. 이는 어떤 특정 세부사항들을 아주 두드러지게 부각시키고, 거기에 주의를 쏟도록 만들어 준다. 거기 이용된 언어가 이전의 비슷한 경험에 대한 청자의 반향(resonances, 되울림)을 마음속에서 작동하도록 해 준다. 제2장에 있는 예시 (2.11)와 (2.14)에서 설명하였던

mine-for-yours
(내 경험을 네 경험으로)

맞바꾸기를 참고하기 바란다. 경험 맞바꾸기는 또한 청자에게 자신의 마음속에서 화자가 말한 바로부터 하나의 모형을 세우도록 해 준다. 화자에 의해 의도된 경험을 훨씬 뛰어넘는 경험들과 함께 청자가 풍요롭게 할 수 있는 모형이다. 화자의 전반적 경험 위에서 맥락 효과를

점차 줄여 놓기 및 해당 맥락 속에서 말하기 사건의 효과를 점차 늘여 놓기에 대한 상호작용의 결과는 다음 〈그림 3.3〉에 예시되어 있다.

〈그림 3.3〉 청자 모형을 고쳐 새롭게 만들어 놓기

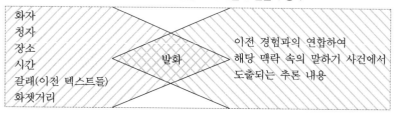

이런 늘여 놓기 효과는 바아틀릿(Bartlett, 1932)에서 생생하게 묘사된다. 그는 현대 심리학의 기초를 닦은 아버지들 중 한 사람이다.[23]

23) [역주] 독일 심리학자 에빙하우스(H. Ebbinghaus, 1850~1909)와 영국 심리학자 바아틀릿(F.C. Bartlett, 1886~1969) 두 사람이 기억 연구의 아버지로 칭송된다. '망각 곡선'으로 잘 알려진 에빙하우스는 생명체의 기억 방식이 자유연상에 의한 것으로 가정하였다. 그렇지만 초기에 전체 형상(gestalt) 심리학을 연구하였던 케임브리지 대학교의 바아틀릿은 인간 기억의 특성이 이미 머릿속에 저장해 둔 것을 씨앗으로 하여 더 넓혀 놓거나 새로 만들어 간다고 주장하였는데, 주로 이국적인 설화나 전설 등의 서사 이야기를 통하여 인간 기억의 특성을 연구하였고, effort after meaning(일관된 의미를 추구하는 노력)으로 부른다. 이를 간단히 재구성 과정(reconstruction)이라고 말한다. 오늘날 구성주의(construction)의 깃발을 내건 흐름들은 의식하든 그렇지 못하든 바아틀릿의 주장을 따르고 있는 셈이다. 1932년 책이 다시 콜로라도 대학의 킨취(Kintsch) 교수의 소갯글을 달고 1995년 케임브리지 대학 출판부에서 재출간되었는데, 인간 기억이 고정되어 있지 않고(따라서 정태적인 인상의 'memory'라는 낱말을 피함), 시간이 흐름에 따라 강화되기도 하고 약화되기도 하므로, 자신의 책 이름을 역동적 측면을 부각시켜 『기억해 내는 일(Remembering)』로 내세웠다. 바아틀릿 책은 아직 번역되지 않았지만 대략적인 개관을 다음 번역에서 읽을 수 있다. 스피뷔(Spivey, 1997; 신헌재 외 4인, 2002: 제2장), 『구성주의 읽기·쓰기』(박이정).
　　한때 교육 쪽에서 구성주의가 유행한 적이 있고, 심리학자 피아제의 학문 체계 또한 한 개인에게서 인지구조가 정합적으로 재구성 과정을 다루고 있으므로, 구성주의에 대하여 잘 이해할 필요가 있다. 글래써쓰펠트(Glassersfeld, 1995; 김판수 외 6인 뒤침, 1995), 『앎과 학습의 길: 급진적(='근원적'으로 고쳐져야 함) 구성주의』(원미사)를 읽어 보기 바란다. 피아제(J. Piaget, 1896~1980)의 저작은 60대 이후에 펴낸 것들이 중요하다. 60대 이전의 연구는 분류학(=발생학적 인식론과 인지 구조의 유형들의 분류)에 지나지 않지만, 60대 이후의 연구는 지식 성장 과정에서 빚어지는 내부 모순들을 조정하여 정합적 지식에 이르는 과정에 초점을 모으기 때문이다. 피아제(1974; Coltman 영어 번역, 1980), 『내부 모순 조정에 관한 여러 가지 실험(Experiments in Contradiction)』

It is legitimate to say that all cognitive processes which have been considered ··· are ways in which some fundamental 'effort after meaning' seeks expression. Speaking broadly, such effort is simply the attempt *to connect something that is given with something other than itself.* (1932; our emphasis)

지금까지 고려되어 온 모든 인지적 처리 과정들이 ··· 모종의 근본적으로 '일관된 의미를 찾는 노력'이 표현을 추구한다고 말하는 것이 합리적이다. 소략하게 말하여, 그런 노력은 단순히 주어진 어떤 것을 그것 이외의 다른 어떤 것에 연결하려는 시도이다. (이탤릭체 강조는 이 책의 저자인 인용자가 넣었고, 인용문은 227쪽에서 가져옴)

청자는 자신이 듣는 것은 그의 고유한 관련 경험과 관련지으려고 시도할 것이며, 따라서 그의 고유한 경험의 관련 세부 내용들을 활용하려고 도입한다. 이해는 때로 주장되어 왔듯이 단순히 '불명료성 줄여 가기'(the reduction of uncertainty)만이[24] 아니다. 그것은 또한 '경험 속으로 통합해 놓기'(the integration into experience)이다. 이것이 '이해'라는 말로 의미하는 내용에 대한 올바른 개관이라면, 극명하게 분명해져야 하는 것 중 하나가 있다. 아마 이해가 감히 가르친다고 사칭할 수 없는 처리 과정이라는 점이다.

학생들이 목표 언어로 말해진 발화를 해석하도록 배울 필요가 있음

(University of Chicago Press)와 피아제(1977; Campbell 영어 번역, 2001), 『성찰 과정에서 찾아지는 추상화 작용에 대한 연구(*Studies in Reflecting Abstraction*)』(Psychological Press)를 읽어 보기 바란다.

24) [역주] 미국에서는 제1 언어 교육으로 스미드(Frank Smith)와 미국 애리조나 대학교 구드먼(Kennith Goodman) 교수도 유명하다. 이들도 한결같이 읽기는 독자들이 능동적으로 추측해 나가면서 '불명료성을 줄여 가는 과정'으로 보고 있다. 구드먼 교수는 특히 1970년대에 명시적으로 촴스키 생성문법을 비판하였던 교육 실천가이다. 스미드(1994, 제5 개정판), 『읽기 이해(*Understanding Reading*)』(Lawrence Erlbaum), 구드먼(1996), 『읽기: 언어의 본질과 읽기 과학에 대한 상식적 관점(*On Reading: A Common-sense Look at the Nature of Language and the Science of Reading*)』(Heineman)과 구드먼·왓슨·버어크(Y. Goodman, Watson, and Burke, 1987), 『읽기 과정에서 단서 착각 부류: 대안이 되는 여러 가지 절차(*Reading Miscue Inventory: Alternative Procedures*)』(Richard C. Owen Publishers)을 읽어 보기 바란다.

이 사실이라면, 교사가 학생들에게 제시해 줄 수 있는 것은 무엇일까? 교사는 자신의 재량껏 모든 촉진 기제와 전략을 제공해 줄 수 있어야 하는 듯하다. 이런 접근이 의사소통을 하려는 의도를 지니고 사람들에 의해 외국어로 말해진 바를 스스로 어떻게 이해할지에 관해 학습하는 가장 이로움이 많은 위치에다 학생을 놓게 될 것이다.

3.4. 토박이의 듣기 전략

보통 토박이 청자는 어느 누구든 간에 심지어 말을 한마디도 하기 전에라도 맥락의 '중요한' 특징을 깨닫는 상황 속에서 입말을 경험한다. 그렇지만 가끔씩 토박이 청자까지도 상대적으로 '맥락에서 벗어난'(out of context) 채 입말을 경험한다. 그렇게 된다면 청자는 어떻게 행동하는가? 여러분이 만일 이미 대화에 참여하고 있는 일군의 다른 사람들한테 다가가서 대화에 참여하는 누군가의 행동을 관찰한다면, 새로 도착한 사람이 대화에 참여하는 일을 시작하기 전에, 스스로 무엇이 이야기되고 있는지를 알아내고 어떤 종류의 태도가 서로 다른 참여자들에 의해 표현되고 있는지를 알아낼 시간을 벌기 위해, 보통 1~2분 정도 기다리는 일을 보게 될 것이다. 사려 깊은 개인은 좀 더 신중하게 대화에 참여한다. 비록 그렇더라도 때때로 자신이 잘못 짐작하였고, 분명히 이야기하고 있었다고 청자 자신이 헤아렸던 바가 아닌 다른 어떤 것을 놓고서 실제로 대화 참여자들이 이야기를 나누고 있음을 깨닫는다. 그렇다면 비록 상황 맥락에 대하여 많은 정보를 지니고 있다고 하더라도, 심지어 토박이 청자들도 가끔씩 상호작용 대화들에 대한 정확한 화젯거리와 목적과 태도를 헤아려 내기 어려움을 발견할 가능성이 있다. 토박이 청자는 무엇이 진행되고 있는지를 스스로 헤아려 낼 시간을 벌어야 할 것이다. 그리고 아주 능동적으로 자신의 이전 경험에 대하여 제약들을 줄여 놓는 일을 함으로써 종종 힘들게 작업해야 할 것이다.

청자가 라디오나 텔레비전을 켜 놓을 경우에도 처지가 사뭇 비슷하다. 아주 능동적인 방식으로 "누가 왜 누구에게 어떤 상황에서 말을 하고 있는지"를 결정하기 위하여, 들어오는 모든 단서를 이용해야만 한다. 이런 경우에, 청자는 언어로부터 나온 맥락이 무엇이 될지를 헤아리고 있는 것이다. 비슷한 텍스트에 대한 자신의 이전 경험에 비춰 이를 수행할 수 있을 뿐이다. 나이 든 남자가 가을걷이에서 강우량의 효과에 대하여 말을 하고 있는 라디오 프로그램으로 채널을 맞춘다면, 가능한 프로그램의 전체 범위가 논제가 될 수 있다. 가령,

a programme illustrating rural dialects(시골 방언을 예시해 주는 프로그램),

an agricultural programme for farmers(농부들을 위한 농사 프로그램),

a news broadcast with one illustrative framer expressing gloom(암담한 농업 현실을 말하고 있는 한 사람의 농부와 면담을 삽입해 놓은 뉴스 방송),

an advertisement for water sprinklers(농지의 자동 물뿌리개에 대한 광고),

a documentary programme about rural life in south-west England(잉글런드 서남부의 시골 생활에 대한 현장 프로그램)

등이다. 아주 광범위한 가능 상황들이 맥락에서 발화된 이전의 텍스트에 대한 청자 경험에 토대를 두고 구성될 수 있다. 모든 가능성을 놓고서 반드시 기분 좋게 가을걷이에서 강우량의 효과에 대하여 말하고 있는 노년의 농부를 포함해야 한다(가능성을 좁혀 들어감). 그렇기 때문에 원자 물리학자이나 이태리 패션산업에 대한 뉴스 보도자들 사이의 토론도 아니고, 일류 요리사의 조리법에 대한 프로그램도 아니므로 이것들을 배제함에 주목하기 바란다. 청자가 듣기를 계속 해 나가고, 노년의 농부가 말하기를 그칠 경우에 거의 비슷한 낱말들로 대답을 해 나가는 부인의 말을 듣는다. 그 부인이 자녀의 결혼 생활에 대하여 계속 언급해 나간다면, 이런 추가적인 증거에 토대를 두고서,

아마 해당 방속 프로그램이 위에서 목록으로 언급한 프로그램 유형의 어느 것과도 관련이 없겠지만, 청자는 가령 '시골 사람의 일상생활 이야기'에 대한 라디오 대담이라고 가정할 것이다. 청자가 귀를 기울여 들으면서 동시에 점차 꾸준히 전반적으로 어떤 심적 맥락을 구성해 나가게 된다. 이런 유형의 담화를 놓고 자신의 평가를 좁혀 나가게 될 것이다. 동시에 자신의 이전 경험에 토대를 두고서 실제적으로 무엇이 진행되고 있는지를 놓고 청자가 마음속으로 구성하고 있는 모형을 더 풍부하게 만들 것이다.

자신의 이전 담화 경험에 토대를 두고서, 토박이 청자는 담화를 한 종류의 특정한 언어를 담고 있는 것으로 확정할 것이다. 대체적으로 1차 관심거리가 되는 것이 사람들끼리 서로 잘 지내기 위한 상호작용 언어(interactional language)와 1차 관심이 정보 전달인 정보 전달용 언어(transactional language) 사이의 차이를 인식할 것이다. 청자는 자신에게 직접 전달되고 지시하려고 의도된 언어(=청자에게 실천 또는 행위를 하도록 요구되는 언어)와 뉴스 방송과 같이 세계정세가 어떤지에 대하여 청자에게 정보를 알려주려고 의도된 언어 사이의 차이를 인식할 것이다. 청자는 말하기에서 서로 다른 목적을 화자에게 귀속시킬 것이다. 또한 화자들이 언제나 또는 거의 대체로 정보를 전달해 주기 위하여 말을 한다고는 가정하지 않을 것이다. 말하기의 경우에 종종 화자의 태도를 나타내기 위해 이용된다고도 가정할 것인데, 가령, 화자가 어떤 것에 화가 나 있거나 당황해 하는, 아니면 그가 친절하거나 겸손하거나 도전적이거나 공손한 상태를 드러내는 일이다.25)

---

25) [역주] 서구 지성사의 전통적 흐름은 인간을 바라보는 관점이 희랍 문명을 잇고 있다. 희랍 사람들은 인간이 '진·선·미'를 지닌 존재로 본다. 이에 따라 칸트도 사람의 능력을 '순수 이성, 실천 이성, 판단력(감성)'으로 나눌 수 있다고 보았다. 진 또는 순수 이성은 주로 언어를 매개로 하여 다뤄진다. 선 또는 실천 이성은 다른 사람을 대상으로 하여 착한 행동을 하는 일이다. 미 또는 감성(감성에 근거한 판단 결정)은 우리가 자연과 사람에 대하여 공감하고 한 마음이 되는 일이다. 이런 얼개에서 본다면, 이 책의 저자들은 언어 사용을 순수 이성과 실천 이성 쪽으로 모아 놓았지만, 감성의 영역을 화자 자신의 마음가짐이나 태도를 드러내는 일로 추가하고 있음을 깨달을 수 있다. 여기서

토박이 청자는 화자가 스스로 말하고 싶어 하는 것을 적합한 방식으로 포장할 것이라고 가정할 것이다. 화자는 일반적으로 그롸이스(Grice)의[26) 협동적 대화 규범을 준수할 것이다. 이를 다음처럼 나타낼 수 있다.

㉠ 질: 오직 여러분이 진실이라고 알고 있는 것만 말할 것.

㉡ 양: 청자가 이해하기에 필요한 만큼 말하되, 청자가 이미 알고 있는 것은 말하지 말 것.

㉢ 관련성: 대화의 목적과 관련되도록 말할 것.

실천 이성의 구현은 다시 하위 구분이 가능한데, 상대방과 가깝게 상호작용을 하는 일과 상대방에게 명령이나 지시를 하여 행동을 하도록 하는 일로 이뤄진다.

우리 전통은 유교 문화의 영향을 받아서 크게 인간이 다른 사람과 관계를 맺을 경우에 주로 말과 행동으로 이뤄진다고 보았다. 그런데 『논어』에서 공자가 제자(특히 게으른 '재여')들을 평가하는 대목에서 잘 드러나듯이, 말보다는 실천(행동)이 더 중요하다는 가치관을 지녀 왔다. 우리말에서 행동보다는 행실이라는 말을 더 친숙히 쓰는 이유도 이 때문이다(행실이 바르다, 행실이 어긋났다). 언어 사용에 대한 상위 분류를 삼분 방식을 취할 것인지, 이분 방식을 취할 것인지는 우리가 시행하려는 교육의 목적과 관련하여 정해질 수 있을 것이다.

26) [역주] 제3장의 역주 7)을 보기 바란다. maxim(격언)이란 말은 아리스토텔레스의 『수사학』에서 처음 나오며, 지혜로운 속담이나 경구를 가리켰다. 중세 때에는 인간이 실천해야 할 규범이란 뜻으로 확대되었고, 계몽주의자(Locke 책에서도 axiom과 같은 의미로 쓰였음) 이 용어가 칸트 철학에 도입되었다. 칸트는 인간이 유전자의 발현으로 인해 보편적으로 지니게 되는 개념을 범주(categories)라고 불렀는데, 시간이나 공간이나 수 개념이나 인과 개념 따위가 그러하다. 그런데 공동체마다 조금 독특하게 공유하게 되는 개념이 있는데, 이를 maxim(규범)이라고 불렀다. 일본에서는 서로 성격이 달라서 합칠 수 없는 '격언+법률'을 줄여 '격률'(格律)이란 해괴한 말을 만들어 쓰는데, 한자를 새길 수 없는 이들이 노예처럼 일본 번역어를 숭상하여 따르는 경우가 더러 있다. 백종현 교수는 준칙(準則, 법칙에 준하는 것)이라고 번역하였다. 그런데 maxim(규범)은 언어 사용에서 일부러 반어 표현을 만들어 내기 위하여 어길 수 있다. 그롸이스는 이를 flouting(규범 어기기)라고 부른다. 따라서 칸트의 상식적 접근을 반영하는 그롸이스 생각의 핵심을 찾아 번역 용어를 만드는 것이 가장 중요하다. 마지막으로 개개인마다 독특한 성격이나 바탕이 있는데, 칸트는 이런 개념을 schema(개인별 지식 개념틀)라고 불렀다. 우연히 심리학자 피아제와 바아틀릿이 칸트의 용어 schema를 빌어 인간 정신의 특성을 설명하는 데에 썼다. 그런데 인공 지능 분야를 다루는 미국 학계에서 schema라는 용어를 더욱 확대하여 쓰기 시작하였다. 일본에서는 schema를 그림과 공식을 합쳐 '도식'이라고 번역하였는데, 이 역시 한자를 새기지 못하는 일부 사람(특히 교육학자)들이 식민지 학자처럼 맹종할 뿐이다. schema를 만들어 주는 요소는 또한 언어 또는 명제도 포함된다. '도식'이란 말은 이런 속성을 전혀 가리킬 수 없다는 점에서 왜곡된 것일 뿐이다.

ⓛ 방식: 말할 필요가 있는 것을 분명하고 애매하지 않게 말할 것.

일반적인 인생살이에서 우리는 화자가 진실을 말하고 있다고 가정해야 한다. 거짓말을 하는 것은 일탈이며, 사회에서는 거짓말을 낙인찍어 근절해 놓으려고 할 것이다. 가능한 한 사회가 진리 및 신뢰의 기대 위에서 스스로 조직하는 데 필요하기 때문이다. 화자가 분명히 자신할 수 없는 것을 말할 경우에, 다음과 같은 양상(양태) 표현과 함께 그들이 말하는 것에 대한 불확실한 지위를 표시해 줄 수 있다.[27]

> I think(내 생각에는), perhaps(아마도), we might assume(…라고 가정할 수 있다), it seems likely(…같을 듯하다), it's possible(다음이 가능하다), I should like to believe(나는 …라고 믿고 싶다)

등이다. 청자는 화자가 자신에게 진실을 말하고 있다고 가정하거나 또는 화자가 스스로 확신하지 못하는 바를 양태 표현으로 나타내 줄 것으로 가정할 것이다. 청자는 많은 방식으로 미래의 제3의 청자에

---

27) [역주] 이 책의 저자들은 이런 양상 표현들이 앞의 역주 12)에서 다룬 '책임 경감 표현'(hedging)과 서로 겹친다는 사실을 깨닫지 못하는 듯하다. 서구 언어를 다룰 적에 크게 언어와 행위로 대분해 왔기 때문에, 양상에 관련된 범주도 인식 양상(진리 양상)과 의무 양상(행위 양상)으로 대분해 왔으며, 영어 조동사들은 두 범주를 오가며 쓰이기 일쑤이다. 인식 또는 진리 양상은 필연 양상(필연태)과 가능 양상(가능태)으로 대분되고(하위 구분에서는 대상의 속성을 가리키는 중간태 따위도 더 설정됨), 의무 또는 행위 양상도 비슷하게 의무 양상과 허용 양상으로 대분된다. 양상을 개관하려면 김원필 외 18인(2008), 『언어 유형론: 시제와 상, 양상, 조동사, 수동태』(월인)을 읽어 보기 바란다.

그런데 췌이프(Chafe) 교수의 연구진에서는 남미의 인디언 어들을 다루면서 양상의 개념에 '증거태'도 상정되어야 함을 처음으로 밝혀내었는데(Chafe and Nichols 엮음, 1986, 『*Evidentiality: The Linguistic Coding of Epistemology*』 Alex Pub.), 췌이프(1994, 김병원·성기철 뒤침, 2006), 『담화와 의식과 시간: 언어 의식론』(한국문화사)도 같이 읽어 보기 바란다. 이는 청자가 해당 명제에 대한 믿음을 어떻게 가져와 하는지에 관한 것이므로, 청자 관련 양태로 확장시킬 수 있다. modality(양상)을 국어학에서는 '양태'로도 부른다. 왜냐하면 '-고 있다(진행상): -아 있다(완료상)'를 구분해 주는 '상'(aspect)과 용어 구별이 쉽게 이뤄지도록 하려는 배려 때문이다. 양상(樣相)이든 양태(樣態)이든 '사건을 파악하는 모습'이라는 뜻을 가리킨다.

대해서도 그런 내용을 반복할 수 있는데, 다음처럼 말할 수 있다.

(3.6-a) *X is the case*[28]

　(X가 사실이다)

(3.6-b) *B told me that X is the case*

　(B는 X가 사실이라고 나한테 말하였다)

(3.6-c) *B told me that he thinks that X is the case*

　(B는 자신이 X가 사실이라고 생각하고 있음을 나한테 말하였다)

(3.6-c)은 엄격히 일어난 바에 대한 세부사항을 보고할 수 있다. (3.6-a)와 (3.6-b)에서는 B가 의미했다고 청자가 믿는 바를 나타낼 수 있다. 오직 가장 잘난 척하는 사람만이 모든 상황에서 언제나 (3.6-c)의 전체 표현을 써서 보고할 것이다. '질'에 대한 그롸이스 대화 규범에서 유의해야 할 중요한 대목은, 사람들이 알아차리게 되듯이 화자가 진실을 말할 것으로 기대해야 한다는 점임에 틀림없다. 토박이 화자들은 여러 시간에 걸쳐 진실(진실을 말하는 일)에 관한 이런 수정된 견해를 다루어 나가게 된다. 사람들은 완벽히 100%의 '진실'이나 하느님과 같은 식견을 기대하지는 않는다.

---

28) [역주] 영어 수사학에서는 fact(사실)와 opinion(의견)을 구분하도록 강조한다. fact는 이미 일어난 일이므로, 참값이 변하지 않는다. 맥락에 따라서 case(사례, 실제 사례)는 구체적인 실제 사례를 가리키고, 진상이나 실정을 가리키기도 하며, 가정법에서는 만약의 경우를 가리키고, 법정에서는 판례를 가리킨다. 영어 표현에서는 that-절을 쓰는지, 아니면 to-부정사를 쓰는지에 따라서 참값이 달라져 버린다. that-절은 거의 언제나 'the fact that …'이나 'the case that …'으로 바꿔 쓸 수 있으므로, 그 절 속의 내용이 참값을 지닌다. 이런 점은 to-부정사 구문과 대립된다. 우리말에서는 '… 은 것을 알다'와 '…은 것으로 알다'가 대립한다. 전자는 항상 참값이 들어가지만, 후자는 잘못 알았다는 속뜻(참값이 아님)이 깃든다. 가령,

　　"나는 철수가 도둑인 것을 알았다 : 나는 철수가 도둑인 것으로 알았다"

를 서로 비교해 보기 바란다. 오직 '것을' 구문만 '철수가 도둑임'을 함의한다. 의미론 쪽에서는 이런 구문의 특성을 드러내려고 '후회한다'(regret) 따위의 사실 동사군(factive verbs)과 '해 내다'(manage to) 따위의 함의 동사군(implicative verbs)이라는 용어를 쓰기도 한다.

청자는 화자가 스스로 말하는 바를 포장하여 놓을 것으로 기대하므로, 청자가 그런 표현을 이해할 수 있다. 화자는 자신과 자신의 청자 사이에 있는 '정보간격'(information gap)을[29] 살펴보아야 한다. 화자는 청자에게 얼마만큼의 정보를 명백하게 만들 필요가 있는지 결정을 내려야 한다. 그래야 청자가 말해지고 있는 바를 철저하게 이해할 수 있는 것이다. 일부 화자가 그러하듯 너무 뻔한 세상일을 반복하여 (quantity 양의 규범 위배)

Rooks nest at the tops of trees
(까치/떼까마귀가 나무 꼭대기에 둥지를 튼다)

라고 말하면 청자에게 아주 따분하게 들릴 것이다. 화자가 청자에게 뭔가를 말하고 있더라도, 청자에게 말해지는 내용이 무엇인지를 놓고서 조금도 분명치 않다면(manner, 방식의 규범 위배) 똑같이 따분하고 쓸데없는 일일 것이다. 화자는 여기서 수행해 나갈 민감한 노선을 지닌다. 화자가 종종 특정한 화젯거리를 놓고서 미리 청자의 지식 상태를 알아보기 위하여 질문을 던지는 일(≒정보간격을 제대로 가늠하였는지 미리 알아보려는 시도임)은 대화의 주목할 만한 특징이다.

(3.7) A: they're going to pay the children to stay at school + did you hear
           about that?
     B: no + really +
     A: uh hm + that's the news today + mine'll be going back + they've
        to be paid seven pounds a week in Sheffield + it's a trial thing

---

29) [역주] 조금 현학적인 용어이지만, 쉽게 "화자인 나는 알고 있는 내용이지만, 청자인 상대방은 모를 것으로 내가 짐작하는" 내용이다. 간단히 '나는 알고, 너는 모른다'는 내용은 정보의 전달 가치가 아주 높으며, 서술 단정문으로 그 내용을 표현하게 된다. 그러나 거꾸로 '나는 모르지만, 너는 안다'는 내용은 상대방 청자에게 의문문으로 물어서 그 정보를 얻을 수 있다.

A: 학부모들이 애들이 학교 기숙사에 머물도록 돈을 낸다네 + 넌 그 일에 대해서 들어 봤니?

B: 아니 + 정말 그래? +

A: 어 음 + 오늘 새 소식인데 + 우리 애는 학교로 되돌아갈 거야 + 쉐필드에서 1주당 7파운드를 물어야 했다네 + 시범 운영이거든

(3.8) A: there were more slums (in Glasgow) + what used to be the Gorbals + you'd pass through there (oh) + + they talk about a miracle and it is a miracle + + if you could just picture what it was + there're big high flats ― did you pass through there?

B: yes + uh huh

A: that's the Gorbals.

A: 빈민가들이 (상대방의 반응: 글라즈고우에) 좀 더 많이 있었지 + 옛날 줄곧 [글라즈고우 클라이드 강 남쪽 제방] 고블즈 구역이 었던 곳인데 + 멈추지 말고 거길 그냥 지나치고 싶은 곳이었거든 (상대방의 반응: 오) + + 사람들이 기적에 대해서 말하는데 한마 디로 기적이란 말이야 + 거기가 옛날 어떤 모습이었는지 사진을 찍어 놓을 수 있었더라면 좋았을 걸 + 지금은 크고 높은 아파트 들이 즐비해 ― 자동차로 거기를 통과해 봤었나?

B: 응 + 어 그래

A: 그게 천지개벽한 고블즈 구역이야

(3.9) A: where I stayed was in Mea + was off Morningside Road + +

B: oh + yes + that's not far from where Granpa's house +

A: yes + just further on + in the bus + you know the Plaza + there was a Plaza + do you remember it + further on

B: erm +

A: it was the next stop

B: oh yes + it's now something else

A: 내가 머물렀던 미에 + 모닝사이드 거리로부터 떨어진 곳이었어

B: 오 + 그래 + 거기는 할아버지네로부터 멀리 떨어지지 않은 곳이야

A: 옳아 + 조금만 더 가면 + 버스로 말이야 + 그 광장 알지 + 광장
   이 하나 있었는데 + 기억이 나니 + 계속 가면 말이야

B: 엄 +

A: 그게 다음 정류장이었거든

B: 아 그래 + 그게 지금은 다른 게 되었구나

(3.7)에서 화자 A는 청자 B에게 '애들이 학교 기숙사에 머물도록 돈을 납입해야 하는 일'을 알고 있는지 묻고, 그녀가 모르고 있음을 확인함으로써, 계속 이어 그 일에 대해 말해 주고 있다. (3.8)에서는 특정 장소에 있는 최근의 변화들에 대해서 계속 이야기하기 전에, A는 자신이 언급하고 있는 장소를 B가 알고 있는지 점검한다. (3.9)에서는 A가 특히 정확히 특정 장소에 도착하는지에 대하여 관심을 두고 있다. B의 주저거리는 반응 'erm'(엄)에 불만스럽게 느끼고서, B가 '그 광장'이 있었던 장소를 확인할 때까지 자세한 내용을 덧붙여 준다. 이렇게 청자의 지식의 상태를 점검하는 일은 대화에서 정상적인 절차이다. 물론 학생과 교사 사이에서의 대화는 제외해야 한다. 흔히 교사의 현재 모른 상태 또는 짐짓 알지 못하는 듯이 꾸미는 상태를 학생들이 판단하기란 아주 어려운데, 왜냐하면 관례적으로 교사가 해박한 역할을 맡고 있기 때문이다.

그롸이스의 세 번째 '관련성' 대화 규범은 물론 3.3.7에서 다룬 '유추의 원리'의 해석 전략과도 관련된다. 화자는 동일 장소와 동일 시간을 유지하면서, 이들 특징 어느 하나에서 변화가 있음을 분명히 통지해 주기 이전까지는, 동일한 화젯거리를 놓고 계속 말을 이어간다.

토박이 청자는 화자가 말한 것과 어떻게 그것을 말하는지를 놓고 작동하는 그롸이스의 대화 규범에서 구체화된 진실 및 믿음의 원리를

기대한다. 이 기대가 전달내용에서 분명하지 않은 것이나 또는 말해
지는 것을 놓고서, 청자가 마음속으로 구성해 나가고 있는 의미 연결
된(coherent) 모형에 비춰 뜻이 통하지 않는 것을 해석할 수 있도록 청
자에게 확신을 준다. 인용 (3.1)에 [kã'tɹɪmwɒt]으로 나타낸 발음의 자
투리를 듣는다면, 앞뒤 맥락으로부터

I can't remember what (they are)
(난 그게 무언지 기억할 수 없어)

를 뜻하는 것으로 자신 있게 해석할 것이다. 발화에서 항상 엄청난
소리 간략화가 일어나지만, 토박이 청자는 주목하지도 않는다. 들어
오는 전달내용을 특히 좀 더 분명하게 발음되는 강세 받은 꼭지점
을30) 견본으로 맛볼 뿐이고, 자신의 견본에 바탕을 두고서 하나의 해
석을 구성해 나가며, 그 해석이 얼마나 자신이 구성하느라고 여념이
없는 정신 모형과 잘 들어맞는지를 간단히 검토한다.

비슷하게, 버스가 옆을 지나쳤거나 화자가 머리를 딴 방향으로 돌렸
거나, 주위의 다른 사람이 재채기를 했기 때문에 토박이 청자가 전달
내용의 일부를 듣는 데 실패한다고 해도, 청자는 자신의 모형을 세워
나가는 일을 포기하지 않는다. 가끔씩 중요한 어떤 것을 놓쳐 버리고,
적합한 해석을 재구성할 수 없을 수도 있다. 현재 이 시점에서는 가능

---

30) [역주] 제1장의 역주 37)을 보기 바란다. 영어는 강세가 어디에 얹히느냐에 따라 전달내
   용이 달라지므로, 이를 '강세로 시간을 재는'(stress-timed, 강세 박자) 언어로 부른다.
   강세와 관련된 층위는 세 층위로 나뉘는데, 낱말 층위, 음운구(phonological phrase) 층
   위, 억양 층위이다. 낱말 층위는 사전에 표시된 제1 강세와 제2 강세를 표시한다. 이것
   이 뒤따르는 몇 개의 낱말과 함께 하나의 구절을 이루게 되면, 강세 위치들이 다소
   조정되는데, 이를 음운구로 부른다. 마지막으로 서법의 종류인 서술 의문 감탄 명령
   청유 약속 등에 따라서 최종적으로 어디에다 제일 높은 강세를 배당할지 결정된다.
   따라서 영어에서는 강세 받은 음절을 바탕으로 하여, 청자가 순식간에 관련 낱말이나
   구절을 재구성하게 되는 것이다. 이와는 달리 우리말을 비롯하여 불어와 스페인어는
   '음절로 시간을 재는'(syllable-timed, 음절 박자) 언어로 불리며, 음절 숫자들이 중요한
   역할을 맡는다.

하다면 화자가 말하는 일을 멈추게 하고서, 이미 말해 주었던 것을 다시 말해 주도록 화자에게 요구할 것이다. 만일 말해진 낱말을 이해하는 일이 아니고 화자 자신이 말한 바에 의해 의미할 수 있을 내용을 이해하는 일이 아니라면(늦초보 수준의 이해 문제가 아니라면), 토박이 청자는 화자에게 분명히 말해 주도록 요구할 수도 있고, 화자의 주장을 뒷받침하여 정당화해 주도록 요구하거나, 청자가 우연히 갖고 있지 않을 수 있지만 화자는 상대방이 알 것으로 전제하는 배경지식의 어떤 세부사항을 자세히 설명해 주도록 요구할 가능성이 있다.

토박이 청자는 보통 자신이 듣는 모든 것을 기억할 것으로 기대하지 않을 것이다. 청자는 자신이 듣는 바로부터 의미 연결된(coherent) 정신 모형을 발전시키는 데 중요한 것으로 보이는 항목들을 선별할 것이다. 많은 양의 세부사항은 기억할 형태에서 무시되어 기록되지 않을 것이다. 어떤 충격적인 구절이 아니라면, 말해진 바에 대해서 발화된 뒤에 오랫동안 언어적 세부사항을 생생히 기억하는 일이란 아주 드물다. 모든 것을 기억하는 그런 처리 과정이 실제로 일어났다면, 지워지지 않는 기억 부담이 얼마나 담기게 될 것인지 잠시 생각해 보기 바란다. 말해진 바에서 청자가 자신의 정신 모형 속에서 두드러진 것으로 집어넣고 기억해 낼 것 같은 항목을 어떤 원리가 결정해 주는 것일까?

우선, 청자 자신의 사적인 관심거리가 말해진 바로부터 추려내는 것에 대한 강력한 결정 요소로 될 것이다. 게다가, 자신이 채택한 전략이 말하기에서 (화자가 품고 있는 것으로) 화자에게 귀속시키는 의사소통 목적에 의해 일부 결정될 것이다. 만일 화자가 세부 지시사항들을 전해 주고자 의도하는 것으로 청자가 생각한다면, 그리고 아주 짤막한 분출로(30초에서 1분) 청자가 기억해야만 할 것이 모두 전달될 것으로 기대된다면, 그래서 다섯 개 정도 이상을 기억할 것으로 기대하는 것이 아니라면, 그는 화자가 스스로 말한 바를 아마 여러 번 반복할 것으로 기대할 것이다. 청자가 기억해야만 할 것으로 세부내용들이

다섯 도막 이상이 된다면, 그리고 청자에게 그것들이 이미 잘 알려진 것이 아니라면, 아마 청자는 그것들에 대해서 비망록에 적어 놓을 필요가 있을 것이다. 가령, 만일 아주 엉뚱하게 화자가 품고 있는 의도를 우스개 일화를 말해 주려는 것으로 청자가 추정한다면, 일화 속 주인공과 사건에 대한 어떤 정신 모형을 구성하며 무엇이 우스운지를 알아차리기 위하여 주인공과 사건과 관련하여 입력물(=듣는 내용)을 계속 유의하며 자세히 조사할 것이다. 우리는 청자들이 서로 다른 유형의 담화에 대하여 서로 다른 해석 전략을 채택한다고 가정해야 한다.

다시 전형적인 듣기 이해 수업에서 외국인 학습자의 상황을 살펴보기로 한다. 그들에게 보통 아주 긴 (3분 이상) 발화 덩이를 귀 기울여 듣도록 요구한다. 발화 내용은 결코 이전에 직접 그에게 말해진 바 없고, 언제나 방청자(overhearer)의 지위로만 있었다. 방청자로서 청자는 부분적으로만 이해하는 언어로부터 의미가 만들어질 수 있는 상황 맥락을 재구성해야 한다. 재구성된 맥락에서 부분적으로만 이해하는 언어로부터, 적합한 처리 전략이 무엇인지를 알아내기 위하여, 화자의 의도를 결정할 수 있어야만 한다.

더욱이 듣기 마무리 단계로 일정한 시간 간격으로 정확히 무엇이 말해졌는지에 대하여 일련의 질문을 청자가 받게 될 것으로 알고 있다. 이런 질문은 말하기에서 흔히 화자의 의도를 무시할 것이고, 청자 자신의 토박이 언어 경험을 전적으로 과소평가할 것이며, 100% 정확한 해석의 개념을 가정할 것이다. 듣기 자료의 생산에 쏟아 넣는 엄청난 양의 노력에도 불구하고, 듣기 이해 과정을 이수한 외국인 청자들이 목표 언어로 직접 자신에게 말해질 경우에 여전히 외국어의 입말 형태를 이해하는 데에 엄청난 문제를 깨닫는 것은 놀랄 일도 아니다.

분명히 토박이 청자가 하듯이 우리는 학생들에게 좀 더 나은 듣기 기회를 제공해 줄 수 있다.

3.5. 듣기 배경: 영국의 배경과 문화

우리는 이 절에서 영국 영어만 가르치는 데 관심을 두는 것처럼 말하게 될 것이다. 그러나 모든 사례에서 '미국 영어'로도 또는 '불어'나 '이태리어'로도 대체될 수 있음이 분명해져야 한다.

외국어를 가르치는 많은 수업에서 '배경과 문화'(Background and culture)라는 제목이 붙은 영역이 있다. 때로는 이런 영역이 어떤 소설의 배경이 된 사회를 설명해 주기 위하여, 주로 수업에서 문학 영역의 배경으로 간주된다. 때로는 주로 외국인 학습자들이 그 사회 구성원들이 알고 있는 종류의 지식을 놓고서 말하고 쓰고 읽을 수 있게 하는 사회적 배경지식에 기여하는 것으로도 간주된다. 이들 목적은 모두 완벽히 합리적인 듯하다. 그렇지만 놀랄 만한 바는 종종 이들 영역이 배치되어 있는 수준이다. 그 수준은 흔히 '런던 관광 안내'에 관련될 법한 소수의 인용 예시와 결합된 극히 피상적인 '영국의 역사와 제도'라는 수업의 혼합물로부터 도출되어 나오는 듯하다. 분명히 학생에게 관련될 법한 영국에 대한 정보가 어느 날 그런 수업으로부터 부여된다. 놀랍게도 때때로 정보의 세부사항은 대부분 토박이 독자도 알지 못하는 새로운 정보를 전달해 준다. 읽어나감에 따라 독자가 스스로 감탄하게 된다.

Goodness me! I didn't know that
(어머나! 나도 그런 줄 전혀 몰랐었네)

토박이에게도 낯선 그런 현상은, 만일 그 영역의 목표가 영국 토박이 화자가 일반적으로 알 것이라고 가정되는 영국적 배경과 문화에 대한 지식을 알려 주는 것이라면, 분명히 우리들에게 괴이한 것으로 충격을 줄 것이다.

영국 제도의 주요 특징을 구별하고 묘사하려고 시도하기보다는, 유용하게 좀 더 신중한 접근이 이런 주요한 시도에 더해질 법하다. 신중한 접근이란, 특히 영국인 화자가 청자들과 공유하리라고 가정하고, 영국인 청자가 해석상 가정하는 종류의 문화적으로 전형적인 내용을 제공해 주기 위하여, 영국의 배경과 문화에 대한 수업을 이용할 듯하다. 3.4에서 언급한 맥락의 특징들에 비추어, 그런 접근은 외국인 학습자가 경험하게 될 언어에 대한 분석을 요구할 듯하다. 일상적으로 경험하게 될 언어는 물론, 다음 시간의 글말 이해나 또는 듣기 이해 수업에서 만나게 될 언어가 될 듯하다. 그런 영역의 목표는

화자 유형, 청자 유형, 시간과 장소의 유형, 맥락 상황

들을 살펴보는 일이 될 듯하다. 이는 토박이 청자에게서 서로 다른 기대를 불러일으킨다. 가령, 갈래 유형(요정 이야기나 일화 등)과 특정 문화에서 내세운 '영웅'의 종류가 조금씩 다르다. 다윗과 골리앗 같은 이야기에서 '작은 사람이 착한 일을 한다'. 가난한 농부의 셋째 아들이 공주와 결혼하는 이야기도 있고, 찰스 채플린 이야기도 있다. 허큘리스에 있는 '거대한 몸집의 거인', 타잔, 007 제임스 본드, 슈퍼맨 자신, 카우보이, 비행기 조종사, 축구 영웅도 있다. 영국보다 미국에서 더 인기가 있는 '박력 있고 패기만만한 사람' 알 카포네, 텍사스 댈러스의 쇼군 'JR' 등이다.

　문화적으로 무엇이 '성공'이나 '실패' 또는 '응분의 처벌'(just desserts)로 간주되는지 살펴보는 일이다. 대부분의 이야기나 일화에서의 초점은 우리가 늘 반복하는 것처럼 단순히 청자에게 정보를 전해 주는 것이 아니라, 윤리를 이끌어 내고 입장을 정당하게 만들며, 하나의 핵심 사례를 제시해 주려는 것이다. 이것들이 모두 한 종류나 다른 종류의 가치 판단을 속뜻으로 담고 있다.[31] 가치 판단은 정확히 문화마다 그

---

31) [역주] 언어 사용에서 가치 판단이나 평가의 중요성은 입말 말뭉치를 분석하면서 뚜렷이 부각된 바 있다. 입말로 의사소통을 진행할 경우에는 아무렇게나 말하는 것이 아니

리고 동일한 문화의 다른 지역에 따라서도 차이가 난다. 학생이 자신에게 노출된 언어를 이해한다면, '이해'는 반드시 언어의 '핵심을 알아내는 일'(seeing the point)을 함의한다. 지금 현재 말해지는 것이 왜 지금 언급되고 있는 것인지를 평가할 수 있도록 하기 위하여, 문화에 대한 충분한 배경지식을 분명히 지니고 있다. 학생들이 관심을 둔 언어의 특정 사례에 관련된 지식이다.

이는 영국 문화와 아주 가까운 문화에서는 많은 경우에 문화적 가치가 겹쳐지는 사례이다. 극단적으로 그런 가치가 완벽히 겹쳐질 것 같지는 않다. 노동당 당수 윌슨 경(Sir Harold Wilson)이 수상을 지낼 적에

liked *HP sauce*[32]

고, 일반 행위의 전개 과정과 동일하게 반드시 시작 부분과 중간 부분과 마무리 부분으로 연결되면서 한 도막의 발화가 끝이 난다. 클락(1996; 김지홍 뒤침, 2009), 『언어 사용밑바닥에 깔린 원리』(도서출판 경진)의 제7장에서는 이를 '입장→ 본체→ 퇴장'(entry→ body→ exit)으로 부르고 있으며, 퇴장을 종결 마디(closing section)라고도 하였다. 이를 삼단 전개로 부를 수 있는데, 자유의지를 지닌 인간들은 이를 한 표본으로 여길 뿐, 꼭 프로그램된 기계처럼 각 단계를 준수하는 것이 아니라, 융통성 있게 줄이거나 늘여 나갈 수 있다.

그런데 한 도막의 발화를 끝내려면 통상적으로 당시까지 진행된 서로 간의 의사소통 전반에 대하여 평가를 하게 된다. 이 평가 행위가 바로 서로의 의사소통을 끝내자는 신호가 된다. 머카씨(1998; 김지홍 뒤침, 2010), 『입말, 그리고 담화 중심의 언어교육』(도서출판 경진)의 §.2-4-3 '내용 정리'에서는 이를 formulation(입장 정리, 내용 정리)라고 부른다. 영국 입말 담화를 대상으로 하여, 머카씨 교수는 종결 마디 또는 마무리로서 입장 정리를 할 적에는 속담이나 경구와 같이 가치가 깃들어 있는 표현들을 자주 이용한다는 점을 처음으로 밝혀내었는데, 이런 가치 표현을 능대능소하게 잘 쓰는 화자들은 모두 20대 전후 이상이었음도 알아내었다. 이런 측면을 부각시켜 머카씨 교수는 입말 담화의 전개가 '개시→ 전개→ 평가→ 마무리'의 네 단계를 거친다고 보았다. 사단 전개인 것이다.

평가 행위는 비단 입말 담화를 마무리 짓는 데에만 관여되는 게 아니다. 우리가 상대방과 상호작용을 할 경우에 서로 멀어질 수 없는 아주 가까운 사이가 아니라면, 언제나 상대방의 말과 행동을 평가하게 된다. 이런 평가의 결과는 뒤에 있을 만남에서 평가 주체가 상대방을 어떻게 대접하고 어떻게 취급할지를 결정해 주는 중요한 열쇠가 된다. 따라서 이를 일반화해 본다면, 우리는 사회생활을 보다 더 나은 방식으로 이끌어 가기 위하여 항상 상호작용하는 주위의 사람들을 평가한다고 말할 수 있다.

32) [역주] 노동당 당수이며 영국 수상(1964년부터 1976년까지)을 지낸 윌슨 경의 부인 매리가 『The Sunday Times』와 면담하면서, "내 남편이 흠이 있다면, 모든 걸 HP 소스를 잔뜩 뿌린 뒤 먹는 거예요"(If Harold has a fault, it is that he will drown everything with HP Sauce)라고 말하였다. 영국 의회(HP) 식당에서도 HP 소스를 쓴다고 한다. HP

(HP 소스를 좋아했었다)

라고 주장한 화자에게서 의도된 것은 무엇일까? 어떤 사회의 하위 지역에서 그런 단정을 내릴 것으로 생각될 듯한가? 정치적으로 연합 정당의 당수인 젠킨즈(Mr Roy Jenkins) 씨가

likes *claret*33)

(보르도 산 만찬용 적포도주/끼리끼리 나눠 먹는 화합을 좋아한다)

고 주장함으로써 무엇이 의도되는 것일까? 어떤 사회 구역에서 이런 주장을 할 법한가? 그런 두 주장이 동일한 사람에 의해서 만들어질 것인가?

가치 및 기대치에 비추어 보아, 그 문화와 멀리 떨어질수록 '배경' 수업에서 목표 언어를 산출하고 있는 사람들이 관심을 두고 유의하며 이야기하기를 꺼려하고 판단을 내리는 것이 무엇인지를 이해하도록 준비해야 하는 것이 더욱 중요해진다. 학생에게 영국 사람들은 '날씨'에 대하여 말을 하는 반면에, 프랑스 사람들은 '음식'에 대하여 말한다고 언급되는 것은 충분치 않다. 그런 주장이 사실일지도 모르겠지만, 그것들이 단지 외국인 학습자로 하여금 특정한 사회의 구성원들이 도대체 왜 말을 하는지를 판단하도록 할 수 있는 사회-문화적 탐구의 시작일 뿐이다.

는 소스 제품 생산자를 가리킬 수도 있고, 영국 의회를 가리킬 수도 있다.
33) [역주] 1977년부터 1981년까지 유럽 집행 위원회(European Commission) 의장을 지냈다. 영국 노동당을 탈당하고 1981년 '사회 민주당'을 창당하여 자유당과 연합하여 좌파 입장을 견지하였다(본문에서는 '연합 정당'으로 표현함). 적포도주는 기분 좋은 술로서 비유적으로 갈가리 찢긴 노동당 모습과 대비되는 젠킨스가 주도한 사회 민주당의 당내 화합을 의미한다는데, 정작 3.6에 있는 인용을 읽어 보면 '끼리끼리 나눠 먹는' 부정적 인상을 주는 듯이 느껴진다.

\<배경: 화자의 목소리\>

  듣기 이해 수업에서 보통 간과되는 자원은 화자의 목소리이다. 흔히 목소리만으로, 화자의 성별뿐만 아니라 또한 대략 나이까지도 말할 수 있다. 사람들은 대부분 어른 목소리로부터 어린이 목소리를 구별해 낼 수 있고, 20대 초반의 화자 목소리로부터 어른의 목소리를 구별해 낼 수 있으며, 중년 나이의 화자 목소리로부터 젊은 화자의 목소리를 구별해 낼 수 있고, 나이가 높고 아주 늙은 화자의 목소리로부터 중년 나이의 목소리를 구별해 낼 수 있다. 그렇게 추정을 하는 경우에도 물론 경험과 전형적인 말투에 의존한다. 또한 임의의 토박이 화자가 다른 토박이 화자의 교육 정도를 확인하는 일도 가능하고, 흔히 악센트로부터 어느 지방 사람인지 확인해 내는 일도 가능하다. 이런 종류의 사회 정보뿐만 아니라 보통 전형적인 말투가 그가 누구인지를 구성하기 때문에, 화자에 의해 거의 의도되지 않지만, 종종 청자로 하여금 화자가 말하는 바를 전형적으로 적합한 틀로 이뤄진 말투에 의해 연상된 기대치에 비춰 해석하도록 이끌어 간다.

  전형적인 말투에는 위험이 있음이 즉각적으로 분명해질 것이다. 왜냐하면 특정한 개인이 자신 또는 공동체의 어떤 이전의 불리한 경험으로부터, 어떤 틀에 박힌 말투 특징을 공유하는 사람들에 대상으로 특정한 편견을 발전시킬 가능성이 있기 때문이다. 인종적 편견이 즉시 머릿속에 떠오르고, 사회 계층의 편견과 교육과 정치와 종교에 대한 편견도 그러하다. 전형적인 말투들을 놓고서 오류 또는 잘못된 해석으로부터 생겨나는 편견의 위험이 존재하지 않는 척 외면하는 일은 불합리하다. 분명히 차별 위험이 있다.

  그렇지만 전형적인 말투의 분류에 대한 오용(≒그런 말투를 쓰는 사람을 차별하는 일)이, 우리가 그런 원리에 비춰 사회생활을 조직한다는 사실에 대해 눈 감고 외면케 하려는 일도 또한 분명히 똑같이 불합리할 것이다. 왜냐하면 모든 해석이 1차적으로 분류된 과거 경험에 대한 유추에 바탕을 두기 때문이다. 전형적인 말투가 손해를 끼치는 상황에서는 차별을 조장하는 말투가 고쳐져야 할 것으로 희망해야 한다. 그렇지만 『옥스퍼드 영어 사전』의 편찬자들처럼 사람들이 언어를 어떻게 해석하는지에 관심이 있다면, 관련 요인들을 기록해 두는 것이 우리의 일거리이다. 우리들에게 말해진 것을 전형적인 말투에 따라 해석하면서

authoritative(권위 있는 양),
pompous(잘난 척),
complacent(자기도취에 휩싸여),
condescending(몸을 낮추는 듯),
hesitant(자신감 없이 주저거리는 듯),
biased(편견에 치우친 듯),
ignorant(무식한 듯)

들리는지를 결정하게 된다. 전형적인 말투에 의존하더라도 여전히 모험적이다. 왜냐하면 우리의 기대치들이 종종 수정되어야 하기 때문이다. 우리는 이것이 전형적인 말투가 수정되는 방식이라고 가정한다. 애초에 짙은 지방색을 풍기는 악센트로 말하던 어느 학생이 저자에게 강의를 들었었는데, 특히

'*plummily*'
(상류 계층인 양 거만을 떨며)

말했던 표준발음(RP, 통용 발음, 용인된 발음) 화자를 놓고서 다음처럼 평가하였던 적이 있다. 두 학기 동안 내내 표준발음을 쓰는 이 학생이

'wasn't really human'
(진짜 인간적이지 않았다)

그렇지만 놀랍게도 3학기 때에 그 학생이 진짜로

'actually nice, quite human'
(실제 멋있고 아주 인간적이었으며)

바로 'couldn't help speaking like that'(그처럼 말하지 않을 수 없음)을 깨닫게 되었다. 전형적인 말투가 다행스럽게 수정되었던 것이다.

우리는 화자의 목소리에 귀를 기울임으로써 성별, 나이, 교육 수준, 탄생 장소보다 더 많은 것을 도출해 낼 수 있다. 청자들은 종종 라디오나 전화나 녹음테이프만으로도 목소리의 주인공을 놓고서 몸집의 크기와 신체적 특징에 대한 기대치를 지닌다. 때로 청자들은 화자가 불편하다는 것도 판단한다. 즉, '허약하거나' '긴장하고' 있는 것으로 느껴지거나 감기에 걸리는 일 따위이다. '잔뜩 음식물을 물고서 말을 하거나' 또는 '술에 취한' 화자의 신체 상황에 대해서 지엽적인 판단을 내리는 일도 가능하다. 또한 화자의 목소리에 대한 경험에 바탕을 두고서

is confident(자신감 넘친다),
shy(부끄럼을 탄다),
extrovert(외향적이다),
optimistic(낙천적이다)'

와 같이 그 사람의 개성에 대하여 판단을 내릴 수도 있다. 이런 종류의 판단이 어느 정도로 여러 문화에 두루 적용될 수 있을지는 분명하지 않다. 분명히 사람들은 청자가 알아들을 수 없는 언어를 말하는 외국 화자의 개성에 대해서 해당 언어가 담고 있는 전달내용을 알려 주지

않더라도, 화자의 목소리 하나에만 바탕을 두고서 그런 판단을 내리려고 준비하는 듯하다. 가령, 토박이 그리스 화자들로부터 느끼는 영국 화자들의 개별적 경험에 바탕을 두고서 판단할 경우에, 전형적으로 이런 느낌을 주는 개성적인 말투는 한 문화에서 다른 문화로 완전히 상호교환이 가능하지 않은 것으로 보인다. 여러 문화에 걸친 오해는 종종 화자의 목소리에만 근거하여 어느 개인의 성격을 판단을 하려고 자기 모국어로부터 느끼는 전형적인 말투를 부적합하게 응용하는 데에서 생겨난다. 응당 이 점이 부각되어야 한다면, 듣기 이해 교육의 소중한 부분은 특정 유형의 화자 목소리에 따른 전형적인 말투에 대한 반응(comment)을 포함해야 할 듯하다. 여기서 서로 다른 전형적 말투들을 연출하려고 배우가 서로 다른 음질을 어떻게 수용하는지에 관한 연구가 흥미로울 듯하다.

청자는 특정한 화자의 목소리로 귀속되는 개성뿐만 아니라, 특정한 화자들이 연출하는 역할과 그들이 표현하는 태도에 대해서도 판단을 내린다. 녹음테이프 상으로 예시된 대부분의 자료는 즐겁고 호의적인 목소리를 지닌 화자들에 의해 산출되었다. 즉, 인간관계를 좋게 유지하려고 하는 대부분의 어른 화자의 표준인 것이다. 그렇다면 화자가 호의적인지 여부를 어떻게 말할 수 있는가? 녹음에서 좀 더 길게 따온 일부 인용 (3.10)을 살펴보기로 한다. 단, 동그라미 번호 ⑨는 녹음테이프 속에 들어 있는 순서를 가리킨다.

(3.10) ⑨ A: could you describe how you got from your home to the school
+ if you remember (breathy giggle)

B: the exact route (road?)

A: if you remember it (high in pitch range, creaky — slight giggle)

B: good grief | (breathy voice, long syllables) | what a funny question — ye-ah + yes I
| A: (vaguely?) |

can (long syllables, 'warm voice quality', big intonation movements
in the higher pat of his pitch range) │ erm + perfectly │
│ A: (breathy giggles) │

A: 집에서부터 학교까지 어떻게 다녔는지 등굣길을 묘사해 줄
수 있겠어요 + 기억이 난다면요 (킥킥대면서 웃음)

B: 정확한 등굣길 말이에요 (통학로 말이에요?)

A: 그래요 기억나시면요 (높은 음높이로 끽끽거리고 ─ 약간
낄낄댐)

B: 맙소사 │ (긴 음절의 날숨소리) │ 웃기는 질문이네 ─ 그래-
아 + 그래요 난
│ A: (막연하게라도?) │

(음절을 길게 빼고 '다정한 목소리'로 더 높은 음높이 범위로
큰 억양 운동) │ 엄 + 완벽하게 │
│ A: (날숨으로 키득거리며 웃음) │

남성 B는 특히 시간을 벌면서 긴 음절과 많은 억양 움직임과 더불어,
아무 긴장도 하지 않고 '다정한' 목소리를 보여 준다. 여성 A는 보조적
으로 키득대는 웃음을 산출한다. 3.7에서 논의될 인용의 나머지 부분
에서[34] 보조적이고 호의적인 추임새로 입말 반응을 보여 주는 일에도
또한 주목하기 바란다. 부수적으로 각 화자의 성별을 인식할 수 있었
음도 유념하기 바란다. 아마 이들 화자의 나이에 대해(7살도 아니며, 70
살도 아님) 합리적인 추측을 하고, 어느 지역 출신인지, 교육 수준이
어떠한지(모두 고등교육을 받은 스코틀랜드 사람들임)도 추측한다.
만일 독자 여러분이 방안으로 들어서면서 말해지고 있는 낱말들을
어떤 것도 제대로 확인하기 전에라도 이 인용 부분을 라디오로 듣는

---

34) 관련된 인용이 (3.14), (3.15), (3.16), (3.17), (3.18)이다. (3.18)이 2분 길이의 전체 내용에
대한 녹취기록이므로, 다른 부분과 일부 겹쳐져 있다. 남성 화자 B는 하굣길에 담배를
피던 학생이었다. 등굣길과 하굣길의 지도는 〈그림 3.4〉에 나와 있다.

다면, 중압감이 전혀 없이 나누는 친근한 대화라는 사실에 대해 거의 확실히 갈래를 확인할 듯하다. 진행되고 있는 이야기 종류가 면담인 것이다. 목소리 하나만으로도 이런 사실을 가리키는데, 화자는 자신의 발언 순서를 따라 말을 하고 있고, 일부 상대방 발화와 겹치는 낄낄대는 웃음과 더불어 아무 긴장감이 없이 말을 주고받는 것이다. 담화 갈래를 확인하면서 낱말을 귀 기울여 듣지 않은 채 전반적 분위기를 찾기 위해 녹음테이프를 듣는 일은 소중한 배경정보를 제공해 준다.

또 다른 사례인 인용 (3.11)을 살펴보기로 한다. 이는 여기서 관심 두고 논의하게 될 모종의 갈래 종류이므로, 이것을 듣고서 화자가 어떤 종류의 사람인지 그리고 어떤 종류의 역할이 화자에 의해 채택되는지를 결정해 보기로 한다.

(3.11) ④ A: now there + are + vulnerable + people + around + and it is + erm + it's part of a + human society + that it sets out + sometimes at some inconvenience to the mass of the population + to protect + the vulnerable people + + and + + I think it's very much worth doing

그런데 주위에 + 시방 + 취약한 사람들이 있고 + 그게 + 엄 + 그게 일부 + 인간 사회 일부이고 + 때로 전체 인구의 대다수에 대해서 + 취약한 사람들을 + 보호하기 위해서 + 어떤 불편한 제약을 마련하거든요 + + 그러고 + + 내 생각으로는 그게 아주 가치 있는 행위이고요

아마도 독자 여러분은 화자가 중년 나이의 고등교육을 받은 남성이고, 표준발음(RP)35) 화자라고 결정을 내렸을 것이다. 그가 말하고 있

---

35) [역주] received pronunciation(통용 발음, 용인된 발음)이란 뜻으로 영국의 표준어에 해당한다. 다른 이름으로 '영국 공영방송(BBC) 영어', '옥스퍼드 영어', '남부 잉글런드 영어'로도 불린다. 2.0과 그곳의 역주 2)를 읽어 보기 바란다.

는 내용을 다 귀 기울여 듣지 않고서도, 그가 단일한 한 사람의 청자를 상대로 하여 친밀한 사적 대화를 하고 있는 것이 아님을 거의 분명히 결정하였을 듯하다. 이 화자는 자신이 말하고 있는 바에 대하여 생각을 하면서 분명히 아주 큰소리로 신중히 그리고 천천히 말해 나가고 있다. 이로 말미암아 잦은 휴지가 생기는 것이다. 이런 방식으로 공식적인 말하기를 하고 있는 것이다. 이런 특징으로 인하여 논술류의 내용이 되고, 당황함이 없이 휴지와 맞물려 드는 가락으로 진행된다. 이 화자는 분명히 대중들 앞에서 이야기를 하는 능숙한 연사이다. 이런 갈래에 대한 인식은 청자에게 버스 정류장에서 기다리는 사람들끼리 혹은 가게 종업원과 이야기하는 사람들 사이에서 주고받는 이야기와 연합된 종류의 잡담을 기대하지 않도록 이끌어 갈 것이다.

다음의 짤막한 인용에서는 두 사람의 주요 화자가 있는데, 모두 전문직 종사자로 30대의 표준발음을 말하는 학자들이다. 그들은 basket (바구니)과 system(체계)과 같은 낱말에서 강세 없는 모음 [ɪ]와 [ə]의 분포를 논의하고 있으며, 전문 분야의 논의이다.

(3.12) ⑤ A: well in my case + the incidence of [ɪ] + well he decided it
　　　　　 was an Americanism + w-what he based that on I don't know
　　　 B: as in what sort of words
　　　 A: well I mean + city + +
　　　 B: city + +
　　　 A: erm + + but that I I I don't(?) shown(?) I mean this would
　　　　　 would be straight Daniel Jones
　　　 B: wh + wh + wh + what would you be supposed to say
　　　　　 | + 　　 | instead of city
　　　 C: | yes |
　　　 A: 글쎄 내 경우에는 + 짧은 [ɪ] 소리가36) 나오는데 + 글쎄 그
　　　　　 가 그 발음이 미국식이라고 단정을 했단 말이야 + 무-무엇

에 근거를 두었는지는 잘 모르겠지만

B: 어떤 종류의 낱말에서 그렇지

A: 글쎄 내 말은 + city(도시) + +

B: city + +

A: 엄 + + 허지만 나 나 난 잘 모르(?) 보인(?) 내 말뜻은 이게
아마 아마 아마도 바로 (유명한 영국 음성학자) 다니엘 조은
즈였지37) 싶은데 말이야

B: 머 + 머 + 머 + 뭐를 자네가 city 대신에 │+   │ 말하려고
했던 게지

C: │ 그래 │

A는 바로 자신의 말소리에 대하여 유명한 음성학 권위자에 의해 언급
된 견해를 인용하였다. 그러고 나서 B는 곧장 그런 낱말 종류의 실례를
요구하는 사뭇 평이한 질문을 던진다. A가 아주 신속히 city라는 낱말
을 제시해 준다. B가 목소리를 낮추어 천천히('반사적으로') city라는 낱
말을 반복하여 말한다. 당장 그러나 상당히 주저거림과 함께 짤막하고
신속한 반응을 보이면서, 계속해서 '긴장한' 방식이라고 할 만한 어조

---

36) [역주] 'i' 소리는 영어에서 길고 짧은 것으로 나뉘는데(윗입술과 아랫입술의 움직임이
다름), 서로 뜻 구분을 해 주기 때문이다. 제1장의 역주 5)를 보기 바란다. 앞에서는
위에 점이 찍혀 있지 않은 'ɩ'로 표시하였지만, 모두 동일한 소리를 가리킨다(부호 사용
의 차이에 지나지 않음).

37) [역주] 다니엘 조은즈(1881~1967)는 런던 University College의 음성학과에서 가르쳤고,
국제 음성학회(International Phonetic Association)를 조직하고, 음소(phoneme)이란 용어
로 확립하고, 음성 부호 약속들을 정하는 데에 큰 기여를 하였다. 그 약속 체계는 지금
도 표준으로 이용되고 있다. 음성 기호는 주요 모음(cardinal vowels)들을 표기하는 기호
가 있고, 이를 변형한 2차 기호가 있으며, 또한 거기에 특수 부호를 붙인 기호가 있다.
가령 우리말 '으' 소리를 나타내는 방식이 몇 가지 있다. 전설 고모음 'ɨ'의 변형으로
보면 특수 부호로서 하이픈을 붙여 'ɨ'로 쓸 수도 있고, 후설 원순모음 'u'가 변형되어
평순모음이라고 판단할 경우에는 특수 부호로서 하이픈을 붙여 'ʉ'로 쓰거나 또는 'ɯ'
를 거듭 써서 'ɯ'로도 나타낼 수 있다. 과거에는 우리말 '으, 어' 소리를 중설모음이라고
부른 적도 있으나, 생성문법의 이분 체계에서는 오직 전설모음과 후설모음으로만 나누
므로, 과거 중설모음을 국제 음성학회 부호로 표시하려면, 전설모음의 변형으로 보는
지 후설모음의 변형으로 보는지를 먼저 결정해 주어야 한다.

로 말하는 A는 방금 자신이 제시해 준 낱말이 논점을 제대로 예시해 주지 못함을 깨달았고, 이제 길게 끌면서 주저거리기 시작한다. 이제 B는 두 번째 질문을 던지는데, 첫 번째와는 아주 다른 방식이다. B는 what에 대해 주저거리면서 '동정심을 끄는' 시작 부분을 만들고 나서, 상대방이 거슬리지 않도록 양상 표현을 지닌

'would you be supposed to say'
(뭐를 자네가 말하려고 했던 게지)

라고 말한다. 그리고 city에다 자신의 음조를 높여 발음한다. B의 첫 질문이 예시를 요구하는 아주 손쉬운 것이었다. 반면에 두 번째 질문은 좀 더 상당히 배려를 하면서 산출된다. 아마 그가 무의식적으로 화자 A를 빠져나와야 할 곤란한 지경으로 몰아 두었다고 느꼈기 때문이다. 3.2.에서 쌕스(Sacks, 강의 노트)의[38] 절차적 질문

why this, to me, now
(이 발언이, 왜, 지금, 나한테 말해졌을까?)

을 인용하였다. 청자는 자신에게 직접 전달된 바를 놓고서 해석을 구성해 나가는 데에 이를 살펴볼 필요가 있다. 우리는

it's not so much what he said but the way he said it
(중요한 핵심은 화자가 말한 바라기보다, 오히려 그걸 말하는/말한 방식이다)

---

38) [역주] 3.2에서도 동일한 인용 부분이 있었지만 저자들은 그 출처를 정확히 밝혀 놓지 않았다. 브롸운 및 율(1983: 77쪽), 『담화 분석(*Discourse Analysis*)』(Cambridge University Press)에 있는 쌕스(Sacks) 인용에서 출처를 확인할 수 있다. 이는 하비 쌕스(Harvey Sacks, 1971), "Mimeo lecture notes"(등사판 강의 노트)를 가리킨다. 대화를 분석하는 데에 항상 본문에 인용된 상위 질문을 던진다.

현상을 설명해 주기 위하여 여기에 다시 추가적인 절차적 질문을 더해 놓을 필요가 있다.

why like this
(왜 이처럼 말하였지)

　토박이 청자로서 우리는 대부분의 시간 동안 의식 못하는 수준(잠재의식 수준)에서 화자가 뭔가를 말하는 방식에 반응한다. 말해진 방식이 말한 내용을 해석해 나가는 데 관여하는 효과를 생각해 보기 위하여, 화자의 목소리에 있는 변이가능성(variability)을 의식적 차원 속으로 가져올 필요가 있다. 화자가 말해 나가는 방식은 화자의 정체성과 개성과 태도에 대하여 정보를 주고, 화자가 선택한 갈래의 유형에 대해소도 정보를 준다. 이런 정보가 어느 것도 청자에게 정확히 무엇이 발화될 것인지(말할 내용) 예측하도록 도움을 주지는 않는다. 그렇지만 한편으로 이런 정보들이 모두 무엇이 말해질 것 같은지를 놓고서 광범위한 청자의 기대치를 줄여 놓기 위해서 긴밀히 결합해야 한다. 다른 한편으로는 실제로 말해진 내용에 대한 청자의 해석을 수정할 수 있도록 해 주어야 한다. 간단히 왜냐하면 다소 자신감 있게 또는 다소 권위적인 방식으로 말하는 그러한 종류의 사람에 의해서, 그러한 경우에서, 그런 내용이 말해지기 때문이다.

3.6. 자료 선택

　분명히 특정 수업을 위해 선별된 자료의 종류는 결정된 수업의 목적에 따른 기준으로부터 선택되어 나올 것이다. 수업에서 만일 1차적으로 학생들로 하여금 외국에 여행하는 관광객의 역할을 수행할 수 있도록 의도된다면, 학생들은 짤막한 상호작용 발언기회에서, 그리고 짤막한 정보 전달용 발언기회에서 이용된 언어 자료에 노출되어야 한다. 그러나 만일 수업이 1차적으로 학생들로 하여금 외국어로 강의를 따라갈 수 있도록 의도된다면, 긴 정보 전달용 발언기회를 처리할 수 있도록 하는 쪽으로 언어 자료가 제시되어야 하고, 분명히 중요한 요점을 적어 놓도록 하는 일이 필요할 것이다. 여기서는 일반적인 중급 수준의 수업을 가정하게 될 것이지만, 이하에서 논의하게 될 원리는 똑같이 다른 수준에도 적용된다. 자료를 난이도 등급으로 나눠 놓는 데에는 네 가지 변수를 언급할 수 있다.

(가) 화자에 의한 변수
(나) 의도된 청자에 의한 변수
(다) 내용에 의한 변수
(라) 학습을 촉진하는 도움물에 의한 변수

이하에서는 이런 변수들을 차례로 다뤄나간 뒤에 여러 가지 목적 유형에 따라 자료를 선택하는 논제를 다루기로 한다.

3.6.1. 자료 등급화: 화자에 의해서

의심할 바 없이 오직 한 사람만이 말을 할 경우에는 녹음테이프를 들으면서 이해하는 일이 좀 더 쉽다. 이는 특정 개인의 말하기 습관, 특히 화자의 특징적 가락과 쉼(pause) 구조에 익숙해지는 기회를 제공해 준다. 애초부터 화자가 특징적으로 천천히 이야기하는 사람이라면 분명히 도움이 된다. 천천히 이야기하는 화자는 상대적으로 분명하게 말하는 특징이 있다. 전형적인 말투의 느린 화자는 현학적인 사람이라기보다는 덩치가 크고 나이가 많은 사람일 듯하다.

3.0에서 외국인이나 멍청이나 귀머거리들에게 말하는 방식으로 특성지은 발화 모습을 화자가 채택하지 않는 것이 중요하다. 사람들이

인위적으로 말소리를 천천히 말하기 시작하자마자, 정상적인 말소리의 특징을 상실해 버리는 조음과 가락 구조의 습관을 몸에 익히게 되는 경향이 있다. 이런 유형의 말소리로 훈련을 받은 학생은, 거의 영원히 다시 들어볼 수 없는 발화 모습에 귀 기울여 듣기를 훈련받는 것이다. 이런 점이 바로 자연스럽게 천천히 말하는 화자를, 그리고 가능하다면 자신이 외국 학생에게 말해 주는 것임을 알지 못하는 사람을 찾는 중요한 이유가 된다.39)

초급 단계의 수업에서 녹음된 모든 화자는 사뭇 비슷한 유형의 악센트로 말해야 한다. 영국 영어가 목표라면, 아마 남부 잉글랜드에 살고 있는 교육받은 사람의 말소리로서 '일반 대중의' 표준발음('demotic' RP)이 모형으로 되어야 한다. 이들 화자가 외국 학습자에 의해 산출된 입말 영어의 모형에 모범으로 기여를 할 것이다. 그렇기 때문에 일반적으로 (상류층의) '거만스런 목소리'(plummy-voice),40) 기타 사람들의 자기도취(complacency), 특권 기대와 결부된 '고급스런 표준발음'(advanced RP)으로 야단스럽게 발성된 표준발음의 화자는 배제되어야 하는 것이 중요하다. 이것들이 이해와 관련되어 있는 사회적 요소들인데, 가령, 연합정당의 당수인 로이 젠킨즈(Mr Roy Jenkins, 3.5의 역주 33 참고) 씨가 왜

liking claret
(보르도 산 만찬용 적포도주/끼리끼리 나눠 먹는 화합을 좋아하는)

인물로 특성 지워지는지를 이해하는 일과 관련된다.

듣기 수업이 진행되어 나감에 따라 학생들은 처음부터 바람직스럽

---

39) [역주] 이를 전문 용어로는 authentic(참된 실생활 자료의) 또는 authenticity(참된 실생활 자료 속성)으로 부른다. 1.1의 역주 2)를 보기 바란다.

40) [역주] 우리 문화에서는 더러 권위를 부리고 싶은 이들이 목소리를 낮춰 깔고 말하는 경우가 있다. 평상시 발성법이 아니라 힘을 주고 내리까는 목소리이다. 아마 이런 투가 '거만스럽게' 들린다고 표현하는 것이 아닌가 싶다.

게 서로 다른 성별로 두 사람 이상이 들어 있는 녹음테이프에 노출될 수 있다. 이것이 학생이 쉽게 화자들 사이를 구별할 수 있게 해 주기 때문이다. 그러고 나서 학생이 반드시 '방청자'(overhearer) 역할을 맡아야 할 것이다. 능숙한 토박이 화자에게도 네 명이나 그 이상의 참여자가 들어 있는 녹음테이프 상의 대화를 따라가며 이해하도록 요구하는 일은 아주 어렵다. 세 명 정도의 화자가 아마 편안히 조절을 가장 잘할 수 있는 숫자이다. 전문 방송에서는 네 명 이상의 화자가 '토론'이나 대화에 참여할 경우에, 언제나 화자를 분명하게 확인하고 그들의 발언기회의 길이를 공정하게 균분해 줌에 주목하기 바란다.

학생들 능력이 향상되어 나감에 따라, 비록 '극단적' 악센트는 고급 수준의 학생들에게도 피해야 되겠지만, 다른 악센트를 지닌 화자들이 소개될 수 있다. 왜냐하면 토박이 화자들조차 종종 듣기나 말하기에 가장 익숙해진 것과 차이가 많이 나는 악센트를 듣는 일이 현저히 어렵다는 것을 깨닫기 때문이다.

3.6.2. 자료 등급화: 의도된 청자에[41] 의해서

현재 시장에 나와 있는 대부분의 자료는 강의/말하기 등을 진행하는 개인들의 녹음으로 이뤄진다. 일부의 경우에는 '자연스럽게', 또다른 경우에는 '아주 큰소리로 읽어 가는' 두 사람의 개인들 사이에 이뤄진 대담에 대한 녹음으로 이뤄진다.

격식 갖춘 말하기나 강의 자료를 이용할 때 생기는 문제가 있다. 내용상 흔히 어려울 뿐만 아니라, 초급 수준의 외국 학습자에게 불합

---

41) [역주] 원문 intended listener(원래 의사소통의 목표로 삼은 의도된 청자)는 addressee(수신자)로도 불린다. 여기서는 방청자(overhearer)와 대립되는 개념이다. '의도된 청자'는 화자에게 불분명하게 들리는 대목을 명확히 말해 주도록 되물을 수 있으며, 이를 능동적 청자라고 부른다. 그렇지만 방청자한테는 이런 권리가 주어져 있지 않다. 만일 녹음 테이프를 틀어 주는 경우에는 이런 두 방향의 상호작용이 불가능하다. 그럴 경우에 능동적인 청자를 장려하려면, 학습자가 의문이 생길 경우에 손을 들고 화자 대신 교사에게 물어 볼 수 있다.

리한 요구를 부과하지 않도록 하기 위하여, 듣기 연습에서 길게 확장된 발언기회를 이용하는 방법이 분명치 않다는 점이다. 3.7에서는 다시 이 문제를 다룰 것이다.

대담에서의 문제는 두 가지이다. ㉠ 대담이 청자를 방청자로 바꾸어 놓는다. ㉡ 대담 내용들을 어떻게든 재미있게 만들어 놓는 방법에 관한 것이다. 활기차고 흥미를 끄는 대담을 수업에서 이용하는 일이 가능하다. 이런 대담은 뒤에 큰 소리 내어 읽힐 수 있다. 그러한 입력물이 틈틈이 외국 학습자 학습 목록의 일부를 구성하지 말아야 할 이유는 전혀 없다. 학습자에게 라디오/텔레비전/영화 대담이나 또는 사실상 일반적으로 연극 대담을 듣도록 마련해 놓는 것이다.

그렇지만 이미 이런 자료가 학생들이 자발적으로 나온 정상적인 입말을 듣게 준비시키는 것이 아님을 지적하였다. 이는 큰 소리 내어 읽은 글말로 이뤄진다. 따라서 완벽한 문장들로 이뤄지고, 문장 끝에서 쉬며, 상대적으로 제대로 정보가 담겨 있는 잘 가다듬어진 언어로 이뤄지는 경향이 있을 듯하다. 이런 자료가 입으로 말해졌다는 사실을 제외하면, 자발적인 말하기와는 비슷한 점이 거의 없을 듯하다(≒입으로 말해진 글말에 해당함). 그러므로 참되게 자발적인 말하기로 훈련을 시킬 만한 대안물이 아니다. (불가피하게) 큰 소리로 읽은 글말 대담을 이용하지 말아야 할 이유는 없다는 점을 틈틈이 언급하기로 한다. 결국, 매일밤 많은 토박이 청자가 잠자리에 들기 전 라디오로 '취침용 책자'(A book at bed-time) 프로그램을 듣는다!

만일 열정을 지닌 교재 구성 주체가 대체로 은밀하게 녹음된 자발적인 대화들을 택하는 결정을 내린다면, 당장 추가적인 문제를 만나게 된다. 대부분의 대화는 형편없이 따분하다. 우리를 그렇게 열정적으로 이야기 하도록 만드는 것은 적극적인 대화 참여인 것이다.

'the need to know'(알아야 할 필요성) 또는
'the need to tell'(말해야 할 필요성) 또는

'the need to be freindly'(호의를 갖고 맞춰 줘야 할 필요성)

들이다. 그렇다면 녹음내용에 대하여 한 사람 또는 여러 화자가 말하고 있는 관점으로부터 흥미로운 것을 어떤 것도 찾지 못한 채 여러 시간 동안이나 녹음된 대화를 따분하게 들을 수 있다. 결국, 녹음 속의 대화는 방청자(=학습자)를 위해 의도된 것은 아니다. 참여자로서 녹음 속 화자들을 위해 의도된 것이다.

종종 이 점을 수업 구성 주체들이 깨닫기 힘들다. 왜냐하면 많은 양의 녹음 대화를 듣고 있는 사람이면, 잠시 뒤 누구나 대화 분석가로 변하고, 스스로 분석 관찰을 시작하기 때문이다. 일단 이런 일이 생기면, 본질적으로 화젯거리가 얼마나 따분한지와는 무관하게, 대화의 도막이 어떤 것이든지 상호작용의 관점에서 매력적으로 된다.

누가 무엇을 어떻게 말하는지,
누가 어떻게 누구한테 호의적인지,
누가 어떻게 바로 그리 맞춰 주지 못하며(재를 뿌리며) 반대하는지,
누가 어떻게 시간을 버는지

등이다. 외국 학습자가 실제로 극단적으로 따분한 대화 내용으로부터 흥밋거리를 어떤 것이라도 찾아낸다면, 얼마나 제한된 방식인지에 상관없이, 학습자에게 또한 대화 분석자가 되도록 도와주는 과제를 제공해 주어야 한다.

분명히 일부 학생들에게 흥밋거리가 될 만한 대화가 있을 것이다. 교재 구성 주체들이 여왕의 침실로 침입한 사람이 여왕과 토론한 내용에 대한 녹음을 갖고 싶어 할 듯하다. 워터게이트(Watergate)[42] 녹음

---

42) [역주] 미국 대통령 리차드 닉슨이 민주당 전국 위원회 사무실이 있는 워싱턴 D.C.에 있는 '워터게이트 호텔'에 몰래 도청 장치를 하도록 지시하였고, 이 사실이 밝혀져 마침내 1974년 대통령이 사임하게 된 사건이다.

테이프에도 관심이 널리 퍼져 있다. 정치 부패와 간첩 교환과 마피아 구성원들의 '파괴'를 예시해 주는 녹음테이프들도 모두 무시무시한 매력을 지닌다. 사회언어학자 윌리엄 러보웁(William Labov, 1927)은 사람들이 언제나 '죽을 고비 넘긴 위험'(danger of death)에 대하여 이야기할 준비가 되어 있음을 발견하였다. 비록 내 '죽음의 고비'가 본질적으로 그의 '죽음의 고비'보다 좀 더 흥미로울 것이라고 짐작하지만, 그런 녹음테이프들은 학습자들이 듣기에 흥미로울 듯이 보인다. 지속적으로 흥미로운 대화는 아마 권력과 성과 위험(모든 경우에서 실제적이어야 함)과 관련된다. 오직 그런 화젯거리에만 토대를 둔 듣기 이해 수업을 구성하는 것이 가능할 듯하다고 가정하기란 거의 힘들다. 그렇지만 교사에게 항상 문젯거리는 '흥미를 끄는 자료 찾기'로 언급된다.

저자들의 판단에 원리상 모든 사람에게 흥미로울 만한 자료를 찾아내기란 불가능한 듯하다. 따라서 일반적으로 불가능하다고 단정한 '본질적'으로 흥미로운 자료를 제공해 주려는 시도로부터, 지루할 수도 있겠으나 때로 학생에게 심금을 울릴 수 있는 자료와 함께 수업을 흥미롭게 만들어 가는 쪽으로 강조점을 두어야 한다. 이런 자료가 학생들의 고유한 관심거리에 바탕을 두기보다는, 오히려 무엇을 하는 데 이용될 수 있는지에 근거하여 선별되어야 한다. '흥미로운 일 해 보기'(doing interesting things)는43) 아마 우리가 옳다고 입증하여 제안할

---

43) [역주] 이런 관점을 흔히 실용주의라고 부를 수 있다. 말은 말 그 자체를 위해 있는 것이 아니다. 말은 "일을 하기 위하여" 있는 것이다. 일과 놀이와 쉼으로 이뤄진 우리 삶이 주인이고, 이를 위하여 도구 또는 하인으로서 말이 있는 것이다. 1.1의 역주 2)에 있는 언어 교육의 하위영역과 1.2의 역주 22)에 있는 하부구조를 보기 바란다.
    그런데 이런 실용주의 주장이 우리 문화에서는 '순수주의' 또는 '형식주의'의 옹호 내지 영향 때문에 수용되기 쉽지 않을 듯하다. 조선조 후기에서는 '공리공담'의 폐해를 너무나 절실히 겪은 바 있고, 이에 반발하여 부조리한 현실을 고치려는 '실학'의 깃발 아래 민간생활에 도움이 되는 일들을 하고자 노력했던 때가 있다. 역사의식이 단절된 채 살아가는 우리들에게는, 지성사의 전개 과정을 되돌아보려는 노력이 아주 부족한 듯하다. 언어 전공자들이 자칫 허무하기 그지없는 "말은 얼이다!"라는 얼빠진 주장에 빠져 허우적대기 일쑤이다. 이는 진지하게 미시사회학, 인지과학, 심리철학, 뇌과학 등의 논의를 한 번도 제대로 읽어 보지 못했음을 스스로 명백히 밝히는 일에 불과할 따름이다.

수 있는 주장보다 더 강한 주장이다. 기본적으로 이런 논의로부터 의미하는 바는 두 가지이다. ㉠ 듣기 이해 수업에서 좀 더 넓고 다양하게 많은 일을 해 본다. ㉡ 청자를 단순히 방청자로 여겨 들은 내용을 놓고서 '질문에 답하는 일'보다, 능동적으로 언어에 대해 반응하도록 참여시켜야 한다. 이 주제를 3.7에서 다루게 된다.

3.6.3. 자료 등급화: 내용에 의해서

놀랍게도 대체로 무엇이 '어려운' 내용을 구성하는지에 대해서는 알려진 게 거의 없다. '가독성'(readability, 쉽게 읽힘, 이독성)에 대한 대부분의 업적은 대체로 복잡한 통사 구조에 관심을 둔다. 이미 독자들이 대학 강의나 정치 연설을 듣는 수준(글말에 의해 크게 영향을 받은 언어)에 이르기 이전까지는 입말에서 복잡한 통사 구조가 거의 찾아지지 않음을 시사하였다. 통사 복잡성이라는 간단한 척도를 이용하여 서로 다른 입말 덩이들을 이해하는 어려움을 평가하는 데에 성공적으로 도달할 것 같지 않다.

고급 수준의 전문화된 낱말이 만일 낯선 것이라면 어려움의 원천이 될 소지가 있다. 아마 학생들이 한 덩이 말을 접하기에 앞서서, 미리 본문 속에서 가리키는 의미로 풀이된 중요한 용어들을 접해 보도록 해 주는 것이 합리적으로 견실한 교육 실천이다. 그렇지만 최소한 입말 이해에서 다른 어려움이 고도로 전문화된 낱말로부터 나오는 것이 아니라, 오히려 아주 일반적인 낱말의 일반화된 용법으로부터 생겨나는 일도 있을 듯하다. 대화로부터 나온 다음 인용을 살펴보기로 한다.

(3.13) A: the system they have over there is that they study at university
        + and then work in the summer + for a firm + and the firm
        that Joe first worked for + were desperate to have him back +
     B: oh + were they really ++

A: the next year and the next year + and + 'we'll give you a job as soon as you come out' +

B: is that so + they do that quite a bit here + my girlfriend's son — he's got his BSc at Glasgow University but he was employed + by Barr and Strouds (coughs) + + and he was testing erm + periscope lenses + I think he was failing more than he was passing (laughs) + + they + the Navy have a very high standard for such things and er his + Neil's standards are equally high

A: 그쪽 사람들이 가진 제도는 대학에서 공부하는 건데 + 그러고 나서 여름방학 때 회사에서 일을 하는 거지 + 회사를 위해 + 그리고 조우가 처음 일했던 회사에서는 그가 돌아오도록 필사적으로 매달렸었거든 +

B: 아 + 정말로 그랬어? +

A: 다음 해와 그 다음 해 + 그리고 + '자네가 대학을 마치자마자 자릴 마련해 줄 거야'

B: 그랬어? + 여기서도 아주 그렇게 붙잡는 일을 하거든 + 내 여자 친구의 아들네미가 — 걔가 글라즈고우 대학에서 이학사를 받았지만 바아 스트라우즈 회사에 취직되었거든 (여러 번 기침을 함) + + 그러고 걔가 엄 + 잠망경 렌즈 + 검사를 했었지 + 내 생각에는 걔가 성공하기보다 실패하고 있었거든 (웃음) + + 그 사람들이 + 해군에서는 그런 거에 대해 아주 높은 기준을 적용하거든 그래서 어 그 + 니일 기술 표준이 똑같이 높단 말이야

물론 풀이될 필요가 있는 '어려운' 낱말도 있을 텐데, 다음과 같다.

university(대학교),
firm(회사),
BSc(이학사),

Barr and Strouds(바아 스트라우즈 회사, 학생의 짐작이 저자들만큼 훌륭할 수 있음),

periscope lenses(잠망경 렌즈),

the Navy(해군),

standard(기준치, 기술 표준)

비록 '어려운 낱말'을 담고 있지 않고 아주 일반적인 낱말을 담고 있는 표현이라도, 다음과 같이 해석에 어려움을 일으킬 소지가 있다.

the system they have over there(그쪽 사람들이 가진 제도)

is that they study(대학에서 공부한다는 것이다)

were desperate to have him back(그가 돌아오도록 필사적으로 매달렸었다)

were they really(정말로 그랬어?)

the next year and the next year(다음해 그리고 그 다음해)

we'll give you a job(자네한테 자리를 마련해 줄 게)

they do that quite a bit here(여기서도 아주 그렇게 붙잡는 일을 하거든)

such things(그런 것들)

equally high(똑같이 높다)

종종 they(그들이), him(그를), we'll(우리가 ~을 거다), you(자네), that(그런 일), here(여기서도), such things(그런 거)와 같은 표현도 누구를 또는 무엇을 가리키는지 분명치 않을 수도 있으며, 학생에게 문제를 일으킨다. 학생에게 어려움을 더해 주는 것이 텍스트에 실제적으로 표현된 것이 아니라, 공유되거나 추론될 수 있는 것으로 가정된 배경지식의 양(amount)일 수도 있다. 특정 담화에서 가정된 배경지식이 많을수록, 학생이 그런 지식을 공유하고 있지 않는다면, 담화 이해가 학생에게 더욱 어려워질 것으로 가정한다.

만일 이런 가정이 옳다면, 학생에게서 가장 이해하기 쉽게 되어야 하는 것은, 자신의 비슷한 문화 경험에서이든, 아니면 자신의 전문 영역에서든, 아니면 철두철미 준비해 놓은 견지에서든, 학습자한테 가장 친숙한 내용이 되어야 한다는 점이 도출된다.

상대적으로 듣기 쉬운 갈래는 산출하기 쉬운 갈래인 듯하다. 이런 근거에서 서사 이야기(narratives)와 설명서에 따라 전자제품의 조립과 같은 지시사항(instruction)이, 추상적 논의나 설명 또는 논증을 통한 정당화보다 좀 더 이해하기 쉬울 것이다.

만일 이해의 어려움에 대한 유형이 산출 과정에 있는 어려움의 유형을 따른다면, 소수의 주인공만 있고 한 가닥의 시간 구조를 지닌 서사 이야기가, 더 많은 수의 주인공(특히 동일한 성별의 주인공)과 여러 가닥의 더 복잡한 시간 구조를 지닌 서사 이야기보다 이해가 좀 더 쉬울 것임을 예측할 수 있다. 우리는 소수의 대상을 포함하고 간단한 몇 가지 관계를 지닌 지시사항이나 묘사가, 숫자가 더 많은 대상과 더욱 복잡한 관계를 지닌 과제보다 이해가 더 쉬울 것이라고 기대할 것이다.

이런 논의를 따르면서(일후 이런 주장들이 모두 신중히 검토될 필요가 있음), 우리는 최대한으로 청자를 포함하는 담화가, 청자를 포함하지 않는 담화보다 더 이해하기 쉬울 것이라고 가정한다. 이에 대한 분명한 이유 한 가지는, 청자가 맥락의 일부를 구성하고, 맥락의 일부가 적어도 청자에게 알려진다면, 관련된 맥락 지식의 일부를 청자가 조절 통제할 수 있기 때문이다. 그렇다면 최대한으로 청자가 어떻게 포함될 수 있을까? 한 가지 해결책은 직접적으로 청자한테 말해지는 녹음 자료를 이용할 수 있다. 즉, 특정 과제(조립하기, 도형 그리기, 시각 식별, 종이 접기, 숫자 세기 등을 담고 있는 과제)를 이행하는 방식에 대한 지시사항을 청자에게 말해 주는 것이다. 학생의 인지 수준에 적합한 난이도의 과제를 배치하는 일이, 아마 목표 언어와 관련된 난이도 수준을 찾는 일보다 상상력을 더 많이 발휘하도록 짐을 지우는 듯하다.

3.6.4. 자료 등급화: 학습 촉진물(도움물)에 의해서

우리는 외적 도움물이 청자에게 더 많이 제공될수록, 해당 언어를 청자가 이해하는 일이 더 쉬워진다고 가정한다. 대부분의 사람은 자신이 관람하는 영화에서 극적인 맥락으로 산출된 외국어를, 단순히 녹음 테이프로 틀어 줄 때보다 훨씬 이해하기가 쉽다는 것을 깨닫는다. 시각적 환경은 정보에 대하여 별도로 대단히 중요한 차원을 제공해 준다. 물리적 맥락의 특징들에 대한 모든 세부 사항들과 더불어, 주인공이 늙었는지 젊은지, 부자인지 가난한지, 실내인지 집 밖에서인지 등을 확인하게 해 줄 뿐만 아니라, 또한 주인공들이 서로 가까이 서 있는지 앉아 있는지, 서로 신체적으로 접촉을 하고 있는지 떨어져 있는지, 말을 하면서 호의적인 모습으로 서로를 향해 기대어 있는지, 서로 간에 보지 않으려고 등을 돌려 있는지 등 주인공들 사이의 물리적 관계를 알아볼 수 있게 해 준다. 녹화 기술 이용의 확대와 더불어, 듣기 이해 수업의 초기 단계에서부터 시각적 환경의 도움물이 없이 외국어 입말을 접하게 되는 학생이 점점 더 적어지도록 희망해야 한다.

고급 수준의 학생이 외국어로 강의를 듣는 경우에라도, 녹화테이프가 여전히 크게 도움이 됨을 깨닫는 것이 중요하다. 칠판 앞에서 이야기를 하는 강사에 대해 긴 시간의 녹화를 떠 두는 일은 녹화 설비를 낭비하는 일이 될 듯하다. 반면에, 시작에서부터 어떤 강의가 의미하는 바를 놓고서 자신이 갖고 있는 전형적인 청각 틀(auditory stereotype)에 스며들도록 전형적인 시각 틀(visual stereotype)을 계발하는 일이 도움이 된다. 그러고 나서 외국인이든 아니든 상관없이, 대부분의 청자가 적어도 한 동안 말하고 있는 사람의 얼굴을 쳐다보는 것도 도움이 된다. 화자의 입술과 턱의 움직임을 관찰하는 일도 큰 도움이 된다. 왜냐하면 청각 입력물을 강화해 주는 양순 자음, 개모음, 원순 자음, 원순 모음의 발화 표지 따위를 제공해 주기 때문이다.

영어처럼 강세 박자 언어에서는 강세를 받은 음절에서 흔히 눈썹을 위로 올리고 내리는 일처럼 좀 더 큰 얼굴 동작과 더불어 일어나는 별도의 조음 노력뿐만 아니라, 머리를 끄덕이거나 가로 젓는 일(대부분의 화자가 말을 하면서 늘 머리를 움직임)과 손이나 어깨 등의 몸짓을 함께 관찰할 수 있는 것도 도움이 크다. 이들 좀 더 큰 동작이 자주 중요한 핵심을 강조하기 위하여 화자에 의해서 채택된다. 따라서 그런 몸짓이 분명히 학생들에게 유의해야 하는 핵심임을 알려주는 단서로서 기여할 것이다. 화자가 말하는 바와 관련된 이런 가외의 모든 정보와는 별개로, 칠판 앞에서 강사는 종종 핵심을 판서해 놓는다. 어떤 종류의 핵심이 씌어져야 하는지, 서로 다른 강사들이 칠판을 어떻게 이용하는지, 전문 용어의 철자를 어떻게 쓰는지 등을 외국 학생이 배우는 데 특히 도움이 된다.

조심스럽게 다룰 필요가 있는 추가의 분명한 도움물이 있는데, 입말 텍스트에 대한 녹취기록(=전사물)이다. 학생이 입말과 함께 상당량의 경험을 갖고 있거나, 입말보다는 글말로 소통하는 것을 더 편안하게 느낄 경우에, 특히 좀 더 긴 텍스트의 도입 부분과 씌어진 녹취기록을 제공해 주는 것은 완벽히 합리적인 듯하다. 씌어진 녹취기록이 글말처럼 보이도록 가지런히 수정되지 않은 채, 그대로 입말에 대한 녹취기록으로서 제시되어야 하는 것이 중요하다. 왜냐하면 스스로 듣는 것으로 생각하는 바와 종이 위에 씌어진 것 사이에 계속 심각한 불일치를 찾아낸다면, 거의 도움이 되지 않을 것이기 때문이다. 따라서

pauses(휴지), 'um'(군말 '음'), 'erm'(군말 '엄'), laughs(웃음), coughs(재채기)

들도 표시되어야 한다. 불완전한 발화도 완성되지 않은 채 그대로 남겨 둬야 한다.44) 화자가 무엇을 말하였는지 분명치 않을 경우에, 전사

---

44) [역주] 1.1의 역주 12)와 2.2의 역주 8)을 보기 바란다. 빈 간격을 채우는 군말도 기능상 두 종류로 나뉘어야 한다. 북미 영어 자료에 대한 논의에서는 uh(어)가 상대방이 발언권을 낚아채지 못하도록 저지하는 기능이 있다. 반면에 um(어엄) 따위에서는 적합한

자(녹취기록 주체)는 청자가 모든 것을 들을 것으로 기대하지 않도록 재확인하기 위하여, 그리고 이것이 전달내용의 중요한 부분일 경우에 말해졌을 바를 짐작하고 결정하는 작업을 해야 됨을 분명히 하기 위하여, 이런 불명료한 대목을 그대로 표시해 놓아야 한다. 물론 종종 분명하지 않은 도막은 하여간 전달내용에 대해 그리 중요하지 않다. 어떤 합리적인 해석에 도달하기 위하여 청자가 언제나 모든 것을 다 들어야 하는 것은 아님을 재확인하는 일도 분명히 소중하다. 예를 들어, 교사가 발언기회를 얻어내는 독특한 특징들에 주목하도록 녹음테이프를 이용하고 있는 경우에, 녹취기록 내용 및 실제 녹음 청취를 통해 학생이 익힐 수 있도록 해야 함이 분명히 소중하다.

언어를 위한 다른 유형의 도움물을 쉽게 떠올릴 수 있다. 사진, 지도, 만화, 과학 분야의 도표, 그래프 등이다. 학생이 철저히 도움물의 속성에 친숙해져야 함이 본질적이다. 만일 청자가 도표로부터 정보를 읽어내는 능력을 온전히 갖추지 못하였다면, 인구 증가의 변이에 대한 논의를 뒷받침해 주기 위하여 도입된 일련의 도표를 이용하는 것은 이치에 맞지 않다.

어떤 수업이든 수업의 초기 단계에서 학생이 외국어에 대한 합리적 해석에 도달하는 성공을 경험하도록 확실히 해 주기 위하여, 가능한 대로 많이 도움이 되는 뒷받침 요소들이 제공되어야 한다. 점차 향상되어 나감에 따라, 외적인 도움물에 대한 의존도가 점차 줄어들 수 있다. 외적인 도움물에 점차 덜 의존하고 점점 더 언어에만 의존함으로써, 이는 학생의 향상을 드러내어 줄 것이다. 그렇지만 셰익스피어 연극에 대한 라디오 방송처럼 정말로 어렵고 복잡한 목표 언어의 자

표현을 머릿속에서 이끌어 내지 못하고 있으므로 상대방에게 도와달라는 요청 기능이 들어 있다. 본문에 표시된 um과 erm이 다른 기능을 지니는지 아니면 같은 기능의 변이체인지는 잘 알 수 없는데, 아마 2.2.6에 실어 둔 군말 사례들과 비교할 경우 각각 uhm과 erm에 대응할 듯하다. 이 책과 함께 제공된 녹음 자료를 들어보면, 이 책의 저자들이 구별되어야 할 군말들을 무사하였다는 인상이 들지만, 영국 영어와 미국 영어의 전사 방식이 달라서 생긴 차이인지 잘 알 수 없다.

료가 학생 앞에 놓인 글말 텍스트와 함께 듣기를 선호할 듯하고, 많은 토박이 화자가 인생의 많은 시간을 텔레비전을 보면서 보낸다는 사실을 교사는 잊지 말아야 한다. 교실 수업에서 학생이 교사와 함께 자세히 분석하며 듣는 일과, 즐거움을 위해 (그리고 점점 향상되는 언어 경험을 바탕으로 전형적 틀을 널리 수립하기 위해) 광범위하게 듣는 일 사이에 어떤 구분이 그려질 경우에 수업에서 어느 정도 성취를 이룬 학생이 혼자서 확대된 듣기를 하도록 뒷받침하기 위하여 녹화 및 녹취기록의 도움물이 잘 이용될 수 있을 듯하다.

3.6.5. 자료 선택: 목적 유형

듣기 이해 교육을 위한 표준 형식은 교재에서 가능한 대로 다양한 대면담 및 독백담을 많이 선별하고, 종종 상상력이 풍부하게 학습자의 '내적 관심거리'를 중심으로 구성되어야 하는데, 대략 이는 동일 길이의 시간대로 운영되는 경향이 있다. 전형적인 교실 수업은 녹음 테이프를 틀어 주는 교사와 녹음내용에 관한 질문에 대답을 하는 학생들로 이뤄진다. 이미 앞에서 언급하였듯이, 녹음의 녹취기록(전사물)을 놓고서 질문들이 전반적으로 골고루 분포하며, 일반적으로 덩잇말에서 특별히 진술된 정보이거나 덩잇말로부터 직접 추론할 수 있는 정보인 '사실'들을 다루는 경향이 있다.

만일 교육과정의 의도가 학생이 둘 이상의 덩잇말 유형에 노출되어야 하는 것이라면, 대부분의 수업에서 지금까지 주요 기준이 되어 온 비슷한 화젯거리에 토대를 둘 뿐만 아니라, 또한 텍스트에서 의도된 목적에 비춰 서로 다른 덩잇말이 선택될 필요가 있다. 만일 입말 담화가 단순히 '호의적이어서' 짤막한 상호작용 발언기회만 선택하는[45] 친

---

45) [역주] 서로 사이가 가까울수록 아무 예고도 없이 화젯거리가 쉽사리 바뀌고(바뀌더라도 기꺼이 상대방에게 호의적으로 응수해 줌), 상대의 말을 자주 끊어 간섭하기도 하며, 주고받는 이야기가 짤막짤막 불완전한 문장 형태를 보이게 된다. 그렇지만 관계가 먼

한 두 사람의 화자에 의해 산출되었다면, 그런 짤막한 덩잇말은 그런 친교 갈래의 사례로 연구되어야 한다. 그런 담화에서 학생들은 의사소통이 이뤄진 '사실'들에 대한 질문에 답하도록 요구되어서는 안 된다.46) '사실들'이 많든 적든 녹음을 틀어 들려준 담화의 목적과는 무관하기 때문이다. 학생들은 담화가 무엇을 위해 산출되었는지에 대해 주목해야 하고, 녹음 속의 참여자(주인공)들이 보여 주는 호의적으로 되는 다양한 전략을 관찰해야 한다. 이것은 모든 학생이 산출하도록 준비되어 있지 않을 법한47) 분석적이고 사려 깊은 사고를 요구한다. 학생들이 만일 '사실'을 제공해 주는 녹음테이프로 작업해 나가기를 선호한다면, 의사소통의 핵심이 정보를 전달하는 정보 전달용 발언기회를 담고 있는 것으로 작업을 해 나가는 것이 분명 좀 더 적합하다.

사람 사이에서 이런 일을 한다면, 말을 가로챈다고 하여 서로 다툼이 생겨날 수 있다.

46) [역주] 친한 사이에 주고받는 내용은 '정보 전달용' 언어라기보다는, 그저 상대방의 기분을 맞춰 주는 사교적(상호작용) 언어이기 때문이다. '사실'에 관한 질문은 주로 정보 전달용 언어에서 취해져야 한다. 사람들이 호의적 관계를 유지하기 위하여 상대방에 맞춰 행동해야(연출해야) 한다는 논의는 특히 미시사회학자 고프먼(Goffman, 1967; 진수미 뒤침, 2013), 『상호작용 의례: 대면 행동에 관한 에세이』(아카넷)의 제1장 '체면 지키기: 사회적 상호작용에 내재된 의례적 요소의 분석'과 제2장 '존대(상대방 대접)와 처신의 성격'을 읽어 보기 바란다. 인간들이 상호작용 관계를 의례적 요소로 연출한다는 논의는 고프먼(1959; 김병서 뒤침, 1987), 『자아표현과 인상관리: 연극적 사회분석론』(경문사)을 읽어 보기 바란다(즉, 원래 책 이름은 '일상생활에서의 자아 연출'임). 클락(1996; 김지홍 뒤침, 2009), 『언어사용 밑바닥에 깔린 원리』(도서출판 경진)에서는 고프먼 교수의 '체면'(face) 보호하기와 체면 위협하기를 '체면의 원리'로 부르고, 다시 상대방의 '자율성'(autonomy) 및 '자존심'(self-respect)을 높여 주거나 깎아 내리는 복합 측면으로 다룬 바 있다. 적어도 중학생 정도가 되면, 자신의 발화를 스스로 이들 기준에 따라 평가하여 상대방이 기분이 좋을지 여부를 판단할 수 있을 것이다. 우리나라 언어교육(특히 국어교육)에서는 이런 점에 대한 자각이 특히 부족하다.

47) [역주] 아마 중학생 정도만 하더라도, 말은 어떤 사실을 가리킨다고 생각하고, 비유적인 언어 용법이나 언어 사용 의도를 헤아려 알아차리지 못할 가능성이 높다. 만일 반어법을 이해하지 못하였다면, '난 진짜 네가 밉다!'라는 표현을 직설적으로만 받아들일 것이다. 어른이 될수록 말은 직설적이지 않고, 변죽만 울리거나 속에 있는 마음을 겉으로는 전혀 달리 표현하는 방식에 익숙해져 있는 경우가 많다. 따라서 이런 상황을 제대로 헤아리기 위해서는,

"ask not the meaning of language but the use of language"
(언어에 대해 물을 것이 아니라, 언어 사용과 그 의도에 대하여 물어야 한다)

이런 측면의 본격적인 논의는 옥스퍼드 일상언어 철학자 그라이스(Grice, 1988), 『낱말 운용 방법에 대한 연구(Studies in the Way of Words)』(Harvard University Press)에서 바탕이 마련되었다.

덩잇말의 선별을 위한 하나의 토대는 실생활에서 언어가 쓰이는 서로 다른 부류들을 예시해 주기 위해 선별되어야 하고,[48] 실생활에서 그런 종류의 목적이 언어로 처리되는 방식과 가능한 대로 관련되도록 제시되어야 한다. 따라서 자세한 정보를 담고 있는 지시사항 텍스트는, 관광객에게 길 방향을 안내해 주고 있는 사람이 자신이 말한 내용을 때로 여러 차례 반복하게 되는 방식으로 아주 짤막하고 반복되어야 한다. 또는 학생 화자에 의해서 실제로 귀 기울이면서 과제를 수행하고 있는 다른 학생에게 지시사항을 전해 주어야 한다. 다시 말하여, 상대방 학생이 지시사항들을 따라서 할 수 있도록 말이 신속하게 그리고 적합한 휴지와 더불어 산출될 것이다. 화자 자신이 말을 해 주고 있다고 '상상하면서' 어떤 사람에게 그가 수행할 지시사항을 말해 보도록 요구하는 것은 적합하지 않다. 상상만으로 의사소통을 해 보는 화자가(≒한 방향 의사소통), 진짜 현실 속에서 작업해 나가는 청자한테 직접 말을 전해 주는 화자들(≒두 방향 의사소통)보다도 정보를 훨씬 빈약하게 산출해 내고, 정보를 좀 더 성급하게 산출함을 알아내었다.

담화가 만일 다른 사람에게 진지하게 정보를 전해 주는 첫 번째 사람과 이에 반응을 보이는 두 번째 사람 사이에서 미끄러지듯 움직이는 토론으로 이뤄져 있다면, 그리고 학생들이 의무적으로 방청자의 역할을 맡아야 한다면, 해당 녹음테이프가 두 가지 아주 별개의 목적을 위해 이용될 가능성이 있다(오직 두 가지 이용 사례만 언급한다면).

---

48) [역주] 이는 담화 유형 또는 담화 분류의 문제로 불린다. 쿡(Cook, 1989; 김지홍 뒤침, 2003), 『담화: 옥스퍼드 언어교육 지침서』(범문사)를 보기 바란다. 제2 언어교육에서는 개념-기능 중심 접근법의 영향을 받은 Council of Europe(유럽연합 평의회)에서 나온 책들이 유용하다. 뵈넥·트륌(van Ek and Trim, 1998, 개정판), 『왕초보 1990(*Waystage 1990*)』, 뵈넥·트륌(1998, 개정판), 『문턱 넘기 1990(*Threshold 1990*)』, 뵈넥·트륌(2001), 『도약 단계(*Vantage*)』(모두 Cambridge University Press)에서 자세히 다루고 있으므로 크게 도움이 된다. 제2 언어로서 한국어 교육도 이런 모형을 깊이 참고해야 할 것이다. 유럽 연합 평의회(2001, 김한란 외 뒤침, 2010 수정판), 『언어 학습, 교수, 평가를 위한 유럽 공통 참조기준』(한국문화사)도 참고하기 바란다. 담화를 다루는 쪽에서는 이를 '균형 잡힌 말뭉치' 구축 문제로 부른다. 일찍이 언어교육에서도 이런 문제를 자각해 왔으며, 초기 일반 목적의 언어교육 위에 다시 특정 목적의 언어교육을 도입하여 가르쳐 왔다. 1.1의 역주 2)에 있는 도표를 보기 바란다.

첫째, 학생은 기존의 교재에 의해 제시된 다양한 방식 중 한 가지 방식으로 첫 번째 화자에 의해 산출된 '사실'들에 주의를 쏟을 가능성이 있다. 둘째, 학생이 두 번째 화자의 역할에 주의를 쏟을 가능성이 있다. 두 번째 화자의 의견 표현을 검토하고, 두 번째 화자가 일관된 관점을 유지하고 있는지 여부를 판정하는 것이다. 결국 이것은 토박이 화자가 누군가에게

'I can't pin him down'(난 그 사람의 논의를 명확히 파악할 수 없어요)
'he's really slippery'(그의 논의가 진짜로 미끄러워 잘 파악할 수 없어요)

등이라고 말할 경우에 서로에 대해 내리는 일종의 판단이다.

상이한 목적을 위하여 서로 다른 종류의 덩잇말을 이용하는 결정으로부터 도출되어 나오는 것 중 하나는, 반드시 더 이상 모두 동일한 시간 분량이 소요되는 텍스트를 원하는 것이 아니라는 점이다. 교사는 특정한 대화 전개 책략을 예시해 주기 위하여, 대화로부터 나온 작은 몇몇 자투리를 이용할 수도 있다. 예시 (3.7)로부터 (3.9)까지를 보기 바란다. 그러고 나서 이런 전략의 사용을 예시해 주기 위하여 계속 상호작용 대화의 좀 더 확대된 도막에 대한 녹음을 틀어 줄 수 있다. 그런 뒤에 마지막 수업 시간의 절반을 학생들에게 과제를 완성하도록 요구하는 아주 짤막한 정보 전달용 덩잇말과 함께 작업하면서 보낼 수 있다. 수업 구성에서 요구되는 바는 지금까지 기술해 온 종류의 방식으로 등급화된 덩잇말에서 예시된 전략 및 과제의 선별이다. 각각 특정 수업을 위하여 일련의 일람표를 구성할 수 있는 유동적인 전략이다. 때로 특별히 초급 단계에서는 상당수의 짤막한 인용들로 구성될 수 있는데, 가끔 신중한 준비와 분별력 있는 도움물을 이용하여 학생들에게 접속될 수 있는 하나의 기다란 영향력 있는 덩잇말로 이뤄질 수 있다. 다음 절에서는 '신중한 준비'(careful preparation)와 '분별력 있는 도움물'(judicious support)이라는 개념 아래 깔려 있는 원리들

에 대하여 논의하고 간략히 예시할 것이다.

3.7. 덩잇말(입말 담화)에 접속하기

녹음된 대화 부류의 입말 덩어리를 어떻게 이용할지를 다루는 이 절의 논의에서, 우리는 학생들이 듣는 내용에 대하여 교사가 자신의 해석을 덧붙여 촉진해 주면서 자료를 이용하는 한 가지 방식을 제안할 것이다. 녹음된 인용은 대략 2분쯤 지속된다. 이는 일반적으로 단 한번에 계속 듣는 연습을 위해서는 너무 길다. 우리가 확대된 입말 덩이를 나눌 수 있게 결정해 주는 간단한 원리는, 듣기 연습의 시작 부분에서 학생들에게 내어 줄 수 있는 도움물의 양에 의한 것이다. 녹음테이프를 틀어 주기 전에, 〈그림 3.4〉에 있는 지도가 학생들에게 제공되어야 한다.

〈그림 3.4〉 등굣길과 하굣길 지도

녹음내용 속에서는 지도 위에 있는 모든 거리와 장소 이름이 언급된다. 따라서 예비 연습으로 학생들에게 이들 이름이 어떻게 발음되는지 친숙해지도록 만드는 일을 포함한다. 필요하다면, 실제로 지도표기의 일반적 관례처럼 road(Rd. 거리) terrace(Terr. 주택가)과 같이 낱말 축약 관례도 예시될 수 있다. 녹음테이프로부터 듣게 될 정보 유형에 대한 준비로서, 교사는 학생들에게 지도상으로 한 장소에서 다른 장소로 어떻게 갈 수 있는지를 물을 수 있다. 예를 들면 다음과 같다.

describe how you would get from Lauder Road to Albert Terrace
(로더 가에서부터 어떻게 알버엇 주택가로 갈 수 있는지 묘사하시오)
you live in Dick Place and go to school at George Watson's College, how would you walk to school in the morning?
(여러분이 딕 동네에 살고 있으며, 조지 왓슨 대학의 부속학교에 다닌다면, 아침에 어디를 거쳐 학교까지 걸어가겠습니까?)

이들 질문에 대답하면서 만일 학생이 다음과 같은 표현에 친숙함을 보여 주지 않는다면,

go straight along(곧장 길을 따라 걸어가다)
along(죽 계속)
go over(넘어 가다)
get to(도착하다)
go up(위로 올라가다)
walk along(곧장 죽 걸어가다)
down Lauder Road(로더 가 아래로 내려가다)

교사는 이들 표현과 전형적인 용례를 소개하는 기회를 가져야 한다. 이 시점에서 이는 이런 유형의 표현을 놓고서 일반적인 수업으로 이

끌어 간다. 예시를 보이는 것은 실제로 녹음내용 속에서 나타나게 될 표현에 국한되어야 한다.

학생에게 도움을 주기 위하여 필요한 예비 작업의 양은 물론 학생의 능력과 입말 영어에 대한 이전의 듣기 경험에 달려 있을 것이다. 어떤 예비 작업을 완결지음으로써, 교사는 학생들에게 녹음내용을 들으면서 화자가 기술하는 길을 따라가 보도록(또는 연필로 표시하도록) 요구할 수 있다. 학생들에게는 화자가 오른쪽 끝에 있는 '큰 샛길'에서 시작할 것이라고 말해 주어야 한다. 첫 간략한 도막의 녹음은 여기서 예시 (3.14)로 제시되어 있고,49) 동그라미 숫자는 녹음테이프 속의 순서이다.

(3.14) ⑥ so the way I went was along Grange Lo-Gra-Grange Loan + em till it met + till you went over Whitehouse Loan + em + and then in fact straight along + Newbattle Terrace till you got to the Dominion + and then straight along Morningside whatever it is + to + the Tipperlinn gate of George Watson's College + 그래서 내가 학교 다녔던 길은 큰 샛-크-큰 샛길을 따라 갔거든요 + 음 다른 길과 만날 때까지 말이에요 + 하얀집 샛길을 넘어갈 때까지 + 엄 + 그리고 나서 실제로 곧장 죽 가는데 + 뉴배틀 주택가 길을 따라가면서 도미니온 극장까지 이르게 되거든요 + 그런 뒤에 곧장 모닝사이드 동네를 따라가는데 뭐라고 불리든 상관없이 + 조지 왓슨 대학의 티펄린 정문까지 가거든요 +

---

49) [역주] 이 대화의 첫 부분이 3.5의 인용 (3.10)으로 제시되어 있다. 거기서 A는 여성 면담자이고, B는 과거 자신의 학창시절을 회상해 주는 젊은 남성이다. (3.14)에서 (3.16)까지는 모든 B의 대답에 해당한다. 3.7의 (3.18)은 전체 면담 내용에 대한 녹취 기록이다. 이 책의 저자들은 부분적으로 듣기 연습을 시행한 뒤에 나중에 전체 담화를 듣도록 장려하고 있다.

학생이 만일 묘사 속도를 따라가지 못한다면 다시 예시를 들려준다. 그렇지만 학생이 다만 그 길만 따라갈 수 있으며, 모든 낱말을 다 듣고 이해하는 것이 아니라는 점을 강조한다. 학생이

Morningside *whatever it is*
(모닝사이드 동네이든 뭐라고 부르든 상관없이)

와 같은 표현이 혼란스러워서 특정한 질문을 한다면, 이런 애매한 형태의 이용과 맥락 속에서의 기능이 설명되어야 한다. 이 표현과 동일한 기능을 하는 대안 형태

Blackford *something or other*
(블랙포드이든가 다른 이름이든가 하는 길)

를 가르쳐 주는 데 좋은 시점이 될 듯하다. 그렇지만 설명이나 풀이가 1차적으로 그 시점에서 학생이 낯선 표현에 설명을 들을 필요하다고 느끼는 일(≒알고자 하는 동기)으로부터 도출되어 나오도록 노력해야 한다.

다음 듣게 될 녹음 대목을 준비하는 과정에서, 교사는 계속 화자가 조지 왓슨 대학으로부터 집으로 돌아가기 위해 다니던 길(하굣길)을 묘사하고 있음을 설명해 주어야 한다. 화자는 다른 길을 묘사할 것이다. 듣는 학생은 길을 따라가거나 연필로 표시해 주어야 한다. 화자가 이번에는 다른 길을 택한 이유를 제시할 것이다. 따라서 두 가지 사항을 귀 기울여 들어야 한다. 길에 대한 묘사와 다른 길을 택해 집으로 돌아오는 이유이다. 그리고 나서 다음 인용을 들려주어야 한다. 학생들이 요구하면 두 번 들려줄 수 있다.

(3.15) ⑦ em + on the way back I used to come out the Tipperlinn Gate of George Watson's College + ah this was why I did it + I used to go up Albert Terrace + halfway up Albert Terrace I used to light up a cigarette + you see because that was a very quiet way to go + now when I'd lit up my cigarette I used to find myself at Churchhill + and the quickest way to get back from Churchhill + was to walk along long down Clinton Road + along Blackford something or other it's actually an extension of Dick Place but it's called + Blackford something or other it shouldn't be I mean it's miles away from Blackford Hill + but it's called Blackford Road I think + em + and then along to Lauder Road and down Lauder Road + which used to allow for the consumption of two cigarettes on the way back + +

엄 + 돌아오는 길에는 조지 왓슨 대학 티펄린 정문으로 나오곤 했지요 + 아 왜 그 길을 택했느냐면요 + 내가 알버엇 주택가로 올라가곤 했었는데요 + 알버엇 주택가 중간쯤에서부터 담배를 피운곤 했어요 + 잘 아시겠지만 거기가 걷기에는 아주 한적한 곳이었기 때문이에요 + 시방 담배에 불을 붙였을 때쯤이면 교회 언덕까지 다다르게 되거든요 + 그리고 교회 언덕으로부터 집으로 걸어 돌아가는 가장 빠른 길은 + 클린튼 가를 따라 죽 내려가는 거거든요 + 블랙포드이든가 무슨 다른 이름이든가 그게 실제로 딕 동네의 연장이지만 불리기로는 그렇게 불려요 + 블랙포드인가 뭔가 다른 이름인데 그런 이름이 아닐 거예요 내 말은 블랙포드 언덕으로부터 몇 마일 떨어져 있다는 거죠 + 하지만 블랙포드 가로 불렸다고 생각되는데 + 음 그런 뒤에 로더 길 쪽으로 죽 가다가 로더 길로 내려가거든요 + 하곳길에 담배를 두 개비 필 수 있었죠 + +

교사가 던질 명백한 질문은 학생이 생각하기에 화자가 왜 등굣길과 다른 길을 택하여 집으로 갔는지를 포함한다(≒담배 피는 학생이 교사들에게 들키지 않기 위한 우회로임). 이 질문과는 별도로, 듣고 난 뒤 토론에서 다루게 될 질문을 결정해 주어야 한다. 학생들이 들은 바를 따라가면서 대답해야 할 질문이다. 혼란의 소지가 있는 표현은 다음 대목이다.

'*Blackford something or other* ⋯ *Blackford Hill* ⋯ *Blackford Road I think*'
(블랙포드인지 다른 이름인지 ⋯ 블랙포드 언덕 ⋯ 블랙포드 가라고 생각
되는데)

여기서 아마 일어나는 사건에 대한 설명은 상대적으로 간단한 듯하다.

consumption(소비, 담배 태움)

이라는 낱말 사용에서도 의문이 제기된다. 이 시점에서 확대된 토론 없이 곧장 대답해 주어야 한다.

다음의 간단한 인용에 대한 준비 과정에서, 교사는 화자가 하굣길을 등굣길과 달리 택한 이유를 아직 말해 주지 않았음을 설명할 수 있다. 학생들에게 어떤 이유들이 있을 것으로 생각하는지 물어볼 수 있다. 그리고 나서 학생들의 짐작이 옳았는지를 알아내기 위해(해석 과정에서 능동적 예측을 촉진진해 줌), 다음 도막의 녹음내용에 귀를 기울여 듣도록 요구한다.

(3.16) ⑧ and also it was a road which no masters took + so I wasn't liable
to be pulled out the next day + smoking on the way home +
그리고 또 그 길이 어떤 선생님도 다니지 않던 길이었거든요
+ 그래서 난 다음날도 빠져나올 수 없었던 거에요 + 하굣길에
담배를 피우면서 말이에요 +

이 간단한 인용과 더불어, 모든 실제 이용된 낱말을 다 이해할 수 있는 학생은 거의 아무도 없을 것 같다. 어떤 토박이 화자들은 녹취기록(전사)되는 방식에 강하게 반대한다. 그럼에도 불구하고, 하굣길을 다른 길로 선택한 이유로서, 화자가 말하고 있는 것에 대한 의미는 파악하기 어렵지 않다. 학생들도 어려움을 겪지 않을 듯하다. 만일 masters(교사, 교장 선생님)이 누구를 가리키는지 짐작할 수 없다면, 간단히 그 낱말이 설명되어야 한다. 이 간단한 입말 덩이에 대한 해석도 대부분 배경지식(학교에서 담배 피우다 들키면 학생을 처벌함)이나 추론(이 화자가 다녔던 학교에서도 학생이 담배 피는 일 허용하지 않음)에 토대를 두고서 어떤 해석을 구성해 내는 일에 달려 있음에 주목할 수 있다.

일단 이 예시가 논의되고, 학생들이 화자가 집으로 돌아올 때에 다른 길이 택한 이유를 알고 있다면, 교사는 학생들에게 녹음내용에서 다른 목소리를 들었는지, 그리고 다른 사람이 남성인지 여성인지를 묻는다. 학생들은 지금까지 들은 내용이 두 사람 사이의 대화 전체라고 생각할 것인가? 물론 아니다. 그렇다면 화자가 자신의 하굣길을 묘사하기 전에 반드시 무슨 이야기가 있을 것이다. 학생들은 이 길의 묘사를 이끌어내기 위하여, 더 앞에서 말해진 것이 무엇이었을 거라고 생각하는가?

그렇다면 위에 있는 내용과 비교될 수 있는 어떤 전략을 통하여, 교사는 자신의 학생들을 그 길 묘사하기 전에 있었을 상호작용 대화에 귀 기울여 듣도록 준비시킬 수 있다. 이 단계쯤에서 학생들은 해당 남자의 목소리에 친숙해져 있을 것이며, 대화에서 남성과 여성 목소리를 구별하는 데 큰 어려움을 지니지 않을 것이다. 마지막 시간까지 두 화자의 대화 인용을 유보해 두는 핵심 이유는, 듣기 이해의 관점으로부터 보면 상호작용 대화가

much less definable exercise
(훨씬 더 정의를 내릴 수 없는 연습)

이기 때문이다. 상호작용 대화의 '내용'은 일반적으로 이미 제시해 놓은 '길 묘사와 선택 이유'의 입말 덩이보다 특정성이 훨씬 덜하다. 다시 한 번, 학생이 모든 낱말을 다 들으려고 노력할 필요는 없다. 그렇지만 여성 A가 알고자 하는 바와 남성 B의 반응이 무엇인지를 귀 기울여 듣도록 노력해야 한다. 남성이 또한 이유를 답변으로 제시해 주는데, 학생들에게 그 이유를 귀 기울여 듣도록 요구할 수 있다. 녹음에서 가져온 인용이 다음에 있다.

(3.17) ⑨ A: and where did you go to school?

B: George Watson's College

A: for primary and secondary?

B: for primary and secondary yeah

A: all right + em could you describe how you got from your home to the school + if you remember?

B: the exact route?

A: if you remember it

B: good grief what a funny question + yeah + yes I can +

A: (laughter)

B: erm + perfectly I mean absolutely perfectly 'cause I used to do it every day twice + used to walk it + I used to walk along Grange Loan + up Lauder Road + + no no I didn't use to go that way I used to walk + this is going to be a ramified question I'm afraid

A: (laughter)

B: because I used to walk a different way from I used to go I used to have this +

A: oh hmm

B: well it's perfectly it's perfectly possible that one way + can

+ exert less energy than another +

A: yes

B: in opposite directions because you know hills

A: yes

B: you choose not to go up hills +

A: 그리고 어디서 학교를 다녔죠

B: 조지 왓슨 대학 부속학교요

A: 초등학교와 중고등학교를요?

B: 초등과 중고등학교죠 예

A: 그래요 + 음 집에서부터 학교까지 어떻게 다녔는지 등굣길을 묘사해 줄 수 있을까요 + 기억이 난다면요

B: 정확한 등굣길 말이에요

A: 그걸 기억나신다면요

B: 맙소사 웃기는 질문이네 + 예 + 예 기억할 수 있죠

A: (웃음)

B: 엄 + 완벽하게 제 말뜻은 절대적으로 완벽힌데요 왜냐면 언제나 매일 두 번씩 다녔기 + 그 길을 걸어다녔기 때문이죠 + 그 때는 큰 샛길을 따라 걸어가서 + 로더 가 위쪽으로 가죠 + + 아니 아니 다니던 길로 다닌 게 아니라 + 지금 이게 수정된 질문이겠죠 잘 모르겠지만

A: (웃음)

B: 왜냐면 그 당시 다니던 길과는 늘 다니던 등굣길과는 다른 길로 걸어가곤 했기 때문이죠 +

A: 아 그래요

B: 그런데 완벽히 그게 그 한쪽 길로 가는 게 완벽히 가능해요 + 동산 길보다 힘이 덜 들 수 있거든요 +

A: 그래요

B: 반대편 방향이라서 왜냐면 잘 알 듯이 동산들이

A: 예

B: 당신도 동산 올라가는 길을 안 택하죠 +

교사가 던질 질문으로, 여성 면담자(A)가 알고자 하는 바, 즉, 어느 학교인지, 얼마나 시간이 걸리는지, 어떤 길로 학교까지 갔는지에 대하여, 그리고 젊은 남성(B)이 어떤 대답을 해 주는지, 그 이유가 무엇인지에 관심을 두어야 한다. 대신 교사에게 도움을 요청할 학생 질문은 다음 표현들의 의미에 집중될 수 있다.

primary and secondary(초등학교와 중등학교),50)

---

50) [역주] 엄격히 말하면 secondary(제2급)는 tertiary(제3급, 고등 전문기술학교) 이전의 학교를 말한다. 영국 교육제도는 지역들(잉글랜드, 스코틀랜드, 웨일즈, 북아일랜드)마다 그리고 개별 학교마다 독자적인 전통을 지니고 있었다. 교육과정도 각 학교에서 고유하게 결정하였었다. 겨우 대처 정부에서 영국병을 고치는 일환으로 1988년에 처음으로 통일된 국가 차원의 교육과정(the National Curriculum)을 만들었다. 그렇지만 아직도 사립학교(소위 기숙사가 있는 명문 기숙학교)에서는 국가 교육과정을 따르지 않는다. 영국의 교육제도를 말할 때에는, 국가 교육과정에서 대략 3년 단위의 Key Stage(핵심 단계)를 설정하였는데, 이 단계를 기준으로 하여 다음처럼 공립학교와 사립학교의 제도를 제시할 수 있다.

나이	학년	국가 교육과정	공립학교	사립학교	
5	1	Key Stage 1 제1 핵심단계	Infant/ First School 아동/제1학교	Nursery/Kindergarten (유아원/유치원)	
6	2				
7	3			Preparatory School(예비학교) Lower 1st Form(낮은 제1형)	
8	4	Key Stage 2 제2 핵심단계	Middle School 중급학교	Upper 1st Form(높은 제1형)	
9	5				
10	6			2nd Form(제2형)	
11	7	Key Stage 3 제3 핵심단계	Secondary/ Upper School 제2/상급학교	Senior School(상위학교) 1st Form(제1형)	
12	8			2nd Form(제2형)	
13	9			Secondary/Upper School(제2/상급학교) 3rd Form(제3형)	
14	10			4th Form(제4형)	
15	11	Key Stage 4 제4 핵심단계		5th Form(제5형)	
16	12			Lower 6th Form(낮은 제6형)	6th Form College
17	13			Upper 6th Form(높은 제6형)	(제6형 초급대학)

이 제도가 다소 다양하지만, 일제히 만16살(제11학년)이 되면 중학교 일반 학력시험(GCSC, General Certificate of Secondary Education)을 치러야 하고, 다시 만18살(제13학년)이 되면 의무적으로 고급 수준의 일반 학력시험(General Certificate of Education Advanced Level) 또는 고급 수준의 전국 일반 직업 자격시험(GCE A Level, General National Vocational Qualification Advance Level)을 치러야 한다. 우리나라의 수능 시험을 자격시험으로 고치자고 주장하는 논의의 배경도 이런 영국의 자격시험을 염두에 둔 것으로 알고 있다. 영국에서 국가 차원의 교육과정은 몇 차례 수정된 바 있다. 최근

a ramified question(수정된 질문),

exert less energy(힘을 덜 들이다)

진짜로 문제가 되는 표현은 a ramified question(수정된 질문)에 대한 답변이다. 화자는 자신의 답변이 면담자가 예상할 법한 간단한 내용이 되지 않겠지만, 질문에 대한 대답을 하려고 의도한다는 점에서, 실제로 면담을 question(질문)이라고 표현했음을 시사해 준다. 남성이 또한

'one way can exert less energy'

(한쪽 길은 힘이 덜 들 수 있다)

고 말한다.51) 이는 '한 쪽 길을 택해서 걸어감으로써 <u>여러분이</u> 힘을 덜 들일 수 있다'(by going one way *you* can exert less energy)는 뜻으로 해석해야 한다. 비록 외국 학생이 받아들이기 어렵겠지만, 영어를 쓸 경우에 토박이 화자가 종종 혀가 꼬이는 '실수'(slips-of-the-tongue)를 저지른다는 사실이 남아 있다. 토박이 청자들은 이에 대응하여 자신의 해석에서 그런 꼬인 소리를 바로 잡아 벌충한다. 화자가 전달해 주려고

영국의 모국어 교육과정을 살펴보려면, 개편위 의장을 지낸 맨체스터 대학 콕스 (Charles Brian Cox, 1928~) 교수의 다음 책 두 권을 꼭 읽어 보기 바란다. ㉠ 콕스 (1991), 『콕스 보고서에 대한 콕스의 생각: 1990년대의 영어 교육과정(*Cox on Cox: An English Curriculum for the 1990's*)』, ㉡ 콕스(1995), 『모국어 교육과정 개편 전쟁에 대한 콕스의 의견(*Cox on the Battle for the English Curriculum*)』(모두 Hodder and Stoughton).

51) [역주] 영어에서 선호하는 무생물 주어 표현이다. 우리말에서는 무생물 주어 표현이 마치 의인법을 쓰는 듯이 느껴지는데, 우리말 주어에는 의지를 지닌 주체가 나오기 때문이다. 가령, "내가 <u>문에</u> 얻어맞았다"라는 우리말 표현에서 사격 명사구가 영어에서는 주어로 "<u>The door</u> hit me"라고 말하게 된다. 2.3에 있는 예문 (2.24)와 (2.26)에서도 'car'(자동차)로만 표현하여 그 자동차를 운전하는 사람으로 대신 하였다. 우리말 화자가 영어를 배울 때에 반드시 철저하게 익혀야 하는 특별한 매개인자이다. 언어 유형론에서는 이를 경험주(experiencer)에 관한 매개인자로 부르는데, 인간의 언어에는 세 가지 분포가 있다. 의지를 지니고서 직접 어떤 사건을 경험할 수 있는 주체가 ㉠ 언제나 주어로 나오는지, ㉡ 사격 명사구로 나오는지, ㉢ 아니면 영어에서처럼 대격으로 나오는지이다. 붜머·모해는 엮음(Verma and Mohanan, 1990), 『남아시아 언어들에 있는 경험주 주어(*Experiencer Subjects in South Asian Languages*)』(CSLI, Stanford University)에 있는 23편의 글을 읽어 보기 바란다.

의도하는 바에 관심이 있는 것이지, 축자적으로 홀로 낱말이 전해 주는 바에만 관심을 두는 것이 아니기 때문이다. 이 시점에서 교사가 수업 시간을 입말 산출의 이런 측면을 설명하는 데에만 쏟을 것 같지 않다. 교사의 설명은 단순히 학생들에게 더 쉽게 이해되는

'a long, complicated answer to your question'
(귀하의 질문에 길고 복잡하게 대답할 게요)

과 같은 표현으로 풀어 주는 일을 포함할 수 있다. 만일 학생들이 이 인용에서 진행되고 있는 바를 제대로 이해하여 따라온 듯 행동한다면, 이제 교사는 전체 2분 길이의 덩잇말을 곧장 통째로 듣도록 준비할 수 있다.

이런 확대된 듣기 연습에서, 우리는 학생 자신의 듣기에 어떤 다른 목적을 지닌 것처럼 하는 일이 학생들에게 도움이 될 것이라고 믿는다. 바로 학생들에게 이미 전체 연결체로부터 일부를 떼어내어 제시해 둔 차별적인 입말 덩이가 모두 실제적으로 어떻게 서로 어울리는지를 친숙히 파악하기 위하여, 온전히 전체 내용 듣기로부터 얻어지는 어떤 이점이 분명히 있다.

2분 길이의 전체 내용을 듣고 있는 동안에 학생들이 이런 상호작용의 어떤 일반적인 측면에 대하여 생각해 보도록 한다. 예를 들면, 학생들에게 다음에 그 남성(B)이 무엇을 말할 것인지에 대해 자신감도 없고, 스스로 머뭇대면서 말을 반복하는 부분에 대해서도 듣도록 요구할 수 있다. 또는 면담 주체인 그 여성(A)이 만들어 가는 기여 내용들에 대해 듣도록 요구할 수 있다. 결국, 여성은 대부분의 입말 내용에서 '청자 역할'을 맡고 있지만, 전적으로 잠잠히 침묵만 지키고 있을까? 또는 우리는 교사가 전통적인 유형의 몇 가지 이해 질문을 제시하고자 한다면, 학생들이 전체 대화를 다시 듣기 전에 칠판 위에다 그것들을 적어 놓도록 제안한다.

교사가 1차적으로 입말 영어에 대하여 학생들을 좀 더 효율적으로 듣도록 훈련시키는 데(시험을 치르는 게 아님)에 관심을 둔다면, 교사가 학생들의 주의를 끌어내기 위하여 학생들이 듣고 있는 동안에 교사 자신의 이해 유형 질문을 이용해야 하는 것은 이해가 된다. 우리는 일반적으로 듣기 연습이 학생들에게 단순히 피동적인 경험이 되어서는 안 된다고 제안한다. 가령, 토박이 화자로부터 나온 이해도 안 되는 영어 소음에 귀를 기울이는 낯익은 듣기 모습이다. 듣기는 반드시 목적을 지녀야 한다. 여기서 간략히 예시해 놓았듯이, 고급 수준이 아닌 학생들과 함께 녹음된 자료를 구조화하고 '도움' 자료를 이용하는 일이, 많은 듣기 이해 수업에서 가정하도록 요구된 '시험 부과' 역할보다는, 좀 더 연습 및 촉진 역할을 더 많이 해 보는 쪽으로 교사들을 데려갈 수 있다고 제안한다. 따라서 자신의 이런 대화의 전체 내용에 귀를 기울여 듣는 일을 놓고서 어떤 목적(≒주로 이해 여부를 묻는 질문들로 표현될 것임)을 지니고서, 학생들이 전체적으로 (3.18)을 듣게 될 것이다.

(3.18) ⑩ A: and where did you go to school

   B: George Watson's College

   A: for primary and secondary?

   B: for primary and secondary yeah

   A: right + em could you describe how you got from your home
    to the school + if you remember?

   B: the exact route?

   A: if you remember it

   B: good grief what a funny question + yeah + yes I can +

   A: (laughter)

   B: erm + perfectly I mean absolutely perfectly 'cause I used to
    do it every day twice + used to walk it + I used to walk along
    Grange Loan + up Lauder Road ++ no no I didn't use to go

that way I used to walk + this is going to be a ramified question I'm afraid

A: (laughter)

B: because I used to walk a different way from I used to go I used to have this + +

A: oh hmm

B: well it's perfectly it's perfectly possible that one way + can + exert less energy than another +

A: yes

B: in opposite directions because you know hills

A: yes

B: you choose not to go up hills + so the way I went was along Grange Lo-Gra-Grange Loan + em till it met + till you went over Whitehouse Loan + em + and then in fact straight along + Newbattle Terrace till you got to the Dominion + and then straight along Morningside whatever it is + to + the Tipperlinn gate of George Watson's College + em + on the way back I used to come out the Tipperlinn Gate of George Watson's College + ah this was why I did it + I used to go up Albert Terrace + halfway up Albert Terrace I used to light up a cigarette +

A: aha

B: you see because that was a very quiet way to go +

A: (laughter)

B: now when I'd lit up my cigarette I used to find myself at Churchhill —a nd the quickest way to get back from Churchhill — was to walk along long down Clinton Road + along + Blackford something or other it's actually an extension

of Dick Place but it's called + Blackford something or other
it shouldn't be I mean it's miles away from Blackford Hill +

A: (······)

B: but it's called Blackford Road I think + em + and then along
to Lauder Road and down Lauder Road + which used to
allow for the consumption of two cigarettes on the way back

A: aha

B: and also it was a road which no masters took +

A: ah

B: so I wasn't liable to be pulled out the next day +

A: (laughter)

B: smoking on the way home +

A: aha + so it was very well planned

B: it was it was it had to be

A: good

A: 그리고 어디에서 학교를 다녔지요

B: 조지 왓슨 대학 부속학교요

A: 초등학교와 중고등학교 말이에요?

B: 초등과 중고등학교죠 예

A: 그래요 + 음 집에서부터 학교까지 어떻게 다녔는지 등굣길을
묘사해 줄 수 있을까요 + 기억이 난다면요

B: 정확한 등굣길 말이에요?

A: 기억나신다면요

B: 맙소사 웃기는 질문이네 + 예 + 예 기억할 수 있죠

A: (웃음)

B: 엄 + 완벽하게 제 말뜻은 절대적으로 완벽힌데요 왜냐면
언제나 매일 두 번씩 다녔기 + 그 길을 걸어 다녔기 때문이
죠 + 그 때는 큰 샛길을 따라 걸어가서 + 로더 가 위쪽으로

가죠 + + 아니 아니 다니던 길로 다닌 게 아니라 + 지금
이게 수정된 질문이겠죠 잘 모르겠지만

A: (웃음)

B: 왜냐면 내가 옛날 다니던 길과는 늘 다니던 등굣길과는 다
른 길로 걸어가곤 했기 때문이죠 +

A: 아 그래요

B: 그런데 그게 완벽히 그 한쪽 길로 가는 게 완벽히 가능해요
+ 동산 길보다 힘이 덜 들 수 있거든요 +

A: 그래요

B: 반대편 방향이라서 왜냐면 잘 알 듯이 동산들이

A: 예

B: 동산 올라가는 길을 안 택하죠 + 그래서 내가 학교 다녔던
길은 큰 샛-크-큰 샛길을 따라 갔거든요 + 엄 다른 길과
만날 때까지 말이에요 + 하얀집 샛길을 넘어갈 때까지 +
엄 + 그러고 나서 실제로 곧장 죽 가는데 + 뉴배틀 주택가
길을 따라가면서 도미니온 극장까지 이르게 되거든요 + 그
런 뒤 곧장 모닝사이드 동네를 따라가는데 뭐라고 불리든
상관없이 + 조지 왓슨 대학의 티럴린 정문까지 가거든요 +
엄 + 돌아오는 길에는 조지 왓슨 대학 티펄린 정문으로 나
오죠 + 아 왜 그 길을 택했느냐면요 + 내가 알버엇 주택가로
올라가곤 했었는데요 + 알버엇 주택가 중간쯤에서부터 담
배를 피운곤 했어요 +

A: 아하

B: 잘 알겠지만 거기가 걸어가기에 아주 한적한 곳이었기 때문
이죠

A: (웃음)

B: 시방 담배에 불을 붙였을 때쯤이면 교회 언덕까지 다다르게
되거든요 ― 그리고 교회 언덕으로부터 집으로 돌아가는 가

장 빠른 길이 + 클린튼 가를 따라 죽 내려가는 거거든요 + 블랙포드이든가 다른 뭔가로 불리는 길을 따라서요 + 그게 실제로 딕 동네의 연장이지만 그렇게 불려요 + 블랙포드인 가 뭔가로요 그렇지 않을 텐데 말이에요 제 말뜻은 그게 블 랙포드 언덕으로부터 몇 마일 떨어져 있거든요 +

A: (……)

B: 허지만 블랙포드 가로 불렸다고 생각되네요 + 엄 + 그러고 나서 로더 길을 따라 로더 길을 내려가거든요 + 하굣길에 담배를 두 개비 필 수 있었죠 + +

A: 아하

B: 그리고 또 그 길이 어떤 선생님도 다니지 않던 길이었거든 요 +

A: 아

B: 그래서 난 다음날도 빠져나올 수 없었던 거예요

A: (웃음)

B: 하굣길에 담배 피우는 일 말이에요 +

A: 아하 + 그래서 계획적으로 아주 잘 되었던 거네요

B: 그렇죠 그래요 그래야 했던 거죠

A: 좋습니다.

이 시점에서 교사는 자신이 칠판에 적어 놓은 질문들에 대하여 대답 하도록 요구한다. 또는 남성의 머뭇거림과 반복에 대한 의견(평가)이 나 대화에서 여성이 기여한 부분에 대하여 질문할 수 있다. 이런 마지 막 토론을 얼마만큼 일반화시킬 수 있는지는 교사에게 달려 있다. 그 리고 제대로 짜인 이 대화 자료에서 학생들이 얼마나 오래 기꺼이 관 심을 보이는지는 학생의 동기에 달려 있다.

대부분의 학생에게, 지금까지 제시해 놓은 연습 형식이 자료 한 도 막에 대해서는 아주 충분할 것이다. 전체 덩이를 듣는 일은 다른 뭔가

를, 완전히 다른 어떤 것을 들어야 하는 시간이 될 것이다. 이는 교사가 대화 자료의 도막을 내버려야 한다는 뜻이 아니다. 한두 달 뒤에 동일한 학생 집단과 함께 도막별로 들었던 자료로 다시 되돌아와서, 세세한 분석 없이 듣기 이해 목적을 위하여 쓰일 경우에 이전에 무시되었던 입말 영어의 많은 특징을 예시해 주는 데 이용할 수 있다. 여기서는 귀로 들을 때 전체 덩이로 된 입말 영어에서 자연스럽게 생겨나는 것이 무엇인지 이해하는 일을 좀 더 분석적으로 개관하게 된다. 교사가 학생들에게 주지시킬 수 있는 입말 영어의 특징이 여러 가지 있다. 다시 한 번, 이 한 도막의 자료를 입말 산출의 대표적 표본으로 쓰고 있는데, 우리가 주목하는 특정 사례들이 큰 범위이건 작은 범위이건 간에 자발적으로 말해진 입말 영어에서 찾아지는 유형의 성격에 관한 구체적 사례(tokens)로 취급될 것임을 강조해야 하겠다. 교사는 녹음테이프로 자신이 갖고 있는 거의 모든 대화 말투에서 다른 구체적 사례들도 인식할 수 있어야 한다. 이하에서 여덟 가지 특성을 적어둔다.

첫째, 'cause(because의 줄임)와 till(until의 줄임)처럼 보통 글말 영어에서 온전한 형태로 찾아지는 낱말은 입말 형태로 줄어들어 쓰임에 주목하기 바란다. 또한

it's(it is),

I'd(I would),

didn't(did not),

shouldn't(should not),

wasn't(was not)

와 같은 축약 형식의 빈도에도 유의한다. 이런 형식이 흔히 말소리 흐름에서 줄어들므로, 토박이가 아닌 경우에는 제대로 듣지 못하기도 한다. 축약형이 지적되어야 하고, 학생들이 줄어든 형태대로 인식하

는 일을 연습하도록 한다.

둘째, I와 you가 각각 화자와 청자를 가리키는 데 쓰인다. 그런데 you가 또한 보통 '일반 사람'(people in general)들을 의미하는 데 쓰인다. 좀 더 격식적인 'one'(일반 사람, 글말투)과 동일하다고 믿어지는 총칭 용법(generic use)의 you(일반 사람이, 여러분들이)가 아주 흔히 쓰임을 주목하기 바란다. 또한 앞의 인용에서 살펴본 비슷한 사례들처럼, you(당신, 너, 귀하)의 용법은 실제적으로 마주보고 있는 상대방을 가리키는 것으로 해석되어야 한다. you가 I 자리에 쓰이고 있는 것이다.

셋째, 다음 군말(fillers)의 사용에 주목하기 바란다.

I mean(내 말뜻은, 앞 인용에서 2번 나옴)
you know(잘 알 듯이)

이들 표현은 입말 흐름의 어디에서이든지 나올 수는 없고, 이들 표현이 서로 교체될 수 없다. 앞의 남성 화자(B)가 쓴 I mean(제 말뜻은요)의 사례 두 가지에서, 바로 앞에서 자신이 단정한 바에 대하여 막 근거를 제시하려고 한다. 남성 화자(B)가 you know를 쓴 경우, because를 써서 이미 자신의 이유를 제시하기 시작하였다. you know(당신도 잘 알 듯이)의 용법은 자신이 막 말하고자 하는 바를 청자가 쉽게 이해할 것으로 기대한다는 표시이다. 앞의 인용에서 이들 두 개의 군말이 축자적인 의미와 아주 가깝게 쓰이고 있다. 남성 화자(B)가 입증 근거에 대하여 말할 때 I mean(제 말뜻은요)을 쓴다. 청자를 포함하여 모든 사람이 알게 될 만한 것에 대하여 말할 때에는 you know(당신도 잘 아시겠지만)를 쓴다. 많은 화자가 아주 지속적으로 이런 '군말'을 쓰는 것은 아니다. 이런 군말을 많이 쓰도록 장려되어서는 안 된다. 부적합하게 쓰인 많은 you know(아시다시피)와 I mean(내 말 뜻은) 형태를 듣는 일보다,

em(음), *erm*(엄), *mm*(음)

같은 유형의 군말을 듣는 쪽이 이해에 방해를 받지 않고 훨씬 덜 산만해진다.

넷째, 군말 em(음)이나 erm(엄) 유형의 출현에 주의하기 바란다. 앞에서 인용한 대화에서는 잦지 않다(남성 B가 이런 군말을 씀). 아마 실질적으로 다른 화자가 끼어들어 발언권을 가로채어 감이 없이 자연스럽게 휴지(pause, 쉼)를 얻을 수 있기 때문이다. 이들 군말 형태는 남성(B)에 의해 자신이 다음에 뭘 말할 것인지 계획할 시간을 버는 시점에서, 특히 등굣길과 하굣길의 자세한 내용을 기억하려고 노력할 때에 쓰이고 있다. 네 가지 사례의 군말

+ em +
(+ 엄 +)

에서 아주 긴 휴지(pause, 쉼)가 될 법한 대목에서 일어난다. 실제로 확실히 '발언권 유지' 기능이 주어지지 않은 이런 유형의 말하기 상황에서, 긴 침묵을 피하기 위해 이런 군말을 이용하고 있는 것이다.52) 대부분의 영어 화자들에게, 정상적인 상황 아래에서, 대화 동안 관습적인 침묵 회피하기가 나타나는 듯하다. 다른 문화에서 온 비−토박이 화자들에게 영어 말소리의 이런 측면은 익숙해지려면 긴 시간이 걸린다.

다섯째, '+' 기호로 표시된 휴지의 이용에 유의하기 바란다. 남성(B)의 말하기에서는 종종 구절이나 문장과 같은 덩이를 표시해 주는 통사 경계지점에 나타난다. 가끔은 그러하지 않을 경우가 있다. 말을 지속하면서 자신의 통학로를 기억하려고 노력할 때 그는

+ can +
(+ 할 수 있다 +)

---

52) [역주] 1.1의 역주 12)와 2.2의 역주 8)을 보기 바란다.

+ to +

(+ 쪽으로 +)

+ along +

(+ 죽 따라서 +)

과 같은 덩이를 산출한다. 이런 유형의 말하기에서 학생들에게 귀 기울여 들을 작은 덩이들을 확인하는 수단을 제공해 주려고 했었다면, 주목해야 할 유용하고 규칙적인 작은 덩이는 휴지로 묶인 단위 (pause-bounded unit)이다. 얼마나 자주 작은 구가 휴지에 의해 표시되는지를 주목하기 바란다.53)

+ used to walk it +

(+ 자주 거길 걸어 다니곤 했다 +),

+ up Lauder Road +

(+ 로더 가 위로 +),

+ the Tipperlinn Gate of George Watson's College +

(+ 조지 왓슨 대학의 티펄린 정문 +)

또한 '새로운' 정보를 지닌 아주 짤막한 문장이 얼마나 자주 휴지로 표시되는지도 주목하기 바란다.

+ I used to walk along Grange Loan +

(+ 내가 그 당시 큰 샛길을 따라 걸어가곤 했어요 +)

+ till you went over Whitehouse Loan +

(+ 하얀집 샛길을 넘어갈 때까지 +)

---

53) [역주] 심리학자 킨취(Kintsch, 1998; 김지홍·문선모 뒤침, 2010), 『이해: 인지 패러다임 I, II』(나남)에서는 이런 단위를 '명제'라고 부르며, 명제가 우리 생각의 기본 단위라고 본다. 명제는 우리가 늘 겪는 현실세계의 사건들을 낱개로 나눈 '단위 사건'(a single event)과 대응한다.

+ ah this was why I did it +

(+ 아 이게 내가 흡연했던 까닭이었네요 +)

+ I used to go up Albert Terrace +

(+ 난 자주 알버엇 주택가 쪽으로 올라가곤 했어요 +)

등이다. 말하기에서 이런 듣기 전략을 제공해 주는 일은, 글말에서 찾아지는 문장 유형을 듣도록 기대하는 것보다 훨씬 더 적합한 듯하다.

여섯째, 반복을 이용하는 일에 주목하기 바란다. ㉠ 질문에 대답하는 수단으로 질문의 일부를 반복한다. 가령

'for primary and secondary yeah'

(초등과 중고등학교죠 예)

㉡ 한 사람의 발언기회 시작부에서 계획하는 시간을 벌기 위하여 반복을 이용한다. 가령

'well it's perfectly it's perfectly possible'

(그런데 그게 완벽히 그게 완벽히 가능해요)

㉢ 상대방이 일련의 행위를 잘 따라오고 있음을 확실히 하려는 반복 이용이다. 가령

now when I'd lit up my cigarette

(시방 담배에 불을 붙였을 때쯤이면)

㉣ 앞 화자의 진술에 동의하기 위하여 대용 표현을 반복한다. 가령

it was it was

(그랬어요 그랬죠)

이런 반복의 빈도는 글말에서는 전혀 일반적인 특징이 아니다. 흔히 동일한 동사로 된 특정 구조의 반복 빈도 또한 마찬가지로 글말 특징이 아니다. 남성(B)이 과거의 습관을 나타내기 위하여

'I used to…'
(그 당시 자주 …하곤 했어요)

로써 묘사를 시작하는 횟수(12회)를 주목하기 바란다.

일곱째, 3.3에서 언급된 '언어에 딸린'(paralinguistic) 특징의[54] 일반적 이용에 주목하기 바란다. 이는 남성 화자(B)가 어떤 유형의 사람이고, 두 사람의 화자 사이의 관계는 무엇이며, 말하는 것을 귀 기울여 들음으로써 엿볼 수 있는 다른 비-언어적(≒얼굴 표정이나 신체적) 정보에 대한 확대된 토론으로 이끌어 갈 수 있다.

여덟째, 화자(B)가 가령 학교에 도착하는 데에 경유하는 모든 것을 언어로 표현하지 않음에 주목하기 바란다. 그는

---

54) [역주] 목소리로 상대방의 기분 상태를 알 수 있거나, 상대방의 교육 수준 등도 가늠할 수 있다. 목소리에 담겨 있는 지문이라고 말할 수 있을 것이다. paralinguistic expression (언어에 딸린/깃든 요소)에 대해서는 머카씨(1998; 김지홍 뒤침, 2010)의 36쪽을 보기 바란다. 국어과 교육과정에서는 해괴하게 '반(伴)-언어적 특징'이라고 번역하였다(음조, 강세, 속도, 크기, 억양을 다루고 있으므로 '언어 딸림 특징'이 분명하다). 이창덕 외 4인(2010), 『화법 교육론』(역락)의 117쪽과 139쪽에서는 원어로 'semi-verbal'(반쪽짜리 언어의)을 쓰면서도 '딸릴 반(伴)'을 써서 '반언어'로 번역하고 있다. 어떻게 일부(partly)나 절반(half)의 뜻을 지닌 'semi'가 딸려 있다(伴)고 번역될 수 있을까? 원어가 'semi'라면 말이 반쪽으로 줄어들었다는 뜻임에 틀림없으므로, 입말에서 두드러진 생략이나 축약 현상을 가리키는 것으로 봐야 온당하다. 원래 용어와 번역 용어가 서로 짝이 맞지 않는다. 'para'(beside, beyond, 옆의, 수반된, 벗어난)는 언어 형식에 같이 딸려 있다는 뜻이므로, '언어에 딸려 있는'이란 말을 쓰려면 응당 접두사로 'para-'를 써야 옳을 것이다. 원래 용어와 번역 용어가 서로 맞지 않은 해괴함 때문에 임용 시험을 준비하는 학생들만 고생시키고 있다. 국어교육 전공자들이 더욱 정확히 낱말 뜻을 새기고 써야 함에도 불구하고, 국어과 교육과정에서는 왜곡되거나 잘못된 용어들이 들어 있어서 걱정이 크다.

'I came out of my front door, walk down the path, open the gate, go out, close the gate'

(난 앞문으로부터 나와 길을 따라 걸어 내려가고 문을 열고서 나온 뒤에 문을 닫았다)

와 같이 과도하게 자세한 내용을 제시하지 않는다. 또한 그가 곧장 클 린튼 가 쪽으로 방향을 바꾸었다거나 알버엇 주택가와 교회 언덕 사이 에 있는 또다른 길을 가로질렀다고도 말하지 않는다. 티펄린 정문이 어디에 있는지도 설명하지 않는다. 우리는 대학 정문이 이름에서 암시 하듯이 티펄린 가에 있을 것으로 추론할 수 있다. 그렇다면 이해는 추 론을 요구한다. 청자로서 우리가 만들 필요가 있는 추론의 범위와 숫자 는, 대체로 듣는 상황을 놓고서 '심적 모형'(mental model, 정신 모형)을 얼마나 자세하게 묘사하는지에 달려 있다.[55] 예를 들면, 이 인용의 화 자(B)에 대한 그림을 그릴 수도 있다. 고등학교 학생으로서 적합하게 옷을 차려입고 햇살 쏟아지는 교외의 거리를 따라 걷고 있다. 거리에 관목과 가로수와 다른 보행자가 보이고 몇 대의 자동차가 오간다. 이런 유형의 그림은, 듣기 이해를 놓고서 일상생활 속에서 듣기 능력의 일반 적 요구사항이 아닌, 어떤 '처리 수준의 깊이'(depth of processing)를 요구 한다. 그렇게 정교한 모형을 통하여 듣기 이해를 실행하는 것은 아마 우리를 아주 서툰 청자로 만들 듯하다. 왜냐하면 우리가 교외에 있는 거리 모습에만 붙박이처럼 고정되어 버리고, 계속 화자가 이어서 말하

---

55)[역주] 1983년 우연히 동일한 이름으로 인지과학에서 중요한 저작이 출간되었다. 14편 의 논문이 실린 겐트너·스티븐즈(Gentner and Stevens) 엮음(1983), 『여러 가지 정신 모 형 (Mental Models)』(Lawrence Erlbaum)과 존슨레어드(Johnson-Laird, 1983), 『여러 가지 정신 모형』(Harvard University Press)이다. 모두 인간이 어떤 방식으로 추론을 진행하는 지를 심층적으로 다루고 있다. http://mentalmodels.princeton.edu에서 볼 수 있는 존슨 레어드(2005) 「정신 모형의 역사(The history of mental models)」에서는 거시적으로 인류 지성사 속에서 그리고 첨단 인지과학에서의 발전 과정을 읽을 수 있다. 추론이란 작업 도 정신 모형이라는 '큰 그릇' 속에서 진행된다. 3.0의 역주 2)도 참고하기 바란다. 광범 위한 '정신 모형'을 언어교육에 응용하기 위해서는 좀 더 제약을 더하고서 '덩잇글 모 형'이나 '덩잇말 모형'으로 만들어 나갈 필요가 있다.

게 될 것을 따라가는 일을 놓쳐버릴 듯하기 때문이다. 따라서 추론 개념이 듣는 바를 이해하는 일 속으로 들어온다면, 우리는 우선 (티펄린 정문처럼) 아주 단순한 유형의 '필수적' 추론에만 국한되어야 한다고 제안한다. 결과적으로, 수업이 1차적으로 듣기 이해에 관심을 둘 경우에, 다음 형식의 소위 '이해' 질문 유형을 피하는 것이 최선일 것이다.

'The speaker says he passed the Dominion Cinema. Do you think the Cinema was open?'
(화자가 도미니온 극장을 지나갔다고 말합니다. 여러분은 극장이 열렸다고 생각합니까?)

이런 유형의 질문은, 학생들을 듣는 내용에 대하여 좀 더 생각해 보도록 이끌어 가지만, 이런 것이 듣기 이해 질문이라고 생각하는 것은 오류일 듯하다.

3.8. 듣기 이해의 왜곡된 평가

이 절에서는 외국어로 듣기 이해 훈련에 대한 접근 방식을 개관한다. 이런 접근에서, 학생들은 모든 가능한 도움물이 함께 제공된다면 점차적으로 목표 언어로 덩잇말을 접할 준비를 갖추게 되고, 핵심적으로 구조화된 표현 덩이들에 노출된다. 말하기에서 화자의 의도는 계속 청자에게 호소력을 지니게 된다. 좀 더 고급 수준의 학생들에게 입말 영어의 전형적인 세부사항에 대해서도 '민감해지도록' 만드는데 적합한 좀 더 분석적 접근들도 예시되었다.

이 시점에서 이 책자의 앞쪽에서 이미 여러 번 진술해 놓은 저자들의 확신을 반복하는 것이 적합할 듯하다. 첫째, 입말 텍스트의 '정확한 해석'이란 개념으로 의미된 바를 포착해 내기가 아주 어렵다. 둘째,

우리한테 필요한 것이 말해진 바를 놓고서 청자가 각자 합리적이며 일관되게 연결된 해석을 구성해 내어야 한다. 3.7의 논의로부터 입말한 덩이를 듣고 나서 유능한 청자는 모종의 공통된 '골자'(gist)를 공유할 것이라고 가정해야 한다. 한편 서로 다른 청자들이 합리적으로 덩 잇말의 상이한 부분들을 각자마다 좀 더 '두드러진' 것으로 추려낼 것이라고 예상해야 한다. 아마 말해진 바의 특정 도막이 그들 자신의 고유한 경험에 좀 더 생생하게 호소력을 지니기 때문이다. 따라서 '덩 잇글에서 무엇을 말하는 것인지'에 대한 청자의 심적 표상이 사뭇 다른 구조를 중심으로 수립해 간다는 점도 필시 분명해진다.

예를 들어, 어떤 청자는 '나의 등굣길'(my route to school)과 같은 구조를 중심으로 주제를 수립할 수 있다. 다른 청자는 '하굣길에서 담배 피우기'(smoking on the way home)와 같은 구조를 중심으로 내세울 수 있다. 여러 가지 중 하나의 주제를 선택하는 일은, 청자로 하여금 무엇이 진행되고 있는지를 놓고 자신의 시각과 관련된 특징에 대하여 좀 더 주의를 기울이도록 이끌어 간다. 자신의 관심거리가 아닌 것에 대한 특징에는 주의를 덜 기울이거나 전혀 주의하지 않을 듯하다. 강의를 듣거나 영화를 보고 난 뒤에, 친구들과 서로 정담을 나눠 보면, 분명히 사람들이 자신에게 두드러진 세부내용들로 아주 다른 것들을 선택적으로 기억한다는 사실을 일상생활에서 느낄 것이다. 만일 이게 정상적인 해석 과정이라면,56) 우리가 목표 언어로 된 듣기 학습에서

---

56) [역주] 오해가 없어야 할 것은, 언어 해석이 결코 자의적인 것이 아니라는 점이다. 이 책의 저자들도 아무거나 주제로 내세워도 된다는 뜻은 아니다. 가령, 인용 (3.18)을 듣고서 어느 사람이 '불량아였던 학창 시절'이나 '후회스런 학교생활'을 주제로 내세웠다고 생각해 보자. 과연 이 주제가 인용된 것과 긴밀히 관련될 것인가? 아마도 아닐 것이다. 이런 요소는 매우 지엽적이고 부차적인 속뜻일 뿐이다.

그렇다면 개인 간에 생겨나는 해석의 차이를 어떻게 바라보아야 할까? 문학 해석 전통에서는 이를 1차 해석(표면 해석)과 2차 해석(상위 해석)으로 나눈다(딜타이 같은 해석학자들은 이를 '이해'와 '해석'으로 나눠 부름). 1차 해석에서는 축자적으로 모아지는 개념을 찾아내어야 한다. 그렇지만 2차 해석에서는 언어 표현에는 드러나 있지 않고 밑바닥에 숨은 다른 개념을 찾아내어야 한다. 1차 해석은 의견이 모아지는 과정이다. 그렇지만 2차 해석은 해석자의 통찰력·배경지식에 따라 매우 달라질 수 있는 것이다. 어느 범죄자가 시내 한복판에서 인질을 잡고 경찰과 대치하면서 '유전 무죄, 무전

외국 학습자가 습득하기를 바라는 것도 아마 바로 이와 같은 정상적인 처리 과정이다.

분명히 '시험 부과'(testing) 접근이 소개되자마자, 앞에서 본 정상적 처리 과정이 사라져 버림은 명백해진다. 학생이 시험을 주관하는 사람이 자신의 개인적 표상을 중심으로 구성해 놓은 그런 특징을 강제로 듣도록 배워야 하는 요구로 이내 대체되어 버리고 말 것이다. 우리는 4.5에서 듣기 이해의 능력을 평가하는 고려사항들을 다루게 된다. 이제 우리는, 듣기 이해를 평가하는 기존의 접근이 '이해'가 무엇인지를 놓고 아주 불확실한 이론적 개념에 근거하고 있음을 분명히 밝혀 내었다.57) 듣기 이해 시험에서 현재 치러지는 상당량의 것이, 학생이

유죄'라고 항변한 적이 있었다. 이는 축자 해석만으로는 핵심이 드러나지 않는다. 표현되지 않은 부분이 더 중요한 것이다. 가령, "[유전 무죄 무전 유죄]라는 현실이 원망스럽고 분노하고 있다"와 같다. 이런 해석이 어떻게 정당성을 확보할 것인가? 매우 직관적으로 우리는 '원망과 분노'가 그런 사건과 관련된 언어 표현과 신체 행동의 대부분을 설명할 수 있음을 알고 있다. 다양한 2차 해석이 하나로 모아지려면, 해석을 주관하는 주체는 설득력 있게 해석의 과정을 명시적으로 보여 주어야 한다. 이는 종종 여러 텍스트들에 대한 '겹쳐 읽기' 과정을 수반하고, 해당 언어 표현과 관련된 '담화 모형' 및 이 모형을 만들어 놓는 '정신 모형'을 충실히 가동시켜야 한다.

이런 점을 염두에 두고서 (3.18)을 다시 생각해 보자. 그 주제는 물론 당연히 '등굣길'에 대한 묘사이며, 누구도 부정할 수 없는 내용이다. 다만, 이것이 하나의 소재로 이용되는지, 아니면 중심 주제로 되는지를 결정하는 것은 2차 해석과 관련된다. '하굣길에서 담배 피우기'라는 개념이 주제가 된다고 볼 경우에, 이를 통합하는 방법은 '등하굣길에서의 추억' 정도로 내세울 수 있다. 따라서 해석에 간여하는 사람들이 각자 다른 개념을 주제로 내세운다고 하더라도, 그 후보들을 묶을 수 있는 전체 집합을 구성하는 통합 방식이 여전히 존재함을 알 수 있다. 이렇게 모아질 수 있는 해석은 결코 자의적인 것이 아님을 드러내어 준다.

글말 이해의 경우에도 비슷하다. 경남 사천의 어느 중학교 학생들을 놓고서 논술류의 글말을 읽히고 나서 킨취(Kintsch)의 구성통합 모형에 따라 '상황 모형'을 그리도록 한 결과, 각자 개성적인 내용이 있었지만, 그런 가운데에서도 공통성을 중심으로 변이를 보이고 있었음을 논의한 오정환(2010), 「덩잇글 이해에서 학습자의 상황모형 구성 사례들에 대한 분석」(경상대학교 박사논문)을 참고하기 바란다.

57) [역주] 뒤친이가 알기로는 이해의 연구가 적어도 세 갈래 이상이 있다. 먼저 덩잇글(담화) 이해를 중심으로 하여 다른 인지에까지 이해의 토대를 넓혀간 킨취(Kintsch, 1998; 김지홍·문선모 뒤침, 2010), 『이해: 인지 패러다임 I, II』(나남)이 있다. 전산학 흐름으로 앨런 뉴얼(Allen Newell, 1990; 차경호 뒤침, 2002), 『통합 인지 이론』(아카넷)이 있다. 또한 지각 및 이성을 통합적으로 다루고 있는 카네기 멜른 대학의 앤더슨(Anderson, 1990), 『사고의 적응 특성(*The Adaptive Character of Thought*)』과 앤더슨 외(1998), 『합리적 사고의 여러 가지 원자적 구성성분(*The Atomic Components of Thought-Rational*), 'ACT-R'로 줄여 부름』(모두 Lawrence Erlbaum)이 있는데, 자주 수식들을 동원하기 때문에 줄글을

귀 기울여 듣는 의사소통 사건을 이해하는 과정에 필요하거나 관련되는 것은 결코 분명한 사실이 아니다(≒자의적으로 잘못된 내용만 듣기 이해로 평가하고 있음).

글말 이해의 평가를 대조 점검하기 위해 텍스트가 이용 가능하다고 논의할 수 있다. 따라서 '덩잇글'에 대한 질문은 적합하다. 그렇지만 듣기 이해 평가에는 학생들에게 그런 덩잇글이 이용될 수 없다. 학생이 이용할 수 있는 것은 자신이 들은 덩잇말 내용에 대하여 스스로 수립해 놓은 개인 표상이다. 이는 아주 다른 사안이다. 이런 표상은 학생의 머릿속에 들어 있고, 직접 뽑아내어 객관적으로 검사할 길이 없다(≒오직 간접적으로만 측정 가능함). 학생에게 요구된 질문이나 과제가 어떤 것이든지 간에, 우선 그것 자체로 해석될 필요가 있다. 그런 다음에 해당 덩잇말 내용을 놓고 학생의 수립한 표상과 일치되어야 한다. 이런 과정은 필시 극단적으로 복잡할 것이다. 현재로서는 그것을 어떻게 성격 지워 주어야 하는지에 대하여 설득력 있는 주장이 전혀 없다. 현행 평가법이 어떤 것이든 간에, 적합한 진단 도구로 간주될 수 있기 전에, 그리고 특히 현행 시험 부과 방법이 어떤 것이든 임의의 방식으로 듣기 이해를 가르치는 수업을 구성하기 위하여 만족스럽게 동기를 마련해 준다고 간주될 수 있기 전에, 길게 확장된 덩잇말로부터 듣기 이해에 관한 기본적인 연구가 시급하게 요구된다. 교사들은 실험 참여자가 찬찬히 큰 소리로 읽은 글말 문장들을 들으면서 실험실에서 보인 반응의 통계 결과에만 근거한, 덩잇말에 대하여 만들어진 일반적 단정들에 대해서도 아주 신중해져야만 한다. 그런 '이해'는 정상적 듣기에 포함된 자료의 유형도 제대로 보여 주지 못하고, 덩잇말이 쓰이는 상황 유형도 전혀 반영하지 못한다. 여전히 '정상적 듣기'를 통한 언어 해석 과정에 포함되어 있는 내용을 거의 전혀 모르고 있다고 불안하게 느낄지 모르겠다. 그럼에도 불구하고 이는 엄연한 사실이다.

읽는 데에만 익숙한 뒤친이와 같은 사람은 참으로 읽어 나가기 어렵다.

제4장 **입말 평가**

4.0. 개관

입말에 대한 평가는 전통적으로 영어 교사에게 골칫거리였다.[1] 많은 수의 잘 확립된 검사들에는 입말 평가 부문이 없는 경우도 있다. 글말 양식에서라야 문법상의 정확성과 낱말들이 아주 적합하게 평가될 수 있을 듯하기 때문이다. 유창성(또는 능통성) 검사에서 입말 부문이 찾아진다면, 종종 아주 비슷한 발음을 갖고 있는 낱말들 사이에 구별(≒'음소 식별' 과제)을 요구하는 것이다. 예를 들면, 학생은 말해진 낱말을 듣고서 자신이 들었던 낱말이

---

1) [역주] 언어 평가의 역사는 그대로 사이비 과학에서부터 차츰 과학의 반열로 오른 심리학의 역사를 충실히 반영해 준다. 우리 인간의 심리를 복합 능력의 결합체로 가정하고, 이렇게 유기적으로 결합된 개별 영역들을 이른바 '구성물'(constructs)로 부르며, 각 구성물마다 특성화시킨 통제된 능력을 수치로 나타내고, 그 결과를 합산할 수 있다는 생각이다. 인간 지능도 이런 생각을 그대로 반영해 준다. 이를 19세기 말엽부터 심리 측정학(psycho-metrics)으로 부른 바 있다. 현재 제2 언어교육의 평가에서는 바크먼·파머(Bachman and Palmer, 1996, 2010)의 모형을 표준으로 삼고 있는 것으로 안다. 최근 나온 바크먼·파먼(2010), 『언어 평가 실천(*Language Assessment in Practice*)』(Oxford University Press)을 읽어 보기 바란다. 바크먼·파머의 모형에 따라 케임브리지 대학 출판부에서는 개별 영역들에 대한 일련의 평가 실천 총서를 발간해 왔고, 글로벌콘텐츠에서 그 책자들의 번역을 전담해 왔다. 그 중 말하기와 관련해서는 루오마(Luoma, 2001; 김지홍 뒤침, 2013), 『말하기 평가』(글로벌콘텐츠)를 읽어 보기 바란다.

fairy(요정), ferry(나루터), furry(털로 된)

인지를 결정해야 한다. 이런 종류의 음소[2] 식별 검사는 어떤 상황에서 유용할 수 있겠지만, 사뭇 인위적인 활동인 듯싶다. 전적으로 맥락도 없이 학생들이 단일한 낱말을 이해해야 하는 상황을 자주 마주칠 것 같지는 않다. 이런 점에서 자주 어려움을 겪는 상황은, 처음 누군가의 이름을 듣는 것인데, 낯선 성씨일 경우에 특히 그러하며, 불가피하게 그 이름을 다시 들어봐야 한다. 음소 식별 검사는 평가 형태의 한 가지 사례이다. 언어에서 별개의 요소들이 시간별로 하나씩 검사되고, 이 별개의 요소에 대한 학생의 종합 점수는, 영어 발음을 성공적으로 수행하는 학생의 일반 능력에 대한 측정치로 간주된다. 이런 평가법의 더 많은 사례는 행동주의 언어교육자 라도(Lado, 1961), 『언어 검사법(Language Testing)』에서 찾아진다.

반대쪽의 극단에서, 영어 평가에 대한 입말 부문이 학생들이 얼마나 잘 말하는지를 놓고서 아주 일반적인 인상에 근거할 소지가 있다. 이는 정상적으로 면접조사 형식을 취한다. 여기서 검사관이 학생에게 질문을 하거나, 또는 학생에게 때로 미리 준비된 주제에 대하여 이야기하도록 요구한다. 검사관이 강세, 문법, 낱말, 학생 발화에서의 유창성 등의 측면에 주의를 기울이지만, 전반적인 점수는 흔히

'able to satisfy routine social demands and limited work requirements'

---

2) [역주] 모두 말소리라고 부를 수 있겠지만, '음성'과 '음소'를 서로 구분해 주어야 한다. 최소 대립쌍에서 뜻을 다르게 만들어 주는 소리를 '음소'라고 정의한다. 우리말에서는 '으'와 '어'라는 소리가 '들 : 덜'에서와 같이 뜻을 구분해 주므로 정확히 음소이다. 그렇지만 영어를 비롯한 거의 모든 언어에서는 '으, 어'가 뜻을 구분해 주지 못하고, 자음이 소리를 내기 위하여 기본적으로 들어가야 하는 딸림 소리이기 때문에 'schwa'(애매모음, 비-모음, 중립모음, 약한 딸림소리)라고 부른다. 가령, book를 받침소리(내파음)를 내어 '북'으로도 발음할 수 있고, 매우 약하게 터뜨려(외파음) '부크'로도 발음할 수 있는데, 모두 1음절로 간주하며(강세 박자 언어에서는 강세를 중심으로 하여 1음절로 세는데, 강세가 하나만 있는 strike도 무거운 1음절임), '크'는 아주 약하게만 터뜨린다(음절 박자 언어인 우리말에서는 '부크'를 2음절로, '스트라이크'를 5음절로 셈).

246

(일상적인 사회적 요구사항 및 한정된 작업 요건을 충족시킬 수 있다)

와 같이 정의된 척도 위의 한 점수로 표현된다.[3] 이런 특정한 정의는 '해외 봉사 사업국 입말 면접시험'(*The Foreign Service Institute Oral Interview*)에서 이용되는 한 평점으로서 찾아질 수 있다. 비교될 수 있는 다른 입말 검사 형식과 함께 오울러(J. Oller, 1979), 『학교에서의 언어 검사(*Language Tests at School*)』에서 논의된다. 이 종류의 평가에 대한 가장 일반적인 특징은 ㉠ 학생이 말함에 따라 평가가 이뤄지고, ㉡ 검사관이 일정한 평가 기준을 첫 번째 학생으로부터 51번째와 그 이상의 학생 면접조사에 이르기까지 일관되게 유지하도록 하는 데 있다. 입말 면접조사가 현재로서는 입말 언어능력 평가에 대한 가장 널리 이용되는 형식이다. 그렇기 때문에 일반적으로 평가상 문제가(의심이) 되는 영역이라고 여겨지는 곳에서도 여전히 명백히 유용한 도구의 하나로 입증된다.

　여러 종류의 검사법과 문제점들을 제시하기보다는(오울러, Oller, 1979와 히이튼, J.B. Heaton, 1976, 『영어 작문 검사법(*Writing English Language Tests*)』을 참고하기 바람), 어떤 기본적인 원리를 제시하고, 학생의 입말 능력을 평가하려고 할 경우 교사가 일반적인 검사 형식보다 더 유용하다고 깨달을 수 있는 실제적인 사례를 제시하기로 한다. 이 책의 다른 곳에서 강조하였던 것처럼, 우리의 제안은 교사의 현재 연습에 대한 대안으로서 의도되기보다는 보충해 주는 형태로서 제시된다. 이 제안은 입말을 어떻게 가르쳐야 하는지, 그리고 입말을 어떻게 평가하는지에 대하여 교사에게 더 많은 선택사항을 제공하도록 계획되었다.

---

3) [역주] 용어 사용법이 조금 꾀까다롭지만 ㉠ 일상적인 사회적 요구사항 및 ㉡ 한정된 작업 요건은, 각각 ㉠ 상호작용의 사교적 의사소통 및 ㉡ 정보 전달용 의사소통과 대응되는 것으로 이해된다. 본문의 종류와 같은 진술은 흔히 평가체계에서 구성물을 상세히 풀어주는 명세표(specification, 명세내역)에서 찾을 수 있다.

4.1. 입말 영어 산출 평가

자연스럽게 학생들이 교육받아 온 문법 및 어휘 능력에4) 대하여 평가가 이뤄져야 한다는 요구가 계속 있게 될 것이다. 교사는 또한 학생의 발화에서 발음과 유창성에5) 대해 자세한 판단을 만들고 싶어

---

4) [역주] 이 분야는 모두 언어 형식에 관한 것일 뿐이다. 퍼어스(Peirce)의 기호 정의는 형식과 내용의 비자연적(상징적) 결합을 언어(더 정확히는 '낱말')로 본다. 2.1의 역주 5)를 보기 바란다. 형식은 작은 것에서부터 큰 단위까지 분포한다. 제일 작은 것이 음소이고, 그 다음이 낱말이며, 낱말들이 결합되는 문장(또는 통사)이 제일 큰 단위이다. 언어 평가를 외국어를 배우는 초급 수준의 학습자를 대상으로 하면, 이런 자잘한 영역을 집중적으로 평가할 수 있다. 그렇지만 이런 평가가 학습자의 목표 언어 능력을 나타내는 것은 결코 아니다.

그렇다면 어떤 중대한 전환이 필요하다. 형식 중심의 언어교육이 아니라, 오히려 처음부터 내용 중심의 언어교육을 시행하는 것이다. 앞의 형식에 관한 단위는 각각 내용 차원에서 음상(소리 의미), 대상, 사건 등과 결합된다. 이런 형식 차원과 의미 차원을 묶는 실체는 밑바닥에 있는 언어 사용 의도이다. 그런데 이런 분석 단위는 모두 하나의 생각 단위(또는 실세계의 낱개 사건이나 명제)를 표현하는 것이다. 바로 여기서 담화 교육(또는 내용 중심의 언어교육)이 시작된다. 뒤친이와 꼭 동일하게 생각하는 것은 아니지만, 언어교육이 담화 교육으로 되어야 한다는 주장은 비판적 담화 분석(CDA)의 흐름 및 과제 중심 언어교육(TBLT)의 흐름에서 쉽게 찾을 수 있다. 전자는 페어클럽 교수의 번역본들을 읽어 보기 바라고, 후자는 윌리스 부부(Willis and Willis, 2007), 『과제 중심 언어교육 실천(Doing Task-based Language Teaching)』(Oxford University Press)을 읽어 보기 바란다. 윌리스 부부의 주장은 내용 중심으로 목표 언어인 외국어(또는 다중언어 사회에서는 제2 언어)를 가르쳐야 한다는 것인데, 이들을 떠받쳐 주는 언어사용 층위 및 정신작용 층위를 뚜렷이 부각시키지 못하기 때문에 독자들이 방황할 소지가 있다.

담화는 실세계의 낱개 사건들이 어떻게 결합되어 더 큰 사건 덩어리로 전개되어 나가는 것인지에 관심을 둔다. 이런 전제 위에서는 교실 수업에서 맨 처음 동원해야 하는 것이 학습자들의 일반적인 인지 능력(또는 일상적으로 '눈치'라고도 부름)이다. 주어진 어떤 일련의 일이나 사건들이 있다면(흔히 '상황'이 주어진다고도 표현함), 학습자들은 그 사건이 동기와 진행 과정과 귀결점을 총체적으로 파악하고, 자신의 머릿속으로 그 사건들을 분할하여 재구성할 것이다. 바로 여기서 내용 중심의 담화 교육을 실시해야 하는 인지적 당위성이 마련된다.

교사는 일련의 사건(이를 담화의 주제 사건이나 더 하위의 소재 사건으로 부를 수 있음)을 학습자들과 두 방향의 의사소통을 통하여 어떻게 분할하여 낱개의 사건들로 환원하고 그것들을 놓고 연결된 사건으로 재구성할지를 확립하는 일이 제일 중요하다. 그리고 그런 재구성된 그림 위에서 각각의 낱개 사건이 어떤 언어 형식으로 표현될지, 또는 표현되었는지를 살펴보게 된다. 다음 단계로는 담화의 조직 원리 두 가지(미시영역과 거시영역)를 이용하여 전체 담화에 대한 언어 표상을 만들거나, 기존의 표현들을 비판적으로 학습하는 일을 진행한다. 마무리 단계에서는 평가표에 따라 스스로 평가, 짝끼리 평가, 모둠 안에서 평가, 학급 평가 등을 적절히 이용하여 언어 사용에 대한 감각을 내재화할 수 있다.

할 것이다. 교사는 이들 특징을 따로따로 고립된 것으로서가 아니라, 입말 형태에서 의사소통을 효율적으로 하는 학생의 능력에 대한 평가의 일부로서 지속적으로 시행해 나가야 한다. 일찍이 정의를 내렸듯이 효율적으로 의사소통하기란 분명히 1차 사교적 의사소통의 특징이기보다는 1차 정보 전달용 의사소통의 특징이다. 대부분 영어 교사의 주요 목표의 하나는 자신의 학생들을 입말 영어로써 정보를 효과적으로 의사소통할 수 있게 만드는 일이다. 이 목표를 추구하면서 교사는 정규적인 간격으로 어떻게 학생이 향상되어 가고 있는지를 평가할 수 있기를 바란다. 또한 지속적으로 취약하고 추가적으로 주의가 필요한 수행 영역(≒과제 연습 활동)은 없는지를 찾아내고자 한다. 어떤 종류의 방법론이 이런 유형의 평가에 적합할 것인가?

우리는 먼저 몇 가지 실용적인 요구사항을 제안하게 될 것이다. 그러고 나서 입말 영어 산출의 평가에 대한 방법론의 밑바닥에 깔려 있는 모종의 안내 원리를 계획할 것이다.

---

5) 기호학에서 언어를 형식과 내용의 결합체로 전제하므로, 평가 기준도 각각 다르게 설정된다. 형식을 가르칠 경우에는 정확성의 기준에 따라야 하지만, 내용을 가르칠 경우에는 유창성 내지 능통성의 기준을 적용시켜야 한다. 왜냐하면 의사소통 의도를 갖고 있을 때 언어 표현은 적어도 세 가지 이상의 다른 형식(축자 표현, 우회 표현, 비유 표현)으로 선택될 수 있기 때문이다. 어떤 선택이 이뤄지든지 간에 낱개의 사건과 대응하는 절 또는 문장(입말에서는 '발화'로 부름)이 일관성을 지니고 계속 이어지면 전개되어야 하는데, 이런 과정을 평가하기 위하여 '유창성'이라는 잣대를 따로 마련한 것이다. 1.4의 역주 38)에서는 캐나다에서 불어를 모어로 쓰는 학습자들에게 영어를 목표 언어로 하여 가르쳤는데, 학생들에게 반드시 남이 듣고 이해 가능한 산출물(comprehensible output)을 만들어 내도록 조건을 강화하였더니, 다른 경우와 달리 현격한 향상이 이뤄졌다고 보고된 바 있다(Swain, 1985). 따라서 유창성을 기준으로 내세우더라도, 아무렇게나 제멋대로 산출하는 일을 통제하고 향상을 이끌려면 '이해할 수 있는 표현'을 찾도록 요구하는 일이 추가적으로 필요하며, 이런 요구를 충족시키려면 다른 사람들은 어떻게 표현하는지를 탐구하는 활동이 같이 수반되어야 한다.

4.2. 실제적 요구사항

4.2.1. 평가표 전체 윤곽

평가를 학기당 한 번 또는 한 해에 한 번의 활동으로 간주하려는 경향이 있다. 특정한 날짜에 학생은 가령 '보통' 수준(O-level) 시험이나[6] 케임브리지 유창성 검사를 치르고, 다른 날짜에 그 시험에서 수행한 것이 학생의 능력에 대한 표준 측정이라고 간주하게 된다. 이는 특히 학생의 입말 기술을 평가하는 데에는 부적절한 듯하다. 서로 다른 기간 동안, 서로 다른 목적으로 학생의 입말 수행을 지속적으로 평가한 기록을 갖는 일은, 교사에게 정보를 더 많이 주고, 학생들에게도 더욱 공정하게 될 듯하다. 이 접근은 때로 '형성'(formative) 평가(과정 평가)라고 기술된다. 한 해에 한 번 시험을 치러 이뤄지는 '누산'(summative) 평가(총합 평가)와 대립된다. 학생의 입말 수행에 대한 평가기록을 유지하려면, 교사는 제목이 있는 평범한 도표(informal chart)를 이용하는 것만으로도 충분하다. 교사가 측정될 수 있으리라 확신하는 학생 발화의 여러 가지 측면을 보여 줄 수 있는데, 〈도표 4.1〉에 제시된 형태를 취할 수 있다.

〈도표 4.1〉 개별 학생에 대한 주기별 평가 기록철

날짜	요구되는 이야기 형태	문법의 정확도	적절한 낱말	유창성/발음	정보 전달 점수	기타

---

6) [역주] 3.7의 역주 50)을 참고하기 바란다. ordinary level(일반 수준, 보통 수준)은 초급 수준으로, 15~16세의 중학생들이 치르는 보통과정 국가시험을 말한다. 이보다 더 높은 고급 수준의 시험은 흔히 'A 등급'(advanced level 고급 수준) 시험이라고 부른다.

〈도표 4.1〉에서 보인 범주 가운데 일부는 교사에 의해 주관적 판단을 통해 평가되어야 한다(가령, '유창성'[7]). 흔히 주관적 판단을 믿을 수 없고, 실제로 제멋대로 변동된다고 생각할 수 있다. 그러나 자신의 학생들에게 무엇을 가르칠지(학생들이 무엇을 알아야 하는지)에 대해 정보를 가장 많이 갖고 있는 재판관인, 능력 있는 교사에 의해 만들어진 그런 판단은, 평범한 평가를 위하여 유용한 기초를 제공할 수 있다. 이어지는 논의에서는 평가의 더 객관적인 수단을 위한 기초를 마련하는 데에 초점을 모을 것이다.

그렇지만 객관적인 접근이 교사의 주관적 평가를[8] 무시해야 한다고 제안하는 것이 아님을 강조해야만 하겠다. 학생 수행에 대한 더 충실한 성격화에 도달하기 위해 응당 이 두 가지 유형의 평가가 이용되어야 한다. 이와 같이 학생 수행에 대한 반응이나 점수를 기록하는 기본적인 도표가 주어진다면, 학생 평가 기록철에[9] 다른 무엇이 더 포함되어야 할까? 평가 기록 이외에 추가로, 평가가 바탕을 두고 있는 자료, 곧 학생의 입말 수행에 대한 기록을 보존하는 것이 의미가 있을 것이다.[10]

---

7) [역주] 유창성에 대한 평가가 주관적이라고 보는 저자들의 주장은 수용될 수 없다. 유창성에 대한 구성물을 정의해 주고, 거기에 따른 명세내역을 합의하여 결정해 준 뒤에 하위영역별 분석 점수를 매긴다면 매우 설득력 있는 객관화가 가능하다. 루오마(2001, 김지홍 뒤침, 2013)의 4.5. 「말하기 능력의 향상에 대한 조사연구」와 유럽연합 평의회 (Council of Europe, 유럽 위원회)에서 내세운 구성물 중 '능통성/유창성'의 명세내역들을 읽어보기 바란다(루오마의 번역 161쪽 이하).

8) [역주] '객관적 : 주관적'이란 말의 속뜻 때문에 오해가 생길 수 있다. 임의 평가에 대한 구성물과 명세내역을 평가자들 사이에 서로 합의하여 결정했다면, 각 영역마다 따로 점수를 부여할 것인지(영역별 분석 점수) 아니면 모든 영역을 함께 적용하여 채점할 것인지(모든 영역 일괄 점수)를 결정해야 한다. 경험이 얕은 교사일수록 영역별 분석 점수를 채택하여 감각을 익힐 필요가 있고, 오래 경험이 누적된 교사일수록 모든 영역을 일괄하여 채점할 수 있다. 본문에서 '주관적 점수'는 제멋대로 채점하는 것이 아니라, 노련한 경험의 교사들이 매기는 점수이므로, '모든 영역 일괄 점수' 체계라고 부르는 것이 더 나은 용어 사용이다.

9) [역주] 본문에서는 profile(전체 윤곽, 일람표)이란 낱말을 쓰고 있으나, 이런 목적을 가리키기 위하여 다른 책에서는 portfolio(평가 기록철)이란 용어를 쓰는 경우도 있다.

10) [역주] 요즈음은 다양한 매체가 발달했기 때문에 학습자들의 말하기 자료를 쉽게 녹음할 수 있고 아울러 이를 분석하고 자세히 검토할 수 있다. 스마트폰은 이런 점에서

4.2.2. 학생 개인별 녹음테이프

입말 영어에 대한 많은 평가가 학생이 발화를 함에 따라 이루어진다. 이는 교육적 편의보다는 행정적 편의라고 가정해야 한다. 〈도표 4.1〉에서처럼 목록으로 된 모든 항목에 동시에 주목하는 것은 기념비적인 과업일 듯하다.

주요한 도구로 이용될 수 있을 것이다. 특히 말하기의 결과를 공정하게 평가하기 위해서는 발화 장면을 고스란히 옮길 수 있고, 문제가 생길 경우에 제3자가 해당 녹화를 보면서 구성물에 따라 재평가를 할 수 있다.

이 책에서는 매우 중요한 평가의 공정성에 대한 논의가 들어 있지 않다. 평가 책자에서는 흔히 이를 타당도와 신뢰도로 나눠 부르기도 한다. 평가가 공정하게 이뤄지려면, 가장 먼저 확보되어야 할 것이 구성물 정의 및 명세내역에 따라 작성된 평가표(채점표)가 있어야 한다. 가령, 루오마의 번역본 161쪽에 있는 유럽연합 평의회의 명세내역을 이용한다고 가정하기로 한다. 그곳에서의 구성물은 다섯 영역으로 나뉘어 있다(자세한 명세내역은 그곳을 읽어 보기 바람).

㉠ 표현 범위, ㉡ 정확성, ㉢ 능통성, ㉣ 상호작용, ㉤ 일관된 연결
일단 영역별 분석 점수로 예를 들기로 한다. 가령, 각 영역마다 20점씩 배당하되, 쉽게 채점할 수 있도록 3등급을 상·중·하로만 나눠 각각 20점·15점·10점을 주기로 결정하였다. 이제 표본으로서 임의의 면담 내용의 녹음/녹화를 하나 뽑아 놓고서, 채점에 참가한 사람들이 모두(4명으로 가정하기로 함) 영역별 분석 점수를 매긴다. 그 결과, 동일한 면담 내용의 녹음/녹화를 들으면서 4명이 각각 매긴 점수를 합산한 뒤에 서로 간의 점수 분포를 확인한다. 면담 과제가 어려웠다면 4명 사이에 점수 변동폭이 클 것이고, 그렇지 않고 평이한 과제였다면 변동폭이 좁을 것이다. A는 영역별 분석 점수를 합산한 결과 70점을 주었고, B는 90점을 주었으며, C는 65점을 주었고, D는 75점을 주었다고 치자.

제일 중요한 단계는 채점자들 사이에 변동폭을 합의해야 하는 일이다. 네 사람의 변동폭은 65점에서부터 90점까지이다. 채점자들은 변동폭을 크게 잡을 것인지, 좁게 잡을 것인지를 토론하여 결정해 주어야 하는 것이다. 그 결과, 변동폭으로 10점을 합의하였다. 다음 차례는 본격적인 채점이고 이는 하나의 면담 내용에 대하여 두 사람끼리 짝이 되어 각자 해당 녹음/녹화를 들으면서 채점해 나가게 된다. 물론 채점자들의 피로 정도를 감안하여 일정 간격으로 휴식 시간을 마련해 놓아야 한다.

이런 과정을 거치면 모든 학습자의 면담 내용마다 두 사람의 점수가 나온다. 두 사람의 점수가 10점 이내의 차이만 있다면 두 점수를 합산하여 반으로 나눈 점수가 최종 점수이다. 만일 그 점수들이 서로 10점 이상의 차이가 난다면, 제3자(대체로 채점 총괄 책임자)가 새로이 면담 내용을 듣고서 다시 점수를 주게 된다. 이럴 경우에는 합의한 점수 변동폭을 무시한 채 세 개의 점수 중 가장 가까운 두 개의 점수를 합한 뒤 절반으로 나눈 것을 최종 점수로 결정하게 된다.

현재로서는 글말을 대상으로 하든 입말을 대상으로 하든, 가장 신중하고 설득력 있게 채점을 하는 유일한 방식인 듯하며, 뒤친이는 이를 런던에서 수석교사로 있었던 경상대학교 영어교육과 기오토 교수에게서 들었다. 이것이 영국에서 담화 교육을 시행하는 채점 방식이며, 학교별로 최소한 3주가 넘게 소요된다.

학생이 발화를 시작하면 이를 녹음하는 것은, 뒤따르는 임의의 단계에서 애초의 인상이 옳았는지 여부를 점검하는 수단으로서 더 큰 의미가 있다. 더욱이 학생 각자마다 녹음테이프(또는 녹화물)를 마련하는 것은, 다른 여러 가지 이로움을 제공할 수 있다. 평가의 관점에서 볼 때 학생 수행에 대한 녹음(또는 녹화)은 교사의 판단을 뒷받침하는 증거로 쓰일 수 있다. 만일 특정 학생에게 점수나 등급을 매기는 데에 교사가 자신이 없다면, 이런 자료가 다른 사람에 의해서 점검이 가능해진다. 만일 학생이 일주일이나 여러 달에 걸쳐서 동일한 녹음테이프 위에 상당량의 수행을 녹음한다면, 교사는 일괄적으로 그 수행들에 대해 점검할 수 있고, 그 학생이 진보하였는지 여부에 대한 인상도 얻을 수 있다. 외부 관찰자에게뿐만 아니라 또한 아마 더욱 중요한 측면에서 학생 자신에게도 향상을 예시해 줄 수 있는 것이다.

이 마지막 대목은 학생의 입말 수행에 대한 녹음테이프를 보관함으로써 도출되는 교육적 이점의 하나로 보일 수 있다. 많은 학생이 가령, 한달이나 두 달 전에 어떻게 입말을 수행하였는지 잊어버리고, 종종 영어 사용에서 전혀 향상을 이룩하지 못하고 있는 것으로 느낀다. 만일 이야기를 말해 주는 앞 번의 내용(주저대거나 비문법적이거나 혼동된 내용)이 다시 틀어져 학습자가 듣게 되고, 최근의 더 나은 수행과 서로 비교된다면, 교실 수업에서의 작업과 연습이 이롭고 가치가 있다는 확신을 학생들이 얻을 수 있다.

녹음테이프는 또한 다른 진단 목적을 위하여 즉시 이용될 수 있다. 교사는 특정 학생이 어떤 종류에 대해 지속적으로 오류를 만드는 듯하다는 인상을 갖고 있다면, 특정한 사례를 위하여 해당 부분의 테이프를 틀어 들을 수 있다. 몇 가지 사례를 확인하면서 교사는 특정 학생에게 문제점을 예시해 주고, 확인된 난점을 학생이 극복할 수 있는 방법을 제안해 줄 수 있다. 대안도 있다. 교사가 학생의 집단적 수행 중에서 일반적인 유형의 오류가 일어난다고 찾아낼 수 있다. 그렇다면 녹음된 사례를 수업 초반부에

'*how not to*'

(오류를 피하는 방법)

의 일부로 이용할 수 있다. 계속해서 수업을 진행하는 동안 영어의 특정한 측면에 대하여

'*how to*'

(표현하는 방법)

을 제안하게 된다. 그런 교육 전략으로 추천할 것들이 많다. 대부분의 다른 사람들과 같이, 학생들도 수업에서 제공된 테이프에 있는 주인공이 말하는 것에 관심을 갖기보다는, 학생들 자신이 무엇을 말하는지에 대해 더욱더 관심을 갖는 경향이 있다(≒그렇다면 또래 학생들의 발화를 이용하여 듣기 동기를 더 북돋울 수 있음). 학생들을 격려하여 자신의 수행에 주의를 기울이게 하는 이 원리는, 토박이 영어 화자에게서도 글말 산출 교육에서 더 광범위하게 쓰이고 있다. 최소한 몇몇 학생의 이야기를 녹음한 기록이 이루어진다면, 입말 산출을 위해서만 이용될 수 있다.

마지막으로 학생의 입말 수행에 대한 기록이 지속적으로 이루어진다면, 한 해에 한 번 시험을 친다는 생각은 낡은 것이 된다. 외부기관에서 자격을 줄 목적으로 또는 해당 학교의 기준을 감사하기 위하여 외부 검사관이 학생의 입말 기술을 평가하고 싶다면,11) 모든 학생의

---

11) [역주] 영국에서는 각 학교마다 수석 교사를 중심으로 하여 1년간 학교별 교과과정을 수립하고, 개별적으로 교사마다 거기에 따른 주별 수업 진행표도 마련하여야 한다. 이런 계획 단계로부터 수업을 실시하여 학습자들을 평가하는 마지막 단계에 이르기까지 교육 관련 사건들에 대해서는 모조리 문서로 만들어 보관해야 한다. 이런 모든 단계에 대하여 Ofsted로 불리는 교육 표준국(The Office for Standards in Education)에서는 2,700명의 감사관들이 3년 주기로 초중등학교를 감사하고 그 결과를 공적으로 인터넷에 공개할 뿐만 아니라 학부모들에게 통보해 준다. 우리나라 교사들과 달리, 영국 교사는 자신에게 주어진 업무들에 대하여 '책무성'(accountability)을 기준으로 하여 교육

수행에 대한 기록을 이용할 수 있는 것이다. 감사관은 특정 유형의 발화 행위(예를 들어, 서사 이야기)에서 향상이나 수행을 점검할 수 있을 뿐만 아니라, 문법상의 정확성과 낱말 사용과 같이 모든 전통적 평가 특성을 놓고서도 가장 최근의 수행을 들어볼 수 있다.

우리는 학생의 입말 산출의 표본들에 대한 녹음을 만들어 두는 일이 입말 영어 평가에 대한 신중한 접근에서 중요하다고 제안한다. 녹음테이프를 만들고 여기에 근거하여 시행하는 평가는, 교사들에게 과거에 전형적으로 입말 영어 평가에 소요되었던 시간보다 더 많은 시간이 들어갈 것임도 잘 알고 있다. 그러나 소요되는 시간이 정상적으로 논설류 채점과 같이 학생들의 작문 시험을 채점하는 데에 드는 정도 이상 필요한 것이 아니다. 이는 글말 영어 산출과도 관련되어 있는 교과과정 속에서 입말 영어 산출이 얼마나 신중하게 취급되는지에 관한 물음이 된다. 서로 다른 학생 집단에서 입말 작업과 글말 작업 사이의 균형은 변동될 것이다. 그러나 입말 산출이 교육 내용의 필요한 부분으로 간주된다면, 평가가 신중하게 이루어져야 한다는 점을 강조한다. 효과적인 평가를 실시하기 위하여 녹음테이프를 포함하여 학생의 수행 기록철을 마련하는 일은 실제로 기본적인 필요사항이다.

학생마다 녹음테이프를 만들게 된다면, 어떤 유형의 자료가 녹음되어야 하는 것일까? 분명히 (외국어로서 영어를 배우는) 학생들에게서 나오는 영어와 유사한 모든 소음을 다 녹음하는 것은 자원의 낭비가 될 것이다. 그보다는 학생들이 이야기를 준비해 오고, 수업 시간 동안 한정된 수의 수행 사례들에서 녹음이 이루어져야 한다. 학생들에게는 또한 서로 다른 모습(mode, 짧은 이야기, 긴 이야기, 간단한 이야기, 복잡한 이야기 따위)으로 이야기를 만들도록 요구되어야 하며, 가령 모든 경우

감사국에 의해 고과가 매겨질 뿐만 아니라, 단위학교 또한 같이 점수가 매겨진다. 영국 정부의 누리집 https://www.gov.uk/government/organisations/ofsted을 찾아가 보기 바란다(잉글런드 지역임). 1992년 이전까지는 왕립 평가국(HMI, Her Majesty's Inspector)으로 불렀다.

에서 하나의 이야기만을 만들도록 허용해서는 안 된다. 다음 두 개의 절에서는 발화 유형에 대한 일반 범주와 서로 다른 모습에서 발화를 이끌어내는 방식을 놓고서 제안을 하게 될 것이다.

4.2.3. 서로 다른 모습으로 된 발화

제2장에서는 이미 상이한 유형의 말하기에 본질적으로 들어가 있는 다양한 정도의 난이도가 있음을 말하였다. 짤막한 발언기회를 취하는 것이 일반적으로 긴 발언기회를 취하는 것보다 더 쉽다. 친하고 동정심 많은 개인과 이야기하는 편이, 소원하고 같은 소속도 아닌 개인이나 집단과 이야기하는 것보다 요구되는 게 덜하다. 잘 알고 있고 기억 속에 잘 조직된 것은 당연히 새로운 주제나 그 자체에 내적 조직이 거의 없는 경험보다 이야기하기가 더 쉽다. 이런 구별을 염두에 두면서, 교사는 수업 진행의 특정 시점에서 학생이 어떤 유형의 말하기를 '중압감이 덜하다'고 깨닫는지 합리적으로 판단할 수 있어야만 한다. 학생이 어떤 이야기 활동을 녹음할 것인지 정하는 일은, 특정 시점에 학생들이 성공할 수 있을 것으로 교사가 믿는 의사소통 중압감의 수준에 기대어 결정되어야 한다.

어떤 의미에서 아마 영어 토박이 화자들도 곧장 묘사하는 일이 서사 이야기를 하기보다 더 쉽게 느끼고, 서사 이야기를 하는 것이 주장을 입증하기보다 더 쉽게 느낀다는 사실을 염두에 두어야 한다. 이 점은 난이도 수준에서 사뭇 일반적인 지침이 된다. 단일한 인물과 두세 가지 사건만 담고 있는 짧은 이야기가, 많은 세부사항과 관계들을 담고 있는 긴 이야기 내용보다 더 쉽다. 〈도표 4.2〉에서 보여 주듯이 이야기 모습들 사이에 있는 이런 일반적 차이점을 아주 느슨한 칸 속에서 포착하도록 하겠다.

<도표 4.2> 말하기 과제의 유형과 등급화 변수

↑ ↓	묘사	묘사/설명	서사 이야기	주장/의견 펴기
더 어려움	서로 구별하기 어려운 많은 요소, 성질, 관계, 인물이나 요소			
덜 어려움	서로 구별하기 쉬운 적은 요소, 성질, 관계, 인물이나 요소			

〈도표 4.2〉에서는 글말 모습이 아니라 입말 모습으로 채워져 있다. 만일 앞에서 언급한 상호작용 변수를 몇 가지 교사가 통제할 수 있다면, 이 칸들을 이용해서 어느 정도 말하기 활동의 내용에 대하여 난이도 수준을 제어할 수 있다. 학교나 대학에서 상호작용의 사교적 변수를 통제하는 일은 상대적으로 쉽다. 교사가 각 학생들이 수준이 대등한 청자와 짝이 되도록 확실히 해 놓을 수 있다. (마) '정보간격'의 논의에서는 청자의 수준에 대해 좀 더 언급하게 될 것이다. 요구되는 발언기회의 길이는 〈도표 4.2〉에서 칸들로부터 선택된 이야기 활동의 유형에 따라, 짧게 주어질 수도 있고 길게 주어질 수 있다.

〈도표 4.2〉에 있는 칸에서는 학생들에게 서로 다른 유형의 이야기를 만들 기회가 주어져야 하고, 늘 한 가지 말하기 모습으로만 연습하는 것이 아님을 확실히 해 둘 수 있다. 두세 명의 주인공을 담고 있는 일련의 사건들을 관련시키는 일처럼 어떤 말하기를 어떻게 수행할지를 지침을 내어 주는 것은 다른 구조와 종종 다른 낱말들을 쓰도록 요구한다. 다양한 배경으로 인하여 일련의 복합 사건들을 관련짓는데에 쉽게 성공할 수 있는 학생이라고 하더라도, 실제로 어떻게 할지 방법을 놓고서 심지어 짤막한 일련의 지침을 만들어 내는 데에 어려움을 겪을 가능성이 있다. 학생들의 입말 영어 능력에서 교사가 그런 간격을 찾아내려고 이런 평가 방법을 이용한다면, 수업에서 무엇을 강조할지를 결정하려는 교사를 지원하는 데에 분명히 가치 있는 기능을 지닌다.

여기서 강조하는 실제적인 요구사항은 다양한 말하기 모습에서 수행되는 학생의 능력에 대한 평가이다. 우리가 결정하지 못한 것은, 학생이 요구된 유형의 이야기를 실제로 만들어 냈는지 교사가 어떻게 보장할 수 있느냐에 대한 것이다. 평가를 위하여 교사가 학생에게 이야기하도록 원하는 바를 학생이 산출하도록 만드는 수단에 대해서는 아직 언급되지 않았다(≒산출 동기를 북돋는 방법). 이야기 산출 평가에서 핵심 문제의 하나는, 일관된 평가 기준을 갖고서 그림을 묘사하고 있는 어느 학생, 자기 고향 마을에 대하여 묘사하는 다른 학생, 자신의 오토바이를 묘사하고 있는 또 다른 학생 등을 평가하는 데에 어려움이 있다는 점이다(≒친숙한 대상일수록 이야기하기가 더 쉽다). 이들이 모두 '묘사'를 하고 있지만, 적용되는 평가 기준이 주제 내용에 따라 달라질 수 있다. 교사가 적용하는 기준에서 일관성을 보장받고 싶다면, 집단 속의 모든 학생들에게 이야기 과제를 미리 정하는 편이 더 낫다. 교사가 일련의 과제 유형을 갖고 있다면, 요구된 유형의 이야기를 이끌어낼 수 있고, 모든 학생들로부터 서로 비교될 수 있는 이야기 표본을 지녔음을 확신할 것이다.

4.2.4. 과제의 유형

입말 산출 평가에서 과제에 바탕을 둔 접근이12) 마주치게 되는 실

---

12) [역주] 지금 현재 'TBLT'라는 약자로 쓰며, '과제 중심 언어교육'(Task-based Language Teaching)으로 부른다. 이 흐름은 CLT로 불리는 '의사소통 중심 언어교육'(Communicative Language Teaching)의 후속 내용으로 간주되며, 학습자들의 자발적인 의사소통을 촉진하기 위하여 제일 중요한 변인이 과제의 등급화라고 여긴다.

의사소통 중심 언어교육은 미국으로 건너간 뒤에 여러 가지 방식으로 해석되었는데, 특히 쌔뷔눙 엮음(Savignon, 2002), 『의사소통 중심 언어교육에 대한 해석: 교사 교육의 맥락과 관심(*Interpreting Communicative Language Teaching: Context and Concerns in Teacher Education*)』(Yale University Press)을 읽어 보기 바란다. 과제 중심 언어교육에 대해서는 최근에 22편의 글을 4부로 나누어 묶어 놓은 브륀든·바이게잇·노뤼스 엮음(Branden, Bygate, and Norris, 2009), 『과제 중심 언어교육: 독본(*Task-Based Language Teaching: A Reader*)』(John Benjamins)이 크게 도움이 된다. 또한 다음 문헌들도 참고하기 바란다.

㉠ 캔들린·머퓌(Candlin and Murphy, 1987), 『언어 학습 과제(*Language Learning Tasks*)』 (Prentice-Hall).

㉡ 스끼언(Skehan, 1998), 『언어 학습에 대한 인지적 접근(*A Cognitive Approach to Language Learning*)』 (Oxford University Press).

㉢ 엘리스(Ellis, 2003), 『과제 중심 언어 학습 및 언어 교육(*Task-based Language Learning and Teaching*)』

제적 요구사항은, 학생들의 말을 이끌어낼 때 항상성이 있어야 한다는 점이다. 다시 말하여, 모든 학생들이 동일한 것을 말하도록 요구되어야 한다. 결국 이는 대부분의 검사 형식에 있는 기준이다. 정상적으로 검사에서는 검사 시행을 위하여 학생에게 어느 문법 구조와 낱말을13) 선택할 것인지를 가리키도록 요구하지 않는다. 검사관은 일련의 질문을 정하고 모든 학생들에게 이 물음에 답을 하도록 요구한다. 그렇지만 과제에 바탕을 둔 접근에서는 세부사항에서 전통적으로 문법과 낱말을 검사하는 만큼 그리 엄격하지는 않다. 오히려 특정한 과제의 형식에서 입말 영어를 이용하여 화자가 과제를 수행하는 일반적인 요구사항을 제공하지만, 학생이 자신의 수행에서 어떤 특정한 문법 구조나 특정한 낱말을 이용해야 한다고 요구하는 것은 아니기 때문이

(Oxford University Press).

ⓔ 누넌(Nunan, 2004; 수정판 2010), 『과제 중심 언어교육(*Task-Based Language Teaching*)』 (Cambridge University Press).

ⓓ 브륀든(Van den Branden, 2006), 『과제 중심 언어교육: 이론으로부터 실천까지(*Task-Based Language Education: From Theory to Practice*)』(Cambridge University Press).

ⓑ 윌리스 부부(Willis and Willis, 2007), 『과제 중심 언어교육 실천(*Doing Task-based Teaching*)』 (Oxford University Press).

13) [역주] 원문에는 vocabulary(어휘)라는 낱말을 쓰고 있다. 일상적으로는 word라고 부르고, 생성문법에서는 lexicon(어휘)이란 용어를 쓰며, 담화 교육에서는 lexis(어휘)란 말을 쓰고, 심리학에서는 'lemma : lexeme'(특히 심리학에서 낱말의 '형식 : 내용'의 대립 측면을 가리킴) 등의 용어를 쓴다. 우리말에서는 '낱말, 단어, 어휘'라는 말을 쓰는데, 이들 사이를 다음과 같이 구분한다. 낱말과 단어는 서로 교체되어 쓰이는데, 순수한 우리말과 한자어의 관계이다. 그런데 어휘(낱말 모음, 고슴도치 '彙'는 가시가 많으므로 '모으다'는 뜻으로 확대됨)는 낱말보다 더 작은 형태소에서부터 낱말보다 더 크며 고정된 어구(가령, '쪽팔리다, 손쓰다')나 고정된 의미를 지닌 속담('하늘 무너질 걱정을 한다', '낮말은 새가 듣는다')까지도 포함하는 용어이다. 영국에서 말뭉치 언어학을 통하여 콜린즈 회사의 코빌드(COBUILD) 영어 사전의 편찬을 주도했던 버밍엄 대학의 씽클레어(Sinclaire, 1933~2007) 교수는 이음말(collocation, 연어)이 사고의 기본 단위인데, 이들은 관용적 결합에 지배되는 '미리 짜인 단위'(관용적 결합원리)와 예측 불가능하며 더 큰 단위로 만들어지는 개방적 결합원리에 의해 지배된다고 주장한 바 있다. 조금 광범위하더라도 미리 짜인 단위까지도 어휘 속에 집어넣을 수 있다. 영어에서는 동사가 활용하기 때문에, 동사의 어간만을 셀지, 활용된 표면형을 셀지에 따라 낱말 숫자 집계(어간 중심으로 세면 love, loves, loved가 낱말 하나로 집계됨)가 달라져 버리므로, 각별히 정의를 해 둘 필요가 있다. 때로 뤄쓸(Russell)의 용어를 빌려 각각 type(어간 중심의 낱말 유형)과 token(활용 어미들 각각의 구현체)으로 쓰는 경우도 있다. 그러나 이 책의 저자들은 이와 같이 세밀한 부분까지 의식하고 있지 않는 듯하다. 따라서 가급적 쉬운 우리말인 '낱말'을 써 나가기로 한다.

다. 그렇지만 학생이 이용하려고 선택한 다양한 구조와 낱말은 해당 과제를 수행하는 데에 적합할 것임에 틀림없다.

이미 〈도표 4.2〉의 비격식적인 칸에서 묘사와 서사 이야기와 같은 말하기 모습들을 목록으로 만들었다. 이제 이런 모습을 과제 유형의 분류도 속에서 조합하여, 과제로 쓰일 실제적인 자료를 제안할 수 있다.

묘사나 일련의 지시사항(≒상대방에게 그리는 행동을 하도록 함)을 만들어 내는 데 필요한 이야기 유형은, 본질적으로 고정되거나 정태적인 관련들에 대한 설명이다. 대상의 속성, 또는 한 대상과 다른 대상 사이의 관련성은 변하지 않는 경향이 있다(정태적임). 그렇지만, 서사 이야기 과제에서는 관련성들이 역동적으로 달라지는 경향이 있다(유동적임). 즉, 인물·관련 장소·시간에 변화가 있고, 이야기가 진행됨(≒사건이 전개됨)에 따라 전형적으로 인물의 행위가 달라질 것이다. 주장(의견)을 펴는 과제에서는 현재 말해지고 있는 것에 대한 부분과 다음 부분 사이에는, 일련의 아주 다르며 주로 추상적인 관련성이 들어있다. 과제 유형에 대한 이들 측면이 다음에 요약되어 있다. 입말 설명을 끌어내는 데에 이들 과제가 이용될 수 있다.

관련성 성격	구현 사례
㉠ 정태적 관련성	㈀ 대상이나 사진 묘사하기 ㈁ 도표를 그리도록 상대방에게 설명하기 ㈂ 낱낱으로 제시된 부속품들을 결합하는 방법 설명하기 ㈃ 상당수의 대상들이 배열되는 방법 묘사하기/설명하기 ㈄ 길 방향을 안내하기
㉡ 역동적 관련성	㈀ 서사 이야기(story-telling) ㈁ 목격담을 설명해 주기(an eye-witness account)
㉢ 추상적 관련성	㈀ 주장/의견 펴기 ㈁ 선택된 행동에 대한 정당한 사유 말하기

이들 과제 유형에서 이용될 자료를 준비하는 일은 어렵지 않다. 묘사될 대상은 교실 안에 있는 일상생활의 대상으로부터 덜 익숙한 대상

들까지 넓혀질 수 있다. 예를 들어, 가설 무대의 파이프들을 함께 연결하는 데에 쓰이는 접합부 연결체들이다. 어떤 배열을 갖는 선, 원, 사각형, 삼각형들로 이루어진 도표들이 쉽게 그려지고, 무한히 변이되면서 제시될 수 있다. 설비 부품들은 얻기가 더욱 힘들겠지만, 완성된 조합체를 묘사하기와 심지어 아주 간단한 설비 부품의 사용이, 화자에게 예기치 않은 어려움을 줄 수 있다. 어떤 사람에게 손짓을 함이 없이 입말로만 여러분이 전기 플러그를 연결하는 방법, 병따개를 쓰는 방법, 호치키스 알맹이를 담는 방법, 어떤 사람의 긴 머리를 땋는 방법 등에 대해 어떻게 지시할지를 생각해 보자. 얼마나 많은 대상이 배열되어야 하는지에 대한 묘사는 실제로 아주 익숙한 활동이다. 연필, 지우개, 책들을 가지고 배열을 미리 만들어 두고 작업할 수 있거나, 또는 임의의 사진에 찍혀 있듯이 저녁 식탁에서 자리 배열과 같이 문화적으로 고정된 배열을 갖고서도 작업할 수 있다. 길 방향을 안내해 주는 일도 또한 익숙한 활동이다. 간단한 지도나 실제 거리의 지도 또는 런던 지하철 지도를 갖고서도 행해질 수 있다.

서사 이야기는 몇 장 이어진 만화, 일련의 사진, 시청각 시설을 이용할 수 있다면 간단한 영화나 비디오 단편들로 촉진제(길라잡이)로 쓸 수 있다. 교통사고나 범죄가 저질러지는 장면을 보여 주는 영화 단편과 같이 비슷한 재료의 입력물은, 목격담의 설명을 이끌어내는 데에 이용될 수 있다. 주장/의견을 이끌어내는 촉진물은 서로 다른 건물이나, 서로 다른 가구로 꾸며진 방이나, 서로 다른 자동차나, 휴가철에 많이 찾는 휴양지에 대한 일련의 사진들로부터 시작할 수 있다.

"Which do you prefer? and Why?"
(어떤 것을 좋아하십니까?, 왜 그렇습니까?)

와 같은 질문이 수반된다. 대안으로, 포스터나 광고물이 학생의 주장/의견을 위해 마련될 수 있다. 준비가 좀 더 어려운 또 다른 방식은,

어떤 사회 문제에 대하여 한 사람이 강한 의견을 말하는 비디오나 영화 단편을 찾아낸다. 이를 학생에게 보여 주면서

"What do you think about that?"
(저것을 어떻게 생각하십니까?)

라고 물을 수 있다. 선택된 행동에 대한 정당한 사유를 대기는 어떤 진퇴양난 상황에서 한 개인에 대한 그림이나 영화의 짧은 도막들로 유도될 수 있다. 그런 상황이 해결책을 보여 주지 못하고 학생으로 하여금 자신의 해결책을 제공하되, 왜 그렇게 해야 하는지를 정당한 사유를 말하도록 한다.

이상이 채택 가능한 유형의 자료에 대한 본보기로 의도된 일반적인 목록이다. 연습을 이끄는 교사는, 물론 자신의 경험으로 학생들로부터 이야기를 이끌어내는 데에 효과를 갖는 자료들의 목록을 더 추가할 수 있다. 4.4에서는 분류표의 각 영역에 대한 본보기 사례를 제시하게 될 것이다. 지금까지는 학생으로부터 이야기를 이끌어내는 과제 유형을 기술해 왔다. 그러나 학생들에게 이야기를 할 목적을 스스로 갖도록 하지는 않았다. 분명히 이들 과제 유형은 따로 정의할 만한 말하기 목적이 없이도, '영어 말하기' 그 자체의 연습만으로 교실에서 이용될 수 있다. 그렇지만 평가 목적을 위하여 입말 영어 산출을 이끌어내는 데에 흔히 무시되는 실질적 요구사항이 있다. 학생으로부터 이끌어낸 이야기의 목적은 틀림없이 분명해져야 한다. 이야기의 목적을 갖기 위하여, 학생은 누구에게 말을 하고 있고, 청자가 무엇을 알고 있는지를 알고 있어야 한다. 청자가 화자만큼 대상에 대하여 동일하게 (또는 심지어 더 많이) 알고 있다면, 화자가 대상을 묘사하는 데 핵심은 무엇이 될 것인가?[14]

---

14) [역주] 대학 면접시험이나 입사 면접시험과 같이 시험 상황을 제외한다면 아마 이런 경우가 거의 없을 것 같다. 따라서 참된 실생활 자료를 이용해야 하는 교실 수업에서는

4.2.5. 정보간격

만일 교사가 외국 학생 앞에서 탁자 위에 오렌지를 놓아 두고서

"What is that?"
(저것이 무엇입니까?)

라고 묻는다면, 외국 학생은 잘 수립된(≒인위적이며 입말투가 아닌) 교
육방법대로 대답하게 될 것이다. 만일 교실 밖에서 다른 토박이 영어
화자에게 외국 학생이 똑같은 질문을 한다면, 아주 이상하게 말한다
고 여길 것이다. 이들 상황 사이의 차이는 무엇일까? 질문하는 관습과
관련되어 있다. 일상생활에서는 일반적으로 너무 뻔한 답을 들을 질
문은 거의 하지 않는다. 동일한 경우로, 일반적으로 우리는 다른 사람
이 이미 잘 알고 있는 바에 대해서는 말하지 않는다. 우리는 흔히 다른
사람이 알지 못할 것으로 가정하는 대상에 대해 말하고자 한다. 일상
생활에서 청자는 실제로 화자가 의사소통하려는 바(≒의도)를 알고 싶
어 하며, 알 수 있다면 도움이 된다.

이들 일상적 행동원리를 평가 절차에 응용한다면, 분명히 학생들은
교사에게 수행하는 말하기(묘사, 설명, 서사 이야기 등)가 녹음되기를 원
하지 않는다. 인정된 교사의 지위는, 학습상황에서 마주치는 대부분
의 사항에 대하여 학생보다 더 많이 알고 있음이 사실이다. 교사가
학생에게 묘사할 대상을 주면, 일부러 학생은 스스로 자신의 지식과
교사의 지식 사이에서 인공적인 정보간격을 만들어 내야 한다. 학생
은 마치 교사가 그 대상이 무엇처럼 보이는지를 전혀 알지 못하는 듯
이 행동해야만 한다. 우리가 평가하고자 하는 것이 입말 영어를 쓰는
학생의 능력뿐이라면, 왜 학생의 행동에서 이런 추가적이고 아주 인

이런 소재는 적합하지 않다.

공적인 것을 요구해야 하는 것일까?

평가를 위해 입말 산출을 이끌어내는 일에서, 화자가 가까이 있는 과제를 수행하는 합리적 목적을 이해할 수 있음을 확실히 해 놓아야 한다. 화자가 갖고 있는 정보를 아직 갖지 못한 청자가 있어야 할 것이고, 청자는 그 정보를 필요로 한다. 이는 간단히 다른 학생이 청자 역할을 맡게 함으로써 이뤄질 수 있다. 청자의 역할에서, 두 번째 학생도 또한 수행할 과제를 갖고 있다. 이는 화자로부터 정보를 받는 일에 달려 있다. 예를 들어, 화자에게 백지 위에 선과 사각형과 삼각형으로 된 간단한 그림이 제시된다. 청자는 그림을 볼 수 없다. 그렇지만 그림을 그릴 수 있도록 청자에게 펜과 백지가 한 장 주어진다. 작지만 분명한 정보간격이 둘 사이에 만들어진다. 화자의 과제는 청자에게 가능한 한 정확히, 화자는 볼 수 있지만 청자는 볼 수 없는 주어진 도형을 재현하도록 설명해 주는 것이다. 물론 이 방식은 한 학생이 말을 하고, 교실에 있는 나머지 학생들이 모두 청자가 되어 같이 이용될 수도 있다.

우리가 화자에게 수행하도록 기술해 온 과제는, 또한 청자에게 다양한 과제를 제공할 수 있다. 묘사 과제에서는 화자에게 묘사할 사진 한 장이 주어지고, 청자에게 일련의 비슷한 너댓 장의 사진이 주어진다. 그것들 중 하나만이 정확히 화자의 사진과 일치한다. 화자의 묘사를 근거로 하여 청자는 정확한 그림을 뽑아야 한다. 서사 이야기 과제에서는 청자가 열 명의 인물 또는 열 장의 장면을 보여 주는 일련의 그림을 가질 수 있다. 청자는 화자가 이야기하고 있는 내용과 합치하는 그림들을 찾아내어야 한다. 그렇지 않으면 대안으로 적절히 배열되어 서사 이야기 속 사건의 연결과 잘 맞는 일련의 어떤 그림들을 갖고 진행할 수도 있다. 만일 올바른 순서 배열이 효과적일 경우에, 무슨 일이 일어났는지에 대한 화자의 설명에 주의를 기울이면서 청자에게 과제를 완성하도록 할 수 있을 것이다.

화자의 설명이 '효율적'이어야 한다는 요구사항은, 청자가 자신의 과제를 수행하는 것과 관련하여 언급되었다. 어떤 점에서 과제에 근거한 접근은 '의사소통의 효율성'을 이상적으로 평가하도록 고안되었다. 왜냐하면 소통될 한정된 양의 정보와, 자신에게 전달되어 온 그 정보를 가질 필요가 있는 청자와, 학생들 수행에 대하여 등급을 매겨야 할 경우에 교사가 쓸 수 있는 녹음내용을 제공해 주기 때문이다. 이는 입말 산출의 평가에서 실질적인 마지막 요구사항으로 우리를 안내하는데, 과제에 대한 일련의 채점 과정이다.

4.2.6. 채점 과정

우선 이들 과제를 수행하는 데에 '의사소통의 효율성'(communicative effectiveness)을 어떻게 평가할지는 분명한 듯하다. 우리는 청자가 자신의 과제를 정확히 수행할 수 있었는지를 점검해야만 한다. 그러나 이 기준을 이용하는 데에는 분명히 위험이 존재한다. 우연히 또는 지능에 의해, 화자가 말한 바와는 아주 무관하게, 청자가 자신의 과제에 대해 정확한 해답에 이를 수 있다. 거꾸로, 또다시 화자가 말해 주는 방식과는 무관하게, 이해나 듣기 또는 지능의 부족으로, 청자는 자신의 과제에 대해 잘못된 해결에 이를 수도 있다. 청자는 심지어 과제 풀이 초기에서부터 작은 잘못을 저지를 수 있고, 뒤따르는 모든 것을 첫 오류에 비춰 내내 잘못 해석할 수 있다.

평가자로서 우리는 실제로 이것이 그런 경우인지 여부를 어떻게 알 수 있을까? 이는 자신의 과제를 만족스럽게 수행하는 청자를 통해서만 알 수 있을 뿐이다. 청자의 수행에만 근거하여, 화자가 입말 영어로 의사소통의 효율적 단편을 만들어 내었거나 그러하지 못했다고 말할 수 있는 것이다. 예를 들어, 수행을 '10점 만점에서 4' 또는 '10점 만점에서 8'과 같이 등급을 나눌 수 없고, 단지 10점 만점 중 '10점' 또는 '0점'이라고 말할 수 있었다. 화자의 수행을 놓고서 실태를 분석하고 판단을 내릴 수 없다는 점이 더 중요한 한계일 듯하다. 묘사 과제에서 사각형의 위치나 서사 이야기에서 디스코 장에 나간 남자처럼 어떤 세부사항을 언급하지 못하였기 때문에, 과제 내용에서 화자가 핵심을 놓쳤다고 말할 수는 없었다. 입말 수행에서 그런 특정 측면들을 지적할 수 있음이 장점이 될 터이므로, 청자가 수행하는 바를 통해서 알수 있는 '예/아니오' 선택지보다는 더 자세한 어떤 채점방식을 갖는 것이 특히 유용함이 입증될 것이다.

확실한 한 가지 채점절차는 교사가 전통적으로 학생들의 글말 산출에 대해 채택하였던 것이다. 아마 이것은 평가에서 '오류에 근거한' 감점 형식으로 가장 잘 성격화될 수 있다. 교사는 과제 수행에 미리 10점을 부여한다. 그리고 문법이나 발음 또는 낱말의 오류가 만들어질 때마다 1점씩 감점한다. 따라서 서사 이야기 내용으로부터 소리나는 대로 옮겨 놓은 다음 사례에서는

"The man's got ready and he's <u>went</u> <u>oot</u> to a <u>party</u>"
(그 남자가 나갈 준비가 되었고 디스코 장으로 갔다)

'gone' 대신에 'went'를 썼고, 'out' 대신 'oot'을 썼고, 'disco' 대신 'party'를 썼으므로, 아마 3점이나 감점될 것이다.

학생 수행에 대한 녹음된 테이프를 갖는 장점은, 분명히 교사가 이런 종류의 '오류에 근거한' 감점 부여를 모든 학생에 대하여 철처히 일관된 방식으로 수행하게 해 준다는 점이다. 만일 문법 오류(잘못된 과거분사 형태)의 유형이나 오용되는 낱말(너무 일반적으로 파티라는 낱말을 쓴 것)이 구별된다면, 교사는 학생이 잊어버린 핵심 대목에 대해 교정하는 작업을 위하여 자신의 관찰을 이용하고 있다(늑이는 교육이 아니다).

교사가 실제 의사소통에서 얼마나 '효율적으로' 수행을 잘하였는지에 대하여 평가할 수 없을지도 모른다. 이미 인용된 사례에서 세 가지 '오류'를 갖고 있었지만 특정한 상황에서 이 표현도 적절한 의사소통 도막이 될 수도 있다. 그러므로 ㉠ 언어를 격식대로 맞게 사용하는

성공률을 측정해 주는 '오류에 근거하여' 감점하기와 ⓛ 의사소통에 언어를 효율적으로 사용하는 성공률을 측정해 주는 '필수 정보에 근거하여' 점수 주기 사이를 구분할 필요가 있다. 문법상의 오류 확인은 영어 교사에게 비교적 쉽고 익숙한 활동이다. 따라서 여기서는 덜 익숙한 '필수 정보'에 대해 점수를 주는 과정에 관심을 쏟게 될 것이다.

'필수 정보'에 근거한 채점법이 과거에 제대로 실시된 적이 없었다는 사실은, 평가를 위해 입말 산출을 이끌어 내는 데에 쓰인 자료를 상당히 제멋대로 선택하였음을 뜻한다. 학생이 1분(또는 2분이나 5분) 동안 어떤 주제를 놓고 이야기를 진행하도록 요구받는다면, 학생이 청자와 의사소통을 진행하기 위해 무엇이 필요한지를 선뜻 결정하기가 어렵다. 그와 같은 연습에서 학생들이 많은 정보를 놓고 의사소통할 수 있지만, 정작 청자가 필요로 하는 어떤 정보를 놓쳐 버릴 수 있다. 그렇지만 교사는 무엇이 필요하고 무엇이 불필요한 정보인지 판단할 수 있는 일관된 기반을 갖고 있지 못하다. 비슷하게 학생이 서사 이야기를 만들도록, 몇 단으로 이어진 만화 그림이 검사관과 학생 사이에 놓여 있다면, 검사관도 또한 필수 정보가 모두 의사소통이 이뤄지는 설명을 학생이 만들어 냈다고 판정할 만한 신뢰성 있는 기반을 갖고 있지 않다. 아주 상식적인 이런 가상의 평가 모습에는 사실상 의사소통이 이뤄질 '필수 정보'가 없다. 검사관으로서 청자가 이미 그 서사 이야기의 이해에 필요한 모든 정보에 갖고 있기 때문이다.

입말 산출의 평가에서 우리는 두 가지 기본적인 실제 요구사항을 제안하였다. 첫째, 일련의 과제 유형이 있어야 한다. 둘째, 화자가 아는 바와 청자가 아는 바 사이에 일정한 정보간격이 있어야 한다. 이런 두 가지 요소가 사실로 주어진다면, '필수 정보'의 채점표는 상대적으로 간단해진다. 교사는 과제 내용의 입력물을 점검하고, 청자가 알 필요가 있는 요소를 목록으로 만든다. 이것이 어떻게 이루어질 것인지에 대한 본보기로서, 도형 그리기 과제에서 청자가 알 필요가 있는 것을 고려해 보자. 청자는

을 갖고 있다. 화자가 언어로 전달해야 하는 바는, 가능한 한 정확히 화자 혼자서만 볼 수 있는 도형이며, 이것이 청자가 재현하는 데에 필수 정보이다. 그런 과제에 대한 필요한 세부사항의 목록은 〈그림 4.3〉에 제시되어 있다.

〈그림 4.3〉

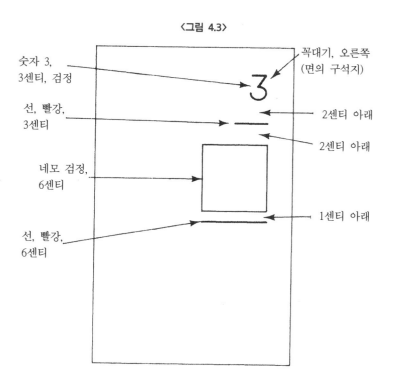

강조되어야 할 점은 이런 과제에서 '필수 정보'가 '필요한 낱말'과 동일한 것이 아니라는 사실이다. '사각형' 대신 '상자'라고 말하거나, '2센티' 대신 '1인치'라고 말하거나, '아래' 대신 '밑에, 밑쪽으로'라고 하더라도 화자가 완벽히 적절하게 수행하고 있는 것이다. 평가상의 추가적인 목적이 아니라면 수학적 정확성이 엄격히 필요한 것도 아니다. '사각형 아래로 조금 떨어져서'라고 말하는 것이 이 상황에서 '사각형 아래로 1센티'만큼이나 효과적일 수 있기 때문이다. 이런 종류의 과제에서 목표는 '필수 정보'를 정의하는 것이고, '필수 정보'를 언어로 전달하기 위하여 어떤 표현을 써야 할지를 학생으로 하여금 생각해 보게 하는 것이다.

다음 내용은 아마 대부분의 사람에게 낯선 부엌 도구의 부품을 조립하는 과제이며, 몇 가지 인용으로 더 잘 예시될 수 있다. 화자에게 고기 저미개(mincer, 고기 으깨는 수동식 분쇄기)의 부품을 조립하는 방법을 몸짓과 가리키기(deitic) 표현으로 보여 주었다. 화자에게는 해체된 고기 저미개 사진과 개별 부품마다 옆에 연결 순서를 기억시키기 위하여 숫자가 1~5의 순서로 주어졌다.

〈예시 5〉

부품들이 다시 고기 저미개로 조립되기 위해 함께 놓여 있었다. 청자는 자신 앞에 고기 저미개의 다양한 부품들이 있다. 주의 깊게 화자의 설명을 따르면서 고기 저미개를 조립하도록 요구되었다. 화자는 청자가 하는 바를 볼 수 없었다.

이 과제는 화자에게 설명과 묘사의 방식으로 정보를 제공하도록 요구하였는데, 도형 그리기 과제와 비슷하다. 두 과제 사이의 차이점은 고기 저미개 과제가 도형 그리기 과제보다 덜 추상적이고, '실세계' 상황에 더 가까울 수 있었다. 어떤 것을 함께 부착시키는 일에 대한 정보가 전달되어야만 한다. 또 학생들에게도 더 재미가 있을 듯하다.

다시 한 번 '필수 정보'는 분리된 부품에 대한 확인과 (부품들이 어떻게 서로 들어맞을지) 부품들 사이에 있는 관계이다. 이용되는 낱말은 포함된 부품들을 가리키는 적절히 쓰일 표현이라면 어떤 것이든 다 쓰일 수 있다. 따라서 첫 번째 부품이 다음처럼 묘사된다.

"*the biggest part*(제일 큰 부품), *the bit that looks like a gun*(총처럼 생긴 부품), *the big L-shaped piece*(큰 ㄴ-자 모양의 부품), *the piece — like a hairdryer* (헤어드라이어 같은 조각)"

두 번째 부품도 학생들에 의해 이용된 표현 범위에 의해 다음처럼 효율적으로 지시된다.

"*the spiral*(나선체), *the long curly thing*(길게 꼬인 것), *the drill part*(드릴 부분), *the sort of corkscrew*(코르크 마개를 일종의 타래송곳)"

강조해야 할 것은 영어 토박이 화자들 대부분이 이들 부품을 묘사하는 데에 기술적으로 올바른 낱말을 지니고 있지 않다는 점이다. 따라서 적절히 묘사하는 구절을 써야 한다. 이 과제를 수행하는 외국인 화자에 대한 요구사항은, 자신이 가리키고 있는 물체를 말해 주기 위하여 어떤 표현이라도 만들 수 있다는 것이다. 이는 의사소통 목적에 대처하기 위하여 학생이 어떤 언어를 갖고 있든지 상관없이 작업이 진행되도록 장려되어야 한다는 점에서, 2.1.3에서 진술한 우리의 주장과도 잘 들어맞는다. 토박이 화자들처럼 모든 상황에서 학생들이 정확히 옳은 낱말을 가져야 한다고 기대될 수는 없는 것이다.

'필수 정보'에 대해 고기 저미개의 조립 과제가 채점되는 방법을 예시해 주기 위하여, 과제의 첫 부분을 수행하고 있는 화자의 세 가지 사례를 적어 놓은 인용 및 〈도표 4.4〉에서 일련의 점수를 제시하게 될 것이다. 여기서 필요사항은 처음 두 개의 부품이 적절하게 확인되고, 그것들 사이의 관계가 묘사되어야 한다. 또한 두 번째 부품의 어느 쪽이 첫 번째 부품의 어느 쪽으로 끼워 넣어야 할지에 대해서도 분명히 말해 주어야 한다. 그러므로 다섯 가지 '필수 정보'에 대한 점수가 있다. 이들 세 가지 사례(화자 A, 화자 B, 화자 C)를 놓고서 채점을 하게 된다.

A: the part that looks like a gun that's the first one + then you've got the second part's a drill + and then you fit it in
총처럼 보이는 부품이 그게 첫 번째 거고 + 그리고 두 번째 부품을 갖고 있지 드릴 말이야 + 그러고 나서 그걸 안으로 끼워 넣어

B: the big curly bit with the biggest bit going in first
제일 큰 부품에다가 크고 꼬인 부품이 먼저 들어가

C: take your biggest part + and hold it with the biggest ring + the widest end facing upwards to the roof + and get your bit with the + like a screw + and + put it in with the square end at the bottom
제일 큰 부품을 갖고서 + 제일 큰 반지로 그걸 잡고 있어 + 제일 넓은 끝이 천장 쪽으로 향해야 돼 + 그러고 나사처럼 된 + 그 부품을 갖고서 + 그리고 + 바닥에다 사각형 끝을 갖고서 안으로 집어넣으면 돼

<도표 4.4> 고기 저미개 조립 과제의 채점

필수 정보	화자 A	화자 B	화자 C
부품 1	✔		✔
부품 2	✔	✔	✔
관계 2→1	✔	✔	✔
1의 연결부			✔
2의 연결부		✔	✔

<도표 4.4>에 제시된 채점표는 '필수 정보'가 채점되는 방식을 안내해 주고 있다. 이 도표에서는 효율적으로 의사소통이 이뤄진 정보 항목의 양을 놓고 교사가 하나씩 채점해 줌에 주목하기 바란다. 또한 교사에게 화자 B의 수행이 특정한 세부사항에서 어떻게 부적절하였는지를 정확히 보여 주는 기회를 제공해 준다. 사실상 특정 과제가 학생 집단을 놓고 이용되고, 교사가 특정한 수행에서 특별한 잘못을 찾아낸다면, '의사소통의 비-효율성'을 다른 학생들에게 예시하는 유용한 자료도 확보할 수 있다. 만일 청자가 해야 할 바를 명확히 해 주지 않은 녹음테이프를 틀어 놓으면, 듣는 학생이 스스로 불명확한 의사소통에서 마주치게 되는 문제가 무엇인지를 깨달을 수 있을 것이다. 우리가 제시하는 기본적인 채점표는, 사실상 높은 수준의 학생들로 이루어진 집단에서는 자율적으로 평가가 수행될 수 있을 것으로 믿는다.

또한 과제에 근거하여 말하도록 하는 절차를 운영하는 일은 교사가 '필수 정보'가 하나씩 채점되도록 하는 영어 입말 수행만을 이끌어내는 것이 아니다. 또한 전적으로 익숙한 학생 전체 집단을 상대로 하여서도 일정 조건 아래 말하도록 이끌어낸 일련의 녹음테이프로 된 수행을 교사가 스스로 마련할 수 있는 것이다. 교사는 학생들의 특정한 문법 구조와 특정한 낱말 사용도 고려할 수 있는 우수한 일련의 자료를 갖게 된다. 단순히 '나의 취미'나 '나의 주말'에 대하여 학생이 말하는 것을 듣고 있는 동료 교사들과는 달리, 이런 채점표를 지닌 교사는 학생이 말하려고 노력하는 것이 무엇인지를 쉽게 알 수 있다. 또한

스스로 확보한 녹음테이프에 기반한 자료들을 통해서 발음이나 유창성이나 어떤 것이든지 스스로 관련된다고 느끼는 언어 사용의 다른 측면을 언제든지 연구할 수 있는 것이다.

이 절에서는 두 개의 과제에 대한 영어 입말 산출의 채점표를 개관하였다. 평가를 위한 실제적인 필요사항을 기술하면서, 다음 절에서는 명확하게 이 방법론 밑바닥에 있는 원리를 드러내게 될 것이다. 그러고 나서 4.4에서 이들 채점표가 다양한 목적을 위해 어떻게 지금까지 논의한 과제 유형들에 모두 다 적용될 수 있을지를 놓고서 좀 더 확대된 사례를 제시하게 될 것이다.

4.3. 다섯 가지 원리의 평가 방법

4.3.1. 목적을 가진 이야기를 이끌어내기

이 원리는 언어 평가에서뿐만 아니라 교실 수업의 과제 연습에서도 너무 자주 무시된다. '직접 방식'(direct method) 접근에서 아주 흔히 사용되는 맹목적 반복훈련(drill)은15) 학생들로 하여금 말하도록 만들 때 적용하기에는 상상력이 없는 대책으로 남아 있다. 그러나 반복훈련은 목적도 없고, 청자도 없는 이야기의 전형적 형식이다(≒한 방향 의사소통으로는 말하기 능력을 키워 줄 수 없음). 학생에게는, 화자가 알고 있으면서 어떤 것을 알 필요가 있는 청자가 있는 것이 더 나을 것이고, 의사소통 동기도 더 많이 부여해 줄 것이다(≒두 방향의 말하기 연습이 필요하다). 학생이 말하기에서 목적을 갖는다면, 곧 스스로 자신이 말하는 바

---

15) [역주] 과거 교육에 대한 자각이 없던 시절에 무조건 암기(rote learning)만이 유일한 방법처럼 관념되던 때가 있었다. 근대에 와서 미국의 행동주의를 옹호하는 교육학자들이 적절한 체벌과 보상을 더불어 시행하면서 마치 군대의 제식훈련처럼 무의미하게 맹목적인 반복학습을 강조하던 때가 있었는데, 그런 반복학습을 'drill'로 불렀다. 1.5의 역주 42)를 참고하기 바란다.

와 그것을 어떻게 말하는지가 중요한 상황임을 깨닫게 된다. 그런 상황에서 언어를 효율적이고 정확하게 사용하는지 여부는 매우 중요하다. 만일 화자가 엉망으로 수행을 한다면, 청자는 해당 과제를 완수할 수 없게 될 것이고, 의심 없이 불평을 하게 될 것이다. 만일 화자가 수행을 잘 해 낸다면, 배우고 있는 목표 언어의 사용을 통해서 청자로부터 어떤 것이 완성되었다는 즉각적인 반응(feedback)을 얻게 된다.

4.3.2. 확대된 긴 이야기 덩이를 이끌어내기

초보자를 상대로 한 수업에서 우리는 사교적인 짤막한 발언기회가 배워야 할 유용한 것임을 제안하였다. 그러나 학생이 점차 향상되어 감에 따라, 글말 교육에서 점차적으로 더 확장된 글쓰기를 산출하도록 장려하는 일과는 달리, 입말 교육에서 동일한 방식으로 학생에게 만들어 내도록 요구되는 입말 영어 발언기회의 길이가 늘어나는 것이 아니라는 점은 주목할 만하다. 학생에게는 단지 질문에 대답하거나 여러 가지 입력물로부터 완벽한 문장을 산출하도록 요구된다. 시험에서 긴 논술류의 작문을 산출할 수 있는 많은 외국어 학생에게, 결코 두서너 개 이상의 입말 발화를 산출하도록 요구하지 않는다. 학생이 실질적으로 오직 글말 영어를 쓰는 기술만이 필요한 게 아니라면, 우리는 어느 정도 길이가 있는 발화를 준비해야 한다고 제안한다. 과제에 바탕을 둔 접근에서는, 화자가 확대된 이야기 덩이(≒덩잇말)를 산출해야 하는 상황을 만들어 낸다. 이 과제가 중간 수준의 학생과 상급 학생을 가르치는 데에 쓰인다면, 학생에게 담화를 외국어로 산출하기 위해 자신이 배운 모든 것을 함께 투입해 놓도록 하는 연습을 제공해 줄 것이다. 그리고 이 과제가 평가에 이용되면, 학생이 발언권을 얻고서(has the floor) 의사소통에 책임을 지고 있을 경우에, 학생이 무엇을 할 수 있는지를 평가할 기회를 검사관에게 제공해 준다. 또한 흔히 면접 유형의 검사에서는 늘 학생이 종속적 위치에 있게 되고 질문에 대답만 해야 한다. 검사관이 이미 명확히 알고 있는 내용을 검사관에게 말하도록 요구하는 것이다. 학생으로부터 짧은 덩이의 이야기만 요구하는 것은, 학생으로 하여금 교실 밖에서 이야기를 할 적에, 외국어를 자신 있게 쓰는 것을 방해하는 잘못된 방식이다. 반면에, 특정 과제의 내적 구조로부터 도움을 받으면서, 확대된 이야기 덩이를 말해 보도록 요구하는 것은, 학생에게 이야기 상황을 전담하여 현재 일어나고 있는 효율적인 의사소통에 책임을 지는 경험을 제공해 줄 것이다. 이는 오직 질문을 받을 적에 무엇을 이야기할지를 연습만 하거나, 또는 간단한 문장 구조 유형을 반복 연습만 하는 것보다도, 목표 언어인 외국어로 자신 있게 이야기하는 일을 더 낫게 준비하도록 해 줄 것이다.

4.3.3. 구조화되거나 잘 짜인 이야기 이끌어내기

확대된 말하기 사례가 학생들로부터 산출되도록 해야 한다고 주장할 경우에, 교사가 학생에 의해 만들어진 영어 입말의 긴 산출 내용에 만족해야 함을 의미하는 것이 아니다. 이야기를 하도록 굳이 동기화해 놓을 필요가 없는 학생들도 있다. 그런 학생은 이미 횡설수설하면서 무진장 긴 흐름의 이야기를 만들어 낼 수 있다. 그렇지만 그런 이야기가 종종 이해하기 힘들고, 일관되지 않으며, 의사소통 용어로 특히 비효율적이다. 대신에 우리는 가능한 대로 많이 미리 효율적으로 말할 내용이 조직됨으로써 청자가 무엇이 말해지는지를 따라가는 데에 많은 노력을 기울이지 않아도 되는 이야기를 만들도록 학생들을 고무해 주어야 한다고 제안한다. 말하고자 하는 바를 조직하는 것은 늘 간단한 절차가 아니다. 심지어 영어 토박이 화자에게서도 입말 전달 내용을 조직하는 데에 도움으로 이용될 수 있는, 의사소통될 정보에 외적 구조가 있다면 아주 도움이 크다.

우리가 묘사해 온 과제에서 묘사/설명으로 산출된 이야기의 구조나 연결에 이용될 수 있는, 가변적인 양의 내적 구조나 연결이 있다. 고기 저미개(mincer) 과제에서, 학생은 어디에서 시작할지, 무엇을 무엇보다 앞서 묘사해야 할지, 어디에서 그쳐야 할지를 알 수 있다. 물론 학생이 이런 종류의 과제를 잘 수행해 낸다면, 교사는 점진적으로 구조-외적 길잡이를[16] 제거하여, 학생이 실제로 요구되는 언어적 구조화를 전개 하였는지를 점검할 수 있다. 즉, 도구 부품에 대한 구성요소들이, 사진 으로 조합 연결에 대한 안내가 없는 상태로 뒤죽박죽 제시될 수 있다. 또는 사진 길잡이(조립 순서) 그 자체가 궁극적으로 제거됨으로써, 학 생이 기억을 살려 무엇을 말해야 하는지를 조직하도록 그냥 놔둔다. 과제 입력물에 대한 변화에서 지금 조절되고 있는 것은, 학생이 성공 적으로 수행해 내야 할 '의사소통 중압감'의 정도이다. 학생이 자신의 학습 단계에 적정한 정도 이상으로 더 많은 '의사소통 중압감'을 마주 하게 되지 않도록 해야 된다.

우리가 묘사한 과제에 의해 제시되듯이, 자신의 전달내용을 구조화 하는 데에 경험을 얻기 위해서, 만일 학생에게 외적-구조 길잡이가 필요하다면, 꼭 외적 구조가 제공되어야만 한다.

"What do you think about nuclear power?"
(핵발전소에 대하여 어떻게 생각합니까?)

와 같은 질문에 대한 대답으로, 뒤죽박죽 구조화되어 있지도 않고 산 산이 조각으로 된 말을 실제로 산출하기를 바라는 학생을 아주 드물 것이다. 이는 대답하기 쉬운 질문이 아니다. 왜냐하면 대답이 근거할 바로서 뚜렷하게 외적-구조 길잡이가 거의 없기 때문이다. 아마도 학 생은 가변적인 양의 외적으로 구조화된 도움물이 들어 있는, 등급화

---

16) [역주] 구조 외적 길잡이(external-structure prompt)란, 저미개 부품들 옆에 숫자를 붙여 결합 순서를 표시해 준 것을 가리킨다. 이를 제거해 버리면, 학생은 언어 과제 말고도 조립 순서를 스스로 생각해 보는 인지적 과제까지 동시에 수행해야 한다.

된 일련의 과제에 대하여 확대된 이야기를 산출하는 능력을 얻어낸 뒤에라야, 이런 유형의 질문에 대한 일관된 대답을 더 낫게 조직하고 제시할 수 있을 듯하다. 이런 등급화된 묶음 속에서 몇 가지 과제를 예시할 것이다. 이들은 간단한 도형 그리기 과제(많은 수의 외적 도움물)로부터 시작하여, 주장이나 의견 펴기 과제(외적 도움물이 적음)에까지 걸쳐 있다. 이들 과제의 목적은 물론 학생들로 하여금 도형을 묘사하는 것을 '잘 하게' 만드는 것이 아니다. 학생들에게 참된 동기를 지니고서 말할 거리를 제공하는 것이고, 자신이 말할 내용을 조직하는 기초를 제공하려는 것이다.

4.3.4. 입력물 조절(제어)

입말 기술의 평가 수단으로서 면접 형식에 있을 수 있는 단점 한 가지는, 학생이 대답으로 만들어 내는 바가 실제로 다루고 있는 질문에 답이 되는지를 검사관이 거의 확신할 수 없다는 점이다. 학생과 면접 감독관이 입말을 쓰면서, 어떤 자발적인 상호작용 형식을 갖고 있다는 착각이 깃들어 있다. 이것은 필요한 착각이다. 왜냐하면 그렇게 집착함으로써만 검사관은 정당하게 자신의 평가가 '1:1' 상황에서 어떤 언어가 되든지(불어나 영어 다른 제3의 언어가 되는) 해당 언어로 학생의 말하는 능력을 나타낸다고 주장할 수 있기 때문이다. 그러나 학생이 최근 휴일이나 또는 막 읽은 책에 대하여 질문을 받게 될 것이라고 예측한다면(또는 사실상 특별히 알려지게 된다면), 학생은 자신의 대답을 미리 '준비할' 수 있다. 전형적으로 아마 자신의 선생님의 도움을 받으면서, 일련의 문장들을 미리 써 보게 될 것이다. 면접에서 그런 질문이 제기되면, 미리 준비된 대답으로 이런 일련의 씌어진 문장을 '익히게' 된다.

이런 각본이 사실이라면, 검사관은 학생이 전적으로 해당 언어에 대해 능력 있고 자발적인 화자인지, 아니면 한정된 덩이의 준비물을 단순히 잘 암기한 것인지에 대해 알 길이 없다. 문제는 근본적으로 전형적인 면접 상황에서 검사관이 화자가 말할 바에 대해 입력물을 조절할 수 없다는 점이다. 심지어 실상 완벽하게 묘사된 휴일 모습이, 검사관은 책상 건너 맞은편에 앉아 있는 친구가 보낸 휴일 모습을 빌어서 말하고 있는지에 대해서조차 알 수 없게 된다.

과제에 근거한 접근에서는 검사관이 학생이 말해야 하는 바를 결정한다. 일반적으로 학생이 수행해야 할 과제는 형식상 학생에게 친숙할 수 있다. 그렇지만 학생은 자신이 말할 바를 글말 내용으로 '준비할' 수 없게 된다. 즉, 학생은 자신이 도형 묘사 과제를 수행하게 되리라고 기대할지라도, 삼각형이나 사각형이나 원이 짧은 빨강 선이나 약 5cm의 검정 사각형 옆에, 아래, 바로 밑에 있는지 등에 대해서 미리 알 수 없다. 검사관은 무엇이 묘사되어야 할지를 결정하게 된다.

동일한 원리가 다른 유형의 과제에도 적용된다. 학생을 검사할 적에 검사관(또는 검사관 역할을 맡는 교사)이 알고 싶어 하는 바는, 특정한 도형 배열이나 하나의 특별한 만화 연재물에 대한 전형적인 틀을 학생이 익혔는지가 아니라, 학생이 스스로 마주치게 될 의사소통 상황에 적합한 입말 영어의 확장된 단편을 만들어 낼 일반적인 능력을 지녔는지 여부에 대해서이다. 이런 과제 중 한 가지를 내용으로 하는 수업에서는 교사가 낱말과 구조를 제공하고, 묘사 및 서사 이야기 전략을 제시해 줌으로써 일반적으로 많은 도움을 줄 수 있다. 시험을 치를 경우에 학생은 자신이 여태 배워온 바를 그대로 반복하는 것이 아니라, 그것들을 이용하는 법을 배웠음을 시범적으로 보여 주도록 요구된다.

4.3.5. '의사소통 효율성' 개념에 대한 수치화

단순히 일련의 올바른 형태로서만이 아니라 하나의 의사소통 수단으로서 언어교육에서 널리 퍼진 관심은, 학생의 언어 사용에서 '의사소통 효율성' 개념에 우선권을 두는 일이다. 의사소통 접근을 받아들이는 교사가 마주치게 될 심각한 문제들 중 한 가지는, 이 방식으로 교육된 학생들의 능력을 평가하기 어렵다는 점이다. 과제에 근거한 접근은 최소한 이 문제에 대해 부분적인 해결책을 제공한다. 과제 중심 접근이 경고(warning)나 약속(promise)이 영어로 언제 알맞게 수행되었는지를 결정하는 데에 지침을 제공할 수는 없다. 그렇지만 '필수 정보'가 얼마나 많이 효율적으로 의사소통이 이뤄졌는지를 결정하는 기본적인 채점표를 제공해 준다. 특정 과제에 대해 학생이 이룬 점수는, 표현된 필수 정보의 내용에 대한 양으로써 얻어진다.17) 학생이 산출한 묘사에서 교사나 기관(학교, 기업체 등)에서 필요한 정밀도 수준은, 얻어진 점수 숫자를 합산하여 부과될 수 있다. 그런 점수의 평균 수준은 학교 내에서 계속 해당 과제를 이어갈지를 결정하는 기준으로 쓰일 수도 있다.

또한 과제 중심 접근에서는 특정 과제 수행에 대한 수치화(quantification, 계량화)에 덧붙여 쓸 수 있는 인지상의 난이도에 근거한 등급화 척도가 있다. 각 과제 유형 속에 '쉽고' '더 어려운' 과제가 있는 것이다. 〈도표 4.3〉에서 우리는 도형 그리기 과제에 대한 상대적으로 쉬운 수준을 예시하였다. 그렇지만 구성 요소를 더 많이 갖고 있는 좀 더 복합적인 배열과 더 복잡한 내적 관계가 동일한 과제 유형에서도 더 수행하기 어려운 내용을 구성할 것임은 분명해진다. 전기 기판 배열에서 선 잇기 묘사 과제가, 일반적으로 집안에 있는 전선 플러그를 잇기보다 더 어려운 과제일 것이다. 다섯 대의 자동차가 관련된 교통사고에 대한 목격담 설명 과제가 두 대의 자동차 충돌에서보다 더 많은 어려움을 드러낼 것이다. 학생들에게 더 복합적인 인지 문제가 주어질수록, 의사소통을 하는 데에 이용하고 있는 언어 형식에 대한 의식적이고 특별한 조절을 보여야 할 필요가 더욱 커진다. 그러므로 과제 그 자체는

---

17) [역주] 미리 구조화된 채점표를 이용할 경우에 학생이 산출한 발화에서 필수 정보가 많으면 많을수록 점수가 계속 누적되어 결국 총점이 높아지게 된다.

등급화된 계열체로 조직화될 수 있어야 한다. 이 계열체는 평가의 기초를 제공하므로, 결과적으로 능력과 향상과 미래 연습에 대하여 결정을 하는 데에도 기초를 제공한다.

다음 절에서는 우리가 기록한 수행 결과에 대해 채점표가 어떻게 운용되는지를 상세히 예시할 것이다. 입말 산출 평가에 대한 우리의 논의에서 옹호되어 온 일반적 접근은, 오울러(J. Oller, 1979: 305쪽)에서 뽑은 다음 인용문에서 가장 잘 요약된다.

"We seek testing procedures that provide the crucial props of something to say and someone to say it to, or at least that faithfully reflect situations in which such factors are present"

(우리는 말할 소재와 말할 화자에 대한 중요한 버팀목을 제공하거나, 또는 최소한 그런 요소들이 실현되어 있는 상황을 충실히 반영하는 검사 절차를 찾고 있다)

4.4. 다섯 가지 유형의 과제와 채점표

이 절에서는 과제 유형의 자료와 채점표에 대한 사례를 상세히 제시할 것이다. 우리는 이들 사례가 안내지침으로 간주되고 비판적으로 여겨져야 함을 강조하려고 한다. 이것들은 모종의 '해결책'으로 제시된 것이 아니다. 만일 여기서의 논의가 교사에게 입말 영어 산출을 평가하려는 노력에서 뭔가 다르게 시도해 보려는 기초를 제공한다면, 아울러 입말이 어떻게 교육될 수 있는지에 대해 생각하는 한 가지 방식을 제공할 수 있기를 희망한다. 모든 입말 수행 과제에 걸쳐서 평가를 위해 입말을 이끌어내는 일반화된 조건으로부터 시작하기로 한다. 이어서 각 과제를 수행하는 데 필요한 재료 및 요구사항과 이 평가를 위해 우리가 계발한 채점표를 살펴보기로 한다.

말하기 과제가 따라야 할 일반화된 다섯 가지 조건

화자 청자 격리 조건	화자는 청자가 그리고 있는 바를 볼 수 없다. 이상적으로 화자는 낮은 칸막이로 막힌 책상을 사이에 두고 청자와 서로 얼굴을 마주보고 있어야 한다. 화자 쪽의 칸막이에는 마이크가 설치되어 있다. 화자는 녹음이 되고 있음을 알고 있다.
친숙한 과제 조건	과제의 요구사항에 대해 검사관으로부터 나오는 설명내용은 짧고 분명해야 한다. 이상적으로, 학생은 이 검사에서 이런 과제 유형을 전혀 수행해 보지 않았고 처음 해 보는 것이다. 학생들은 교실 수업에서의 연습을 통해 이런 과제 유형에 대한 형식과 요구사항에 익숙해져 있어야 한다.
동급생의 청자 역할	청자 역할은 결코 교사에 의해 수행되어서는 안 된다. 이상적으로, 청자는 다른 학생이 되어야 하고, 거의 같은 수준의 능력을 갖고 있는 학생이어야 바람직스럽다.
피동적 청자 조건	검사에서 청자는 화자의 설명, 묘사 등을 곧장 따르고, 질문 없이 자신의 과제를 수행하도록 요구된다. 청자가 전달하는 일을 맡고 주도적인 역할을 하지 않도록 강력히 단속해야 한다. 이런 평가 절차에서 청자의 역할은 피동적이고 종속적이다.
신중한 산출 조건	화자는 자신이 이런 과제의 수행에서 말하는 바가 채점되는 토대임을 알고 있어야 한다. 수업시간의 연습에서 이런 과제는 '게임'(놀이)으로 제시될 수 있다. 그러나 평가에서는 이들 과제가 신중히 취급되어야 한다.

4.4.1. 과제 유형 A: 묘사

㉠ 재료: 두 장의 사진. 화자는 〈사례 1〉에 있는 사진을 갖고 있다. 청자도 거의 동일한 사진을 갖고 있지만, 사진 왼쪽 구석에 있는 작은 연필 옆에 작은 지우개가 하나 더 있다.

㉡ 과제: 정확하고 분명한 묘사에 의존하는 과제를 청자가 수행할 수 있도록 하기 위해, 화자는 사진에서 무엇이 있는지 가능한 대로 정확히 묘사해야 한다. 청자는 묘사를 주의 깊게 듣고 그의 사진이 화자가 묘사하고 있는 사진과 어떤 방식으로 다른지를 확인해 내야 한다.

㉢ 요구사항: 첫째, 화자는 필요할 경우 자신의 사진 속에 있는 대상들을 확인하고 구분해야 한다. 이는 명사의 목록이나 수식어로서 형용사가 붙은 명사의 목록을 제공하는 화자에 의해서 만족될 수

〈사례 1〉

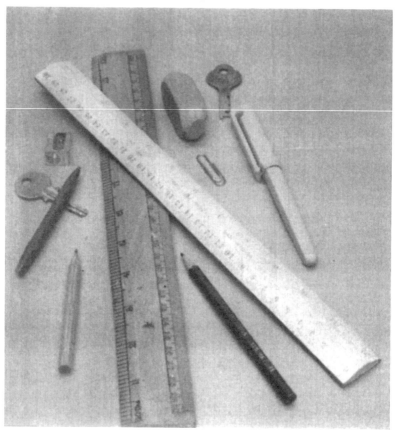

있는 기본적인 요구사항이다. 사진에 있는 연필, 펜, 자, 열쇠들 간에 구분이 필요하다. '큰 펜'이나 '작은 펜'과 같이 간단한 구분이면 충분하다. 예시 (A1)은 그런 묘사를 제공한 화자의 수행을 일부 옮겨 적었다.

둘째, 화자는 다른 것과 관련하여 대상들의 위치를 묘사해 주어야 한다. 예시 (A2)는 요구되는 이런 정보의 일부를 제공한 화자의 대답을 일부 옮겨 적은 것이다. 예시 (A3)은 더 상세한 묘사를 제공한 화자로부터 가져온 것이다.

(A1) there's two rulers + a rubber + + a clip + a pen + +

자가 두 개 있고 + 지우개가 하나 + + 클립이 하나 + 펜이 하나 + +

(A2) two rulers + rubber next to the ruler + + a pen with a top next to the rubber + clip next to the pen + it's to the left + +

자가 두 개 + 그 자 옆에 지우개 + + 그 자 옆에 꼭대기 쪽으로 펜 하나 + 그 펜 옆에 클립 + 클립이 왼쪽에 있어 + +

(A3) there are two rulers + there's one ruler thinner than another one + the thin one is on the tip of the thick ruler + + at the right of the thick ruler there is a rubber + + below the rubber there is a paper clip + + and to the right of the clip there is a pen with a top on it + +

자가 두 개 있고 + 하나의 자가 다른 것보다 더 얇네 + 얇은 게 두꺼운 자 위에 놓여 있어 + + 두꺼운 자 오른쪽에 지우개가 하나 있고 + + 그 지우개 아래에 종이 클립이 하나 있어 + 그리고 클립 오른쪽에 뚜껑이 닫힌 펜이 하나 있어

<A유형의 묘사 과제: 일반적 소견>

(A1)~(A3)으로 제시된 인용은 이런 유형의 과제에서 서로 다른 수준의 수행을 보여 준다. 어떤 점에서 인용들이 모두 요구된 과제를 수행하려는 합리적인 시도를 보여 준다. 교사 또는 검사관은 (A1)에서 이것이 만일 초보자에 의해 수행된 것이었다면 대상에 대한 간단한 목록 나열만으로도 아주 만족스러웠을 것이다. 그러나 세 가지 인용이 모두 동일한 집단의 구성원(예를 들어 중급 수준의 학생)들에 의해 만들어진 것이라면, 교사는 요구된 세부사항으로 보아 (A3)의 화자가

더 '나은' 수행을 했다고 말할 위치에 있다. 이 특정한 과제에서 다음의 채점표는 교사로 하여금 어떤 점에서 (A3)의 수행이 '더 낫고' 또는 더 명확한지를 계량할 수 있게 해 준다.

채점표 A

특징	표현 사례	A1	A2	A3
대상 1	자	✔	✔	✔
속성 1	얇다, 밝은 색깔			✔
1과 2의 관련성	위에, 걸쳐 놓인			✔
대상 2	자	✔	✔	✔
속성 2	두껍다			✔
2와 3의 관련성	옆에, 바로 오른쪽에		✔	✔
대상 3	지우개	✔	✔	✔
3과 4의 관련성	아래, 아래로 떨어져, 옆에		✔	✔
대상 4	종이 클립	✔	✔	✔
4와 5의 관련성	오른쪽에, 옆에		✔	✔
대상 5	펜	✔	✔	✔
속성 5	뚜껑 덮인, 큰		✔	✔

위 채점표는 교사가 생각하고 있는 학생 집단의 수행 수준에 따라 요구되는 상세함으로써 항목이 줄어들거나 늘어날 수 있다. 초보자에게는 대상 확인과 서로 구별되는 속성이 묘사 속에 들어 있는 것만으로도 충분할 것이다. 그 경우 '관련성' 항목이 포함될 필요가 없다. 또 다른 측면에서는 교사가 특정한 상급 학생의 집단이 아주 상세한 묘사를 만들어 낼 수 있기를 기대할 수 있고, 추가적인 상세함을 포함하여 위 채점표를 확장할 수 있다. 몇 학생들은 (A4)에서 보여 주듯이 대상에 대해, 그리고 (A5)에서처럼 관련성에 대해서 아주 상세한 묘사를 만들어 낸다.

(A4) there's two rulers + one on top of the other + the one on the bottom
     has got inches on the left and on the right is measured in centimetres and

millimetres + the ruler on top + on the righthand side is measured in inches and on the left + is measured + centimetres and millimetres + +
자 두 개가 있어 + 하나는 다른 것 위에 있는데 + 바닥에 있는 것은 왼쪽에 눈금 표시가 있고 오른 쪽에는 센티미터와 밀리미터 눈금이 있네 + 위에 있는 자는 + 오른쪽에 인치로 표시된 눈금이 있고 왼쪽 에 + 눈금이 + 센티미터와 밀리미터로 되어 있는데 + +

(A5) the large dark ruler is lying straight up and down + and the light ruler is across it + across the top part + at an angle + not straight + +
어두운 색깔의 큰 잣대가 곧바로 위 아래로 놓여 있네 + 색깔이 밝은 잣대가 그걸 교차해서 걸쳐 있는데 + 윗쪽 부분에 교차되어 있어 + 뾰죽한 각 모양을 하고 있고 + 바로 놓이지는 않았어 ++

우리가 보인 채점표는 이런 유형의 과제에서 학생들의 수행을 채점하려는 교사들에게 예시를 주는 기본적인 안내 지침이다. 다른 묘사 과제에서처럼 유능한 화자는 사진 속에 무엇이 있는지에 대해, 아주 길고 상세하며 정밀한 설명을 만들어 낼 수 있다. 그런 장황한 수행을 이끌어내기 위해서 우리가 이 과제를 마련한 것은 아니다. 대신 아주 조금 준비를 요구하는 기본적 수준의 묘사 과제인데, 대상과 그 배열이 끝없이 변이가 가능하다. 시범을 보이기 위해 채점표 또한 기본적인 수준에서 제시되었다.

이 기본적인 과제와 채점표가 주어지면, 교사는 또한 올바른 낱말과 전치사와 같이 문법 형식의 정확한 용법 및 알맞은 발음을 점검하기 위하여 녹음테이프에 담긴 수행을 이용할 수 있다.

본질적으로 이런 묘사 과제는 '행동 지시'의 측면으로도 이용될 수 있다. 청자가 다른 사진을 보는 것 대신에 만일 자신 앞에 펜과 자와 같은 대상들이 아무렇게나 헝클어진 채 있다면, 화자가 청자에게 실행하도록 지시하는 바에 따라 원래 배치대로 정렬해 나가는 것이다.

이런 종류 활동에서의 연습은, (A1)의 화자와 같은 학생을 놓고 대상들 사이의 관계를 묘사하는 영어 사용을 향상시켜 줄 수 있다.

이 유형의 과제는 상이한 대상들을 가지고 이용될 수 있고, 청자의 과제가 상이한 형식을 취할 수 있다. 이를 강조하기 위하여 우리는 연습물의 사례로서 〈예시 2a, 2b, 2c〉를 제공한다.

청자는 이 세 묶음의 자동차 사진을 모두 갖고 있고, 화자는 이 묶음에서 하나의 사진만 갖게 된다. 자동차에 대한 화자의 묘사를 근거로 하여, 청자는 일련의 사진에서 올바른 사진을 찾아낼 수 있어야 한다. 이 과제의 난이도는 각 묶음에서 자동차들을 쉽게 구별 지을 수 있도록 하거나, 또는 매번 동일 형태의 자동차들을 포함시킴으로써 그리고 사진마다 어떤 자동차에 사소한 세부사항만 달리 만들어 줌으로써 조절될 수 있다. 만일 포함된 대상들 사이에 범주적 차이가 존재한다면, 일련의 대상물에 대한 묘사는 일반적으로 쉽게 만들어질 수 있다. 따라서 '버스, 트럭, 승용차'를 포함하는 묶음은, 예를 들어

검정색 지붕의 승용차, 하얀 지붕의 승용차, 천장에 작은 창을 가진 승용차

보다 화자의 언어 자원에서 요구하는 바를 적게 만든다. 화자는 자신의 선택 묘사가 논의 중인 대상을 찾아내기에 충분하다면, 이들 승용차를 제조사 이름(예를 들어 벤츠 머어씨더즈, a Mercedes)에 의해 확인해야 할 필요는 없다. 청자가 승용차 유형에 전혀 친숙하지 않다면, '하얀 지붕의 승용차'와 같은 묘사가 '벤츠 머어씨더즈'보다 훨씬 더 효율적인 묘사가 될 것이다.

우리는 이 과제의 묘사 측면을 '목격담 설명'의 더 복잡한 과제 속에 반영하게 될 것인데, 뒤에서 예시된다. 이들 사례에서 청자의 과제는, 듣기 이해의 어떤 측면에 대한 평가에서 어떤 재료가 이용될 수 있는지에 대한 고려이다. 우리는 이것이 합리적인 출발점을 제공한다고 제안하게 될 것이다.

<예시 2a, 2b, 2c>

4.4.2. 과제 유형 B: 묘사/설명

㉠ 도형 그리기/도형 묘사 과제

㉠ 재료: 화자는 〈예시 3, 4〉에서 보인 도형을 갖고 있다. 청자에게는 깨끗한 백지, 검정 펜, 빨강 펜이 있다.

㉡ 과제: 화자는 청자가 지닌 백지 위에 어떻게 도형을 재현할지에 대해 청자에게 될 수 있는 대로 정확히 설명해 주어야 한다. 청자는 주의 깊게 화자의 설명을 듣고 따라야 한다.

㉢ 요구사항: 과제 유형 A와 비슷하게, 대상의 묘사에서 대상들 사이의 속성과 관련성이 설명 속에 포함되어야 한다. 과제 유형 A와는 다르게, 설명 과제의 요구사항은 단순히 포함된 대상만을 목록으로 만들어서는 충족될 수 없다. 이 유형의 과제에서 요구되는 것은 도형 속의 항목들 사이에 있는 더 상세한 속성 및 관련성이다. 이 유형의 과제에서는 사진이 도움을 주는 묘사에서보다, 실질적으로 무엇이 묘사될 것인지에 대해 청자가 초기 지식을 덜 갖고 있다. 화자에게는 청자 지식 상태(또는 지식이 결여됨)를 보다 더 주의 깊게 고려하도록 요구된다.

다음에 옮겨 적은 인용 두 편은 (예시 3에 보여 주는 도형 설명인데) 녹음 테이프 속에 들어 있다.

〈예시 3〉

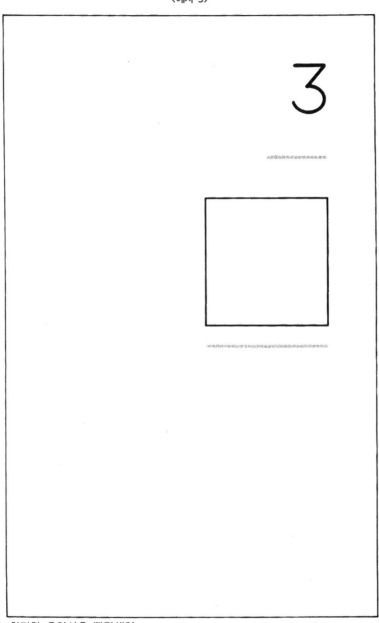

*희미한 음영선은 빨강색임.

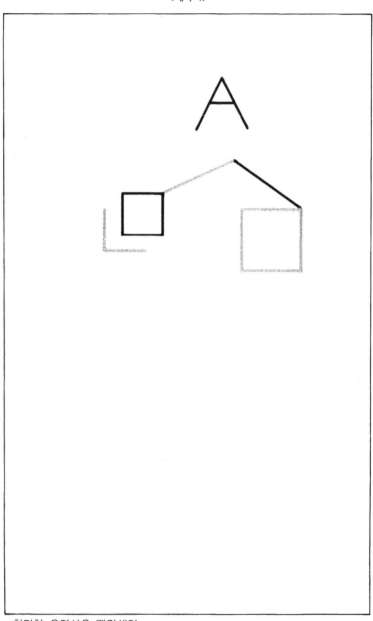

*희미한 음영선은 빨강색임.

(B1) ⑪ the diagram's in the top right of the corner + em approximately + two inches from the top right + downwards + and two inches inwards + there is a large black three + the three is not in the normal three which is curved you know you've got two large sort of bumps stuck together + the top of the three is straight + and the line down is straight like half a Z + then there's the curve at the bottom part of the three + about one inch underneath that there is a + red line + approximately + one and a half inches long + which is directly beneath the three + + at the right-hand end of where the red stroke ends + and about one inch beneath it + is where there is a black box + this ─ it is a square I can sort of judge from the rough dimensions + + the square is approximately + two and a half inches by two and a half inches + em + as I said it is about one inch below + the red line + + and one in-no about half an inch below that there is a thick + red line which is exactly the same length as the bottom side of the square + +

오른쪽 구석 꼭대기에 있는 도형이 있네 + 엄 대략 + 오른쪽 꼭대기로부터 2인치(=5cm) 정도이고 + 아래로 말이야 + 그리고 안쪽으로 2인치(=5cm) 들어가서 + 크게 쓴 검정 글씨 3이 있어 + 3의 모습이 일반적 형태가 아니야 + 잘 알겠지만 둥그런 거 두 개 붙여 얻는 굽은 일반적인 형태가 아니야 + 숫자 3의 머리는 직선이야 + 밑으로 내려가는 선이 Z 글자 반쪽과 같애 + 그리고 나서 3의 밑부분이 동그랗지 + 거기서 약 1인치(=2.5cm) 아래로 + 빨강 선이 있는데 + 대략 + 1.5인치(=3.8cm) 길이이거든 + 이게 바로 3자 밑에 있어 + + 빨강 선이 끝나는 오른쪽 끝 지점에서 + 그리고 그 아래로 약 1인치(=2.5cm) 떨어져서 + 검정 상자가 하나 있는데 + 이것이 ─ 내가 일종의 어림짐작으로 판단하건데 정사각형이고 + + 거의 정사각형란 말이야 + 2.5인치(=6.3cm)에다 2.5인치 + 엄 + 아까 말했듯이 대략 1인치 아래에 있어 + 빨강 선이 말이야 + + 거기에서 1인치 - 아니 대략 0.5인치(=1.2cm) 아래에 다시 굵고 + 빨강 선이 하나 있는데 정사각형 밑변과 정확히 동일한 길이로 되어 있네 + +

(B2) ⑫ well in the upper right-hand corner + paper + you sh-you write eh + a number three in black + + what — underneath this number + you draw a line + in red + and then underneath this + you draw a square in black a bigger square than the number I mean + + and then + underneath this square you draw a line in red again + + a line in red + +

그럼 윗쪽 오른쪽 구석 + 종이에다가 + 써야-쓰는 것이 어 + 검은 색으로 된 숫자 3이야 + + 그거 — 이 숫자 아래에다 + 선을 그려야 해 + 빨강으로 + 그리고 나서 이 아래에다가 + 검정 색으로 정사각 형을 그려야 해 큰 정사각형을 말이야 내 말뜻은 숫자보다 크다는 거야 + + 그리고 나서 + 이 정사각형 밑으로다 다시 빨강 색 선을 그려 줘 + + 빨강으로 된 줄 하나 말이야 + +

채점표 B-1

특징	표현 사례	B1	B2
위치	위	✔	✔
	오른쪽	✔	✔
대상 1	(숫자) 3	✔	✔
속성 1: 색깔	검정	✔	✔
속성 1: 크기	크다 / 3cm	✔	
2와 1의 관계: 방향	밑에	✔	✔
2와 1의 관계: 거리	1인치(=2.5cm)	✔	
대상 2	선	✔	✔
속성 2: 색깔	빨강으로	✔	✔
속성 2: 크기	1.5인치(=3.8cm) 길이	✔	

3과 2의 관계: 방향	밑에/바닥에	✔	✔
3과 2의 관계: 거리	1인치(=2.5cm)	✔	
대상 3	정사각형/ 상자	✔	✔
속성 3: 색깔	검정	✔	✔
크기	2.5인치(=6.3cm)	✔	
4와 3의 관계: 방향	밑에/ 아래	✔	✔
거리	0.5인치(=1.2cm)	✔	
대상 4	선	✔	✔
속성 4: 색깔	빨강으로	✔	✔
크기	2.5인치(=6.3cm)	✔	

\<B유형의 도형 그리기 과제: 일반적 소견\>

(B2)의 화자는 최소한 대략적으로라도 일관되게 대상의 크기와 그들 사이의 거리가 언급되어야 한다는 요구사항을 무시하고 있다. 측량은 꼭 정밀해야 하는 것은 아니다. 그러나 청자에게 대상이 10인치가 아니라 대략 2인치(=5cm) 정도라고 가리켜 줄 필요는 있다. 이미 보았듯이 이 유형의 과제에서 수치상의 정밀성은 일반적인 요구사항이 아니다. 화자 (B1)이 숫자 3에 대해서 확대된 묘사를 산출하고 있음에 주목하기 바란다. 채점표 속에 분명하게 대상의 유형이 묘사될 속성으로 포함되어야 한다는 요구사항을 집어넣을 수 있다. '유형'을 속성으로 포함함으로써, 예를 들어 화자가 '선'이

수평인지, 수직인지, 사선인지, 곧은지, 또는 굽은지

등을 말하도록 요구할 수 있다. 그러나 이 과제를 수행하는 토박이 화자들로부터 일반적으로 이런 선의 유형에 대한 정보를 포함하는 것을 찾아내지 못하였다. 따라서 달리 진술되지 않는다면, '선은 수평이고, 표준 두께이며, 곧은 선'이라고 가정할 수 있을 듯하다. 그런 가정이 토박이 영어 화자의 기준이라면, 이들 요소를 비-토박이 화자의

수행을 평가하는 데에도 포함하고 싶지 않을 것이다. 인용 (B1)에 있듯이, 화자가 어떤 대상에 대해 아주 상세한 묘사를 만들어 낸다는 사실은, 우리가 예시하고 있는 기본적인 채점표에 반영되어 있지 않다. 그러나 A 유형의 과제를 논의하면서 주목하였듯이, 학생들이 '확대된' 설명이 요구된다는 점을 이해한다고 확신한다면, 실제로 교사는 자신의 채점표에 필요한 묘사 특징의 숫자를 더 확대할 수 있다.

교사가 이 유형의 과제를 수행하는 데에 학생들에게 연습을 제공하려 하였다면, 지적해 주어야 할 도움 전략들이 있다. (B1)과 (B2)의 화자가 실행하였듯이, 화자의 관점에서 묘사를 꼭대기로부터 시작하여 차츰 밑으로 내려간다면, 과제를 더 간단하게 조직하여 실행할 수 있다. 그렇지만 정사각형에서부터 시작하는 것은, 화자가 자신의 설명을 두 개의 상이한 방향을 모두 다 언급하도록 조직해야 한다는 점에서 복잡한 문제를 발생시킨다. 정보를 조직한다는 점에서, 먼저 '부분'보다 '전체'를 묘사하는 일반적인 전략은 또한 과제 수행을 더 쉽게 만드는 듯하다. 따라서 원의 위치와 속성을 묘사하는 화자라면, 원지름으로 묘사를 수행할 수 있도록 쉽게 기대할 수 있다. 선의 위치와 속성을 먼저 묘사한 화자는, 어떻게 그 선이 돌아가면서 원의 지름이 되는지를 묘사하는 데 큰 어려움이 있었다. 청자가 쉽게 준비하기 위해서, 화자는 그려질 대상의 다른 속성에 대한 세부묘사를 진행하기 전에, 어떤 펜(즉, 어떤 색깔의 펜)이 필요할지 말해 주도록 장려될 수 있다. 이런 종류의 전략은 특정 과제의 수행에 관련될 뿐만 아니라, 말하고 싶은 바를 미리 조직하기 및 청자에 대한 요구사항의 고려에도 일반적으로 관련된 말하기 산출 전략의 한 가지 사례이다.

학생이 〈예시 3〉에서 보여 준 것과 같이 적절하게 청자에게 도형을 재현하도록 설명하는 능력을 획득하였다면, 더 복합적인 도형들이 과제의 난이도를 높이기 위해 사용될 수 있다. 〈예시 4〉에서 보여 주듯이, 대상들을 규칙 없이 배열한 도형은 불가결하게 화자로 하여금 더 명확해지고 세부사항들을 더 올바로 얻어내는 언어를 산출하도록 만든다. 이렇게 '증가된 난이도' 개념은 별개의 낱말이나 추가적인 문법 구조에 의존할 필요가 없음을 주목하기 바란다. 전달내용의 효율성에 의존하고 있는 청자를 위해서, 무엇을 말해야 하는지를 효율적으로 조직하는 문제에 바탕을 두고 있는 것이다. 이는 직접적으로 입말 의 사소통에서 '효율적으로' 되는 상태의 난이도와도 관련된다.

ⓛ **고기 저미개(mincer) 조립 과제**

이미 4.2.6 '채점 과정'의 후반부에서 이 과제를 수행하는 데에 무엇이 필요한지에 관한 몇 가지 측면과 〈도표 4.4〉에서 이 수행의 채점 방법을 다룬 바 있다. 이 과제의 요구사항은 도형 묘사 과제에서 개관한 것과 비슷하다. 화자가 수행한 사진이 〈예시 5〉에 주어져 있다.

〈예시 5〉

다음에 있는 (B3)과 (B4)의 인용은 수반된 채점표에서 필수 정보에 대해 점수가 주어지고 있다.

(B3) ⑬ take the large + erm L-shaped + tube thing + + and if you turn it so that the widest opening + is facing up at you so that it's flat in your hand + but you've got the wide opening facing up towards you + then if you take the corkscrew bit + erm + and hold that so the n-the end which is notched + which has got a kind of obvious notching so that it fits in + is (? in fact) going downwards + and then if you drop — if you drop it into the wide opening you'll find that it fits in + you might have to screw it down a bit or something + but it should just kind of slot in + + then + once you've got that fitting in + you take the-the little st-the little cross shape tin-the little small cross shaped bit + which is going to go which is going to fit + on top of the bit you've just fitted into the largest part + and this has got two sides and the two sides aren't the same + because one + is flat + and one is kind of finished off + and if you put it's the side which is flat + it's facing up towards you + + and whereas the side which looks as if it's been kind of finished off properly is in towards the machine + then on top of the flat kind of little cross piece + you take + the disc with holes + and you just drop that in on top + 'cause there's going to be a bit sticking out + and then when you've done all that + you take the final bit and you just screw it round the edge and it should just hold the whole machinery together + +

큰 걸 집고서 + 엄 + ㄴ-자 모양의 + 관 모양으로 된 거 말이야 + + 허고 그걸 돌려서 넓은 입구가 + 너 있는 쪽을 향해서 위로 가게 하면 손에 딱 쥘 수 있거든 + 넓은 입구가 너 있는 쪽을 향하게 말이야 + 그러고 나서 코르크 여는 나사 모양의 부품을 집어들고 + 엄

+ 그리고 그걸 잡고서 끝 - 뾰족한 끝이 + 분명히 일종의 뾰족한 것이 달린 건데 안에 딱 맞게 들어가거든 + 아래로 (? 사실상) 들어 가고 + 그러고 나서 아래로 떨어뜨리면 ― 만일 넓은 입구 안으로 떨어뜨리면 그게 딱 들어맞게 될 거야 + 아래로 조금 돌려 넣든지 뭔가를 해야거든 + 허지만 일종의 들어가는 구멍이 있을 거야 + + 그러고 나서 + 일단 구멍에 들어맞게 했다면 + 그-그 작은 별-그 작은 십자 모양의 쇠-그 작은 십자 모양의 부품이 + 제자리로 들어 갈 건데 딱 맞게 들어갈 텐데 어디냐면 + 맞춰 놓은 바로 큰 부품 속으로 부품 꼭대기에 말이야 + 이게 양쪽 면이 있는데 양쪽 면이 똑같지 않네 + 왜냐면 한쪽이 + 평평하고 + 그리고 한쪽이 일종의 깎여 있는 면이네 + 집어넣는 건 평평한 면이야 + 그 면이 너쪽으로 위로 향해 있어 + + 반면에 일종의 적당히 깎여 보이는 면이 기계 방향으로 들어가거든 + 그러고 나서 작은 십자 조각의 평평한 면 꼭대기 위에다 + 뭘 집느냐면 + 구멍들이 뚫린 원반인데 + 그걸 꼭대기 위에 떨어뜨려 + 왜냐면 툭 튀어나온 게 될 것이기 때문이지 + 그러고 나서 모든 걸 다 하고 나면 + 마지막 부품을 갖고서 끝 주위를 돌려서 감아 주고 그게 바로 전체 기계가 모양새를 다 갖추 는 거야 + +

(B4) ⑭ okay you take the + the bigger object + and eh + mm + it could be like that + and you put eh + you take also the + long object + yes + and you put it in er with the + the + what can I say I don't know + the longest side + er of the object + you put it inside + + okay and er then you take er the little object like a-a bit star + and you put it inside with the flat + side er + up + + em then you take eh + the kind of reel with the + yes + + and you put it in + then you take the last object and you put it in the correct way

그래 뭘 갖느냐면 + 더 큰 물체 + 허고 어 + 음 + 그게 저것과 같을

수 있는데 + 그리고 넣는 거는 어 + 또 뭘 집느냐면 그 + 긴 물체
+ 맞아 + 그리고 그걸 어 집어넣기를 그 + 그 + 어떻게 말해야 할지
잘 모르겠는데 + 그 가장 긴 쪽 + 어 그 물체의 + 안으로 넣어 +
+ 좋아 어 그러고 나서 뭘 집느냐면 어 일종의 작-별 같은 작은 물체
를 집고서 + 편평한 걸 갖고 안쪽으로 넣어 + 한쪽에 어 + 위로 +
+ 엄 그러고 나서 뭘 집느냐면 어 + 그 실패(reel) 같은 걸 그 + 맞아
+ + 그리고 안으로 집어넣고 + 그런 뒤에 마지막 물체를 집어들고
올바른 방식으로 집어넣어

채점표 B-2

특징(필수 정보)	B3	B4
부품 1	✔	✔
부품 2	✔	✔
2와 1의 관계	✔	✔
1의 연결 부분	✔	
2의 연결 부분	✔	
부품 3	✔	
3과 2의 관계	✔	✔
3의 연결 부분	✔	✔
부품 4	✔	✔
4와 3의 관계	✔	✔
부품 5	✔	✔
5와 1의 관계	✔	

<B 유형의 도형 그리기와 부품 조립 과제: 일반적인 소견>

이런 종류의 과제가 특히 특정 목적의 영어(ESP, English for Special
Purposes) 교육과정을 이수하는 학생의 입말 산출을 평가하는 데에 얼
마나 적절할지는 분명해진다. 어떤 일을 하는 방법을 놓고 분명하고
따르기 쉬운 설명을 만드는 능력은, 토박이 화자조차 낱말과 언어 구

조를 습득함으로써 곧장 배우는 기술이 아니다. 정상적으로 반복된 훈련과 연습을 필요로 한다. 이 반복 훈련의 중요한 측면은, 반드시 화자로 하여금 청자가 꼭 알아야 할 바를 깨닫도록 하는 것이 포함되어야 한다. 명백한 설명을 만들어 내는 노력을 '포기'하고 무책임하게

"oh you should be able to get that bit right yourself"
(아 마땅히 그런 능력을 곧 스스로 가질 수 있게 될 거야)

라고 말하는 화자라면, 효율적으로 의사소통하는 데에 실패하고 있다. 그런 화자는 진행되고 있는 의사소통 상호 교환에서 청자가 알아서 모든 일을 하도록 기대하고 있다. 이런 '포기'는 모국어로 어떤 말을 쓰는지에 상관없이, 융통성 있게 사용 방법을 충분히 훈련을 받지 못한, 많은 비-토박이 학생의 입말 영어에 대한 주목할 만한 특징이다. 이들은 의도된 전달내용을 전해 주려는 책임을 떠맡기보다는, 의미될 수 있는 바를 청자가 척척 알아서 작업해 나가도록 내버려 둔다. 불행하게도, 많은 비-토박이 화자가 영어로 말을 전해 주려고 하는 유일한 '청자'가, 동정적이고 유식하며 도막난 전달내용에도 불구하고 너그러운 청자 자신들의 교사라는 사실은, 학생의 입말 기술 향상에 역효과를 낼 수 있다.

우리는 또한 직접적인 연습(예를 들어, 여러 번 연습 과제를 반복함)이 이런 종류의 과제 수행에서 의미 있는 개선을 이끌지 않음을 알았다. 연습할 기회가 주어지면, 학생은 전형적으로 자신의 잘못들을 연습한다. 이런 관찰은 직접 언어 실습실 연습을 이용하여 학생들과 더불어 작업해 온 교사에게 분명히 친숙할 것이다. 학생에게 자신의 전달내용(메시지)을 조직할 필요를 '느끼게' 하고 언어 산출에 더욱 명확해지도록 만드는 것은, 엉성한 설명을 받는 상대방쪽 청자가 되어 보는 경험이다. 해당 과제를 쉽게 수행할 수 없는 상태를 경험하는 일은, 학생들에게 전달내용이 조직되어야 하고 명백해져야 함을 깨닫게 하는 듯하다.

이런 발견은 교사가 학생들을 의사소통에서 입말 영어로 전달내용을 더 효율적으로 만들려고 훈련시킬 적에 이용할 법한 전략을 시사해 준다. 일단 교사가 설명/묘사 과제, 특히 도형 묘사 과제에서 일부 부족한 수행을 확인한다면, 학급 전체 학생에게 이런 과제 수행을 시키고, 학생들에게 청자의 역할을 맡도록 요구할 수 있다. 학생들이 화자의 엉성한 설명/묘사에 대해서 불평을 한다면, 학생들은

무엇이 그러한지, 특히 알 필요가 있는 것이 무엇인지

를 결정하기 위해 질문을 받을 수 있다. 선 색깔이나 선과 사각형과의 관련성 또는 사각형의 크기에 대해 듣지 못했다고 결정하였다면, 학생들은 이런 종류의 과제에서 필수 정보가 무엇인지를 '스스로 가르치는'(teaching themselves) 과정에 진입해 있는 것이다. 더욱이 우리는 종종 다른 사람이 결정해 주는 것보다 자기 스스로 갈무리해 낸 바를 더욱 잘 기억한다.[18] 그런 방법론을 따르는 일은 교사를 효율적으로 재료를 조직해 줌으로써 학습을 촉진하는 좀 더 효과적인 '안내자'의 역할 및 학생들이 필요로 하거나 원할 적에 목표 언어인 영어로 낱말과 대상 언급 방법을 제공해 주는 '정보 제공자'의 역할에 두게 된다.

4.4.3. 과제 유형 C : 서사 이야기

---

18) [역주] 사춘기 청소년 학생들을 상대로 하여 기억 과정의 유형과 기억의 강도를 조사한 실험이 있다. 임의의 학업 내용을 다른 학생에게 가르쳐 주는 것이 최선의 기억을 보장한다고 한다. 남에게 가르쳐 주려면 막연히 알고 있어서는 불가능하고, 가르쳐 주는 과정에서 상대방 학생이 뭘 알고 뭘 모르는지에 대해서도 확인할 수 있기 때문에 임의의 지식에 대하여 넓고 깊은 그물짜임을 만들어 줄 수 있는 듯하다. 의사소통 중심 언어교육(CLT)에서는 기본적으로 '학습자 스스로' 하는 학습을 장려한다. 이런 측면을 전통적으로 '신독'(愼獨, 혼자 있을 때에 마음이 풀리지 않고 꾸준히 정진함)이라는 말로도 불러왔다. 유교 쪽에서는 가장 높은 수준을 '자득'(自得, 세상 이치를 스스로 터득하여 다른 것에 의해 조금도 혼들리지 않음)한 상태로 본다.

ㄱ 재료: 화자는 연재 만화 이야기를 갖고 있다. 청자도 몇 장의 뒤섞인 그림을 갖고 있는데, 그 이야기로부터 나온, 그리고 다른 이야기로부터 나온 장면이나 인물들을 보여 준다. 이런 재료를 대신하여 다음과 같은 재료도 쓸 수 있다. 화자는 행동이 중심이 되고 대화가 부차적인 짤막한 단편 비디오 영화를 본다. 청자에게는 정지된 사진들이 뒤섞여 있다. 몇 개는 비디오 장면으로부터 나온 것이지만 몇 개는 다른 영화에서 가져온 것이다.

ㄴ 과제: 화자는 서사 이야기를 해 주어야 한다. 무슨 일이 일어났는지 알지 못하는 청자는 화자의 분명한 설명에 근거하여 과제를 수행할 수 있다. 청자는 어느 장면 또는 어느 인물이 현재 자신이 듣고 있는 설명과 들어맞는지를 찾아내어야 한다. 완벽히 한 묶음으로 된 그림들이 모두 완벽하게 어떤 사건의 연결체 속으로 일치하여 들어가는 게 아니라면, 청자에게는 뒤섞인 채로 한 묶음의 그림이 주어질 수 있다. 화자의 설명에 근거하여 청자에게 그림들을 올바른 순서로 연결하도록 요구될 수 있다.

ㄷ 요구사항: 물론 기본적인 요구사항은 입력물에 근거하여 화자가 일관된 서사 이야기를 해 주는 것이다. 서사 이야기 과제에서의 요구사항은 여러 범주로 구분될 수 있다. 따로따로 요구사항들에 맞는지 여부를 놓고 채점할 수 있다. 우리는 요구되는 세부사항, 지시상의 명확성, 위치 변화의 표시에 대해 채점하는 방식을 예시하게 될 것이다. 서사 이야기의 이런 측면들에 주어진 가중치는, 사용된 재료의 유형과 재료를 학생들이 어떻게 이용하는지에 상당히 의존하게 될 것이다. 학생들에게 이런 유형의 '입말 작문'(oral composition)을 만들어 내도록 하는 요구사항이 없음에 주목하기 바란다. 입말 작문은 '일반 수준'(ordinary level, 보통 수준, 3.7의 역주 50을 보기 바람)의 불어 입말 평가에서 종종 찾아진다. 좋은 글말 작문이 될 법한 입말 내용을 만들어 내는 것이 목표는 아니다.

가장 넓은 범주는 요구된 상세성과 관련된 것이다. 요구된 상세성에 대한 채점은 학생이 산출하도록 요구받는 서사 이야기 과제가 무엇인지를 이해하는 바에 근거할 것이다. 만일 학생이 설명을 통해서 일련의 연재 만화 그림들을 갖고 있고, 무엇이 일어났는지에 대해 완벽하고 자세한 설명을 하도록 요구받는다면, 채점표 C-1에서 예시되듯이 채점에서 다수의 상세한 초점을 함께 결합하는 것이 합리적이다. 학생이 영화를 보고 기억으로부터 설명을 만들어 내야 한다면, 아주 상세한 채점표는 부적절하다. 이는 또한 무슨 일이 일어났는지에 대해 학생이 요약 또는 간략한 내용을 산출하도록 요구받았을 적에 해당하는데, 입말 양식에서 실제적으로 아주 어려운 과제이다. 채점표 C-2는 아주 간략하거나 기억으로부터 나온 설명에 쓰일 수 있다.

서사 이야기에서 중요한 요구사항은 화자가 이야기 속 임의의 시점에서 누구를 가리키는지에 대해 분명히 해 주어야 한다는 점이다. 제2장에서 지적하였듯이, 한 사람의 남성 인물(he, 그)과 한 사람의 여성 인물(she, 그녀)과 개 한 마리(it, 그것)가 있는 사건 연결체는 거의 지시 표현에 문제를 일으키지 않는다. 그러나 예시되듯이 세 사람의 여성 인물(같은 성별의 인물임)을 담고 있는 간단한 사건 연결이라도,19) 화자에게 자신이 말하고 있는 "누가 무엇을 하였는지"에 대해 더욱 더 명시적으로 말하도록 중압감을 준다. 지시표현의 명확성을 채점하는 지침은 채점표 C-3에 제시되어 있다.

3.3.7에서 해석에 작용하는 것으로 논의한 '유추의 원리'와 '최소 변경의 원리'를 기억하면서, 화자는 일련의 사건에 대한 배경 장소를 알려 주어야 한다면, 변경을 언급하지 않는 한 배경 장소가 늘 일정하게 취해져야 함을 깨달아야 한다. 우리는 간략하게 서사 이야기 연결

---

19) [역주] 일상생활에서는 사람들 각자 고유한 이름을 갖고 있으므로, 동일한 성별의 사람이 아무리 많더라도 이름으로 가리키면 명확하다. 그렇지만 과제 연습에서는 주인공들에 이름이 부여되지 않는다. 이럴 경우의 전략은 외모나 특성을 파악하여, 그것으로써 이름 대신 쓰는 방법이 있을 듯하다.

체에서 장소 변경의 초점이 어떻게 확인될 수 있는지, 그리고 요구되는 이런 정보를 포함함으로써 화자의 설명이 채점되는 방법에 대해 예시할 것이다.

㉠ 서사 이야기의 설명에 대한 채점

다음의 인용 (C1)~(C4)는 특히 〈예시 6〉에 보여 준 연재 만화의 설명에 대한 앞부분으로부터 가져 왔다. 화자는 자신 앞에 순서가 바로 된 일련의 그림이 있었고, 그 이야기를 전혀 알지 못하는 청자에게 분명하고 완벽한 설명을 하도록 요구되었다. 다른 설명에 주어진 초점이 인용들에 따라 채점표 C-1에 제시되어 있다. 이런 채점 과정은 시간이 아주 오래 걸린다. 여유 시간이 많고 특정한 목적을 염두에 두는 것이 아니라면, 시행을 권장하지 않는다.[20] 우리는 세부사항의

---

20) [역주] 긴 서사 이야기를 채점할 경우에 세부사항에 초점을 맞출 것이 아니라, 이야기가 전개되는 골자들에 초점을 맞춰 채점표를 만들어야 한다. 그런 골자들 중에는 시간과 장소의 변화도 필수 정보로 포함될 수 있다. 따라서 시행을 권장하지 않는다는 저자들의 우려와 충고는 채점표의 항목을 재조정해 줌으로써 해소될 수 있다. 간단한 서사 이야기가 아닌 한 이 책의 저자들이 제시한 채점표 C-1이나 C-2는 너무 세세한 항목을 채점하고 있으므로, 좀 더 개선될 필요가 있다고 본다. 이런 측면에서 경상대학교 국어교육과에서 10년 이상 열어온 '전국 중고교생 이야기 대회'에 이용하였던 심사표(채점표)의 얼개는 소중하게 참고할 만하다. 그 얼개에는 일평생 국어교육에 헌신하신 김수업 선생의 혜안이 오롯이 들어가 있다. 구성물(constructs)과 명세내역(specifications)은 속살(내용)과 겉모습(형식)으로 대분되는데, 교실 수업에서는 학습자의 수준에 맞춰 가중치를 부여할 수 있다. 먼저 제시된 속살(내용)은 다시 세 가지 하위영역으로 이뤄지는데

  ㉠ 그럴 듯함(마디들 간의 인과성 정도),
  ㉡ 들어볼 만함(깨우침을 주는 정도),
  ㉢ 새로움(창의력, 상상력을 쏟은 정도)

으로 나뉜다. 그리고 겉모습도 다시 세 가지 하위영역으로 이뤄지는데

  ㉣ 짜임새(구성),
  ㉤ 말솜씨(입담),
  ㉥ 듣는 사람 사로잡기(청중의 호응도)

로 나뉜다. 교실 수업에서는 많은 청중을 상대로 한 이야기 대회와는 성격이 많이 다르므로, 청중 변인과 관련하여서는 공통 기반과 정보간격을 제대로 가늠하고 실제 청자에게 말하여 확인하는지 등을 집어넣을 수 있다. 과문하지만 세계 어디에서도 이와 같은 구성물과 명세내역을 제안한 경우는 없을 것이며, 세계 최초의 주장일 것으로 안다. 자세한 논의는 이 책의 자매서인 김지홍·서종훈 뒤침(2014), 『모국어 말하기 교육』(글로벌콘텐츠)의 5.8에 있는 역주 11)을 읽어 보기 바란다.

이 책의 저자들은 영국 에딘브뤄 대학생들을 상대로 하여 직접 서사 이야기 자료를

유형을 예시할 것이다. 이것들은 화자의 서사 이야기 도입부분에서 특히 〈예시 6〉에 있는 첫 번째 그림과 관련하여 채점될 수 있다.

(C1) it was about a woman and her husband and she was reading a letter
　　(어떤 부인과 자기 남편에 대한 이야기인데 부인이 편지를 읽고 있어)

(C2) the woman was sitting down reading a letter
　　(그 부인은 앉아서 편지를 읽고 있어)

(C3) it's about this guy not really enjoying himself with his wife
　　(사실상 아내와 함께 스스로를 즐기지 않는 이 녀석에 대한 이야기야)

(C4) it's about a man and woman sitting in the living room and the woman's reading and the man's getting bored

---

확보하고 이를 통계 처리하여 누구나 포함하고 있는 중요한 요소들을 찾은 뒤에 이를 채점표 상에 반영하는 기법을 썼다. 이는 양적 또는 '통계적' 접근으로 불린다(일본인들은 현학적으로 정량적[분량을 결정하는] 접근으로 부름). 그런데 뒤에 나오는 '채점표 C-2'를 보면 누구나 뭔가 빠진 듯이 느낄 법하다. 뭐가 부족한 것일까? 서사 이야기의 핵심은 갈등과 반전을 통한 구조(줄거리)에 있는데, 채점표에는 이런 핵심 요소가 하나도 들어가 있지 않다. 더군다나 서사 이야기가 매우 창의적으로 서술될 수도 있다. 이 이야기가 더 큰 이야기의 한 삽화로서 언급될 수도 있는 것이다. 전문적인 학술 용어로 표현한다면, 서사 이야기의 구성물에 대하여 전혀 정의를 하지 못한 것이다. 담화 분석의 용어로는 저자들의 제안한 채점표는 오직 미시구조에만 집착하였고, 거시 구조를 망각하고 있는 것이다. 가장 중요한 이런 핵심점을 포착하지 못한다는 점에서, 많은 화자들의 이야기를 한데 모아 통계 처리를 통하여 공통 요소를 찾아낸 뒤에 마련한 채점 접근은 명백히 한계가 있고 겉돌 수밖에 없다. 오히려 김수업 선생의 채점표에 서사 이야기가 준수해야 할 핵심 속성(구성물과 명세내역)이 진술되어 있다. 김수업 선생은 오랫동안 국어교육의 토대를 마련해 오면서 얻은 통찰력으로 이런 구성물과 명세내역을 확정할 수 있었던 것이다. 이는 질적 또는 해석적 접근이라고 불린다(일본에서는 현학적으로 정성적[속성을 결정하는] 접근으로 부름).

　두 종류의 접근 방법이 비록 초기 상태에서는 각각 다를 수 있지만, 모두 인간의 특성을 다루기 때문에 궁극적으로는 한데 모아질 수밖에 없다. 이를 현장 중심 언어교육 연구방법에서는 '혼성적' 접근법이라고 부른다. 양적 또는 통계적 접근도 모수 표본을 모두 다 조사할 수는 없으므로, 고쎗(William Gosset, 1876~1936)은 무작위 표본 추출을 하여 20개 이상의 항목을 표집할 경우에 정규분포로 수렴된다는 사실을 처음으로 수학적 증명을 통해 주장한 바 있다. 이를 흔히 '소표본 검사'(t-test, 번역 없이 '티-검정'으로 말하는 것은 독자를 우롱하는 현학성일 따름이며, '검정'은 검사하여 결정한다는 뜻임)로 부른다. 이런 점 때문에 언어교육의 학위 논문에서는 5명 전후의 학습자를 대상으로 하여 먼저 해석적 접근(또는 질적 접근)을 실시하고, 그 중에 꼭 필요한 항목들을 추려 무작위 표본으로 이뤄진 '소표본 검사'를 시행함으로써 통계적 접근(양적 접근)으로 주장을 재확인하는 절차를 거치게 된다.

(거실에 앉아 있는 어떤 남자와 부인에 대한 이야기인데 부인은 독서하고 남자는 따분해 하고 있어)

채점표 C-1

세부사항	표현 사례	C1	C2	C3	C4
배경 장소	거실				✔
남성 인물	남자/남편	✔		✔	✔
행위	앉아 있는/담배 피고 있는			✔	
상태	따분한			✔	✔
여성 인물	부인	✔	✔		✔
행위	앉아 있는/독서하고 있는	✔	✔		✔

ⓛ **서사 이야기의 요약에 대한 채점**

인용 (C5)는 학생들이 보았던 서사 이야기의 주요한 초점이 (기억으로부터) 짧은 내용을 산출하도록 요구받았을 적에 만들어 낸 사례의 하나이다. 이 유형의 설명에 필수적으로 주어져야 할 초점(≒'필수 정보'라고 부를 수도 있음)은 채점표 C-2에 제시되어 있다. 이 채점표에서 초점(필수 정보)을 세우도록 이끌어 가는 연구가 토박이 대학생들을 대상으로 하여 이뤄졌다. 여기 포함된 항목은 전체적으로 취해진 대학생 말뭉치 자료에서 중요하게 통계상 규칙성을 띠고 발생하는 요소들이다. 결과적으로 아주 수준이 높은 학생들이 아닌 경우라면 교실 수업에서 이용하기에 적절치 않은 채점표가 될 수 있다. 그러나 교사들에 의해 이런 유형의 서사 이야기 과제에서 필수 정보(≒앞에서는 '초점'으로 부름)의 범위를 결정해 주는 안내 지침으로 이용될 수 있다.

(C5) ⑮ you've got a board husband + goes off[21] + sneaks off one night

---

21) [역주] 이 화자는 특이하게 말버릇에 off라는 '결과 상태'(resultant state) 부사를 자주 쓰고 있다. 이는 눈앞에서 사라져 볼 수 없다는 뜻이 깃들어 있다. sneaks off도 마찬가지이다. 몰래 스며들고, 눈앞에서 사라져 보이지 않는다는 뜻이다. walks off도 그런 속뜻이 깃들어 있다. 또 up이라는 결과 상태 부사도 쓰인다. 하나의 사건이 끝점까지

to the pub with his friends + ends up at the disco + slightly drunk
+ meets fabulous young thing + starts having an affair + wife discovers
them + on the phone to each other + husband leaves sets up home
with the new girl + then lead the same kind of boredom occurs and
the girls walks off and starts going to the disco on her own

따분하게 느끼는 어떤 남편이 있어 + 밖으로 나가서 눈앞에서 없어
졌지 + 어느 밤 자기 친구들과 함께 선술집에 몰래 들어갔어 + 마침
내 디스코 장으로 가는데 + 약간 취해 갖고 말이야 + 끝내 주는
영계를 만났어 + 바람을 피우기 시작하는데 + 아내가 그들을 찾아
내었지 + 서로서로 전화를 해서 + 남편은 부인을 떠나고 그 새 아가
씨와 가정을 꾸렸지 + 그러고 나서 똑같이 따분함이 생겼고 그 아가
씨가 느닷없이 떠나 눈앞에서 사라졌지 그녀 혼자만 디스코 클럽에
가기 시작해

채점표 C-2

세부사항	C5
남자(1)	✔
여자(2)	
결혼한(1~2)	✔
따분해 하는(1)	✔
밖으로 나가다(1)	✔
만나다(1~3)	✔
여자(3)	✔
젊은(3)	✔
떠나다(1~2)	✔
함께 살다(1~3)	✔
따분해 하는(3)	✔
밖으로 나가다(3)	✔

완결되었다는 함의를 지닌다. ends up(완벽히 끝점까지 도달하여 끝나다)과 sets up(마
련하는 과정을 다 끝내고 종결되다)이 그러하다. 영어 구문에서는 자동사조차 가짜
목적어(fake object)를 만들고 결과 상태 부사를 붙이는 일도 흔하다. 가령 얼다 freeze가
"the river has frozen itself solid"(강물이 바닥까지 단단하게 얼었어/언 채로 있어)라고
말하면, 강물이 밑바닥까지 얼었고 그 결과 상태가 단단하다는 함의가 깃들게 된다.
pub는 선 채로 술을 약간 마시는 곳이므로, 우리말로 흔히 선술집이라고 말한다.

ⓒ **지시표현의 명백성에 대한 채점**

우리가 부분적으로 제2장에서 묘사하여 이용한 이야기 연결체 중에서, 부엌에 앉아 책을 읽고 있는 나이든 부인이 있었다. 노년 부인이 책을 읽고 있는 이야기 속에는 어린 공주가 들어 있는 일련의 사건이 있었다. 이런 서사 이야기 과제를 말하고 있는 화자는, 공주가 들어간 부분에서 끝에 이르게 되면, 다시 노년 부인을 언급하도록 요구받는다. 채점표 C-1에서 예시되었듯이, 단순히 상세성에 대해서만 채점한다면 점수가 인물을 언급하는 데에 주어질 수도 있고, 그렇지 않을 수도 있다. 그런 지시표현에서 애매한 점들이 생긴다면, 채점표에서 인물들을 더 잘 구분하도록 하는 방식을 포함하도록 제안할 수 있다. 지시표현의 명백함에 대해 가중치를 두는 일에 대한 정당성은, 서사 이야기가 본질적으로 '누가 무엇을 하였는지'를 아주 명확히 해석함으로써 유지된다는 논점에 의해 제공된다. 특정 대목에서 어느 인물이 지시되고(가리켜지고) 있는지 분명해지지 않는다면, 이야기를 실질적으로 해석해 나가기가 더 어려워진다. 아마 어느 인물이 포함되는지를 알아내기가 불가능하지는 않겠지만, 화자의 지시표현이 명백하지 않으면 명백하지 않을수록 청자의 수행에서 요구되는 '작업량'이 더욱 많아질 것이다. 따라서 채점표는 화자의 이야기 속에서 관련 인물들을 알아낼 수 있는 명백성 수준을 반영하도록 만들어질 수 있다. 채점표 C-3은 4등급 점수의 예시이다. 이야기 연결체 속으로 다시 도입할 적에 화자가 얼마나 명백히 노년 부인을 알 수 있도록 말하는지 채점하는 데 이용될 수 있다. 서로 다른 점수를 예시하기 위해 각 칸에 보인 예들은, 첫 번째 인물 (1)을 도입하는 표현, 두 번째 인물 (2)에 대한 도입 표현, 다시 첫 번째 인물 (1)에 대한 재도입을 담고 있다.

2.3.1에서는 간단한 이야기를 성공적으로 잘 하는 학생 집단을 놓고서 과제를 더 어렵게 만드는 한 가지 방법이 서사 이야기에 포함된 '의사소통의 중압감'을 늘이는 것이라고 제안하였다. 이를 실행하는 아주 특별한 수단 한 가지는 여러 동일한 성별의 인물들을 포함하는

결정적 사건을 가진 이야기를 선택하거나 만들어 내는 것이다.
〈예시 7〉은 우리가 고안한 서사 이야기 과제의 중간 등급에서 가져온
것이다. 세 사람의 여성 인물이 있다. 비록 학생이 관련 행동들을 분명
히 알 수 있지만(누군가가 다른 사람의 가방에 병을 넣었음), 종종 언어
자원을 충분히 동원하여도 청자에게 '누군가가' 누구였는지를 정확히
전달해 주는 데에 실패한다. 이는 인용 (C6)과 (C7)의 예시로 제시되
었다. (C6)의 화자가 두 인물을 'a lady'(한 여인)와 'another lady'(다른

채점표 C-3

점수	인물의 구별에 이용된 유형	명사	수식어
3점	명사와 수식어로 구별했음	(1) a woman … 어느 부인 …	sitting in her kitchen 부엌에 앉아 있는
		(2) a princess … 어느 공주 …	in a small room 작은 방에 있는
	재도입 표현→	(1) the woman … 그 부인 …	in the kitchen 부엌에 있는
2점	명사만으로 구별했음	(1) a housewife 어느 주부	
		(2) a girl 어느 소녀	
	재도입 표현→	(1) the housewife 그 주부	
1점	수식어만으로 구별했음	(1) a woman … 어느 부인 …	sitting reading a book 책을 읽으며 앉아 있는
		(2) a woman … 어느 부인 …	who has long hair 긴 머리를 가진
	재도입 표현→	(1) the woman/she … 그 부인/그녀 …	finishes the book 그 책을 다 읽은
0점	명사로도 수식어로도 구별을 못하였음	(1) a lady … 어느 여인 …	in a kitchen 어느 부엌에 있는
		(2) a lady … 어느 여인 …	in her room 자기 방에 있는
	재도입 표현→	(1) the lady/she … 그 여인/그녀 …	is daydreaming 백일몽을 꾸는

여인)로 도입하였다. 이것이 계속해서 한 인물을 'the lady'(그 여인)로 지시하고자 할 경우에 문제를 일으키게 됨을 주목하기 바란다.

여기서 청자에게 생겨날 수 있는 인물 확인 문제가 외견상 (C6)의 화자에 의해 인식되고 있다. 이 화자는 다소 우아한 표현은 아니지만

'*who had the bag in the supermarket trolly*'
(슈퍼마켓 밀차에 가방을 놓아 둔)

라는 구절을 써서 더 특정적으로 표현해 가고 있다. (C7)의 화자는 인물들을

'*a lady, her friend, the daughter*'
(어느 여인, 그 친구, 딸)

에서처럼 구별하여 표현하고 있고, 대명사 she(그녀)로써 언제나 마지막에 언급된 인물을 가리키는 데에 쓰고 있다. 그러나 딸이 몰래 병을 가방 속에 집어넣는 대목을 묘사하는 데에 다다르면, the bag(그 가방)이라고 쓴 언어 표현이 부적절하다. 정관사 the를 갖고 있는 형식은 청자가 이미 이 가방과 이 가방을 누가 갖고 있는지에 대하여 이야기를 들었음을 암시한다. 그렇지만 이 가방은 이전에 전혀 언급되지 않았다. 어느 인물이 그 가방의 소유자인지를 명백히 해 주지 못하였다. 이 실책은 청자에게 해석상의 문제를 일으킨다. 결정적으로 이 이야기의 '핵심'이 자기도 모른 채 자기 가방에 병이 들어간 'the friend'(그 친구)에게 달려 있다.

(C6) ⑯ a lady comes in a + supermarket + and she gets one of the
    supermarket trolleys and put her bag in the supermarket trolley + and
    she wanders along the aisles + and she meets in one of the aisles +

310

〈예시 7〉

another lady + who has also got a supermarket trolley who has a–a
girl + sitting in the trolley + and as they talk + the girl takes from
one of the shelves + a bottle + and she puts it in a bag + of the–of
the lady + who had the bag in the supermarket trolley + aargh +
어느 여인이 + 어느 슈퍼마켓에 들어오고 + 슈퍼마켓 밀차 하나를
갖고서 밀차에 자신의 가방을 넣었어 + 그리고 통로를 따라 가며
둘러보다가 + 한 통로에서 + 또다른 여인을 만나는데 + 슈퍼마켓
밀차를 끌고 있고 + 어–어느 소녀를 밀차에 앉혔네 + 그리고 그들
이 말을 하는데 + 그 소녀가 어느 진열대로부터 + 병을 하나를 집고
서 + 그녀가 그걸 어느 가방 속에 넣어 + 그–그 여인의 가방인데
+ 그 가방을 슈퍼마켓 밀차에 넣은 여인 + 아그 +

(C7) ⑰ there was a lady entering a shop perhaps a supermarket but (***)
a shop + and then she meets a friend and they begin to talk and this
friend of hers has a little +girl perhaps her daughter + the daughter
takes a bottle from a shelf and + without them no–realising it + she
puts it in the ha–in the bag
어느 여인이 어느 가게에 들어가는데 아마 슈퍼마켓인 듯하네
(***) 어느 가게인데 + 그리고 나서 어느 친구를 만났는데 그들이
얘기를 시작하거든 그리고 그녀의 이 친구는 작은 + 어느 소녀 아마
딸인 듯한데 + 그 딸이 진열대에서 병을 하나 집어 들고 + 그들이
깨닫지 못한 채로 + 그녀가 그걸 그 핸–그 가방에 넣고 있어

㉣ 배경 장소의 변경 표현에 대한 채점

〈예시 6〉에서 일부 보인 이야기 연결체에서, 장소(scene 무대) 변경
이 일어나는 대목이 여섯 군데나 있다. 이 '장소'(무대)는 다음처럼 목
록으로 만들 수 있다.

집 - 술집 - 디스코 장 - 음식점 - 다시 집 - 새 집 - 다시 디스코 장

이 이야기에 대한 입말 설명은 어느 것이나 이런 무대 변경을 언급해 주어야 한다. 인용 (C8)에서는 음식점에서 다시 집으로의 장소 변경이 언급되지 않았다. 이야기 속의 남자가 음식점에서 전화하는 것을 의아해 할 것이고, 그렇다면 자신의 아내가 거기 어떻게 도착하였는지 의아해 할 것이다.

(C8) he starts talking to the woman + he starts to like her + and (***) his wife hears him phoning her + on the phone +
그는 그 부인에게 이야기를 시작해 + 그가 그녀를 좋아하기 시작하거든 + 그리고 (***) 그의 아내가 그녀에게 전화하고 있는 걸 듣데 + 전화상으로 +

인용 (C9)와 (C10)에 있듯이, 다른 화자들은 종종 사건이 어디에서 일어나는지에 대해 청자가 제대로 이해하면서 따라오는지를 명확히 하는 데에 아주 신중하다.

(C9) the husband's bored + he goes to the mirror + and says to himself I'm going out I'm fed up + *so when he goes out he goes to a bar*
그 남편이 따분해 하고 + 그가 거울로 가서 + 스스로 말하기를 난 나갈 거야 진저리가 나 + <u>그래서 밖으로 나가는데</u> <u>어느 술집으로 가네</u>

(C10) ⑱ the man gets so bored that eventually he decided he's going to go out so he dresses himself up in front of a mirror + and off he goes *to the pub* + where he gets a bit drunk + he then wanders off *into a disco* + *when he gets to the disco*

그 남자가 아주 따분해지자 마침내 밖으로 나가기로 결심했어 그
래서 거울 앞에서 옷을 잘 차려 입고 + 그 선술집으로 나가서 사라
졌어 + 거기서 조금 취하는데 + 그런 뒤에 어슬렁거리다가 어느
디스코 장 속으로 사라져 버렸어 + 그 디스코 장에 도착했을 때

물론 장소 변경을 표시하는 데 주어지는 여섯 군데의 대목도 일찍이
제안한 완전히 상세한 채점표 속에 같이 들어갈 수 있다. 다른 대안으
로는, 이것들을 별도로 다른 범주로 떼어 놓고서 교사로 하여금 학생
이 자신의 설명에서 항상 포함해야 할 이런 종류의 정보를 무시하는
지 여부를 점검하도록 할 수도 있다. 사실상, 장소 표현은 일련의 사건
에 대한 설명을 통해 진행해 나가면서 학생들에게 이용할 수 있는 조
직화 전략으로 가르쳐질 수 있다.

<C유형의 서사 이야기 과제: 일반적인 소견>

우리는 서사 이야기 과제에 대한 채점 기초를 서로 다른 종류의 필
수 세부사항(required details)으로써 제시하였다. 다른 세부사항들이 다
른 이야기에서 중요할 수 있다. 예를 들어, 과거의 회상을 담고 있는
이야기에서는, 화자가 시간 전환(물론 장소 변경도 포함함)을 표현해 주
는 것이 필요할 것이다. 아주 복잡한 서사 이야기(아마 꿈속의 사건들을
포함하는)에서는 화자가 실제로 무슨 일이 일어나는지를 가리켜 주고,
명백하게 한 인물이 다만 꿈을 꾸거나 상상하는 바만을 언급해 주고
있는지를 명확히 해 줄 필요가 있다. 어떤 이야기 연결체를 유의미하
게 만들기 위해서, 화자는 사건을 일으키는 동기(예를 들어 질투, 복수,
미움, 사랑 따위)를 포함된 인물 속에 내재적 속성으로 집어넣어야 할
지도 모른다.

이런 요소 이외에도, 교사는 '서사 이야기'가 앞에서 살펴본 채점표
에서 포착하지 못한 별개의 추가 속성들도 가지고 있다고 느낄 수 있

다. 만일 '긴장감(suspense) 조성하기', '청자 포함하기', '도덕적 행위를 예시하기'와 같은 특징이 학생의 서사 이야기에서 평가되어야 한다면, 우리가 제안한 채점표는 전혀 그런 지침을 제공해 주지 못한다. 한 묶음의 낱말에 대한 사용이 다른 묶음의 사용보다 더 '풍부하였는지' 여부를 결정하는 데에도 도움이 되지 못할 것이다. 다음 두 개의 인용에서는 우리가 제안한 채점표와 아주 비슷하게 채점하지만, 교사는 (C11)의 화자가 쓰는 더욱 정교한 낱말의 사용에 대해 추가 점수를 주고 싶어 할 수 있다.

(C11) there's a car thief operating in the vicinity of this show + probably a circus side show + he's riding the cars + while this person + Max the Great Escapologist + em escapes from a straightjacket +
어느 자동차 도둑이 있는데 이 쇼 부근에서 활동하고 있거든 + 아마 어느 서커스 쪽 쇼일 거야 + 그가 도둑질하려고 차들을 덮치지만 + 한편 이 사람 + 위대한 빠져나가기 선수 맥스는 + 엄 구속복(straitjacket 움직이지 못하게 꽁꽁 묶어두는 옷)을 빠져나가거든

(C12) there was one man and he was in a straightjacket + he was trying to get out + and then another man + breaking into a car + and taking + I think it was a radio +
한 사람이 있었는데 구속복을 입고 있었어 + 그 옷을 벗으려고 애를 쓰고 있었지 + 그런데 다른 사람이 + 어느 차 안으로 들어오면서 + 훔쳐 갖고 나오는데 + 내 생각에는 라디오를 말이야 +

이 특정한 이야기를 예시해 줄 수 없는데, 인용된 재료가 비디오 필름으로부터 나온 단편이기 때문이다. 우리는 교사가 학생의 입말 수행에 대하여 평가에 포함하고픈 다른 특징들도 인식하도록 이미 강조하였다. 그런 평가가 불가피하게 주관적이겠지만, 학생들을 위해 모아

둔 전체 평가철에서는 뚜렷한 위상을 지닌다고 생각한다. 여기서 우리가 제안한 바는 서사 이야기의 이런 측면을 평가하는, 지속적이고 아주 객관적인 기초를 제공하는 수단이다. 이는 요구되는 정보를 의사소통하는 일 및 청자에게 누가 무엇을 했는지에 대한 분명한 설명을 말해 주는 일에 달려 있다. 입말을 효율적으로 이용하는 이런 기술은 다음 유형의 과제, 즉 목격담 설명 과제에서도 더욱 중요하다.

4.4.4. 과제 유형 D: 목격담 설명

㉠ 재료: 화자는 〈예시 8〉과 〈예시 9〉에 보인 유형의 사진들을 갖고 있다. 이것들은 자동차 충돌로 귀착되는 사건 연결을 보여 준다. 청자도 일련의 사진들을 갖고 있다. 그 일부는 묘사되고 있는 특정한 자동차 충돌의 세부사항을 보여 준다. 또다른 일부는 비슷하지만 다른 자동차 충돌을 보여 준다(≒화자가 말해 주는 사건과 일치하지 않아 혼란을 줄 수 있는 사진). 대안으로 쓸 수 있는 것은, 청자가 도로 배열 그림을 갖고 있는데, 연필로 그림 위에 화자가 설명하는 자동차 충돌과 관련된 차들의 위치와 움직임을 그려 주어야 한다.

㉡ 과제: 화자는 자동차 충돌을 청자에게 말해 주어야 한다. 청자는 충돌 장면을 보지 못하였으므로 정확히 무슨 일이 어떤 과정으로 벌어졌는지 알아야 할 필요가 있다. 화자는 경찰이나 보험회사 직원에게 하듯이 자동차 충돌 사건에서 목격한 바를 설명해 주도록 요구받을 수 있다. 청자는 묘사되고 있는 충돌과 들어맞는 그림을 찾아내야 하거나, 충돌과 관련된 자동차들의 위치와 움직임에 대하여 개략적인 그림을 산출해 내야 한다.

㉢ 요구사항: 첫째, 화자는 관련된 자동차들 사이에서 구별을 해 주어야 한다. 둘째, 어느 자동차가 어디로 갔는지, 어느 자동차가 실제로 충돌을 일으켰는지를 분명히 말해 주어야 한다(≒흔히 가해 차량과 피해 차량으로 부름). 우리는 첫 번째 청자의 과제를 마련하였는

데, 올바른 사진을 찾아내는 과제이다. 주로 자동차들이 분명히 구별되어야 한다는 첫 번째 요구사항에 근거한 것이다. 두 번째 과제는 자동차들의 묘사에 덜 의존하지만, 사건 연결이 분명해져야 한다는 점이 더욱 중요하다. 〈그림 4.5〉에서 보여 주듯이 청자는 기

〈예시 8〉

〈예시 9〉

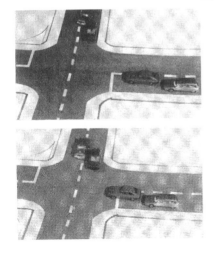
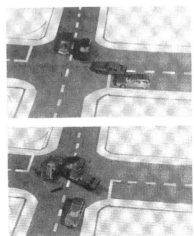

본적인 도로 배열 그림을 갖고 있다. 청자는 연필로 묘사의 첫 시
작점에서 자동차들이 어디에 있었는지(대략 작은 상자나 원으로써 표
시함), 그리고 어디로 움직여 나갔는지를 화살표로 표시하도록 요
구받는다.

아래 인용 (D1)과 (D2)는 〈예시 8〉에 보인 자동차 충돌에 대한 설명
이고, 이어져 있는 틀 속에서 기본적인 필수 정보에 대해 채점이 이뤄
져 있다.

〈그림 4.5〉 교차로 배열도

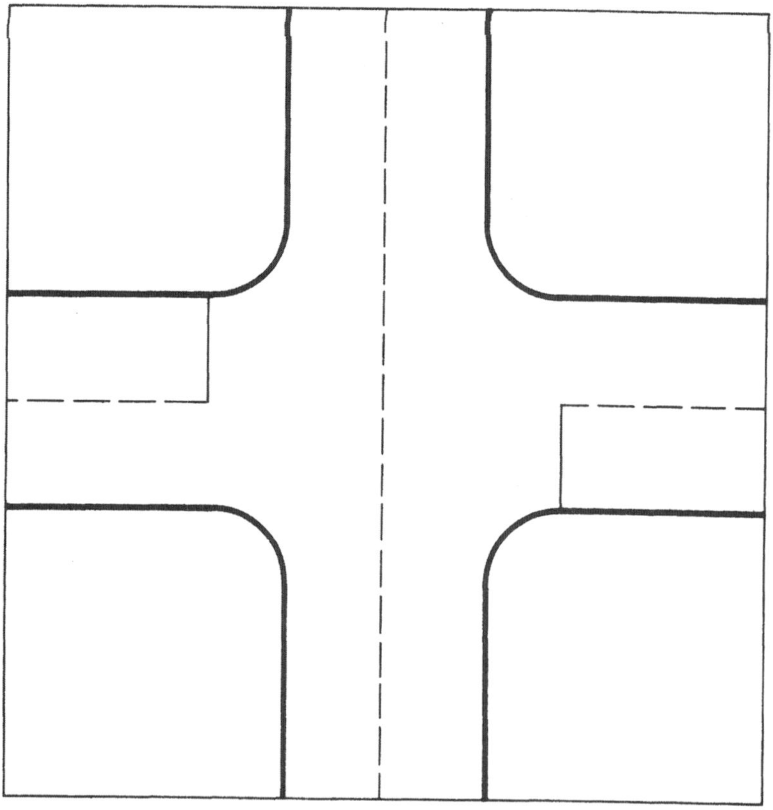

(D1) ⑲ it's erm + an intersection of kind of two + a kind of crossroads
+ of a minor road going across a major road + and I was standing
there + and there was this erm + kind of ordinary car + on the minor
road + just looking to come out + on to the big road + and coming
down towards him on the big road was a van + followed by a lorry
+ now + just as he started to come out just as the small car started
to come out on to the main road + the van + no the lorry star-started
to overtake the van + not having seen the fact that another car was
coming out + so as the small car + came right into the road + the
lorry + seeing the small car + was unable to come right out + and
overtake the van properly as it had intended + and ended up slewing
into the van in front of it + because there was no space for it to carry
on going round + and because it couldn't stop in time + it just went
straight into the back + of the van + and that's what happened

그게 엄 + 일종의 두 개의 교차로 + 일종의 교차로이거든 + 샛길이
주도로를 가로지르고 있어 + 그리고 내가 거기 서 있었거든 + 그리
고 거기에 엄 이 + 일종의 보통 승용차가 + 샛길에서 + 바로 막
나오려고 살펴보고 있었거든 + 큰길쪽으로 + 그리고 큰 길에서 그
쪽으로 내려오는 것이 어느 소형 짐차였는데 + 대형 트럭이 뒤따라
오고 있었거든 + 시방 그가 막 나오기 시작하자 그 승용차가 큰 도
로 쪽으로 나오기 시작하자 그 소형 짐차 + 아니 그 대형 트럭이
소형 짐차를 추월하기 시-시작했어 + 또다른 차가 나오고 있다는
사실을 전혀 보질 못했어 + 그래서 그 승용차가 + 그 길로 막 나오
자 + 그 대형 트럭이 + 그 승용차가 + 막 나올 수 없었던 걸 보면서
+ 의도했던 대로 적절히 그 소형 짐차를 앞지르지만 + 마침내 그것
(승용차) 앞에서 그 소형 짐차쪽으로 틀어 놓았거든 + 그게 빙 둘러
갈 수 있는 공간이 없었기 때문이야 + 그리고 제 시간에 멈출 수
없었기 때문이란 말이야 + 그 소형 짐차의 + 뒤쪽으로 그게 곧장

들어가 박아 버렸어 + 그게 사건 전말이야

(D2) ⑳ okay we are in a crossroads + and on the right we have a car
+ up in this road there is a lorry a little lorry and a bus + and so
+ the bus want to + to + huh + to come and + the car the car is
going to go on the up road + and the bus wants to + em a- (?
advance) + the lorry + and so the bus when he when it sees the car
coming it has to stop and he + is + (? a scrashed) or in the-in the
lorry I don't know if it's (? a scrashed) or + it bumps on it
그래 우리가 십자 교차로에 있는데 + 오른쪽에는 차가 한 대 있어
+ 이 길 위쪽으로는 트럭이 작은 트럭 한 대와 버스 한 대가 있어
+ 그래서 + 그 버스가 뭘 하려고 하느냐면 + 허 + 오려고 하는 거고

채점표 D

세부사항(필수 정보)	D1	D2
교차로	✔	✔
승용차(1)	✔	✔
오른쪽으로부터(1)		✔
작은 짐차/대형 트럭(2)	✔	✔
위로부터/북쪽으로부터(2)	✔	
앞에 있는(2)~(3)	✔	
버스/대형 트럭(3)	✔	✔
위로부터/북쪽으로부터(3)	✔	
뒤에서(3)~(2)	✔	
앞질러 나가다(3)~(2)	✔	✔
움직여 빠져나가다(1)	✔	✔
오른쪽으로 돌다(1)		
오른쪽으로 돌다(1)		
들이박다(3)~(2)		
운전하여 멀어가다/피하다(1)	✔	✔
충돌을 비난하다/충돌을 일으키다(1)		

+ 그 차 그 차가 위쪽 길로 올라가고 있거든 + 그리고 그 버스가 +
엄 + 하려는 게 + 아-(? 앞지르는 건데) + 그 트럭을 + 그래서 그
버스는 그 차가 오는 것을 보았을 때 멈춰야만 했거든 + 그가 + 있는
게 + (? 부딪치기를) 그렇지 않으면 그 - 그 트럭에서 잘은 모르겠지
만 그게 (? 부딪쳤거나) 또는 + 그게 그걸 들이받는 거야 +

이런 유형의 과제에서 난이도는 여러 가지 방식으로 늘어날 수 있
다. 〈예시 8〉에는 서로 다른 유형의 자동차들(차, 트럭, 버스)이 있다.
반면에 〈예시 9〉에는 모두 소형 승용차들만 있다. 〈예시 9〉에서 보인
자동차 충돌을 묘사하는 일은, 각 단계에서 관련 자동차를 적절히 찾
아 언급하는 일에서 문제가 생겨난다. 〈예시 9〉에 보인 충돌의 분명한
다른 두 측면도 또한 과제의 난이도에 기여한다. 네 대(세 대가 아님)의
자동차가 있고 세 대(두 대가 아님)가 충돌 사건에 관련되어 있다. 이
과제를 수행하는 두 가지 경우를 다음에 인용으로 제시한다.

(D3) ㉑ well + I was standing in the street + at the crossroads and there
were two coming —cars coming down each of the lanes + well the
em large car I don't really know the sort + em st-didn't bother giving
way and just went straight out into the road + em it ploughed into
+ an oncoming car which in turn hit a third car + and they were
just smashed up there + another car just passed them by +
근데 + 내가 그 거리에 서 있었어 + 그 교차로에 두 대가 오고 있었
는데 — 길마다 각각 내려오는 차들이 있었거든 + 근데 그 엄 큰
차가 어떤 종류의 차인지 잘 모르겠어 + 엄 스트-양보하는 걸 생각
하지도 않고서 막 그 길로 곧장 나갔거든 + 엄 그게 오고 있는 차를
들이받았지 + 오고 있는 차는 다시 제3의 차를 받았어 + 그리고
거기서 그 차들이 박살이 났어 + 또다른 차가 그 차들 옆으로 지나
갔어 +

(D4) ㉒ okay right you've got another intersection + there's a minor road on the right-hand side there are two cars which are going to try and get out on to the main road + one of them is going to try and turn right and that one is just in front of the one which is going to try and turn left so that the one which is trying to turn right is a little bit further out into the middle of the road + coming down from-from-from the top + is + are two cars + one of which is beginning to ov- to try and overtake the behind-the one behind is trying to overtake + the one in front + so there's four cars altogether + as these two cars are coming along the main road and as the car behind on the main road + is is beginning to overtake + the car in front + the first of the cars from the minor road which is going to try and turn right + is pulling out + to turn right into the intersection + so therefore once you get to the intersection you've got three cars in the middle of the road + three — two cars coming down the main road + one car trying to turn right + and the three of them crash into each other + + the car on the minor road which was trying to turn left + turns left and escapes unhurt

좋아 바로 네가 또 다른 교차로를 만났어 + 오른쪽 편으로 작은 길이 하나 있고 두 대의 차가 있는데 큰 도로로 나가려고 하고 있어 + 그 차들 중 하나가 오른쪽으로 돌려고 하고 있는데 그 차가 바로 왼쪽으로 돌려고 하는 차 바로 앞에 있었거든 그래서 오른쪽으로 돌려고 하는 차는 큰 도로 중앙쪽으로 조금 더 진행해 나갔어 + 큰 도로를 따라 내려오는 게 + 막 교차로에 다다르고 있는데 + 위-위-위로부터 + 뭐냐면 + 차 두 대가 오고 있는데 + 그 중 하나는 + 뒤로부터 앞차를 추-추월하기 시작해 + 뒤-뒤에 있는 게 앞에 있는 걸 앞지르려고 해 + 따라서 모두 합쳐 네 대의 차가 되네 + 이들 차 두 대가 큰 도로를 따라 내려와 큰 도로에서 뒤에 있던 차가 +

앞에 있는 차를 앞지르기 시작하려고 하는데 + 앞에 있는 차 + 좁은 길에서 나온 차들 중에 첫 번째 차가 오른쪽으로 돌아가려고 하거든 + 빠져나가고 있는데 + 교차로 오른쪽으로 돌리려고 하거든 + 그래서 일단 교차로에서 바라보면 길 한복판에 차 세 대가 있어 + 세 — 두 대의 차가 큰 도로를 따라 내려오고 있었거든 + 한 대는 오른쪽으로 방향을 돌리려고 했는데 + 그 세 대의 차가 서로 부딪쳤어 + + 좁은 길에 있던 그 차는 왼쪽으로 돌리려고 했고 + 왼쪽으로 돌아서 충돌하지 않고 빠져 나갔어

<D 유형의 목격담 설명 과제: 일반적인 소견>

(D3)의 화자는 충돌에 대해 극히 애매한 설명을 하고 있다. 그 학생은 기대될 수 있는 것보다 더 많은 정보를 청자가 갖고 있는 듯이 행동하고 있다. 예를 들어

'*the large car*'
(그 커다란 자동차)

를 가리키는 것이 있지만, 네 대의 자동차 중에서 이 표현이 어느 자동차를 가리키려고 의도했는지에 대한 안내가 없다. (D4)의 화자는 설명/묘사하는 동안에 줄곧 어느 차가 어디에서 무엇을 하고 있는지를 명백히 해 주는 데 어려움을 겪고 있다. 마침내

'*the one behind is trying to overtake the one in front*'
(뒤에 있는 게 앞에 있는 걸 앞지르려고 하고 있다)

라는 데에 도달한 '완성된' 묘사에 주목하기 바란다. 이것이 토박이 화자의 영어 산출에 대한 정상적 특징이 되는 좋은 사례이다. 그렇지

만 이 과제를 수행하는 비-토박이 화자의 말로 듣는다면, 편견에 사로 잡혀 '유창하지 않은' 것으로 취급할지도 모른다.

채점표는 앞의 (D1)과 (D2)에서 개관한 것과 비슷한데, 자동차 충돌 과제의 이 더 복잡한 내용을 놓고 따로 만들 수도 있다. (D4)는 예측대로 (D3)보다 더 높은 점수를 받을 것이다. 청자의 과제는 앞에서 제안하였듯이 우리가 묘사한 다른 과제의 제안들과 비슷한 형식을 취할 수 있다. 여기서는 대안으로 쓸 만한 형식을 예시하게 된다. 이것은 교통사고와 관련된 보험 청구서식에서 찾아지듯이, 정보 표상에 대한 '실세계'의 요구조건으로부터 도출된다. 〈예시 10〉에서 청자가 수행할 과제는 선택지로부터 하나를 골라 쐐기표(✔)를 지르는 것이다. 화자가 묘사하고 있는 충돌 사건의 '시작, 중간, 끝' 부분에 가장 적합하다고 생각하는 자동차 배열을 고르는 것이다. 어느 배열도 적합하지 않다면 '모르겠다' 칸이 선택된다. 과제 연습의 제1차 관심이 입말 영어를 이끌어내는 것일 경우에, 청자 수행 과제의 어떤 것이 다른 것보다 더 났다고 제안하는 것은 아니다. 그러나 청자 수행 과제의 상이한 형식은, 듣기 이해 연습에서 인쇄된 선택지 질문에서 답을 골라 표시하도록 하는 방식도 학생들에게 제시할 수 있음을 시사해 준다.

4.4.5. 과제 유형 E: 주장 펴기(≒의견 개진)

이 과제의 유형은 학생으로부터 말하기를 적절하게 이끌어내는 자료 및 상세한 채점표를 계발하는 데에 모두 어려움을 준다. 이 유형의 과제가 주관적으로 적당히 평가될 수 있기 때문일 것이고, 아무리 우리가 객관적으로 되고 싶어 하는지에 상관없이, '태도 표현, 관점, 표현된 의견에 대한 정당화'에서 수행의 수준을 계량화하는 일에 늘 어려움을 겪기 때문일 것이다. 의견 개진을 놓고서 통제된 이끌어 내기 방식에서 무엇이 부분적으로 성공적인 모형이 될지를 간략히 안내해

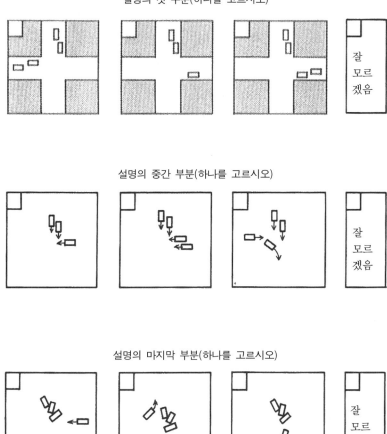

설명의 첫 부분(하나를 고르시오)

설명의 중간 부분(하나를 고르시오)

설명의 마지막 부분(하나를 고르시오)

주기 위하여 우리는 토박이 영어 화자들에게 썼던 사례를 한 가지 서술하게 될 것이다.

우리는 짤막한 한편의 영상을 비디오로 만들었다. 잘 가르치고 잘 배우기 위해서는 학교에서 확실히 체벌이 필요하다고 교사가 아주 강한 의견을 펴고 있는 내용이다. 이 간략한 영상을 고등학교 학생들에게 보여 주고 나서, 이 주장에 대해 학생들이 어떻게 생각하는지를 물었다. 다양한 반응은 사뭇 우리 예상을 뒤엎는 것이었다. 어떤 학생은 말할 게 전혀 없거나 아주 적었다. 일부 학생은 아주 확고한 의견을 갖고서 뒷받침 이유를 제시하였다. 한 두 명의 학생은 자신이 들어온 바를 연극 장면으로 묘사하거나 재생하였다. 우리가 이끌어 낸 반응에 근거하여, 채점표에서 보인 사뭇 잠정적인 범위의 점수 등급을 만들었다. 우리는 여전히 이 특정한 채점 방법의 유용성에 대해서 확신할 수 없다. 이 유형의 입말 산출을 등급화하는 방법을 찾고 있는 교사들에게 하나의 시사점으로서 이를 제공할 뿐이다.

다음 인용은 우리가 이끌어낸 반응의 유형을 대표한다. 뒤이어진 채점표는 이런 반응들 사이를 차별화하는 기본적인 수단을 제공한다.

(E1) I don't think it's true

저는 그게 사실이라고 생각하지 않아요

(E2) I don't agree

저는 동의하지 않습니다

(E3) it's a man sitting behind a desk talking ⋯

그건 책상 뒤에 앉아서 쑥덕공론이나 하는 사람입니다⋯

(E4) I disagree with him + 'cause there could be other means of punishing people

저는 그 생각에 동의하지 않는데 + 사람들을 벌주는 다른 수단이 있기 때문입니다.

(E5) I think it's wrong 'cause + I think the teacher should be able to control the pupils

저는 잘못이라고 생각하는데 + 교사가 학생들을 통제할 수 있어야만 한다고 생각해요

(E6) ㉓ I think it's wrong 'cause I think the teacher should be able to + control the pupils and you know make it + make them realise that they're in charge without having to use violence + I think they should have other means of being able to + control the pupils

저는 잘못이라고 생각해요 왜냐면 제 생각에 교사들이 할 수 있어야 하는 게 + 학생들을 통제하고 또 잘 알다시피 깨닫게 해야 하는데 + 폭력을 쓰지 않을 책임이 있음을 깨닫도록 해야 돼요 + 제 생각으로는 교사가 + 학생들을 통제하는 + 그럴 수 있는 다른 수단을 갖고 있어야만 한다고 봅니다.

채점표 E

화자별 수행	체벌 주장에 대한 반응의 유형	등급
(E6)	주장/의견 제시 + 이유 제시 + 이유의 뒷받침 증거	A(최고)
(E4), (E5)	주장/의견 제시 + 이유 제시	B
(E1), (E2), (E3)	주장/의견 제시 또는 직접 묘사	C
	침묵함	D(최저)

<E 유형의 주장 펴기 과제: 일반적인 소견>

앞에 보인 채점표는 이런 종류의 과제에서 학생들의 반응을 평가하는 개괄적 안내로만 제시되었다. 더 앞에서 제시한 채점표 수준으로 이 채점표는 상세한 특징들을 지니지도 않았고, 더더욱 주관적으로 해석될 소지가 있다. 객관적 채점표를 만들어 내는 데에 부닥치는 어려움은,22) 이런 과제의 구조를 결정하는 난점을 직접적으로 반영한

---

22) [역주] 의견 개진이나 주장 전개를 놓고서 왜 객관적 채점을 하기 어려운 것일까? 뒤친이의 직관적 생각에는 의견이든 주장이든 모두 특정 개인의 가치관과 인생관을 반영해 줄 것이기 때문에 객관적 척도를 수립하기 어렵다고 본다. 그렇다고 하더라도 의견 개진이나 주장 전개가 중요하게 학교 수업의 일부가 되어야 한다. 비판적 담화 분석을 가르칠 경우에도 동일한 문제와 마주하게 된다. 어떤 이념에 대하여 반론을 펴거나 비판을 하는 일을 권고하기 때문이다. 사회 구성원들 사이에 더욱 예민하게 대립하는 가치의 문제를 수업 현장에 끌어오는 것은 자칫 교사와 학생 사이에 신뢰감에 금을 가게 만들 소지가 있다. 뒤친이의 판단으로는 이를 해결하는 길이 두 가지 있다. (1) 하나는 어떤 결론의 근거를 검토하는 일을 수업에서 과제로 다루는 것이다. 긍정 결론이든 부정 결론이든, 임의의 주장에 따른 결론은 많든 적든 근거와 증거들을 동원해서

다. 의견을 표현하도록 요구를 받은 학생은 내용 조직(≒비판적 사고의 근거 마련)에서 실질적인 과제와 마주하게 된다. 앞에서 제시된 채점표 E가 학생들로부터 나온 의견 개진을 채점하는 데 기초가 될 어떤 '구조'를 마련하고자 하는 교사들에게 어떤 안내로 간주될 수 있다면, 입말 영어 산출을 훈련하는 데에 유용한 목적으로 쓰일 수 있다.

4.5. 듣기 이해가 평가될 수 있을까?

평가 목적을 위하여 과제에 기반을 둔 입말 영어를 이끌어내기 위하여 우리는 논의를 확대해 왔다. 우리는 청자가 수행한 내용이 얼마만큼 화자가 잘 수행해 내었는지에 대한 어떤 판단 근거로서도 채택되어서는 안 됨을 주장하였다. 본질적으로 입말 산출에 대한 평가를 학생의 듣기 이해 능력에 대한 고려로부터 따로 떼어 놓으려고 노력하였다. 제4장에서 우리는 청자의 과제 수행이 여러 가지 다양한 이유때문에 신뢰스럽지 않을 가능성이 있고, 제3장의 끝부분에서는 듣기 이해가 함의하는 것이 무엇인지를 어떻게 결정할지에 대하여 현재 우리가 오직 아주 제한적으로만 이해하고 있음을 논의하였다. 만일 이들 두 관찰 내용이 옳다면, 듣기 이해 평가는 극단적으로 복잡한 기획인 듯이 보인다.23)

기본적인 문제는 한 개인이 자신이 들은 바를 이해했다는 외적 증거가 어떤 것도 필요치 않다는 사실을 포함하는 듯하다. 실제로 토박이 화자의 상호작용에서 정상적인 가정은, 청자들이 가끔씩 사뭇 교

이뤄지기 때문에, 바로 이른 근거와 증거들에 대한 타당성을 검토하는 일을 진행하는 것이다. (2) 다른 하나는 아주 예민한 현장 또는 현실의 문제를 제외하고서 한 사회의 공통적 과제나 인류의 공통적 문제에 대해서 다루는 것이다.

23) [역주] 전반적으로 듣기 이해에 대한 평가는 벅(Buck, 2001; 김지홍 뒤침, 2013), 『듣기 평가』(글로벌콘텐츠)를 읽어 보기 바란다. 그곳 224쪽에서 〈표 4-3〉으로 구성물 정의와 명세표 내역, 그리고 수업에 관련된 과제 유형의 차원을 서로 엮은 '이원 분석표'를 제안하여 듣기 과제와 문제를 마련하도록 제안하였다.

묘한 방식(고개를 끄덕이거나 yes나 uhuh 등을 말함)을 제외한다면 자신이 이해했음을 드러내지 않고서도 일반적으로 우리가 말하는 바를 이해한다는 점이다. 그럼에도 불구하고, 이들 임시 이해 표지들의 출현이 모종의 주의사항과 더불어 '이해'의 증거로 취급되어야 한다. 임의의 대화에서 한 사람의 참여자는 다른 사람이 말을 하는 동안에 중얼거릴 수도 있다. 왜냐하면 다른 사람이 말하고 있다고 생각하는 바에 동의함을 밖으로 드러내고자 하기 때문이다. 다른 사람이 말하는 내용에 대한 청자의 해석이, 그 다른 사람이 청자에게 '이해하도록' 의도한 내용과 아주 간접적 관련만을 지니는 경우도 가능하다. 비록 듣는 행위에서 정규적인 간격으로 yes[예]나 uhuh[아하]라는 발화를 '이해'의 표지로서 취급할 수 있겠지만, 그런 반응이 외국인 영어 학습자의 듣기 이해를 평가하는 데에는 오히려 이상한 잣대가 될 듯하다.

듣기 이해를 평가하려고 노력해 온 사람들은 들어 둔 내용에 대하여 좀 더 확대된 '반응' 사례들을 찾아내려고 하였다. 요구된 전통적인 반응의 유형은, 학생이 스스로 들어둔 내용을 놓고서 몇 가지 씌어진 질문들에 대한 답을 적어 내는 것이다. 만일 학생이 일련의 수용 가능한 답을 산출한다면, 이는 입말 영어를 이해하는 능력의 증거로 판정된다. 그것이 또한 글말 영어를 이해하고, 수용 가능한 입말 영어로 자신이 의도한 의미를 전달하는 능력에 대한 어떤 표시임에 주목해야 한다. 이런 유형의 평가 절차에서, 만일 학생이 '오류'로 간주되는 답을 산출한다면, 그 결과 듣기 이해에서 실패로 채점된다.

그렇지만 이런 방식으로 '오답' 점수를 해석하는 일은 아주 믿을 수 없는 절차이다. 그 답의 '오류 성격'은 씌어진 질문을 이해하지 못하는 데에서 비롯될 수도 있거나, 글말 대답으로 의도한 의미를 전달하지 못하는 데에서 비롯될 수 있다. 이와는 달리, 그것이 들어 둔 자료에 있는 특정한 세부사항에 주목하지 못하는 데에서 또는 세부사항들에 대한 빈약한 기억으로부터 생겨날 수도 있다.

학생의 듣기 이해 능력 및 이해 연습 서식에서 학생이 산출하는 반응 사이에서 생겨나는 이들 문제를 인식하면서, 많은 교사들이 '좀 더 순수한' 듣기 연습 과제들을 계발하려고 노력해 왔다. 다시 말하여, 씌어진 질문과 답변으로부터 벗어나서, 대신 채워 넣을 빈칸이나 이름 붙일 도표를 만들고, 글말의 이해와 산출에 덜 의존하는 다른 기제들을 만들려고 시도해 왔다. 불가피하게 어떤 씌어진 요소가 있지만, 그것은 최소한으로 줄어들어야 한다(가령, 빈칸 난에 대한 단일 낱말 제목, 도표 일부에 대한 단일 낱말, 또는 짤막한 구 표지들). 따라서 이런 유형의 듣기 연습에서 이해의 실패라는 개념은, 좀 더 확실하게 듣기 활동으로부터(그리고 읽기나 쓰기로부터가 아니라) 도출되어 나오는 것으로 취급될 수 있다.

채점에 이런 절차를 이용하는 데에서 두드러진 문제점은, 그것이 여전히 거의 진단(≒객관적으로 측정될) 가능성을 지니지 않는다는 점이다. 어떤 종류의 '오답'이 들어 둔 내용에 대한 학생의 반응에서 찾아지는 경우에라도, 학생으로 하여금 오류를 산출하게 만든 것으로부터 얻어질 통찰력이 거의 없다. 그것은 특정 낱말에 대해 모르는 것만큼 단순한 어떤 것일 수 있겠지만, 똑같이 학생이 그 낱말을 아주 잘 알고 있으나 특정한 의사소통 구조 속에서의 기능을 제대로 인식하지 못한 것일 수도 있다.

지금까지 우리는 평가 절차에서 자신이 들은 내용에 대한 학생의 반응으로부터 나온 증거를 해석하는 방법을 결정하는 문제점들에 머물러 왔다. 추가적인 문제점 하나는 그 증거에 대한 우리 해석을 계량화하는 일과 관련된다. 보통 우리가 말할 수 있는 모든 것은 학생이 이해하였다거나 이해하지 못하였다는 것이다. 만일 그가 많은 부분을 이해하지 못했다고 말하려고 한다면, 우리는 이런 이해의 결여가 그 연습에서 그 학생의 연속된 수행을 통해 전반적으로 누적 효과를 지닌 어떤 아주 작은 초기 오해로부터 도출되어 나올 수도 있음을 깨달아야 한다. 그렇지 않으면, 어떤 연습에서 많은 오류로 보인 것이, 실제로는 동일한 단순 오류가 여러 차례 계속해서 반복된 것일 수도 있다. 또는 오류의 근원이 무엇인지도 우리가 확실히 알 수도 없는데, 왜냐하면 우리가 (학생의 머릿속에서) 발생된 처리 과정들에 대해 접속(접근)할 수 없기 때문이다. 이 마지막 핵심은 실상 왜 우리가 듣기 이해를 평가하는 의존할 수 있는 방법을 만들어 내는 데에 그렇게 커다란 어려움을 지니는지에 대한 주요 이유가 된다. 우리는 오히려 듣기 이해 밑에 깔려 있는 처리 과정이 원리상 전혀 접속(접근) 가능하지 않다는 황량한 결론에 도달할 가능성이 있다.

만일 우리가 듣기 이해의 간접 증거에만 의존해야 한다면, ㉠ 우리는 다른 언어능력(가령 읽기와 쓰기)들에 대한 의존을 최소화하고, ㉡ 처리 절차들을 구조화하려고 노력해야 한다. 그럼으로써 우리가 특정한 학생의 이해 실패가 일어나는 내용 속으로 들어가 어떤 통찰력을 얻게 된다. 첫 번째 관찰은 우리들로 하여금 씌어진 질문과 대답 서식을 회피하도록 이끌어 가고, 학생이 수행할 어떤 비언어적 연습 과제를 제공해 주려는 시도로 이끌어 간다. 두 번째 관찰에 근거하여, 이런 비-언어적 연습 과제는 어떤 내적 구조를 지녀야 한다. 입말 산출의 평가에 대한 과제 기반 접근에서,24) 계발되어 있는 많은 수의 청자 과제가 요구되는 이들 특성을 지닌다. 그런 접근은 또한 학생들이 듣게 될 자료 선별에 대한 토대를 마련해 준다. 제3장에서 강조하였던 듣기 이해 과제에서 다른 중요한 고려사항 한 가지는 듣게 될 말하기의 양 및 말하기 유형이다. 입말 입력물은 짤막한 덩이들로 나뉘어야 하고, 토박이 화자에 의해서 자연스럽게 입말 과제를 수행하면서 산출되어야 한다.

교사들은 이미 앞 절에서 가능한 듣기 이해 연습 과제들로 서술된 여러 가지 청자 과제들을 마음속으로 그릴 수 있을 것이다. 우리는 도형 그리기 과제를 수행하고 있는 토박이 화자들로부터 몇 가지를

---

24) [역주] 의사소통 중심 언어교육(CLT)에서는 학습자의 자발적 참여와 스스로 문제 해결을 강조한다. 이런 목표를 뒷받침하는 언어교육 갈래는 최근 '과제 중심 언어교육'(TBLT)이라고 부른다. 4.2의 역주 12)를 참고하기 바란다.

인용하여, 아주 기본적인 듣기 이해 과제에서 간략한 덩잇말을 이용하는 간단한 절차를 예시하게 된다. 묘사된 부분적인 도형을 학생에게 그리도록 요구하지는 않지만, 대신에 쐐기 부호 '✔'로써 일련의 도형 세 가지로부터 각 덩잇말에서 자신이 듣는 묘사 내용과 가장 잘 맞는 것이 어느 것인지를 가리키도록 요구받을 수 있다. 이런 '묘사 내용과의 부합' 속성은 제3장에서 제안된 원리에 바탕을 두고 있다. 정확히 올바른 해석을 목표로 하지 않고 대신에 우리가 듣는 것에 대한 <u>가장 합리적인 해석</u>을 목표로 하는 것이다.

'연습 1' ㉔ well + in the middle draw + black triangle + with the right angle at the bottom right + + and in the left the bottom left hand + draw a small red two

그럼 + 한 가운데에다 그릴 것이 + 검정 삼각형인데 + 오른쪽 밑변에 직각을 갖고 있는 검정 삼각형을 그려야 해 + + 그리고 왼쪽 밑변 왼쪽에 작은 빨강 선을 두 개 그려

'연습 2' ㉕ now there's a red line that goes + em maybe about an eighth of an inch + underneath the black line + of the circle + you start at the edge of the circle and work to your left

시방 빨강 직선이 하나 있거든 + 그게 음 아마 1/8인치(0.3㎝) 정도 될 거 같애 + 그 원의 검정 직선 아래에다 말이야 + 그 원의 한쪽 끝에서 시작해서 왼쪽으로 그어 나갈래

'연습 3' ㉖ at the right-hand end of where the red stroke ends + and about one inch beneath it + is where there is a black box + this-it is a square I can sort of judge from the rough dimensions + + the square is approximately + two and a half inches by two and a half inches + em + as I said it is about one inch below

+ the red line +

빨강 획이 끝나는 오른쪽 끝에서 + 그리고 그거 바로 밑에 한
1인치(2.5cm) 정도에다 검정 상자가 하나 있네 + 이-그게 정사
각형이야 일종의 대충 어림치기로 판단할 수 있는데 + + 그
정사각형이 대략 2.5인치(6.3cm)에 2.5인치이네 + 음 + 내가
말한 대로 그게 대략 1인치 아래에다 + 빨강 선이거든 +

학생에게 주어진 〈그림 4.6〉의 '연습 1'에는 대안 도형이 세 개 있다.
'연습 1'에 전사된 덩잇말을 듣게 된다. 여기에 재생된 도형들은 모두
축약된 것이다. 학생은 자신이 듣는 묘사에 가장 잘 들어맞는 도형을
선택한다. 간단한 휴지 뒤에, 두 번째 덩잇말을 듣고 난 다음 세 번째
의 연습 과제를 듣는다. 첫 번째 연습 과제에서, 평가되고 있는 대상물
과 속성을 가리키는 것은, 화자가 표현하는 언어에 대한 해석이다. 두
번째 연습 과제에서는 이들 대상 사이에 있는 관계를 묘사해 주는 데
이용된 언어 표현에 대한 해석이다. 세 번째 연습 과제에서는 대상
지시 및 관계 묘사 둘 모두에 대한 결합이다.

　가령, '연습 3'에서 화자의 의도 의미에 대한 성공적인 해석은 청자
로 하여금

the red stroke(빨강 획)

이 the red line(빨강 선)과 동일한 것임을 확인하도록 요구하고,

a black box(검정 상자)와 *a square*(정사각형)와 *it*(그것)

가 모두 하나의 사물을 가리킴을 깨달아야 하며,

at the right-hand end of where the red stoke ends(빨강 획이 끝나는 오른쪽 끝에서)

〈그림 4.6〉

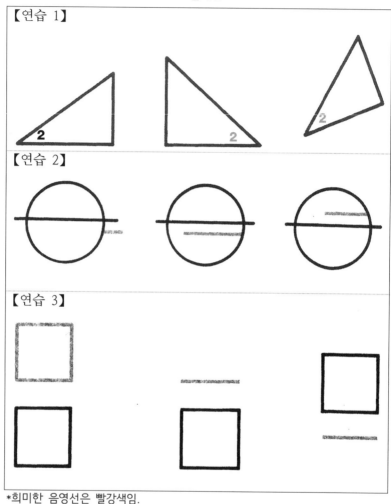

*희미한 음영선은 빨강색임.

about one inch beneath it(그거 바로 아래 대략 1인치)

about one inch below(대략 1인치 아래로)

가 모두 한 사물과 다른 사물과의 관계를 표현하고 있음을 알아야 한
다. 더욱이 이런 해석은 독자에게 제시되어 있는 페이지에서 글말 지

시사항을 공부하는 바탕 위에서가 아니라, 덩잇말이 휙 스쳐 지나가 버리는 조음상의 흐릿함에 대한 일시적 경험의 바탕 위에서 일어나야 하는 것이다.

물론 이는 극단적으로 단순한 듣기 과제이다. 그렇지만 우리는 이를 제4장의 앞부분에 있는 절에서 개관된 과제 중심 접근으로부터 계발될 수 있는 연습 유형의 한 가지 사례로서 제시한다. 4.4에서 개관된 다양한 과제 유형들을 이용하면서 동일한 원리 위에서 좀 더 복잡한 다른 연습 과제들이 마련될 수 있다. 여기서 우리가 기술한 것이 좀 더 연습의 본성 속에 들어 있는 것임을 강조해야 하겠다. 이는 듣기 이해를 위한 효율적 평가 도구의 사례라기보다는, 어떤 진단 가능성만을 지닌 것이다. 평가의 관점에서 보면, 이런 유형의 연습 과제가 제한적인 효율성을 지니는 여러 가지 방식이 있다. 자료 준비에 비춰 보면, 학생 쪽에 아주 적은 산출물을 갖는(≒즉, 학생은 오직 수동적인 청자 역할만을 함) 아주 큰 입력물이 있다. 결과적으로 이런 유형의 과제는 시험으로서 아주 제한적인 식별력을 지닐 가능성이 있다. 즉, 어떤 학생 집단 속에서 학생들 사이에 아주 광범위한 점수를 제공해 줄 것 같지는 않다. 시험으로서 듣기 평가는 다지 택일 서식의 결점으로부터 피해를 입는다. 택일형 문제에서는 거의 대다수의 항목이 무작위로 찍어 선택하기 효과를 줄이도록 요구될 듯하다. 마지막으로 듣기 평가는 상업적으로 구매하여 이용할 수 있는 거의 모든 이해 평가 방법들에서 우리가 주목한 몇 가지 실패들로부터 일부 피해를 입는다. 기존 평가는 청자들이 자신이 듣는 바를 이해하게 되는 처리 과정을 놓고서 진정한 통찰력을 전혀 우리한테 제공해 주지 못하는 것이다.

1차적으로 정보 전달용 말하기를 이용하는 화자의 기술에 관해서 평가 방법을 결정하기 위하여, 우리는 우리가 서술해 놓은 입말 산출 과제에서 아주 좋은 증거들을 갖고 있다. 대상들에 대한 묘사, 대상들 사이의 관련성, 적합하게 지시해 주는 표현, 장소의 변경에 대한 표지 등이 입말 수행에 따라 녹음된 테이프 속에 들어 있거나 혹은 들어 있지 않았다. 이런 증거들이 존재하기 때문에 우리는 입말 산출의 평가에 대한 확대된 논의를 제시할 수 있었던 것이다. 이런 측면에서 과거에 평가하기가 '어렵다'고 간주되어 온 입말 수행의 측면을 평가하는 아주 객관적인 방법을 제시할 수 있었다.

그렇지만 평가하기가 '쉽다'고 간주된 듣기 이해의 측면을 놓고서는 제3장에서 듣기 이해 시험을 만들어 낸 사람들이 전혀 대면하려고 시도해 보지 않은 복잡한 문제들에 대하여 논의를 확대하는 일 이외에는 더 이상 제시할 수 없었다. 듣기 이해가 교육은 물론 평가도 '쉽다'는 착각은 이 영역에서 혁신적인 발전이 이뤄질 수 있기 전에는 포기되어야 할 것이다. 과거 듣기 이해의 본질에 대하여 몇 가지 고지식하고 단순한 가정들에 의문을 던지는 데 토대를 둔 신중한 연구가, 현재 시점에서 입말 연구 분야의 가장 압도적인 요구사항이다. 우리는 이 책자의 주장을 전개하면서 논의한 몇 가지 원리와 문제점들이 그런 연구를 자극할 것이며, 일반적으로 말하기가 영어 사용에서 지닌 주요한 역할을 놓고서 좀 더 신중하게 여러 고려사항들로 이끌어갈 것이라고 믿는다.

김지홍

1. 들머리

언어 산출 과정에 대한 모형은 1980년대에 들어서면서부터 본격적으로 논의되기 시작하였는데, Butterworth(1980, 1983)에서 처음 제안된 뒤에, 이어 Levelt(1989)로 이어졌다. 후자는 특히 1985년 유럽 과학재단에서 요청한 언어 산출에 대한 특강을 토대로 하여 완성된 가장 포괄적인 저서이다. 따라서 언어 산출을 다루려는 후속 연구들에서는 직접적으로든 간접적으로든 Levelt(1989)의 모형을 토대로 연구가 진행되어 왔다. 이 글에서는 먼저 이 산출 모형을 개략적으로 검토하고 나서, 실시간으로 이뤄지는 역동적인 의사소통의 모습을 다루는 데 있어서 어떤 문제점들이 있는지, 그리고 어떻게 보완되어야 할지를 논의하고자 한다.

* 이 글은 한국언어학회 학술지 『언어』 제36권 4호, 888~902쪽에 실린 논문임.
이 글은 2011년 11월 26일(토) 한국외국어 대학에서 열린 한국언어학회 가을학술대회의 특강 주제 '언어 산출 및 이해의 과정'의 일부를 수정한 것입니다. 특강이 열리기까지 많은 배려를 해 주시고, 특강에서 질문과 교시를 베풀어 주신 여러 분들께 감사드립니다. 그리고 이 글의 토씨까지도 하나하나 철저히 오류를 지적하여 주신 익명의 심사위원들께도 깊이 감사드립니다.

언어 산출을 다루려면 기본적으로 두 가지 가정을 전제해야 한다. 하나는 인간 정신의 작동 방식에 대한 가정이며, 다른 하나는 인간 기억에 대한 가정이다. 물론 이 두 개의 가정이 별개의 것이 아니라 서로 긴밀히 관련되어 있으므로, 제3의 가정으로부터 딸려 나올 수도 있겠지만, 명시적으로 언어 산출 과정을 다루기 위해서는 이런 구획이 편리하다. 인간 정신의 작동 방식에 대한 가정은 다시 인간 정신의 작동에 관여하는 요소가 무엇인지에 대한 하위 가정과 이런 요소들의 연결 내지 결합을 표상해 주는 하위 가정으로 구체화되어야 한다. 물론 이런 가정들로 이뤄진 가설연역 체계도 학문의 발전에 따라 언제든지 수정되거나 부정되어 폐기될 수 있다.

언어 사용을 다루려면 인간 정신의 폭을 크게 축소하여, 인간이 스스로 자각하고 의식할 수 있는 영역만을 1차 대상으로 다루어야 한다. 무의식적이며 자동적으로 작동되는 영역을 배제하고, 이른바 '수준 높은' 처리라고 부르는 대상만을 다루게 되는 것이다. 이는 재귀의식이 수반되므로, 자기 자각적 속성이 따라 나온다. 언어 산출에 대한 르펠트 모형은 Fodor(1983)의 단원체 가정 위에서 다뤄지는데,[1] 흔히 연산주의로 알려져 있다. 단원체는 자족적으로 작동하는 최소 부서로서, 언어 능력과 관련하여 생성문법에서는 흔히 통사부·논리형식부·음운부를 상정해 왔으며, 이들 사이에는 연산 방향이 흔히 화살표로 표시된다. 르펠트 모형에서 인용하는 언어학 연구들이 대체로 연산주의에 기대어 이루어 있다. 따라서 그 모형도 단원체들을 상정하고 그 부서들 사이에 입력과 출력으로 연결이 이뤄져 있다.

인간의 기억에 대한 연구는 Atkinson and Shiffrin(1968)에서 언급된 '다중 기억 가정'이 언어 산출에도 깊이 관여될 것으로 판단된다. 즉, 감각기억·단기기억·장기기억 등이다. 여기서 전전두엽에 자리 잡는 것으로 알려진 단기기억은 감각기관으로 받아들인 입력물들을 여과

---

1) 이정모 외(1989)에 있는 조명한 「언어 처리 이론으로서 단원성의 문제」를 보기 바란다.

하여 장기기억으로 내보내는 작업을 한다. Baddeley(1986)에서는 이를 '작업기억'(working memory)으로 부르면서, 검박하게 세 가지 부서를 상정하였다. 즉, 중앙 처리부서 및 이와 관련된 시지각 정보와 음성 정보를 처리하는 하위 부서들이다. 장기기억은 흔히 서술지식 기억과 절차지식 기억으로 나뉘며, 전자는 다시 구체사례(episodic) 기억과 일반의미(semantic) 기억으로 나뉜다.

2. 사고의 재료 및 단위

언어의 산출과 관련하여 높은 수준의 의식만을 대상으로 하여 논의할 경우, 생각 또는 사고의 재료는 무엇일까? 이에 대한 답변은 계몽주의 시대로부터 찾을 수 있다. Hume(1784)에서는[2] 두 가지 재료를 이용한다고 보았는데, 감각인상과 추상적 실체이다. 이 전통은 오늘날에도 수용되고 있는데, Galaburda, Kosslyn, and Christen(2002)에서는 크게 머릿속 표상을 언어적 표상과 비언어적 표상으로 나누고 있다. 논의를 모아가기 위하여, 추상적 대상을 대략 '언어'로 간주할 경우, 생각의 단위가 과연 어떤 언어 단위와 관련되는 것일까? 이 물음에는 언어학의 분절 방식에 따라서, 적어도 다음 세 가지 후보를 답변으로 상정할 수 있다.

---

2) Hume(1748), *An Enquiry Concerning Human Understanding*의 §.2-12를 보기 바란다. 이 두 계열을 가리키는 용어들은 연구자에 따라 달라질 수 있다. 감각인상을 가리키기 위해 image, impression, sense data, sensibilia 등이 쓰이고 최근 qualia(감각자료, 감각질)란 용어도 쓰인다. 추상적 생각을 가리키기 위해 idea, thought, proposition, mentalese, inner language, I-language 등이 쓰인다. 추상적 생각이 대체로 언어로 대표될 수 있지만, 언어 자체가 '중의성'을 지니므로, 언어 밑바닥에 있는 어떤 개념들로 풀어줄 필요가 있다. 이런 경우, 정신언어 또는 사고언어로 부를 수 있다. 그렇지만 이런 접근도 생각의 한 단면만을 명시적으로 드러내기 위한 방편임에 유의할 필요가 있다. 이 단면들이 계속 이어져 있는 실체를 다루려면, 의사결정 및 판단 과정들도 함께 다루어야 하며, 여기에는 행위(행동) 및 행위 지속과 관련된 '의지'와 '감성'의 차원들이 함께 고려되어야 한다. Damasio(1994, 1999, 2003)에서는 이성이 감성에 종속되어 있음을 논의한다. 이는 인간의 사고가 복합적인 과정임을 잘 보여 준다.

첫째, 가장 소박하게 낱말이다. 둘째, 좀 더 큰 구절(XP) 또는 이음말 (collocation)이다. 셋째, 동사가 투영되어 나온 최소 단위인 절(clause) 또는 명제이다. 언어학의 분절 방식을 단어로 가정하는 첫째 입장은 일반사람들이 할 수 있는 것이며, Austin(1962)과 Grice(1989) 등의 철학 자와 Vygotsky(1934) 등의 심리학자가 제안할 법한 것이다. 일반사람 들은 머릿속에서 언어를 생각할 경우에, 일반의미 기억 속에 들어 있 는 낱개의 항목이 낱말로 되어 있고, 이를 쉽게 인출할 수 있기 때문 에, 생각이 바로 낱말이라고 간주할 듯하다. 옥스퍼드 일상언어 학파 에서는 언어가 행위이라면, 그 행위는 발화로 표현되고, 발화는 앞뒤 환경에 맞춰 가장 알맞은 모습으로 나올 것으로 기대할 수 있는데, 그 형식이 바로 낱말이라고 본다. 가장 전형적인 언어 환경이 얼굴을 마주 보는 두 사람 사이의 대화라고 한다면, 모든 것을 샅샅이 언어로 표현하는 것이 아니라, 매우 경제적으로 정보간격만을 언어로 표현하 더라도 충분히 의사소통이 이뤄질 수 있다. 이런 정보간격은 낱말 하 나만으로도 표현될 수 있는 것이다.

일반 사람들과는 달리, 생성문법에서는 임의의 최대투영 구절(XP)을 기본 단위로 본다(둘째 입장). 이 형식은 중간투영을 허용하는 점에 특 징이 있고 확장이 가능하다. 이 단위의 뿌리는 필자의 생각에 가장 작은 자족형식인 명사구 및 문장으로부터 나오며, 이것들이 융통성 있게 변형될 수 있도록 보장해 주기 위한 조치로 이해된다. 그렇지만 왜 명사구와 문장이 최소한의 자족형식인지에 대해서는 논리적 설명 이 명쾌히 제시되어 있는 것 같지 않다. 아마도 이는 일반의미 기억과 구체사례 기억에 대한 구분에서 나올 것으로 판단된다(김지홍, 2010b: 8 이하). 그렇지만 최대투영의 구절 XP를 문장과 동일시한다면, 이는 셋째 답변과 모순 없이 양립될 수 있다. 특히, 방법론적 일원론을 준수 하는 투영 또는 논항구조 개념에 의거하면 서로 정합적으로 일치된다.

둘째 입장의 다른 후보로서, 전산 처리된 말뭉치로 COBUILD 사전 편찬을 주도했던 Sinclair(1991, 2004)에서는 이음말이 기본 단위라고 주장한다. 그는 이음말을 '미리 짜인 단위'로 부르는데, 관용적 결합원리에 지배를 받는다. 이것이 더 큰 단위로 결합되기 위해서 개방적 선택원리가 적용되며, 비로소 거시언어학의 세계를 구성한다.

셋째 입장은 수학기초론·철학·심리학·인공지능·언어교육 등 가장 많은 분야에서 상정되는 것이다. 그런 만큼 이를 표현하는 용어만 해도 스무 가지가 훨씬 넘는다.[3] 아래에서 다룰 언어 산출 과정에서도 명제를 기본 단위로 본다. 따라서 심리학에서는 명제의 '심리적 실재성'을 입증하는 일이 선결조건이다(Kintsch, 1998: 제3장을 보기 바람).

언어학의 분절 방식에 대한 이러한 세 가지 입장은, Frege(1879)에[4] 따라 일원론적 표상방식을 바탕으로 하여 하나로 묶일 수도 있다. 다시 말하여, 언어학의 분절 단위가 모두 하나의 핵어를 지니고, 그 핵어가 요구하는 논항으로 재구성되는 것이다. 이 때 핵어는 동사의 속성을 지니며, 동사의 투영 결과, 이는 현실세계에서 낱개의 사건과 대응된다.

그렇다면, 이제 낱개의 사건들이 어떻게 이어지며, 어떻게 통합되는지에 대한 물음이 제기된다. 이 물음은 거시언어학 또는 담화에서 다루게 되는데, 이는 다시 언어기제들이 관여하는 작은 영역과 주로 배경지식을 활성화하여 추론이 이뤄지는 큰 영역으로 구분된다.

그런데 인간 정신 기능의 특성을 표현하는 중요한 몇 가지 개념들 중 하나가 다음과 같은 기능이며, 언어 산출뿐만 아니라 이해 과정에도 깊이 관여한다.

[[하나(one) ⇄ 여럿(many) ⇄ 전체(whole)] ⇄ 하나 ⇄ 여럿 ⇄ 전체] …

---

3) 르펠트(1989; 김지홍 뒤침, 2008: 1권 59쪽)에 이미 18개가 올라 있다. 주기, 심층 절, 착상, 정보 벽돌, 정보 단위, I-표지, 전달내용, 음운 절, 명제구조, 문장, 분출, 표면 절, 통합체, 어조 집단, 어조 단위, 총체 개념물, 발언기회 구성단위, 최대투영 구절들이다. 이밖에도 종결가능 단위(T-unit), 단순 개념(simplex), 억양 단위, 정신 언어, 최소 진술문, 의사소통 최소단위(KM) 등도 추가될 수 있다.

4) Frege(1879) "Begriffsschrift, a formula language, modeled upon that of arithmetic, for pure thought", Jean van Heijenoort(ed.) 1967. *From Frege to Gödel*. Mass.: Harvard University Press에서 function과 argument란 용어를 썼지만, 생성문법에서는 head와 argument로 부른다.

이는 내포하기(embedding), 겹겹이 알로 감싸기(encapsulation), 둥지 틀기(nesting), 계층화 등으로 불린다.[5] 이는 한쪽 순방향으로 작용하기도 하고, 또한 반대의 역방향으로도 작용할 수 있다.

이런 계층화 과정은 특히 언어 산출에서 적합한 층위에 있는 항목을 어떻게 인출할 수 있는지에 관한 문제와 직결된다. 더 상위의 어휘항목도, 더 하위의 어휘항목도 아닌 적정 층위의 어휘항목을 적시에 인출해 내는 일이다. Levelt(1989: 6장 2절)에서는 이를 어휘항목과 그 통사의미값의 접속과 관련되는 '상의어 문제'(hypernym problem)로 부르는데, 유일성·변별적 핵심자질·구체적 명세내역에 관련된 원리들이 긴밀히 공모하여 해결하는 것으로 본다.

3. 르펠트의 언어 산출 모형

Peirce(1894)에서는 기호가 형식과 내용이 결합된 것이며, 이를 다루는 거대한 학문을 기호학으로 불렀다. 이 얼개를 따르면, 언어 산출이란 얼굴을 마주보는 두 사람 사이에서 화자가 내용을 결정하고 나서 그것을 형식으로 내보내는 일에 해당한다. 즉, 의사소통 의도를 결정하고 나서, 그 의도를 언어 형식으로 감싸고 내보내는 일이다. 그렇다면 산출 과정은 논리적으로 내용 또는 의사소통 의도를 결정하는 일이 먼저 일어나고, 이와 거의 동시에 이 내용을 형식으로 결합시켜 입말로 내보내는 과정이 이어진다. Levelt(1989)에서는 전자를 언어화

---

5) 박재걸(2011, 원고) "Functions and Background of Definition of Binary Operations"을 보면 수학의 설계에도 이 과정이 핵심적이다. 순방향을 합성(composition), 역방향을 분해(decomposition)라고 부르거나, 집중화(concentration) 및 단순화(simplification)로도 부른다. 지금까지 인류 지성사에서 전개돼 온 사고의 방향은 순방향의 구성(construction) 및 역방향의 해체(deconstruction)밖에 없다고 알려져 있다. 최근 사회생물학 관점에서 쓴 통섭(consilience)도 원래 휴얼(Whewell, 1794~1866)은 통합적인 순방향의 과정을 가리켰다고 한다. 비록 학문별로 각자 다른 용어를 쓰고 있지만, 본디 동일한 정신작용을 언급하고 있음을 알 수 있다.

이전의 전달내용(preverbal message)로 부르고, 후자를 언어 형식으로 부른다. 연산주의 가정 위에서 이를 더욱 간단히 다음처럼 표현할 수 있다(Levelt, 1999).

'수사-의미-통사 체계' → '음운-음성 체계'

그러나 전자의 내용이 결정되는 과정을 더 자세히 다루기 위하여, 다음처럼 세 단계로 나타낼 수도 있다.

개념 형성기 → 언어형식 주조기 → 조음기

〈그림 1〉은 언어화 이전 단계에서 어떤 표상 체계들이 간여하는지 보여 준다.

〈그림 1〉 언어 산출 과정에 포함된 표상체계

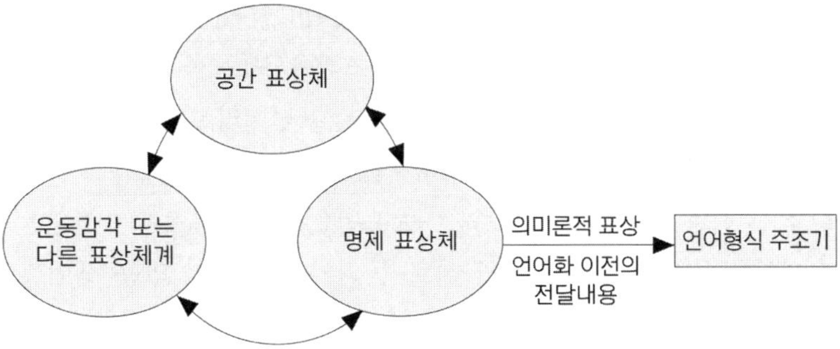

〈그림 1〉에서 주목할 것은 언어화 이전의 전달내용이다. 흔히 이를 '의사소통 의도'라고도 하는데, 개념 형성기가 담당하며, 의미론적 표상으로 되어 있다. 즉, 술어와 논항으로 이뤄진 명제의 모습을 지니고 있는 것이다. 비록 왼쪽에 세 개의 타원이 있으나, 운동-감각 신경계

의 표상은 시각적인 공간 표상을 싸안는다는 점에서 하나로 묶일 수 있다. 이는 곧 감각자료 표상과 추상적 표상을 재료로 하여 생각을 형성한다는 전통적 믿음과 동일하다.

그렇지만 전달내용이 어떻게 만들어지는 것인가? 르펠트는 거시적 설계와 미시적 설계로 나누어 개략적인 얼개를 제시한다. 그렇더라도 의사소통 의도가 결정되는 과정은 간단치 않다. 적어도 역동적으로 두 가지 과정이 들어가 있어야 하는 것이다. 의사소통이 '전형적'으로 얼굴을 마주보는 두 사람 사이에서 일어난다면, 상대방과의 공통기반과 정보간격을 가늠해야 한다. 뿐만 아니라 정보간격을 중심으로 하여 현재 의도를 결정하여 언어로 내보낸 뒤, 동시에 청자의 반응을 확인하면서 이 의도를 수정할지 여부를 판단할 상위 의도가 논리적으로 요청된다. 이는 실시간으로 진행되는 언어 산출 과정에서 적어도 두 개의 층위 이상이 동시에 긴밀히 상호작용하면서 가동되어야 함을 뜻한다. 이 점은 르펠트 모형에서 고려되지 않고 있다.

일단 의사소통 의도가 결정되면, 이를 상대방에게 전달할 수 있는 방식은 두 가지 경로가 있다. 하나는 언어이고, 다른 하나는 행위(비언어)이다. 언어에 의한 전달 경로에만 초점을 모으는 경우에, 행위로 전달되는 것은 언어에 부수된(paralinguistic) 표현이라고 불러 비록 부차적 지위로 간주하지만, 얼굴에 나타나는 미세한 표정은 의사소통 내용을 직접 전달해 주는 무시할 수 없는 요인으로 알려져 있다(진실은 눈으로 말한다는 속담처럼). 오직 임시로 논의가 유보되어 있는 셈이다.

의사소통 의도가 결정되고 이를 언어로 표현하기로 하였다면, 언어로 표현하는 방식은 적어도 두 가지 선택이 있다. 직접 표현 방법과 간접 표현 방법이다. 후자는 다시 우회적 표현과 비유적 표현으로 나뉜다. 의사소통 의도와 언어 표현 사이의 관계는 결코 1:1 대응관계로 이뤄지는 것이 아니다. 하나의 내용에 적어도 세 갈래의 형식이 대응될 수 있기 때문이다. 거꾸로, 언어의 이해 과정은 반드시 이 대응을 역추적해 가야 한다. 일단 논의를 간단히 하기 위하여, 직접 표현법(또는 축자 표현)만을 대상으로 하여 다루기로 한다. 이제 이를 의사소통 전달내용으로 부르기로 한다.

　의사소통 전달내용은 다시 언어형식 주조기로 들어가게 된다. 단, 이 때 의사소통 전달내용은 명제 형식으로 표시되어 있으므로, 명제의 핵어인 동사가 인출되어야 한다. 소략하게 말하여, 낱말/어휘[6] 또한 우리 머릿속에서 내용 및 형식 저장고를 따로 갖추고 있다고 본다. 다음 〈그림 2〉에서처럼, 각 어휘는 마치 머릿속에서 숫자가 부여되듯이, 모종의 방식으로 몇몇 부서에 나뉘어 정렬되어 있고, 이를 어휘 지시바늘로 가리킬 수 있다. 그 속에 들어가면 다시 두 개의 저장고로 나뉜다. 하나는 해당 낱말의 통사 정보값과 의미 정보값을 담고 있으며,[7] 다른 하나는 형태 정보값과 음운 정보값을 담고 있다.[8]

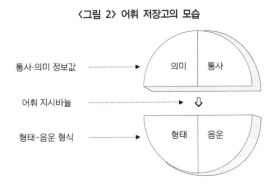

〈그림 2〉 어휘 저장고의 모습

6) 흔히 어휘의 범위가 형태소, 낱말, 관용구 등을 포함하여, '낱말'보다 훨씬 크므로, 이 부서를 '어휘'로 대표하기로 한다.

7) 이하에서 lemma를 '통사-의미 정보값', 더욱 간단히 줄여 '통사의미값'으로 부르기로 한다. 르펠트(1989)에 따르면, lemma라는 용어는 Kempen and Huijbers(1983)에서 처음 썼는데, 형태 및 음운 정보를 제외한 통사 및 의미 정보를 가리킨다. 애초에 혀끝에서 맴도는 현상을 설명하기 위해 어휘를 두 측면으로 나눠 살폈던 데에서 비롯된다. 따라서 lexis나 lexicon 등과 뒤섞어 쓰는 일은 온당치 않다.

8) Pinker(1999) 등에 따르면, 어휘 인출 과정을 두뇌 영상 촬영술을 이용하면 제2의 뇌로 불리는 변연계와 제3의 뇌로 불리는 대뇌피질이 모두 활성화된다. 따라서 낱말을 저장하는 부서가 한 곳에 가지런히 모아져 있기보다는 여러 부서에 산재되어 있을 가능성이 있다.

명제에 언어 옷을 입히기 위해서는, 해당 명제를 표상할 수 있는 동사의 지시바늘을 찾아야 하고, 통사의미값에 따라 관련 논항들을 인출한 뒤, 다시 형태와 음운 정보들을 부여해 주어야 한다. 이 두 단계를 각각 문법 부호화 및 형태-음운 부호화 단계로 부른다. 문법 부호화가 끝나면 표면구조를 만들게 되고, 이 표면구조가 다시 음운-음성 체계(또는 조음기)로 입력되면서 형태와 음운 정보들이 채워지는 것으로 표상하지만, 이는 '입력 → 출력'의 흐름으로 산출 단계를 표현하는 연산주의를 충실히 준수하기 위한 조치이다. 어휘 저장고에서 두 가지 일은 거의 동시에 일어난다 해도 크게 잘못된 생각은 아니다. 그럴 뿐만 아니라, 이하의 단계들은 일부 서로 중첩되면서 산출되는데, 이를 점증적 산출 원리 또는 분트(Wundt, 1832~1920)의 원리라고 부른다.

대체로 이 단계까지는 내성을 통하여 각 단계의 진행을 스스로 점검할 수 있다. 이를 내적 언어 또는 머릿속에서 분석된 언어라고 부를 수 있다. 즉, 재귀의식이 가동되는 영역이다. 조금 예민한 음성학자는 음운구와 억양구를 형성하는 단계까지도 스스로 자각할 수 있다. 일반인들은 말해 놓고 나서야 비로소 깨닫겠지만, 전문가들은 말하기 이전에 머릿속에서 그런 표면형이 미리 떠오를 수 있는 것이다.[9] 그렇지만 대체로 이 이후의 단계는 거의 재귀적 감지체계(proprioception) 만이 자동적으로 작동하는 영역이므로, 어지간해서는 쉽게 알아차리기 힘든 단계들이다. 거꾸로 말하여, 이 이후의 단계는 주로 말실수나 다른 왜곡된 자료들을 해석하고 재구성하면서 그 필요성에 따라 도입되는 부서인 것이다. Levelt(1989)의 세 단계 모형을 Levelt(1999)에서 두 단계 모형으로 재구성한 이유도, 자동적 처리 영역을 따로 구분할 필요가 있었기 때문으로 판단된다. 이 단계들을 지나서 오직 입을 통해 발화로 외현된 이후에라야, 우리는 다시 자기 목소리를 들을 수

---

9) 가령, 이례적 억양을 쓰거나 감정을 표출하는 장음을 쓰는 경우에 그러할 것이며, 전문적인 훈련이 된 경우에도 그럴 것으로 보인다.

있다. 즉, 자기 자신의 목소리는 화자 자신이 제일 먼저 듣게 된다. 따라서 자신의 의도와 다른 말실수 또는 발음 실수를 즉석에서 고쳐 나갈 수 있는 것이다.

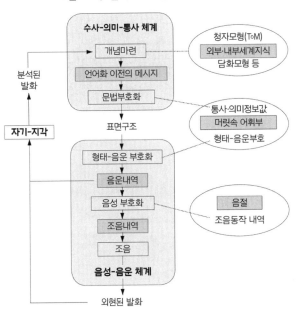

〈그림 3〉 두 단계로 나타낸 언어 산출 과정

이상의 세 가지 단계를 거쳐 일어나는 언어 산출 과정을 〈그림 3〉처럼 간략히 두 단계로 표시할 수 있다. 이는 Levelt(1999)에서 가져온 것인데, 간단히 말하여 내용이 먼저 결정된 뒤에 형식이 따라 나옴을 보여 준다. 가운데 있는 두 개의 음영 글상자가 그러하다. 내용을 이루는 글상자는 '수사-의미-통사 체계'로 이름이 붙어 있다. 여기서 개념이 마련되면 이것이 언어화 이전의 전달내용이 되며, 이를 대상으로 하여 문법 부호화 작업이 일어난다. 오른쪽에 있는 타원은 개념을 마련하는 과정에서 동원되는 자원들을 나타낸다. 흔히 배경지식으로 일컬어지는 '외부-내부 세계지식'이 상대방과의 공통기반과 정보간격을 가늠하면서[10] 관련된 담화 모형을 인출하게 된다.

두 음영 글상자 사이를 매개해 주는 출력물을 표면구조로 부른다. 이는 오른쪽의 타원의 자원을 이용하여, 앞에서 보았던 〈그림 2〉의 과정을 따르게 된다. 그 결과, 관련된 어휘들에 대한 형태 및 음운이 부호화되고(기저형의 모습임), 이것이 억양구 또는 음절 연결들을 통하여 음성 부호화 과정(표면형의 모습)을 거친 뒤에, 근육운동체계로 넘어가서 마침내 목소리를 울리게 된다. 이것이 맨 밑에 있는 외현된 발화이다. 이 발화를 제일 먼저 듣는 이는 화자 자신이며, 이를 통하여 스스로 고쳐나가기가 이뤄질 수 있다. 이 과정은 스스로 점검하기 또는 자기 자각 체계로서 맨 왼쪽에 줄표로 표시되어 있다.

그렇지만, 이 그림에는 의사소통 의도가 결정되는 복잡한 과정과 그 의도가 언어 형식으로 발화된 뒤에 청자의 반응을 점검하면서 의사소통을 전개해 나가는 역동적 과정은[11] 들어 있지 않다. 오직 단면도만 제시하는 셈이다.

4. 역동적인 언어 산출 모형

이상에서 르펠트의 언어 산출 모형을 놓고 그 속내를 성글게 살펴보았다. 이 모형은 상식적으로 내용이 결정된 뒤에 형식이 따라 나온다는 직관(생각하고 나서 말함)을 명시적으로 잘 구현해 준다는 장점을 지닌다. 그렇지만 이 모형은 실시간으로 이뤄지는 의사소통의 몇 가지 측면을 심도 있게 다루지 못하고 있다. 의사소통은 현실에서 전형적으로 청자와의 상호작용으로 일어나며, 의사소통이 일어나는 동안 의사소통 의도를 결정하는 단계에서부터 그 의도를 언어 형식으로 옷

---

10) 이를 마음이론(Theory of Mind)으로도 부르는데, 논리상으로 먼저 감정이입(empathy)을 요구한다.
11) Clark(1996; 김지홍 뒤침, 2009: 제2장 4절)에서는 이를 '담화 진행 기록'으로 부른다.

을 입혀 입말로 내보내고, 청자의 반응을 점검하는 과정이 계속하여 순환되어야 한다. 달리 말하여, 이를 적절히 구현하려면 이 과정을 점검하는 재귀의식을 포함하여 적어도 두 가지 경로 이상이 동시에 작동해야 하는 것이다. 이는 언어 산출 과정에 대한 다중 층위 모형을 요청한다.

만일 언어 산출 과정에서 여러 층위들이 복합적으로 동시에 작동한다면, 이런 작동이 두뇌 부서 어디에서 일어나는지가 문제가 된다. 언어의 이해 과정에서 핵심적인 역할을 하는 작업기억은 산출 과정에서는 크게 부각되지 못하였고, 심지어 Gathercole and Baddley(1993: 99)에서는 작업기억과 언어 산출 사이의 관련성에 대하여 직접적인 증거는 상대적으로 거의 없다고 한 바 있다. 뿐만 아니라 점증적인 산출을 가능하게 만들기 위해 르펠트 교수는 오직 임시저장고(buffers)만 상정해 놓았기 때문에, 언어 산출 과정과 작업기억에 대한 논의는 거의 없다.

작업기억은 용량이 제한되어 있다. 이는 Miller(1957)의 7±2라는 신비한 숫자 덩이에 대한 논의로부터 시작되어, 덩잇글을 이해하는 과정에서 작업기억 속에 붙들고서 동시에 처리될 수 있는 명제의 숫자가 대략 5~7개로 추정된다(Kintsch, 1998). 또한 작업기억 용량이 제한되었다고 보기 때문에, 덩잇글을 읽어나갈 경우에 처리의 효율성을 높이기 위하여, 작업기억에 잘못 세워 놓은 가정들을 신속히 없애 버리는 일이, 이해 능력의 차이를 가르는 기준으로 제안되기도 하였다.12)

그렇지만 아주 긴 덩잇글(논문이나 책 등)을 일관되게 이해하는 일이 실제 그리고 자주 일어나고 있다. 이런 실제의 모습을 제대로 붙들어 놓기 위해서는 다른 모습의 작업기억이 요구된다. 이런 필요성은 장

---

12) 이정모·이재호 엮음(1998)에 있는 김선주 「글 이해 능력의 개인차: 억제기제 효율성 가설을 중심으로」에서는 작업기억 속에 들어 있는 그릇된 짐작들을 신속히 지워 버리는 일이 글 이해 능력의 개인차를 결정해 주는 한 가지 변수로 본다.

기(long-term) 작업기억에 대한 제안으로 이어진다(Ericsson and Kintsch, 995). 장기 작업기억은 장기기억의 일부를 작업기억으로 이용하는 것으로서, 그 속에는 전문(또는 관심) 영역에 대한 많은 숫자의 인출구조가 들어 있고, 학습을 통해 계속 확장 증강되어 나간다.

그렇다면, 제한된 용량의 작업기억만으로는 제대로 실시간으로 일어나는 대용량의 처리를 모의하지 못하기 때문에 언어 이해 과정에서 새로운 장기 작업기억을 세워 놓았듯이, 언어 산출 과정에서도 유사하게 여러 층위들의 동시 작동을 일관되게 연동시켜 줄 부서가 요청되는 것이다. 그 부서의 이름을 작업기억에 수식어를 붙여 주든지, 일반적으로 써 온 상위 인지부서라고 하든지, 또는 재귀의식의 한 갈래라고 하든지 간에, 현재 르펠트 모형에서 찾아질 수 없는 부서임에 틀림없다.

이 부서는 '의사소통 의도'가 결정되는 첫 단계의 논의에서도 또다시 독립적으로 그런 부서가 요구되므로 간접적으로 재입증될 수 있다. Searle(1983)에서는 의사소통을 일으키기 위하여 예비 의도 및 현재 작동 중인 의도(intention-in-action)라는 두 가지 개념을 상정하였다. 그렇지만 상대방(청자)의 반응을 확인 점검한 뒤에, 만일 상대방의 반응이 기대된 것이 아니라면, 즉 청자가 화자의 의도를 제대로 파악하지 못한다고 판단될 경우에, 화자는 자신의 의도를 계속 진행해 나갈지 여부를 결정해 주어야 한다. 이를 실행하기 위해서는 논리적으로 '상위의도'가 더 추가되어야 한다. 이는 의사소통에 문제가 생겨날 적에 취할 수 있는 조치이므로 예외로 차치해 둘 수 있다. 그럼에도 여전히 의사소통 의도를 다루는 논의에서 의도가 적어도 두 층위로 나뉘어야 한다는 데에는 쉽게 합의가 이뤄질 듯하다.[13]

---

13) M. Brand(1984), *Intending and Acting*, Mass.: MIT Press에서는 전망적 의도 및 즉각적 의도, M.E. Bratman(1987), *Intention, Plans, and Practical Reason*, Cambridge: Cambridge University Press에서는 미래지향 의도 및 현재지향 의도, A. R. Melle(1992), *Springs of Action: Understanding Intentional Behavior*, Oxford: Oxford University Press에서는 원거리 의도 및 근거리 의도로 불렀다. 비록 서로 다른 용어들을 쓰지만, 의사소통 의도에 대하여

의사소통 의도가 결정된 뒤에도 다시 두 가지 사항이 더 결정되어야 한다. 표현할 내용에 서술 관점이 수립되어야 하고, 그 관점에 따라 표현 방식이 또한 동시에 결정되어야 한다. 하나의 사건을 언급할 경우에, 대략적으로 서술 관점의 수립은 과정 중심으로 언급할 것인지, 아니면 결과 상태만을 언급할지로 나뉜다. 전자는 한 사건에 대하여 책임을 질 주체를 언어 표현 속에 드러내는 것이고, 후자는 그런 주체를 일부러 감춰 버리는 방식이다. 어떤 관점을 선택하든지 간에, 표현 방식은 크게 직접 표현법과 간접 표현법으로 나뉘고, 간접 표현법은 우회 표현과 비유 표현으로 나뉜다. 적어도 세 가지 표현법이 있는 것이다. 따라서 서술 관점을 수립할 경우에 함께 표현법에 대한 고려도 추가되어야 한다.

마지막으로, 지속적인 입말 산출과 관련하여, 르펠트 모형에 일관된 주제를 전개해 나가는 전략 부서도 함께 다뤄져야 한다. 입말 의사소통에서 실시간으로 상황에 맞춰 즉각 변통하면서 주제를 전개해 나가는 방법에는 다음과 같은 제안들이 있다. 첫째, Clark(1996: 제11장)에서는

① 다음으로(next), ② 심화 전진(push), ③ 빠져나옴(pop), ④ 잠시 일탈(digress), ⑤ 본 주제로 복귀(return)

를 다루었다. 둘째, Walker, Joshi, and Prince(1998)에서는 청자의 주의력 집중을 중심으로 하여

① 형제 관계(sibling 클락의 next), ② 심화 전진(push only), ③ 빠져나옴(pop only)

적어도 두 가지 층위가 필요함을 보여 준다.

을 다루었다. 또한 중심소 전개(centering)를 중심으로 하여

㉮ 지속적 전개(continue), ㉯ 전환 유보(retain), ㉰ 부드러운 전환(smooth shift), ㉱ 급격한 전환(rough shift)

으로 구분하였는데, 언어 사용에서 일반적으로 선호되는 순서를 '지속 전개 〉 전환 유보 〉 전환'으로 상정한 바 있다. 임시 이를 주제 전개 전략이라고 부른다면, 주제 전개 전략은 기계적인 것이 아니다. 반드시 현장 상황과 청자의 반응에 유의하면서 역동적으로 즉석에서 변동되어 나가야 하는 것이다. 이는 수시로 변동되며 매우 역동적인 인지 과정을 함의한다.

이런 부서들이 따로따로 하나씩 추가되어야 하는 것은 아니다. 모두 현재의 의사소통을 점검하는 상위 부서로서의 일을 떠맡고 있으므로, 이들을 한데 모아 일관되게 작동시킬 수 있어야 한다. 다시 말하여, 이는 언어 산출의 다중 층위 모형을 요구하는 것이다.

5. 마무리

이상에서 언어 산출에 대한 르펠트 모형을 중심으로 하여, 이 모형이 전제하는 몇 가지 전제 개념들과, 이 모형의 속내와, 이 모형에서 다뤄지지 못하지만 중요하게 추가되어야 할 부서들을 중심으로 비판적 개관을 하면서 논의를 진행해 왔다. 필자의 생각에 르펠트 모형은 현재 정상과학의 지위에 있으므로, 이를 계승하든지 수정하든지 부정하는 후속 연구들이 이뤄져야 한다.

이 글에서는 연산주의 또는 단원체 모형으로 이뤄진 언어 산출 모형이, 역동적인 의사소통 모습에 적합하도록 다중 층위의 작동을 허용하는 모형으로 확장되어야 함을 논의하였다. 확장 부서에는 의사소

통 의도가 결정되고 수정되는 과정, 서술관점 수립에 따른 표현법 선택과정, 청자의 반응을 점검하거나 확인하는 과정, 주제를 전개하는 전략을 선택하는 과정들이 포함되어야 한다. 이런 부서들이 각각 독자적으로 들어 있는 것이 아니라, 한데 통합되어 병렬적으로 유기적 연결을 통해 일관되게 실행되어야 할 것이다.

〈참고문헌〉

김지홍(2010a), 『언어의 심층과 언어교육』, 도서출판 경진.

_____(2010b), 『국어 통사·의미론의 몇 측면: 논항구조 접근』, 도서출판 경진.

김영정(1996), 『심리철학과 인지과학』, 철학과 현실사.

신현정(2000), 『개념과 범주화』, 아카넷.

이정모 엮음(1996), 『인지심리학의 제문제 I: 인지과학적 연관』, 성원사.

이정모·이재호 엮음(1998), 『인지심리학의 제문제 II: 언어와 인지』, 학지사.

이정모 외(1989), 『인지과학: 마음·언어·계산』, 민음사.

_____(1999, 2009 제3 개정판), 『인지 심리학』, 학지사.

이정민 외(2001), 『인지과학』, 태학사.

조명한 외(2003), 『언어 심리학』, 학지사.

Atkinson, R. C. and R. M. Schiffrin(1968), "Human memory: A proposed system and its control processes", K.W. Spence(ed.) *The Psychology of Learning and Motivation* Vol. 2, New York: Academic Press.

Austin, J. L.(1962, 2nd ed. 1976), *How to Do Things with Words*. Oxford: Oxford University Press, 장석진 뒤침(1987), 『오스틴: 화행론』, 서울대학교 출판부; 김영진 뒤침(1992), 『말과 행위: 오스틴의 언어철학·의미론·화용론』, 서광사.

Baddeley, Allan(1986), *Working Memory*, Oxford: Clarendon Press.

_____(2007), *Working Memory, Thought, and Action*, Oxford: Oxford

University Press.

Butterworth, Brian(1980), "Some constraints on models of language production", Brian Butterworth(ed.) *Language Production* Vol. 1, London: Academic Press.

_____(1983), "Lexical representation", Brian Butterworth(ed.) *Language Production* Vol. 2, London: Academic Press.

Clark, Herbert H.(1996), *Using Language*, Cambridge: Cambridge University Press, 김지홍 뒤침(2009), 『언어사용 밑바닥에 깔린 원리』, 도서출판 경진.

Cohen, Philip R., Jerry Morgan, and Martha E. Pollack(eds.)(1990), *Intentions in Communication*, Massachusetts: MIT Press.

Cutler, Anne(ed.)(2005), *Twenty-First Century Psycholinguistics: Four Cornerstones*, New Jersey: Lawrence Erlbaum.

Damasio, Antonio(1994), *Decartes' Error: Emotion, Reason, and the Human Brain*, New York: Putnam, 김린 뒤침(1999), 『데카르트의 오류: 감정, 이성, 그리고 인간의 뇌』, 중앙문화사.

_____(1999), *The Feeling of What Happens: Body and Emotion in the Making of Consciousness*, Orlando: Harcourt.

_____(2003), *Looking for Spinoza: Joy, Sorrow and the Feeling Brain*, Orlando: Harcourt, 임지원 뒤침(2007), 『스피노자의 뇌: 기쁨·슬픔·느낌의 과학』, 사이언스 북스.

Eichenbaum, Howard(2008), *Learning and Memory*, New York: W. W. Norton.

Ericsson, K. Anders and Walter Kintsch(1995), "Long-Term Working Memory", *Psychological Review* Vol. 102 No. 2, pp. 211~245.

Fodor, Jerry(1983), *The Modularity of Mind*, Massachusetts: MIT Press.

Galaburda, Albert M., Stephen M. Kosslyn, and Yves Christen(eds.)(2002), *The Language of the Brain*, Massachusetts: Harvard University Press.

Gathercole, Susan E. and Alan D. Baddeley(1993), *Working Memory and Language*, New York: Psychology Press.

Grice, H. P.(1989), *Studies in the Way of Words*, Massachusetts: Harvard University Press.

Härtl, Holden and Heike Tappe(eds.)(2003), *Mediationg between Concepts and Grammar*, Berlin: Mouton de Gruyter.

Kintsch, Walter(1993), "Information accretion and reduction in text processing: Inferences", *Discourse Processes* 16, pp. 193~202.

_____(1998), *Comprehension: A paradigm for cognition*, Cambridge: Cambridge University Press, 김지홍·문선모 뒤침(2010), 『이해: 인지 패러다임』 1~2권, 나남.

Levelt, Willem J. M.(1989), *Speaking: From Intention to Articulation*, Massachusetts: MIT Press, 김지홍 뒤침(2008), 『말하기: 그 의도에서 조음까지』 1~2권, 나남.

_____(1999), "Producing spoken language: a blue print of the speaker", Colins M. Brown and Peter Hagoort(eds.)(1999), *The Neurocogniton of Language*, Oxford: Oxford University Press.

Miller, George A.(1956), "The magical number seven, plus or minus two: Some limits on our capacity for processing information", *Psychological Review* 63, pp. 81~97.

Pechman, Thomas and Christopher Habel(eds.)(2004), *Multidisciplinary Approaches to Language Production*, Berlin: Mouton de Gruyter.

Peirce, Charles Sanders(1894), "What Is a Sign?", Peirce Edition Project(ed.)(1998), *The Essential Peirce: Selected Philosophical Writings* Vol. 2, Bloomington: Indiana University Press.

Pinker, Steve(1999), *Words and Rules: The Ingredients of Language*, New York: Basic Books, 김한영 뒤침(2009), 『단어와 규칙』, 사이언스 북스.

Searle, John R.(1983), *Intentionality: An Essay in the Philosophy of Mind*, Cambridge: Cambridge University Press, 심철호 뒤침(2009), 『지향성: 심리철학 소론』, 나남.

Sinclair, John(1991), *Corpus, Concordance, Collocation*, Oxford: Oxford University Press.

_____(2004), *Trust the Text: Language, corpus and discourse*, London: Routledge.

Tulving, Endel and Fergus I.M. Craik(eds.)(2000), *The Oxford Handbook of Memory*, Oxford: Oxford University Press.

Vygotsky, Lev.(1934, tr. in English by Alex Kozulin 1986), *Thought and Language*, Massachusetts: MIT Press, 신현정 뒤침(1985), 『사고와 언어』, 성원사; 윤초희 뒤침(2011), 『사고와 언어』, 교육과학사; 데이비드 켈로그·배희철·김용호 뒤침(2011), 『생각과 말』, 살림터.

Walker, Marilyn A., Aravind K. Joshi, and Ellen F. Prince, (eds.) 1998. Centering Theory in Discourse. Oxford: Clarendon Press

〈부록 2〉 글말과 입말 수행에 대한 사례 연구: '쉼'과 '문장'의 관련성을 중심으로[*]

서종훈

1. 들머리

1.1. 연구목적

2009 개정 교육과정에서는 기존의 단일 선택 과목들이 독서와 문법, 작문과 화법으로 결합되었다. 각 내용 영역들 간의 연계와 통합이라는 국어교육의 내적 목적에 학습자들의 입시 준비에는 효율성 제고와 선택 과목의 위상 고려라는 외적 목적이 더해져 국어 교육 현장에 변화가 예상된다.

하지만 몇몇 과목들이 독자성을 잃고 서로 결합됨으로써 생겨날 수 있는 문제를 교수·학습 내용과 방법, 그리고 평가의 측면에서의 고려하지 않을 수 없다. 특히 읽기 영역 중심의 국어교육 현장에서 듣기, 말하기, 쓰기 영역들을 어떻게 적절하게 결합하여 학습자들의 언어

---

[*] 이 글은 국어교육학회의 학술지 2011년 『국어교육학연구』 제 41호 (505쪽~541쪽)에 실린 논문임.

사용 능력을 향상시킬 수 있을지에 대해서는 많은 의문이 제기될 수 있다.

본고는 이런 문제의식을 바탕으로, 국어교육 내용 영역들 간의 연계와 통합의 문제를 말하기와 쓰기 영역을 결합하여 다루어보고자 한다.1) 이를 위해 본고는 말하기에서 발화 단위의 주요한 구분 요소로 작용하는 '쉼'(pause)을 쓰기의 '문장'과 관련시키고, 입말과 글말 수행의 관점에서 이를 비교 분석하게 된다.

이를 통해 본고는 말하기와 쓰기 영역을 연계하여 교육할 수 있는 토대를 일부 마련하며, 나아가 학습자들의 글말과 입말의 교차 수행을 통해 언어 사용에 대한 자각, 즉 상위 인지적 측면에서의 언어 사용에 대한 인식의 확대를 꾀하는 데 연구의 목적이 있다.

1.2. 선행연구

본 절에서는 글말과 입말의 수행 양상에 대한 연구의 큰 틀을 바탕으로 몇몇 측면에서 선행연구들을 살피고자 한다. 말하기와 쓰기의 교육적인 측면에서의 상관관계에 대한 것과 '쉼'의 언어적 기능과 그 의미에 대한 고찰이 그것이다. 전자는 최근 국어과 교육과정에서 언어 사용 영역들 간의 연계와 통합의 관점에서의 논의를 중심으로, 후자는 입말에서의 '쉼'의 언어적인 고찰을 중심으로 그 기능과 의미를 살폈다. 두 가지 측면은 넓게는 글말과 입말의 수행 양상에 대한 고찰과 긴밀하게 관련을 맺는다.

---

1) 현실적으로 중·고등학교 현장에서 듣기·말하기 교육은 제대로 이루어지지 못하고 있는 실정이다. 듣기 교육은 기껏 수능과 관련하여 일부 시험에서 실시되고 있지만, 정작 듣기 교육이라는 교수·학습 방법론의 측면에서는 거의 도외시되고 있다. 말하기 교육도 일부 입시생을 위한 토론이나 토의 수준에 그치고 있고, 그나마 'O분' 말하기의 형식으로 본격적인 수업 이전에 수업 분위기 전환이나 학습자들의 학습 의욕을 높이기 위한 의도로 일부 교사들에 의해 이루어지고 있다. 이는 대학에서도 마찬가지이다. 정작 교양과목으로 토론과 토의, 혹은 인문학과 관련된 표현 교육 등이 과목으로 설정되어 있지만, 대다수 쓰기를 통한 발표에 그치고 있는 경우가 대다수이다.

노은희(2009)에서는 현행 교육과정에서 드러난 말하기와 쓰기의 통합에 대한 고찰을 통해 두 영역의 통합 가능성과 교육적 적용에의 문제를 포괄적으로 다루고 있다. 다만 실제 수업에서 적용될 수 있는 구체적인 내용이나 방법들은 거의 제시되고 있지 못하고 있는 한계를 드러낸다. 임칠성(2009)는 화법과 작문의 교육내용을 대비 고찰한 논의이다. 말하기와 쓰기 간에 일정한 겹침의 문제가 발생하는 점을 지적하고 있는데, 특히 말하기의 과정이 쓰기에 많은 영향을 받음을 비판적으로 고찰한다. 다만 말하기와 쓰기의 내용 영역이 일정 부분 겹쳐진다는 점을 인정하면, 어떤 측면을 어떻게 다루어야 할지에 대한 논의가 원론적인 수준의 지적에서 제시되고 있는 점이 한계로 드러난다. 황성근(2009)는 말하기 교육에서 글쓰기의 효과와 연계방안을 논의하고 있다. 특히 '글쓰기 원고'가 읽기를 위한 것이 아니라, 말하기를 위한 것임을 여러 측면에서 논의하고 있다. 아울러 말하기의 범주를 넓혀 토론 및 토의에까지 글쓰기의 연계 교육을 확장하고 있다. 하지만 앞선 두 논의와 유사하게 말하기와 글쓰기를 연계해 주는 구체적인 논의에까지 이르지 못하고 원론적인 수준에 그치고 있다.

노대규(1996)은 한국어의 입말과 글말에 대한 선구적인 업적이지만, 실제 언어 사용 현장에서 드러나는 다양한 맥락과는 거리가 있다. 장경현(2003)은 입말과 글말의 문제를 체계적인 구어체/문어체의 개념으로 접근하기에는 논리가 부족한 점을 지적하며, 상황 의존적이냐의 문제에 따라 접근하는 것이 적절할 수 있음을 제기하고 있다. 하지만 상황 의존성이라 할 때는 글말보다는 입말 중심의 분류 방법이 될 가능성이 높아, 글말까지 포괄하면서 접근하기에는 어려움이 있다. 이진희(2003)과 전영옥(2005)도 글말과 입말에 대한 구분의 문제를 단순히 이분법적인 측면에서 접근한 것이 아니라, 전자는 매체의 발달과 더불어 문화적 현상의 측면에서 입말과 글말의 혼재 양상을, 후자는 발표담화와 발표요지를 통한 실제 사례를 통해 글말과 입말의 본질을 다루고 있다는 점에서 의의가 높다. 하지만 언어 사용자들의 다양한 실제 사용을 통해 드러나는 글말과 입말의 투식(register)에 대한 면밀한 분석에 이르고 있지 못하고 원론적인 개괄에 그치고 있다는 아쉬움을 남기고 있다.

김성규(1999)는 우리말에 드러날 수 있는 잠재적 '쉼'을, 음성적이고 음운론적인 면뿐만 아니라, 형태, 통사적인 측면까지 두루 다루고 있어 '쉼'에 대한 개괄적인 접근으로 주요한 참고 자료가 된다. 아울러 교육적인 측면에서 초등학교 저학년 읽기에서의 '쉼'의 사용 가능성에 주목하면서 이를 교육적인 측면에서 보다 포괄적으로 확대하는 것이 바람직함을 주장하고 있다. 다만 이런 교육적인 측면을 초등학교에 저학년 읽기에 국한시키고 있다는 점은 한계로 파악된다.

이호영(1990), 양영하(2002), 이창호(2010), 임규홍(1997) 등도 언어적 측면에서 '쉼'의 기능에 대한 면밀한 분석을 통해 '쉼'이 지니는 다양한 언어 사용 현상의 부면을 드러내고 있다. 학습자들의 입말 사용의 교육에 그대로 적용시키기는 어렵지만, 언어 사용 영역에서 '쉼'의 기능적인 측면을 교육적인 측면에서 응용 가능할 수 있다는 점에서 의의가 있다.

Sari Lumoa(2004, 김지홍 옮김, 미발간)와 Anne Anderson 외(1984, 김지홍 옮김, 미발간)는 말하기 교육의 산출과 평가에 대한 전반적인 사항들을 다루고 있다. 특히 학교 현장에서 사용할 수 있는 입말 본연의 다양한 연구조사 문제들을 제시하고 있어 참고가 된다. 다만 외국어 교육에 초점을 둔 경우가 많기 때문에 국어교육 현장에서는 이를 재구성해야 할 필요성이 제기된다.

2. 연구방법 및 연구가설

2.1. 연구방법

2.1.1. 연구 대상

본 연구는 대구 C대학교 학습자들을 대상으로 이루어졌다. 조사는 크게 예비조사, 본조사, 확인조사로 진행되었고, 참여 학생 수는 예비조사에 12명, 본조사에 24명, 확인조사에 24명이었다. 예비조사와 본조사의 대상 학습자들은 각각 국어교육과 2학년 학생들과 국어 교과 교육론을 수강하는 학생들이었다. 확인조사에는 사범대학 국어교육과에 재학 중인 1학년 학생들이 참여하였다.

학습자들의 언어 수행 수준을 대략적으로 가늠할 수 있는 대학 입학 성적은 국어교육과 1, 2학년 학습자들의 경우 백분위 70~80(%)대에 분포하며, 국어 교과 교육론을 수강하는 학습자들의 경우 다양한 학과의 학습자들이 참여하기 때문에, 대략적으로 50~60(%)대에 분포하고 있다고 할 수 있다.[2] 이를 정리하면 〈표 1〉와 같다.

〈표 1〉 연구 대상

조사 과정	예비조사	본조사	확인조사
조사 시기	2011.03.14~ 2011.03.18	2011.03.28~ 2011.04.01	2011.04.11~ 2011.04.15
조사 대상자	국어교육과 2학년	교과 교육론 수강 대상자	국어교육과 1학년
조사 인원	12명	24명	24명

2.1.2. 연구 절차

말하기와 쓰기는 표현 과정이라는 토대에서 공통적이지만, 전자는 면대면 상황을 고려하게 되는 경우가 많고, 후자는 그렇지 못한 점에서 차이가 있다. 이런 이유로, 말하기는 청자를 고려해야 하기 때문에 쓰기에 비해 표현의 제약이 크다고 할 수 있다. 하지만 표현의 제약을 극복할 수 있는 다양한 반언어적, 비언어적 표현들을 수반함으로써 역동적인 쌍방향 의사소통의 과정을 이루어 낼 수도 있다. 반면에 쓰기는 필자 개인의 분절적이고 파편적인 내적 사고의 흐름을 문자라는

---

2) 이는 연구 대상 학습자들이 속한 대학의 입학 성적 산출 자료집에 근거하였다.

기호를 통해 논리적이고 위계적으로 드러내는 일방향 의사소통의 과정이라 할 수 있다.

이와 같은 말하기와 쓰기의 차별적인 속성을 고려하면서 효과적으로 이들 영역들의 연계와 통합의 측면에서 어떻게 다룰 것인가의 문제가 부각된다. 즉, 말하기와 쓰기의 본질적인 속성들을 학습자들이 자각하고, 나아가 이는 말하기와 쓰기의 연계와 통합을 통한 유의미한 언어 활동이 되어야 한다.

하지만 말하기와 쓰기의 연계와 통합의 문제가 단순히 이들 언어 수행 과정의 단순 결합만으로는 해결되지 않는다. 이를 위해 본고에서는 말하기에서 '쉼(pause)'을 통해 드러나는 발화 단위를 쓰기에서의 문장과 관련시켜 봄으로써 연계와 통합의 단초를 마련하고자 했다. 이는 학습자들의 말하기와 쓰기의 수행 양상에서 드러나는 발화 단위와 문장의 인식 양상을 중심으로 그 관련성이 논의될 것이다.

본고에서는 연구 절차의 신뢰도와 타당도를 높이기 위해 예비조사, 본조사, 확인조사 과정으로 구분해서 학습자들의 언어 수행 양상에 대한 조사를 진행하였다.[3] 예비조사는 〈그림 1〉과 같은 과정으로 실시되었고, 본조사와 확인조사는 〈그림 2〉의 과정으로 실시되었다.

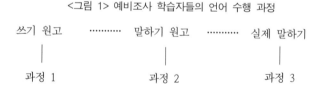

<그림 1> 예비조사 학습자들의 언어 수행 과정

〈그림 1〉은 예비조사 학습자들을 대상으로 실시된 언어 수행 과정이다. 쓰기 원고 작성한 이후에 말하기 원고를 재구성하도록 하였는

---

3) 싸뤼 루오마(2004, 김지홍 뒤침, 미발간, 36~59쪽)에서는 말하기 과제 설계에 대한 국면을 의사소통의 기능, 조사 인원, 과제의 교육적·실생활 속성, 개별 언어 사용 혹은 통합 언어 사용, 구성물 혹은 과제 중심, 시험 방식 등 다양한 면에서 논의하고 있어 참고가 된다.

데, 대다수의 학습자들이 쓰기 원고를 그대로 사용하는 경우가 많았다. 따라서 이후의 본조사와 확인조사에서는 이를 감안하여 말하기 원고를 먼저 작성하도록 하였다. 아울러 이후의 연구가설 및 연구결과 분석에서는 〈그림 2〉가 토대가 된다.

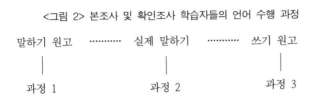

<그림 2> 본조사 및 확인조사 학습자들의 언어 수행 과정

말하기 원고 ·········· 실제 말하기 ·········· 쓰기 원고

과정 1 과정 2 과정 3

〈그림 1〉과 〈그림 2〉에서 말하기 원고와 쓰기 원고는 공통적으로 국어교육과 관련된 학습자들의 경험담, 즉 초·중·고와 대학에서 받은 '국어교육과 관련된 자신의 경험담'을 반성적인 관점에서 작성하도록 한 것이다. 대략 A4 용지 한 면의 분량으로 문서 작성기를 이용해서 구성하도록 하였다.

말하기 원고 구성 시에는 학습자들에게 쓰기 원고에서 사용된 글말 전용의 다양한 표지들, 가령 문장 부호, 문단 구분, 띄어쓰기 등을 일절 사용하지 못하도록 하였다. 아울러 입말과 글말의 수행 과정의 차별적인 속성들을 헤아려 가면서 말하기와 쓰기 원고를 구성하도록 하였다. 다만 각 원고의 내용은 일절 변경하지 말되, 입말 혹은 글말 양식으로 바뀌면서 부득이하게 수정해야 할 내용은 최소한에 그치도록 하였다.

다만 〈그림 1〉과 〈그림 2〉에서 '실제 말하기' 과정은 발표 형식으로 이루어지는데, 원고를 참고하되 그대로 읽는 수준에 그치면 평가 대상에서 아예 제외하는 형식으로 진행되었다. 즉, 원고는 참고하되 전형적인 입말 형식에 부합하는 말하기가 될 수 있도록 학습자 상호 평가에서 이를 주요한 평가 항목으로 설정하였다.[4] 전체적인 과정은 학습자들에게 과제 제출, 수업 시간에 실시간 과제 확인, 그리고 시험의 형식으로 실시되었다.

2.1.3. 분석 방법

본고는 학습자들의 말하기와 쓰기에서 '쉼'을 통한 발화의 구분 단위와 문장을 연계와 통합의 관점에서 주요한 관련 분석 대상으로 삼았다. 입말의 전형적인 표지라고 할 수 있는 '쉼'은 발화 구분의 주요한 요소라고 할 수 있다.[5] 또한 이는 글말에서 드러나는 문장과 연계될 가능성이 높다.[6] 물론 쌍방향 의사소통을 전제하고 있는 대화에서는 문장을 '쉼'에 의한 발화 단위와 결부시키기 어려울 것이다. 대화는 화자와 청자 간의 단순한 언어적 표현 이외의 요소들이 결부되기 때문에 발표와 같은 일방향 전달 방식과는 많은 차이를 보일 것이기 때문이다.[7]

하지만 본고에서 실시한 발표 중심의 형식에서는 대화에서와는 달

---

4) 전영옥(2005)에서는 발표담화와 발표요지 간을 비교하면서, 발표담화에서 드러나는 현상을 발표요지를 그대로 읽은 부분, 발화요지를 참고로 덧붙인 부분, 발표요지에는 없는 부분으로 나누어 설명하고 있다. 이는 발표담화를 애초에 글말로 보고 연구를 진행한 것이다. 본고는 〈그림2〉에서 '과정2'의 말하기 원고를 입말 원고로 간주하고 연구를 진행시켰다. 물론 직관적으로 '과정2'의 말하기 원고가 완벽하게 입말 형식에 맞게 구성되었다 하더라도 실제 말하기 과정에서 일부 말하기 원고의 내용들이 변경될 것이라고 예상할 수 있다. 이는 물론 '과정2'와 '과정3'에서 드러나는 결과를 학습자들의 상호 평가를 통해 접근하게 될 것이다.

5) 전영옥(2006: 272쪽)에서는 Bloomfield(1926), Harris(1951), Fries(1952) 등의 연구결과를 토대로 발화는 말하는 하는 행위이면서 행위의 결과물로서 앞뒤 침묵에 의해 구분되는 표현을 의미한다고 기술하고 있다. 이호영(1990: 130쪽)에서도 억양을 다루기 위한 가장 기본적인 단위로 문장을 지칭하면서, 하나의 문장을 발화하고 나면 문장에 얹히는 높낮이 형태가 완전히 종결되며 거의 반드시 숨을 쉬게 되므로 문장은 하나의 억양단위인 동시에 숨 단위로 보고 있다. 물론 여기에서는 말마디와 말토막이라는 문장 이하의 단위로 세분화해서 억양의 문제를 보다 심도 있게 다루고 있다는 점에서 본고와는 연구초점 상에서 차이를 보인다.

6) 이호영(1990: 132쪽)에서도 하나의 문장을 발화하고 나면 대개의 경우 숨을 쉬게 되는데, 문장이 지나치게 긴 경우는 문장 안에서 숨쉬기를 한다는 점을 지적하면서 이는 말마디라는 단위로 설정하고 있다. 즉, 숨 쉬는 단위가 자의적으로 지정되는 것이 아니라, 문장이나 그 내부의 구나 절의 경계와 일치함을 지적하고 있다.

7) 전영옥(2006)에서는 구어의 단위를 화용적, 음운적, 통사적, 의미적인 요소로 나누어 그 기준을 제시하였다. 음운적인 요소로 쉼과 억양을 통사적인 요소로 종결어미를, 그리고 화용적인 요소로는 차례 맡기를 제시하고 있다. 본고는 화용적인 측면은 고려하지 않았으며, 음운적인 측면과 통사적인 측면을 고려했다고 볼 수 있다.

리 '쉼'을 통해 구현되는 발화 단위가 글말의 문장이라는 단위와 관련을 맺을 가능성이 높을 것이다. 이는 학습자들이 평가와 관련된 공적 발표 상황임을 감안해서, 말하기에서 오는 불안과 내용 기억의 부담을 극복하기 위해 완전한 입말 형식보다는 글말 형식에 의존할 가능성이 있기 때문이다.[8]

아울러 학습자들의 말하기와 쓰기에서 드러나는 '쉼'을 통해 구분되는 발화 단위와 문장의 관련성을 논의하기 위해서는 우선 '쉼'에 대한 개념적 정의가 필요하다.[9] 이는 학습자들의 말하기 상호평가 시에 '쉼'의 구분이 제대로 되고 있는지에 대한 평가 측면과 밀접한 관련을 맺기 때문이다. 아울러 본고에서 입말과 글말에 대한 학습자들의 수행 양상의 자각에 대한 주요한 기제로 사용되고 있는 것이 '쉼'과 '문장'이기 때문이다. 특히 '쉼'은 입말의 정체성이 뭔지를 학습자들에게 자각할 수 있는 계기가 될 수 있을 것이다.[10]

특히 '쉼'의 양상은 매우 자의적으로 접근될 가능성이 있다. 그것은 '쉼'의 양상이 학생들에게 인지되기 어려운 매우 '짧은 쉼'에서 의도적으로 혹은 비의도적으로 발표 중에 멈추게 되는 '긴 쉼'의 양상까지 다양할 것이기 때문이다.[11] 본고에서는 학습자들의 의도적인 '긴 쉼'

---

8) 입말과 글말의 구분은 이분적인 잣대로는 접근하기 힘들다. 이미 많은 선행연구들에서 이 문제를 지적하고 있는 바와 같이, 입말과 글말은 정도의 차이이지 명확하게 이분법적으로 구분될 수 있는 것은 아니다. 그런 점에서 오히려 입말체나 글말체 혹은 구어체나 문어체의 표현들이 적절하다고 볼 수 있다.

9) 즉, 본고에서는 조사 대상 학습자들에게 '긴 쉼'과 '짧은 쉼'으로 구분하라고 제시하였지만, 실제로 논의 결과 항목에서 검토한 것은 '긴 쉼'에 한정하였다. 즉, '긴 쉼'은 학습자들의 의도성이 다분히 간여되는, 가령 청자들에 대한 주의환기, 내용상의 전환, 내용상의 강조 등과 관련될 것이다. 시간적으로 본다면 대략 '짧은 쉼'은 1/1000~200/1000초(ms)로, '긴 쉼'은 1초 전후(ms) 혹은 1초 이상 정도로 구분해 볼 수 있을 것이다.

10) 물론 '쉼'만이 입말의 정체성을 드러내는 요소는 아니다. 즉, 입말을 입말답게 해 주는 요소에는 '쉼'만이 아니라, 다양한 반언어적 비언어적 요소들이 있다. 다만 본고는 글말과의 연계와 통합이라는 측면에서 '쉼'이 그 고리 역할을 할 수 있는 주요한 기제라고 간주하고 학습자들의 수행 양상을 고찰한 것이다.

11) 임규홍(1997: 111쪽)에서는 '쉼'의 담화적 기능과 관련하여 '주의 집중하기'를 관련시키고 있다. 이 경우에는 문장 중간에 쉼이 실현되는 것이 아니라, 문장과 문장 또는 문단과 문단에 '긴 쉼'이 실현되는 것으로 제시하고 있다. 아울러 Baek(1987: 320쪽)에서는 쉼을 '짧은 쉼(short pause)', '긴 쉼(long pause)', '최종 쉼(terminal pause)'으로 구분하여

의 양상에 초점을 두었다. 이는 본고에서 실시하는 발표가 원고를 중심으로 한 의도된 말하기이기 때문이다. 즉, 입말다운 말하기를 실시하되, 입말에서 부각되는 '긴 쉼'의 양상이 글말에서 어떤 단위와 관련될 수 있는지를 고찰하기 위해 의도적으로 입말 원고에서 '긴 쉼'의 양상을 학생들에게 인식시킨 것이다.

이상의 과정은 일정한 주제 하에 발표 형식으로 다수의 청자들을 대상으로 진행되었다. 청자들로 상정된 학습자들은 입말 형식에 맞게 발표가 되었는지의 여부를 평가하게 된다. 또한 입말의 중요한 기능 요소인 '쉼'을 '짧은 쉼'과 '긴 쉼'으로 제시하여 청자들이 발표를 듣는 중에 말하기 원고에 표시하도록 하였다. 이는 말하기 이후에 화자와 청자들 간의 '긴 쉼'의 구분 양상을 비교하여 평가하게 된다. 즉, 화자가 말하기 원고에서 실제 말하기를 상정하고 표시했던 '긴 쉼'의 구분 양상과 실제 말하기에서 드러난 '긴 쉼'의 구분 양상이 현저하게 차이가 있는 경우는 평가 점수를 낮게 주는 것으로 제시하였다. 평가표는 〈표 2〉와 같다.

〈표 2〉 말하기 상호 평가표

말하기 상호 평가표									
내용 평가항목		①: 읽기가 아닌 말하기에 충실한 발표가 되었는가?							
		②: '쉼'의 구분이 적절하게 이루어지고 있는가?							
		③: 듣는이를 배려한 말하기가 되고 있는가?							
		①			②			③	
대상자		상 (4)	중 (3)	하 (2)	상 (4)	중 (3)	하 (2)	상 (4)	중 (3)	하 (2)
○○○									
○○○									
○○○									
○○○									
:									

제시하고 있다.

〈표 2〉는 학습자들이 실제 말하기를 청자의 입장에서 평가하게 되는 척도표이다. 즉, 조사 대상 학습자들은 다른 학습자들이 발표 시에 평가 항목 세 가지를 중심으로 각각 '상', '중', '하'로 평가하게 된다. 평가 항목 ①과 ③은 읽기 위주가 아닌 말하기다운 발표가 되었는지에 초점을 맞춘 것이다. 평가 항목 ②는 말하기에서 드러나는 주요한 기능 요소들 중의 하나인 '쉼'을 화자가 제대로 인식하면서 발표가 되고 있는지와 관련된 항목이다.

특히 ②항목은 '과정2'에서 학습자들 자신의 말하기 원고에 '긴 쉼'과 '짧은 쉼'으로 구분해서 표시하도록 하였으며, 이를 바탕으로 실제 말하기인 '과정3'에서 '쉼'의 여부가 적절하게 드러났는지를 청자인 학습자들로 하여금 평가하도록 한 것이다. 물론 '쉼'여부가 표시된 말하기 원고는 실제 말하기가 이루어지기 전에 과제로 제출하도록 하였다.

이는 학습자가 자신의 말하기 원고를 최대한 입말 중심의 발표에 가깝도록 유도하기 위함이었다. 대다수 학습자들은 원고를 바탕으로 발표할 시에, 말하기가 아닌 원고 읽기 중심으로 발표가 이루어지는 경우가 많기 때문이다.[12] 즉, 말하기 원고는 읽기 중심이 될 가능성이 높기 때문에, '쉼'의 구분 제시는 학습자들에게 실제 말하기의 상황을 상정하도록 유도하기 위한 방편이었다.

2.2. 연구가설

두 가지 연구가설이 앞선 연구방법에서 제시된 〈그림 2〉와 관련해서 〈그림 3〉과 같이 제시될 수 있다. 즉, 연구가설 1은 '과정 1'과 '과정

---

12) 이는 실제로 학교 현장에서도 말하기 교육이 제대로 이루어질 수 없는 상황을 제공하는 주요한 원인이 되기도 한다. 특히 중·고등학교 현장에서 발표가 이루어지는 경우에 대다수 학습자들은 말하기 원고를 그대로 읽는 경우가 많고, 특히 입말 중심의 원고가 아닌 글말 중심의 원고를 발표 시에 그대로 사용하게 된다. 이는 결국 말하기 교육이 쓰기 교육에 구속되어 버리는 상황이 된다. 임칠성(2010)에서는 이런 문제를 일부분 다루고 있어 참고가 된다.

2', 연구가설 2는 '과정 2'와 '과정 3 간에 적용된다. 전체적으로 말하기 수행 영역이 쓰기 수행 영역으로 전환된다. 아울러 이는 학습자들에게 입말에서 글말로의 전환에 대한 자각 측면과 관련될 수 있다.

<그림 3> 연구가설과 관련된 언어 수행 과정

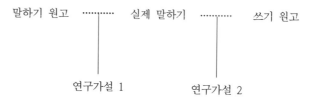

〈그림 3〉에서 연구가설 1과 2는 연속선상에 있다. 즉, 말하기와 쓰기는 이분법적으로 구분되는 입말과 글말 수행이 아니라, 정도의 차이에 따른 구분 양상이라는 점을 감안한 것이다. 가설 1은 '과정 1'과 '과정 2', 가설 2는 '과정 2'와 '과정 3' 간의 관련성으로 상정하였다.
가설1은 말하기 원고에 상정된 '긴 쉼'을 양상을 실제 말하기에서 드러나는 '긴 쉼'의 양상과 비교했는데, 여기에서는 화자와 청자 측면이 모두 고려된다. 화자에게는 실제 말하기에 앞서 말하기 원고를 작성하면서 최대한 실제 말하기에 일치되게 작성할 것을 요구하였는데, 여기에서 '긴 쉼'이라는 말하기 특유의 속성을 관련시켜 말하기와 관련된 언어 사용의 자각을 높이려고 하였다. 아울러 청자들은 화자의 실제 발표를 들으면서 '긴 쉼'을 원고에 표시하도록 하였다. 이를 통해 화자와 청자 간의 '긴 쉼' 여부에 대한 일치도를 확인할 수 있으며, 나아가 화자의 말하기 원고와 실제 말하기에서의 '긴 쉼'의 일치 여부를 직·간접적으로 검증할 수 있다.
가설2는 쓰기와 말하기에 드러나는 일정한 사고 혹은 의미 구획의 단위로 쓰기에서는 문장, 그리고 말하기에서는 '긴 쉼'의에 의해 구분되는 발화 단위를 상정하고, 이 두 언어 수행 양상의 결과를 관련시켰다.

연구가설 1: 화자와 청자들 간에는 공통된 '긴 쉼'의 양상이 있을 것이다.

이 가설은 발표를 하게 되는 학습자들이 자신의 말하기 원고를 글말이 아닌 입말 양식에 부합하도록 작성하는 것과 관련된다. 실제 말하기에서 드러나는 다양한 반언어적, 비언어적 요소들이 말하기 원고에는 드러나기 어렵기 때문에, 학습자들이 입말의 속성들에 대해 자각하기가 어렵다. 따라서 학습자들은 입말에서 발화 단위의 구분에 주요하게 작용하는 '쉼'을 말하기 원고에 삽입함으로써 실제적인 말하기에서 발생될 수 있는 측면을 일정 부분 잘 고려할 수 있을 것이다.

실제 말하기에서 '쉼'으로 드러나는 양상과 말하기 원고에서 예측된 '쉼'의 양상 간에는 분명 차이가 있다. 이는 아무리 말하기 원고를 입말의 형식에 부합하게 작성하더라도 실제 말하기에서 고려되는 다양한 상황 변수들을 화자가 모두 예측하고 말하기 원고를 작성하기는 힘들기 때문이다. 따라서 '쉼'의 양상도 특정 상황에 따라 달리 구현될 수도 있다. 이는 '짧은 쉼'의 경우는 그럴 가능성이 더 높을 것이다.

하지만 화자로서 예측한 '쉼'의 양상과 실제로 말하기 과정에서 산출된 '쉼'의 양상이 전혀 일치하지 않는다면, 이는 화자가 작성한 말하기 원고가 입말의 속성을 제대로 반영하지 못했다고도 볼 수 있다. 아울러 제한된 분량과 짧은 시간 내의 말하기에서 '긴 쉼'의 불일치가 상당수 발견된다면, 이는 분명 화자가 실제 말하기에서 벌어지는 다양한 상황 변수들을 적절하게 예상하거나 조절하지 못했을 것으로 추측할 수 있다.

즉, 본고에서 상정한 말하기는 학습자들이 연습할 수 있는 일정한 시간을 확보한 상태에서의 제한된 분량과 짧은 시간 내의 발표 형식이다. 이는 화자가 상정한 '긴 쉼'의 양상과 실제 말하기에서 드러난 '긴 쉼'의 양상을 비교하기에 적합한 형식이라 할 수 있다. 아울러 이는 청자들로 상정된 학습자들의 '긴 쉼'에 대한 인식 부합 결과도 용이하게 비교될 수 있다.

연구가설 2: '긴 쉼'에 의해 구분된 발화 단위는 쓰기에서 문장 단위와 관련될 것이다.

이 가설은 말하기와 쓰기의 연계와 통합에 관한 것이다. 기존의 말하기 교육은 쓰기와의 밀접한 관련성을 맺고 이루어지는 경우가 많다. 특히 학습자들은 발표나 토론 등에서 사용될 원고를 미리 작성하여 말하기 현장에서 그대로 사용하는 경우가 많다. 이는 어린 학습자들일수록 그 정도가 심하다. 이런 과정은 말하기가 아닌 쓰기, 아울러 쓰기에서 읽기로 연결되는 글말 중심의 언어 사용으로 귀착되어 버리고 만다.

물론 말하기와 쓰기, 그리고 읽기의 영역이 일정 부분 겹치는 것은 언어 사용 영역의 교육에서는 당연하다.[13] 하지만 지나치게 특정 영역에만 국한되어 교육된다면 이는 언어 사용 영역에서의 불균형한 상황이 될 수밖에 없다. 즉, 본 가설은 학습자들이 입말과 글말에서의 상호 관련성을 고려하면서도 입말다운 양식을 부각시킬 수 있는 요소 가운데 하나가 '쉼'이라고 보았다. 이는 '쉼'의 기능이 말하기에서 호흡을 조정하는 동시에, 일정한 발화 단위의 의미구획과도 밀접한 관련성을 맺고 있다는 논리를 받아들인 것이다.

하지만 본고는 언어심리학이나 음성학적인 견지에서 접근할 수 있는 1/1000(ms)초 단위의 짧은 '쉼'보다는 문장 이상 수준의 '긴 쉼'에 초점을 두었다. 이는 기계적 처리를 통한 음성학적 접근이 본고의 분석 초점이 아니기 때문이다. 학습자들의 입말과 글말 사용에서 드러나는 연계와 통합의 문제를 다루기 위해, 입말에서 '긴 쉼'을 통해 드러나는 발화 단위를 글말에서는 문장과 관련시킨 것이다.

즉, 입말 원고를 작성한 이후에 이를 내용 변화 없이 글말 원고로 수정하면서 입말에서 '긴 쉼'에 의해 구획된 발화 단위들이 글말 원고에서 '문장' 단위와 관련될 수 있을 것이라 상정할 수 있다. 이는 학습

---

13) 김수업(2006: 219~220쪽)에서는 이런 언어 사용 영역의 겹침을 도식화시켜 보여 주고 있어 참고가 된다.

자들이 말하기와 쓰기를 일정한 시간 간격을 두고 수행한 이후에 이루어지기 때문에, 귀납적으로 파생되는 언어 사용 영역의 속성들을 파악하는 주요한 계기가 될 것이다.

3. 연구결과 및 교육상 의의

본고는 화자와 청자들 간, 필자와 화자의 언어 수행 양상을 일정한 의미구획 단위를 통해 비교, 검증하였다. 이는 예비조사, 본조사, 확인조사로 나뉘어 실시되었다. 하지만 실제 연구결과 논의에서 예비조사는 연구 절차상의 타당성 문제로 제외되었다. 연구가설은 화자와 청자들 간의 관계, 필자와 화자 간의 관계를 다룬 두 가지로 구성되었다.

3.1. 연구결과 논의

3.1.1. 본조사

"화자와 청자들 간에는 공통된 '긴 쉼'의 양상이 있을 것이다."라는 연구가설 1에 대한 본조사 대상 학습자 24명의 결과는 〈표 3〉과 같다. 청자의 입장에 있는 23명의 학습자들이 화자의 발표에 대해 '긴 쉼'과 '짧은 쉼'을 구분해서 표시했다. 이 중에서 본고는 '긴 쉼'만을 조사 대상으로 검토하였다. '청자(횟수)'란은 23명 청자들의 '긴 쉼'에 대한 표시를 모두 헤아려 평균을 낸 값이다. '일치 비율'은 화자와 청자들 간의 '긴 쉼'에 대한 일치 횟수를 계산한 것이다.

<표 3> 화자와 청자들의 '긴 쉼'에 대한 일치 비율: 본조사

대상자 \ 구분	화자(횟수)	청자(횟수): 평균	일치 비율(%)
홍○○	16	4.5	28.1
박○○	17	3.8	22.4
김○○	13	2.3	17.7
김○○	14	4.6	32.9
심○○	9	2.2	24.4
홍○○	13	2.6	20.0
정○○	16	6.8	42.5
여○○	18	5.4	30.0
박○○	19	4.8	25.3
조○○	22	6.6	30.0
이○○	15	2.4	16.0
이○○	13	3.8	29.2
조○○	20	6.1	30.5
박○○	15	3.4	22.7
최○○	14	2.8	20.0
김○○	15	2.4	16.0
박○○	20	5.8	29.0
신○○	16	1.7	10.6
구○○	3	1.3	23.1
김○○	15	3.6	24.0
박○○	13	4.2	32.3
정○○	8	2.3	28.8
최○○	25	4.3	17.2
박○○	22	3.6	16.4
평 균	15.46	3.80	24.55

〈표 3〉의 일치 비율에서도 드러나고 있듯이, 화자와 청자들 간의 일치 비율은 비교적 낮은 것으로 드러났다. 즉, 〈표 3〉에 드러난 일치 비율의 수치만으로도 화자와 청자들 간의 합의된 '긴 쉼'의 관계는 실제로 유의미한 것으로 보기는 어렵다.[14)]

조사 대상 학습자들에게 '긴 쉼'에 대한 접근 측면을 일정한 시간에 따른 의도적 멈춤 정도로 '짧은 쉼'과 구별해서 표시하도록 요구하였고, 아울러 실제 말하기에서도 평가의 주요한 항목으로 이런 측면을 반영한다고 주지시켰음에도 화자와 청자들 간에 드러나는 '긴 쉼'의 양상은 상당히 다르게 드러났다. 이는 말하기 원고에서의 '긴 쉼'에 대한 화자의 잠정적 인식과 실제 말하기에서 구현된 '긴 쉼' 간의 격차, 그리고 화자와 청자들 간의 '긴 쉼'에 대한 인식 격차의 두 가지 측면에서 오는 차이라 할 수 있다.

첫 번째 측면은 말하기 원고와 실제 말하기 사이에서 오는 '긴 쉼'에 대한 인식 상의 차이이다. 이런 차이를 최대한 줄이기 위해 평가 측면에서 이와 관련된 항목을 넣었음에도 불구하고, 인식의 격차는 크게 벌어진 것으로 드러났다. 이는 말하기 원고에서 상정된 '긴 쉼'의 양상이 실제 말하기에 수반된 여러 상황에 의해 변화된 것으로 추측해 볼 수 있다. 두 번째 측면은 화자와 청자들 간의 '긴 쉼'에 대한 인식 상의 격차인데, 이는 청자들이 실시간으로 이루어지는 발표에서 '긴 쉼'과 '짧은 쉼'에 대한 구분 기준을 제대로 설정하지 못했거나, 설정은 했지

---

14) 직관적으로 본 가설의 통계 검증을 위해서는 화자가 말하기 원고로 상정한 것에서 드러난 '긴 쉼'의 양상에 대해서만 청자들의 반응을 물어 그 판단으로만 검증해야 함이 옳다. 가령 화자에서 상정한 '긴 쉼'의 양상에 대해 청자들은 'O' 혹은 'X'로 표시하여 자신의 판단을 드러내는 것이다. 하지만 이 반응 역시 청자로 상정된 학습자들 개인의 주관적 잣대로 접근가능하기 때문에 통계적인 절차를 통해 그 타당성을 오롯이 드러내기는 힘들다. 따라서 본고에서는 청자의 입장이 된 학습자들이 자유롭게 반응하도록 한 것이다.
일단 검증 통계량은

$$z = \frac{\hat{p} - p}{\sqrt{\frac{p(1-p)}{n}}} = \frac{0.2455 - 0.5}{\sqrt{\frac{0.5(1-0.5)}{371}}}$$

$$= -9.80$$

이며, 위의 검증 통계량 값은 기각치인 $-z_{0.025} = -1.96$ 보다 작으므로, 영가설을 "화자와 청자 간에는 공통된 '긴 쉼'의 양상이 없을 것이다"는 기각되며, 따라서 연구가설1에서 제시한 이는 화자와 청자 간에는 합의된 '긴 쉼'의 양상의 관련성은 있지만, 정적 상관이 아닌 부적 상관관계를 드러낸 것이다. 따라서 화자와 청자 간에는 공통된 '긴 쉼'의 구분 양상은 매우 부족하거나 혹은 거의 드러나지 않는 것으로 보는 것이 적절하다.

만 짧은 시간 안에 이루어지는 실시간의 발표에서 '쉼'의 양상을 제대로 포착하지 못했을 가능성과 관련된다.

〈그림 4〉는 〈표 3〉의 위에서 일곱 번째 '정◯◯' 학습자의 말하기 원고이다. 사선 표시 중에서 '/'는 '짧은 쉼'을 '//'는 '긴 쉼'을 나타내며, 아래 숫자는 전체 '긴 쉼'의 횟수이다. 아울러 동그라미는 '긴 쉼'의 횟수이다. 학습자의 신상 정보를 노출시키기 않기 위해 띠지를 이용해 이름과 학번을 가려 놓았다.

〈그림 4〉 '정◯◯' 학습자의 말하기 원고

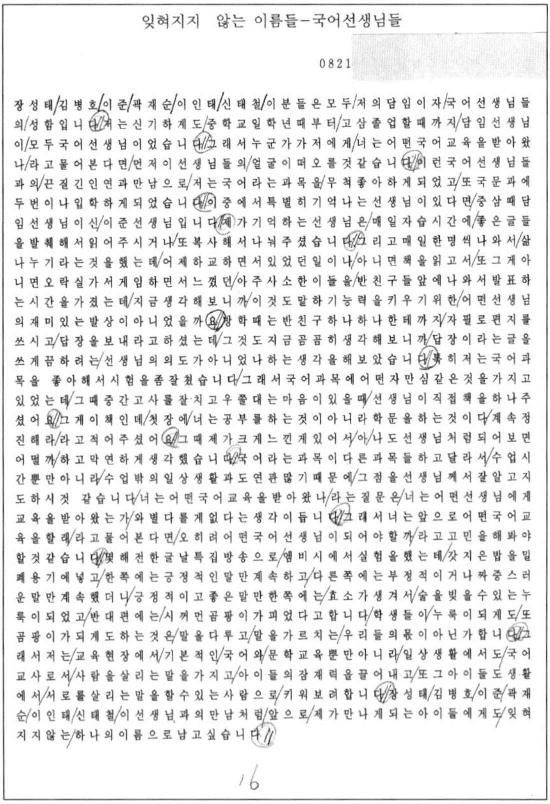
잊혀지지 않는 이름들-국어선생님들

0821

장성태/김병호/이준/곽재순/이인태/신태철/이분들은모두/저의담임이자/국어선생님들
의/성함입니다//저는신기하게도/중학교일학년때부터/고삼졸업할때까지/담임선생님
이/모두국어선생님이었습니다//그래서누군가가저에게/너는어떤국어교육을받아왔
나/라고물어본다면/먼저이선생님들의/얼굴이떠오를것같습니다//이런국어선생님들
과의/끈질긴인연과만남으로/저는국어라는과목을/무척좋아하게되었고/또국문과에
두번이나입학하게되었습니다//이중에서특별히기억나는선생님이있다면/중삼때담
임선생님이신/이준선생님입니다//제가기억하는선생님은/매일자습시간에/좋은글들
을발췌해서읽어주시거나/또복사해서나눠주셨습니다//그리고매일한명씩나와서/삶
나누기라는것을했는데/어제하교하면서있었던일이나/아니면책을읽고서/또그게아
니면오락실가서게임하면서느꼈던/아주사소한이들을/반친구들앞에나와서발표하
는시간을가졌는데/지금생각해보니까/이것도말하기능력을키우기위한/어떤선생님
의재미있는발상이아니었을까요//방학때는반친구하나하나한테까지/자필로편지를
쓰시고/답장을보내라고하셨는데/그것도지금곰곰히생각해보니까/답장이라는글을
쓰게끔하려는/선생님의의도가아니었나하는생각을해보았습니다//특히저는국어과
목을 좋아해서시험을좀잘쳤습니다/그래서국어과목에어떤자만심같은것을가지고
있었는데/그때중간고사를잘치고우쭐대는마음이있을때/선생님이직접책을하나주
셨어요//그게이책인데/첫장에/너는공부를하는것이아니라학문을하는것이다/계속정
진해라/라고적어주셨어요//그때제가크게느낀게있어서/아/나도선생님처럼되어보면
어떨까/하고막연하게생각했습니다//국어라는과목이다른과목들하고달라서/수업시
간뿐만아니라/수업밖의일상생활과도연관많기때문에/그점을선생님께서잘알고지
도하시것 같습니다/너는어떤국어교육을받아왔나/라는질문은/너는어떤선생님에게
교육을받아왔는가/와별다를게없다는생각이듭니다//그래서너는앞으로어떤국어교
육을할래/라고물어본다면/오히려어떤국어선생님이되어야할까/라고고민을해봐야
할것같습니다//몇해전한글날특집방송으로/엠비시에서실험을했는데/갓지은밥을밀
폐용기에넣고/한쪽에는긍정적인말만계속하고/다른쪽에는부정적이거나짜증스러
운말만계속했더니/긍정적이고좋은말만한쪽에는/효소가생겨서/술을빚을수있는누
룩이되었고/반대편에는/시꺼먼곰팡이가피었다고합니다/학생들이/누룩이되게도/또
곰팡이가되게도하는것은/말을다루고/말을가르치는/우리들의몫이아닌가합니다//그
래서저는/교육현장에서/기본적인/국어와/문학교육뿐만아니라/일상생활에서도/국어
교사로서/사람을살리는말을가지고/아이들의잠재력을끌어내고/또그아이들도생활
에서/서로를살리는말을할수있는사람으로/키워보려합니다//장성태/김병호/이준/곽재
순/이인태/신태철/이선생님과의만남처럼/앞으로/제가만나게되는아이들에게도/잊혀
지지않는/하나의이름으로남고싶습니다//

16

'짧은 쉼'의 경우는 강조해야 할 어휘, 혹은 수식어와 피수식어 사이, 절, 구 등에서 이루어지고 있으며, '긴 쉼'의 경우는 모두 발화 종결 단위에서 이루어지고 있는 것이 특징이다. 종결어미는 대부분 격식체인 '-습니다'로, 일부는 비격식체인 '-요'로 끝나고 있다. 입말 중심의 말하기에서는 많은 학습자들이 비격식체 형태의 두루 높임 해요체를 많이 사용하는데, 위 학습자는 실제 발표에서도 격식체인 합쇼체 형태로 말하기를 하였다. 앞서 언급한 대로 선생님들의 성함을 관련된 부분을 제외하고는 거의 문장 중심으로 '긴 쉼'의 양상이 이루어졌다.

〈그림 5〉은 '정○○' 학습자의 발표를 듣고, 청자의 입장에서 '쉼'을

〈그림 5〉 '정○○' 학습자의 말하기에 대한 청자의 수행 결과

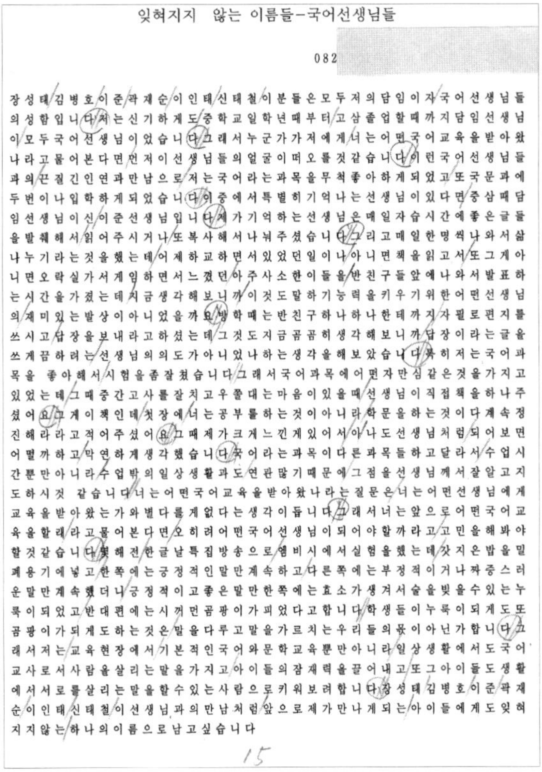
잊혀지지 않는 이름들-국어선생님들

082

장성태김병호이준곽재순이인태신태철이분들은모두저의담임이자국어선생님들
의성함입니다저는신기하게도중학교일학년때부터고삼졸업할때까지담임선생님
이모두국어선생님이었습니다그래서누군가가저에게너는어떤국어교육을받아왔
나라고물어본다면먼저이선생님들의얼굴이떠오를것같습니다이런국어선생님들
과의끈질긴인연과만남으로저는국어라는과목을무척좋아하게되었고또국문과에
두번이나입학하게되었습니다이중에서특별히기억나는선생님이있다면중삼때담
임선생님이신이준선생님입니다제가기억하는선생님은매일자습시간에좋은글들
을발췌해서읽어주시거나또복사해서나눠주셨습니다그리고매일한명씩나와서삶
나누기라는것을했는데어제하교하면서있었던일이나아니면책을읽고서또그게아
니면오락실가서게임하면서느꼈던아주사소한이들을반친구들앞에나와서발표하
는시간을가졌는데지금생각해보니까이것도말하기능력을키우기위한어떤선생님
의재미있는발상이아니었을까요방학때는반친구하나하나한테까지자필로편지를
쓰시고답장을보내라고하셨는데그것도지금곰곰히생각해보니까답장이라는글을
쓰게끔하려는선생님의의도가아니었나하는생각을해보았습니다특히저는국어과
목을 좋아해서시험을좀잘쳤습니다그래서국어과목에어떤자만심같은것을가지고
있었는데그때중간고사를잘치고우쭐대는마음이있을때선생님이직접책을하나주
셨어요그게이책인데첫장에너는공부를하는것이아니라학문을하는것이다계속정
진해라라고적어주셨어요그때제가크게느낀게있어서아나도선생님처럼되어보면
어떨까하고막연하게생각했습니다국어라는과목이다른과목들하고달라서수업시
간뿐만아니라수업밖의일상생활과도연관많기때문에그점을선생님께서잘알고지
도하시것 같습니다너는어떤국어교육을받아왔나라는질문은너는어떤선생님에게
교육을받아왔는가와별다를게없다는생각이듭니다그래서너는앞으로어떤국어교
육을할래라고물어본다면오히려어떤국어선생님이되어야할까라고고민을해봐야
할것같습니다몇해전한글날특집방송으로엠비시에서실험을했는데갓지은밥을밀
폐용기에넣고한쪽에는긍정적인말만계속하고다른쪽에는부정적이거나짜증스러
운말만계속했더니긍정적이고좋은말만한쪽에는효소가생겨서술을빚을수있는누
룩이되었고반대편에는시꺼먼곰팡이가피었다고합니다학생들이누룩이되게도또
곰팡이가되게도하는것은말을다루고말을가르치는우리들의몫이아닌가합니다그
래서저는교육현장에서기본적인국어와문학교육뿐만아니라일상생활에서도국어
교사로서사람을살리는말을가지고아이들의잠재력을끌어내고또그아이들도생활
에서서로를살리는말을할수있는사람으로키워보려합니다장성태김병호이준곽재
순이인태신태철이선생님과의만남처럼앞으로제가만나게되는아이들에게도잊혀
지지않는하나의이름으로남고싶습니다

15

표시한 한 학습자의 수행 결과이다. 23명 모든 학습자의 수행 결과를 지면상 제한이 있기 때문에 일치도가 높은 학습자만 일부 제시했다. 〈그림 5〉에서 아래 숫자는 '정○○' 학습자의 말하기 원고에서 제시했던 '긴 쉼'의 횟수와 실제 청자의 입장에서 수행되었던 '긴 쉼'의 일치 횟수를 가리킨다.

〈그림 5〉에 드러난 청자의 전체적인 '긴 쉼'의 지각 양상은 화자의 입장에서 제시된 바와 비슷하게 드러났다. 이는 '정○○' 학습자가 말하기 원고에서 자신이 상정한 '긴 쉼'의 양상을 발표를 통해 잘 구현했다고 볼 수 있다. 물론 현재로서는 이 구현된 양상을 입말 문법의 규범적인 토대라고 간주될 수 있는 것에 견주어 볼 수는 없다.[15] '쉼'의 양상이 명확하게 규범적 토대 위에서 다루어지기는 어렵기 때문에, 화자와 청자 간의 비교를 통해서 잠정적으로 '쉼'의 양상을 파악해 볼 수 있을 뿐이다.

〈표 4〉는 필자의 관점과 화자의 관점에서 작성한 원고를 바탕으로 도출된 연구가설 2에 대한 24명 학습자들의 본조사 결과이다. 필자와 화자가 동일한 피험자이기 때문에, 여기에서의 초점은 입말과 글말의 수행 결과에 있다. 즉, 입말 원고에서 '긴 쉼'에 의해 구분된 발화 단위가 글말에서의 문장과 얼마나 의미구획의 측면에서 일치하는가에 논의의 초점이 있다.

표에서의 일치 비율은 화자 측면에서 상정된 '긴 쉼'을 기준으로

---

15) 싸뤼 루오마(2004, 김지홍 옮김, 미발간, 22쪽)에서는 "발화는 짤막한 생각의 단위들로 짜여 있다. 그 단위들은 주제 상의 연결과 반복은 물론 통사적 접속사에 의해서로 서로 이어진다.(중략) 일부 말하기 상황에서는 완벽한 절과 하위 종속절을 지닌, 좀 더 글말다운 문법을 요구한다. 이는 대표적으로 격식 갖춘 말하기 상황이다. 여기에는 학회 발표와 같이 준비된 이야기를 포함할 수 있다"라고 제시하고 있다. 본 연구조사에서도 이런 맥락에서 '쉼'의 양상을 도입한 것이다. 즉, 본고는 말하기에서 보다 정형화되고 규범적인 틀을 제시하여 학습자들의 말하기 평가에서의 타당성 여부를 높이고, 나아가 학교 현장에서 말하기와 관련된 교수·학습 방법과 평가 측면에서의 용이성을 이끌어 내기 위한 것과도 밀접하게 관련된다.

삼았다. 즉, 말하기 원고의 '긴 쉼'으로 구분된 발화 단위를 쓰기 원고에서의 문장 위치와 비교하였다. 필자 측면에서의 문장은 절이 아닌 마침표가 찍힌 형태를 기준으로 삼았다.

<표 4> 필자와 화자의 수행 일치 비율: 본조사

구분 대상자	필자 문장 수	화자 '긴 쉼' 횟수	일치 횟수	일치 비율(%)
홍○○	21	16	14	87.5
박○○	18	17	14	82.4
김○○	16	13	10	76.9
김○○	15	14	14	100
심○○	17	9	7	77.8
홍○○	16	13	13	100
정○○	22	16	14	87.5
여○○	22	18	13	72.2
박○○	24	19	17	89.5
조○○	22	22	19	86.4
이○○	20	15	15	100
이○○	18	13	12	92.3
조○○	21	20	18	90.0
박○○	16	15	14	93.3
최○○	15	14	11	78.6
김○○	19	15	11	73.3
박○○	21	20	17	85.0
신○○	22	16	14	87.5
구○○	18	3	2	66.7
김○○	17	15	10	66.7
박○○	13	13	13	100
정○○	23	8	8	100
최○○	27	25	25	100
박○○	16	22	18	81.8
평균	19.13	15.46	13.46	86.47

〈표 4〉에 드러난 바와 같이, '긴 쉼'을 통해 구분된 발화 단위는 쓰기 원고의 문장과 통계 검증상으로 유의미한 관련성으로 드러났다.[16] 특히 문장과의 일치 여부가 100%인 학습자들도 있다. 대략 '긴 쉼'의 횟수는 문장 개수 이하로 분포하였고, 문장의 개수와 거의 일치하는 경우도 있었다. 즉, 입말 원고라고에서 '긴 쉼'으로 구분된 발화 단위는 글말의 문장과 유사하게 분포하는 것으로 드러나고 있어, 연구가설 2는 수용된다고 할 수 있다.

하지만 학습자들이 실제 입말 형식에 가까운 말하기 원고를 글말 형식에 그대로 적용하지는 않았을 것이다. 직관적으로 쓰기 원고를 작성하면서 말하기 원고를 글말의 속성에 맞게 다듬었을 것이기 때문이다. 〈그림 6〉에서는 실제 학습자의 입말과 글말 원고를 비교하면서 가설에서 제시된 내용을 검토하고자 한다.

〈그림 6〉은 〈표 4〉의 대상자 중 위에서 일곱 번째 '정○○' 학습자의 쓰기 수행 결과이다. 입말 원고와 비교해 볼 때, 내용적인 측면에서 바뀐 부분은 거의 없다. 전체적으로 문단 구분이 다소 산만하게 드러나고 있다. 특히 잊지 못하고 있는 선생님들의 성함을 하나의 문단으로 강조해서 드러내고 있다. 아울러 인터넷 글쓰기에서 종종 드러나는 한 줄 비우기를 줄바꾸기와 동시에 사용해 문단을 구분하고 있어 혼란을 주기도 한다.

'정○○' 학습자의 경우 말하기 원고의 '긴 쉼'에 의해 발화 단위와 쓰기 원고의 '문장' 일치 비율이 '87.5%'로 드러났는데, 두 곳이 일치

---

16) 검증 통계량은

$$z = \frac{\hat{p} - p}{\sqrt{\frac{p(1-p)}{n}}} = \frac{0.8647 - 0.5}{\sqrt{\frac{0.5(1-0.5)}{371}}}$$

$$= 14.05$$

이며, 위의 검증 통계량 값은 기각치인 $z_{0.025} = 1.96$ 보다 크므로, 영가설을 "말하기에서 '긴 쉼'은 쓰기에서 문장 혹은 문단 구분과 관련이 없을 것이다"로 둔다면, 이는 기각된다. 따라서 연구가설 2에서 제시한 입말의 '긴 쉼'은 글말의 문장 단위와 관련이 있는 것으로 추정할 수 있다.

〈그림 6〉 '정○○' 학습자의 글말 원고

잊히지 않는 이름들-국어선생님들

국ㅇ

'장성태, 김병호, 이준, 곽재순, 이인태, 신태철'

　이분들은 모두 저의 담임이자 국어선생님들의 성함입니다. 저는 신기하게도 중학교 1학년 때부터 고등학교 3학년 졸업할 때까지 담임선생님이 모두 국어선생님이었습니다. 그래서 누군가가 저에게 "너는 어떤 국어교육을 받아왔나?"라고 물어본다면 먼저 이 선생님들의 얼굴이 떠오를 것 같습니다. 이런 국어 선생님들과의 끈질긴 인연으로 저는 국어라는 과목을 무척 좋아하게 되었고 또 국문과에 두 번이나 입학하게 되었습니다.

　이분들 가운데서 특별히 기억나는 선생님이 계시다면 중학교 3학년 때 담임선생님이신 이준선생님입니다. 제가 기억하는 선생님께서는 매일 자습시간에 좋은 글들을 발췌해서 읽어 주시거나 혹은 복사해서 나눠주셨습니다. 그리고 매일 한명씩 나와서 '삶 나누기'라는 것을 했는데 그 내용은 하교하면서 있었던 일이나 책을 읽고서 혹은 오락실에서 게임하면서 느꼈던 아주 사소한 일들이었고, 이것을 반 친구들 앞에서 발표하는 것이었습니다. 그런데 지금 생각해보니 이는 '말하는 능력'을 키우기 위한 선생님의 재미있는 발상이라고 생각합니다.

　또 방학 때는 반 친구 한명에게 자필로 편지를 쓰고 답장을 하라고 하셨는데, 이것 역시도 '답장이라는 글'을 쓰게 하려는 선생님의 의도였을 것입니다. 특히 저는 국어에 관심이 많고 국어성적이 좋아서 다른 과목에 비해 자만심이 있었습니다. 한번은 중간고사를 잘 치르고 우쭐대는 마음이 있을 때 선생님께서 쪽 한권을 주셨는데 그 첫 장에는 "너는 공부를 하는 것이 아니라 학문을 하는 것이다. 계속 정진해라."라고 적어 주셨습니다. 그때 제가 느끼는 바가 크게 있어서 "아! 나도 선생님처럼 되어보면 어떨까?"하고 막연하게 생각했습니다. 국어는 다른 과목들과 달라서 수업시간뿐만 아니라 수업 밖의 일상생활과도 연관이 많기 때문에 그 점을 선생님께서 잘 알고 지도하시 것 같습니다.

　"너는 어떤 국어교육을 받아왔나?"라는 질문은 '너는 어떤 선생님에게 교육을 받아 왔는가'와 별다를 것이 없다는 생각이 듭니다. 그래서 "너는 앞으로 어떤 국어교육을 할 것인가?"라고 물어본다면 오히려 '어떤 국어선생님이 되어야 할 것인가'에 대해 고민을 해야 할 것 같습니다.

　몇 해 전 MBC 한글날 특집 방송의 실험에서 갓 지은 밥을 밀폐용기에 넣고 한 쪽에는 긍정적인 말만을 계속하고 다른 한쪽에는 부정적이거나 짜증스러운 말만 계속했더니, 전자에서는 효소가 생겨서 술을 빚을 수 있는 누룩이 되었고 나머지 후자 쪽에는 시커먼 곰팡이 피었다고 합니다. 학생들이 누룩이 되게도 곰팡이 되게도 하는 것은 말을 가르치는 우리들의 몫일 것입니다. 그래서 저는 교육현장에서 기본적인 국어와 문학교육뿐만 아니라 일상생활에서도 국어교사로서 '사람을 살리는 말'을 통해 아이들의 잠재력을 끌어내고 또 그 아이들도 생활에서 '서로를 살리는 말'을 할 수 있는 사람으로 키우고자 합니다.

　'장성태, 김병호, 이준, 곽재순, 이인태, 신태철'

　이 선생님과의 만남처럼 앞으로 제가 만나게 되는 아이들에게도 잊히지 않는 하나의 이름으로 남고 싶습니다.

하지 않았다. 선생님의 성함을 나열하고 있는 첫 번째와 여덟 번째 문단이 실제로 말하기 원고에서는 '긴 쉼'으로 구분되지 않았다. 쓰기에서는 하나의 문단으로 구성하면서 말하기에서는 독자적인 사고구획 단위로 고려하지 않고, '짧은 쉼'으로 처리하고 있는 것이 특징이다. 하지만 대다수 '긴 쉼'에 의해 구분된 발화 단위는 쓰기에서 문장구분과 유사한 양상을 보여 주고 있다.

3.1.2. 확인조사

　국어교육과 1학년 24명의 학습자들을 대상으로 한 확인조사의 결

과도 본조사와 마찬가지로 연구가설에 따라 구분하여 검증된다. 연구
가설 1에 따른 화자와 청자의 '긴 쉼'에 대한 인식 양상의 결과는 〈표
5〉와 같다. '청자' 열의 평균은 23명 청자들의 일치 횟수를 평균한 값
이다.

〈표 5〉 화자와 청자들의 '긴 쉼'에 대한 일치 비율: 확인조사

구분 대상자	화자(횟수)	청자(횟수): 평균	일치 비율(%)
강○○	11	3.6	32.7
고○○	12	5.4	45.0
김○○	10	4.8	48.0
김○○	9	3.2	35.6
김○○	6	2.2	36.7
김○○	12	4.8	40.0
김○○	9	3.8	42.2
박○○	10	2.4	24.0
배○○	7	3.1	44.3
백○○	8	3.6	45.0
신○○	7	2.6	37.1
양○○	6	2.8	46.7
유○○	5	2.2	44.0
이○○	8	3.8	47.5
이○○	7	3.3	47.1
이○○	8	4.2	52.5
이○○	16	5.2	32.5
이○○	15	2.4	16.0
임○○	10	2.6	26.0
정○○	7	1.9	27.1
조○○	9	1.4	15.6
조○○	5	2.1	42.0
주○○	9	2.8	31.1
차○○	11	2.9	26.4
평 균	8.92	3.21	35.99

결과에서 드러난 바와 같이, 화자와 청자들 간의 '긴 쉼'에 대한 일치 비율은 본조사와 마찬가지로 높은 것으로 드러나지 않았다.17) 다만 본조사에 비해 화자가 상정한 '긴 쉼' 횟수가 다소 줄었다(15.46 → 8.92). 하지만 화자의 반응에 일치하는 청자들 간의 '긴 쉼' 횟수는 거의 줄지 않았으며(3.80 → 3.21), 특히 화자와 청자들 간의 '긴 쉼' 일치 비율은 상당히 높아졌다(24.55% → 35.99%).

이는 학습자의 언어 수행 수준에 따른 인식 수준의 차이 측면에서 접근할 수 있다. 즉, 확인조사 대상 학습자들은 '짧은 쉼'과 '긴 쉼'에 대해 본조사 학습자들에 비해 더 차별적인 인식 수행의 측면으로 접근했다고 볼 수 있다.18) 아울러 확인조사 대상 학습자들은 본조사 학습자들에 비해 입말 언어 수행에 대해 보다 높은 '언어 자각(language

---

17) 검증 통계량은

$$z = \frac{\hat{p} - p}{\sqrt{\dfrac{p(1-p)}{n}}} = \frac{0.3599 - 0.5}{\sqrt{\dfrac{0.5(1-0.5)}{214}}}$$

$$= -4.04$$

이며, 위의 검증 통계량 값은 기각치인 $-z_{0.025} = -1.96$ 보다 작으므로 가설을 기각하게 된다. 따라서 본조사와 마찬가지로 화자와 청자들 간의 공통된 '긴 쉼'의 관계는 매우 부족하거나 거의 없는 것으로 볼 수 있다.

18) '화자'와 '청자들' 간의 일치 비율과 관련된 본조사 〈표 3〉과 확인조사 〈표 5〉에 드러난 두 모집단의 일치 비율에 차이가 있는지 여부를 확인하는 검증은 다음과 같이 세울 수 있다. 영가설은 일치 비율에 차이가 없는 것으로, 대립가설은 차이가 있는 것으로 상정한다.

$$H_0 : p_1 = p_2 \quad \text{vs} \quad H_1 : p_1 \neq p_2$$

이를 검정하기 위한 검증 통계량은

$$Z = \frac{(\hat{p_1} - \hat{p_2}) - (p_1 - p_2)}{\sqrt{\hat{p}(1-\hat{p})\left(\dfrac{1}{n_1} + \dfrac{1}{n_2}\right)}}$$

이다. 여기서 $\hat{p}$ 는 가중 평균된 표본 비율로서, $\hat{p} = \dfrac{n_1 \hat{p_1} + n_2 \hat{p_2}}{n_1 + n_2}$ 이다. 주어진 자료를 활용하면,

$n_1 = 214$, $\hat{p_1} = 0.2453$, $n_2 = 371$, $\hat{p_2} = 0.91$ 이며,

$$\hat{p} = \frac{214 \times 0.3598 + 371 \times 0.2452}{214 + 371} = 0.2872$$ 이다. 이들을 활용한 검증 통계량은

awareness)'의 면을 드러냈다고 할 수 있다.

이는 또한 말하기에서의 유창성(fluency)의 문제와도 관련될 수 있다. 유창성은 말하기 속도 및 쉼과 같이 발화의 시간 측면에 관련되는데, 일반적으로 막힘없이 빠르게 말할 내용을 전개하는 경우를 일컫는다. 하지만 무조건 막힘없이 빠르게 말하는 것만으로 유창성의 문제를 다룰 수는 없다. 이는 발화 단위의 구분에 따른 의미 전달의 용이성, 즉 청자의 관점에서의 언어 수행에 대한 자각과 밀접하게 관련될 수 있다. 즉, 확인조사 대상 학습자들은 본조사 대상 학습자들에 비해 화자와 청자 측면에서 공히 더 분명한 발화 단위의 산출과 수용에 기여했다고 볼 수 있다.19)

〈그림 7〉은 〈표 5〉의 위에서 두 번째 '고○○' 학습자의 말하기 원고이다. 총13회의 '긴 쉼'이 이루어졌는데, 화자 본인은 12회로 잘못 인식하였다. 맨 아래의 '12'라는 숫자가 화자 본인이 '긴 쉼'에 대한 대해 그 횟수를 표기한 것이다. 위에서 다섯 번째, 아래에서 여섯 번째 줄에서의 발화문 내 연결 지점에서 이루어진 '긴 쉼'의 구분을 제외하고는 모두 발화문 종결 위치에서 '긴 쉼'의 구분이 이루어졌다. 아울러 원고의 제일 마지막 부분에서도 '긴 쉼'이 이루어지고 있는 것이 특징적이다.

$$z = \frac{0.2453 - 0.3598}{\sqrt{0.2872 \times (1 - 0.2872)\left(\frac{1}{214} + \frac{1}{371}\right)}} = -2.95$$

이다. 이는 유의수준 5%에서 기각역 $-z_{0.025} = -1.98$ 보다 작으므로 가설을 기각한다. 즉, 모집단의 일치 비율에는 차이가 있다고 결론 내릴 수 있다.

19) 본조사와 확인조사 대상 학습자들의 언어 수행 수준을 비교해 볼 수 있는 기준은 대학 입학 성적 이외에는 없었다. 물론 본고에서 확인조사 대상자들의 입학 성적이 본조사의 대상자들에 비해 높은 것은 사실이지만, 성인 수준에 이른 학습자들을 단순하게 수능 성적의 잣대로만 비교하기에는 무리가 있다. 또한 수능 관련 입학 성적과 말하기 수행 능력이 꼭 비례한다고 볼 수도 없기 때문에 말하기 유창성에 대한 문제는 보다 확대된 연구의 필요성이 제기된다. 아울러 확인조사 참여 학습자들은 전공 수업의 일환으로 실시된 과제 및 평가였기 때문에 본조사 대상 학습자들보다 말하기 준비에 많은 시간을 보냄으로써 보다 유창한 말하기 수행이 되었다고 추측해 볼 수 있다.

〈그림 7〉 '고◯◯'의 말하기 원고

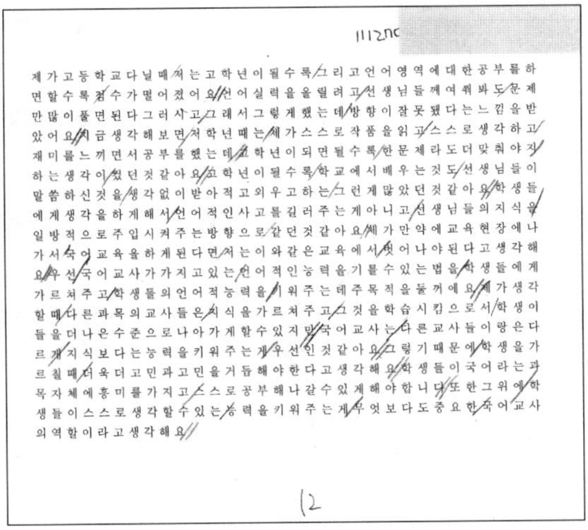
1112nc

제가고등학교다닐때저는고학년이될수록그리고언어영역에대한공부를하
면할수록점수가떨어졌어요언어실력을올릴려고선생님들께여쭤봐도문제
만많이풀면된다그러사고그래서그렇게했는데방향이잘못됐다는느낌을받
았어요지금생각해보면저학년때는제가스스로작품을읽고스스로생각하고
재미를느끼면서공부를했는데고학년이되면될수록한문제라도더맞춰야지
하는생각이었던것같아요고학년이될수록학교에서배우는것도선생님들이
말씀하신것을생각없이받아적고외우고하는그런게많았던것같아요학생들
에게생각을하게해서언어적인사고를길러주는게아니고선생님들의지식을
일방적으로주입시켜주는방향으로갔던것같아요제가만약에교육현장에나
가서국어교육을하게된다면저는이와같은교육에서벗어나야된다고생각해
요우선국어교사가가지고있는언어적인능력을기를수있는법을학생들에게
가르쳐주고학생들의언어적능력을키워주는데주목적을둘꺼에요제가생각
할때다른과목의교사들은지식을가르쳐주고그것을학습시킴으로서학생이
들을더나은수준으로나아가게할수있지만국어교사는다른교사들이랑은다
르게지식보다는능력을키워주는게우선인것같아요그렇기때문에학생을가
르칠때더욱더고민과고민을거듭해야한다고생각해요학생들이국어라는과
목자체에흥미를가지고스스로공부해나갈수있게해야합니다또한그위에학
생들이스스로생각할수있는능력을키워주는게무엇보다도중요한국어교사
의역할이라고생각해요

12

'고◯◯' 학습자의 경우, 전체적으로 두루 높임 해요체를 사용함으로써 입말에 가까운 말하기 양상을 구현했다고 할 수 있다. '긴 쉼'과 '짧은 쉼'의 구분에서 특징적인 현상은, 발화문 중간에서 두 번의 '긴 쉼' 구분이 이루어졌는데, 연결되는 절에서 후행절을 강조하기 위한 의미에서 이루어진 것으로 판단된다. '짧은 쉼'은 대체적으로 발화문의 연결 구간, 수식어와 피수식어 사이, 목적어 뒤에서 주로 이루어지고 있다.

〈그림 8〉은 '고◯◯' 학습자에 대한 청자 입장에서의 '긴 쉼'에 대한 수행 결과이다. 오른쪽 상단 부분이 띠지로 가려져 있는데, 윗부분은 청자 입장, 아랫부분은 화자 학습자의 학번과 성명이다. 총 11번의 '긴 쉼'의 구분이 이루어졌는데, 화자와 청자 간의 일치된 '긴 쉼' 구분은 10번 이루어졌다.

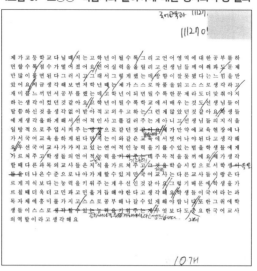

〈그림 8〉 '고○○' 학습자의 말하기에 대한 청자의 수행 결과

'고○○' 학습자의 경우도 앞선 본조사의 '정○○' 학습자의 경우와 마찬가지로 비교적 청자들 간의 '긴 쉼'에 대한 구분의 결과가 화자 입장에서의 구분 결과와 합치도가 높은 편이다. 그림 〈그림 8〉에 드러난 청자 반응의 경우에는 발화문의 종결에서 거의 화자 입장과 일치하고 있다. 아울러 〈그림 8〉에서 청자는 화자가 발표 시에 기존의 말하기 원고와 차이가 있는 부분들을 수정하고 있는 부분이 특징적이다. 몇몇 종결 어미에서 해요체가 합쇼체로 바뀌고, 지시사가 새롭게 삽입되고, 기존 낱말이 새로운 낱말로 대치되는 등의 현상을 보이고 있다.

〈표 6〉은 문장과 '긴 쉼'에 의해 구분된 발화 단위 간의 일치 여부를 필자와 화자의 관점에서 다룬 연구가설 2에 대한 확인조사 결과이다. 문장 수나 긴 쉼 횟수가 전체적으로 본조사에 비해 줄었고, 일치 비율도(86.47%→80.69%) 약간 낮아진 것이 특징적이다.

<표 6> 필자와 화자의 수행 일치 비율: 확인조사

구분 대상자	필자 문장 수	화자 '긴 쉼' 횟수	일치 횟수	일치 비율(%)
강○○	14	11	7	63.6
고○○	11	12	10	83.3
김○○	17	10	8	80.0
김○○	17	9	7	77.8
김○○	20	14	10	83.3
김○○	14	12	11	91.7
김○○	12	9	8	88.9
박○○	10	10	9	90.0
배○○	15	7	5	71.4
백○○	17	8	6	75.0
신○○	9	7	7	100.0
양○○	15	10	8	80.0
유○○	11	7	4	57.1
이○○	15	8	8	100.0
이○○	13	7	6	85.7
이○○	14	8	5	62.5
이○○	9	11	9	81.8
이○○	10	15	9	60.0
임○○	11	10	9	90.0
전○○	15	9	8	88.9
조○○	13	9	6	66.7
조○○	12	5	4	80.0
주○○	14	9	8	88.9
차○○	15	10	9	90.0
평균	13.46	9.46	7.54	80.69

다만 앞선 본조사 대상의 학습자들과 비교해 볼 때, 일치 비율은 큰 차이가 없는 것으로 판단된다. 즉, 대다수의 학습자들은 문장 혹은 문단을 말하기 원고에서 '긴 쉼'으로 간주하는 경향이 있었다. 통계 검증으로도 연구가설 2는 유의미한 것으로 볼 수 있다.[20]

〈그림 9〉는 〈표 6〉의 대상자 중에서 위에서 두 번째 '이◯◯' 학습자의 쓰기 원고이다. 총 4개의 문단과 11개의 문장으로 구성되어 있다. 자신의 경험담이 상대방에게 적절하게 설득하는 형식으로 전개되고 있다. 각 문단을 짧게 구성하여 독자로 하여금 시각적으로 편의성을 도모하도록 유도하고 있으며, 이는 가독성을 높이는 요소로 작용할 수도 있다.

〈그림 9〉 '고◯◯' 학습자의 쓰기 원고

국
1112705

**나는 어떤 국어교육을 받아왔고,
앞으로 현장에서 어떤 국어교육을 하고 싶은가?**

저의 고등학교 시절에 저는 고학년이 될수록, 그리고 언어영역에 대한 공부를 하면 할수록 점수가 점점 떨어졌습니다. 언어 실력을 향상시키고자 선생님들의 조언을 구했으나 문제를 많이 풀어보라는 말씀들이 대부분이었습니다. 그로부터 언어영역의 문제를 열심히 풀면 풀수록 그때의 제가 공부하고 있는 언어의 방향이 잘못되었다는 느낌이 들었습니다.

지금 돌이켜 생각해 보았을 때, 저학년 때는 저 스스로 작품을 읽고 거기에서 스스로 생각하면 재미와 감동을 느끼는데 초점을 두었던 반면에, 고학년이 되면 될수록 오로지 한 문제라도 더 맞추는데 목표를 두었기 때문인 것 같습니다. 고학년이 되면 될수록 학교의 국어교육도 선생님들께서 말씀하시는 것을 아무런 비판적 사고나 의문 없이 받아 적고 외우고 하는 식이 주를 이루게 되었습니다. 학생들에게 생각을 하여 언어적인 사고를 길러주는 교육방향이 아닌 선생님들의 지식을 주입시켜주는 일방적인 국어교육이 되어 갔습니다.

제가 교육현장에 나가서 국어교육을 하게 된다면 이와 같은 교육에서 벗어나야 한다고 생각합니다. 우선 국어교사가 가지고 있는 언어적 능력과 자질을 기를 수 있는 법을 학생들에게 가르쳐 주고 언어적 능력을 키워주는데 주목적을 두어야 합니다. 다른 과목의 교사들은 지식을 가르쳐주고 그를 학습시킴으로써 학생들이 좀 더 나은 수준으로 나아가게 할 수 있지만, 제가 생각할 때 국어교사는 다른 교사들과 달리 지식보다는 능력을 키워주는 것이 우선이 되어야 한다고 생각합니다.

그렇기 때문에 더욱더 학생들을 가르칠 때, 고민과 고민을 거듭해야 진정한 국어교육을 할 수 있습니다. 학생들로 하여금 국어라는 과목 자체에 흥미를 가지고 스스로 공부해 나갈 수 있는 바탕을 만들어 주고, 그 위에 학생들이 스스로 생각해 나갈 수 있는 능력을 키워주는 게 무엇보다도 중요한 국어교사의 역할이라고 생각합니다.

---

20) 검증 통계량은

$$z = \frac{\hat{p} - p}{\sqrt{\frac{p(1-p)}{n}}} = \frac{0.8069 - 0.5}{\sqrt{\frac{0.5(1-0.5)}{323}}}$$

$$= 11.03$$

이며, 위의 검증 통계량 값은 기각치인 $z_{0.025} = 1.96$ 보다 크므로, 본조사와 마찬가지로 영가설은 기각되며, 이는 '긴 쉼'이 글말의 문장과 문단의 의미구획과 관련됨을 알 수 있다.

앞선 〈그림 7〉의 입말 원고와는 달리 전체적으로 합쇼체 종결 어미로 문장을 끝맺고 있다. 문단 구분도 비교적 명확하게 일정한 의미덩이로 이루어지고 있다. 입말 원고에 비해 내용상의 차별성은 거의 드러나지 않지만, 앞선 본조사의 '정○○' 학습자에 비해 입말 원고와 글말 원고의 차이가 비교적 두드러지게 나타나는 것이 특징적이다.

이상의 본조사와 확인조사를 통해 연구가설1은 유의미하지 않은 것으로 연구가설2는 유의미한 것으로 드러났다. 두 연구가설의 결과를 통해, 입말과 글말 사용에 대한 인식의 양상은 실제로 이분법적으로 획일화시킬 수 없으며, 이는 글말과 입말에 대한 수행 정도의 문제로 접근해야 함을 알 수 있었다. 즉, 본고에서 상정한 '말하기 원고 – 실제 말하기 – 쓰기 원고'에서 '긴 쉼'에 의해 구분되는 일정한 발화 단위는 실제 말하기에 드러난 결과에 유사하기보다는 쓰기 원고에 가까웠다. 따라서 보다 차별적인 입말 수행을 유도할 수 있는 다양한 교수·전략이 필요함을 알 수 있었다.

3.2. 교육상 의의

이상의 두 가지 연구가설과 그 결과 논의를 바탕으로 두 가지 정도의 교육상 의의를 이끌어 낼 수 있다.

첫째, 글말과 입말의 연속선상에서 언어 수행에 대한 자각의 문제가 고려되어야 한다는 점이다. 언어 자각의 문제는 외국어가 아닌 모국어를 대상으로 하는 국어교육에서 언어 수행에 대한 학습자들의 상위 인지 영역과 밀접하게 관련되기 때문에 교육적으로 중요한 함의를 지닌다고 할 수 있다.

이는 앞선 조사 결과에서 드러난 바와 같이, 이는 특정 언어 사용 영역이 다른 언어 사용 영역에 종속되어 그것의 수행 가치를 잃어버릴 수 있을 때 특히 중요하게 부각될 수 있다. 즉, 입말다운 말하기가 아닌, 글말에 종속되는 말하기는 학교 현장에서 말하기 교육의 정체성에 혼란을 일으키거나 혹은 말하기 교육에 대한 방법적 측면에 대한 인식의 부재와 관련된다는 점에서 심각한 문제가 될 수 있다. 이는 실제 학교 현장에서, 특히 어린 학습자들일수록 심각하게 일어날 수 있는 문제이다.

따라서 말하기와 쓰기를 연계·통합하되, 말하기와 쓰기 수행 영역에서 독자적으로 부각될 수 있는 요소가 무엇인지와 관련된 연구가 이루어져야 할 것이다. 본고는 이런 점에서 말하기와 쓰기가 입말과 글말의 측면에서 '긴 쉼'과 '문장'의 연계를 통해 각각의 독자성을 유지하면서 어떻게 연계·통합될 수 있을지에 대한 교육적 단초를 제공했다는 점에서 의의를 지닌다.

둘째, '쉼'에 대한 교수·학습 방법론적 측면이다. 말하기에서 드러나는 다양한 비언어적, 반언어적 요소들이 실제 학교 현장에서 제대로 다루어지고 있는지에 대해서는 의심스럽다. 특히 반언어적 요소들은 말하기 수행에 매우 미세한 의미작용을 일으킬 수 있다. 모국어 교육에서는 말하기 교육과 관련된 이런 미세한 측면에 대한 인식의 틀을 새롭게 재구성해야 할 것으로 고려된다.

학습자들의 반응 결과에서도 드러났듯이, '쉼'에 대한 학습자들의 인식은 일관되게 드러나기보다는 상당히 자의적인 양상으로 드러남을 알 수 있었다. 이는 말하기와 관련된 '쉼'의 기능적인 측면과 관련해서 교육적 조치가 필요하다는 점을 보여 주고 있는 것이라 할 수 있다.

즉, 본고는 학습자들의 '쉼'에 대한 인식 양상을 화자와 청자의 측면에서 모두 이끌어내고 논의했다는 점에서 의의를 지닌다. 아울러 '쉼'의 종류에 대한 기본적인 교수학습 방법론상의 분류가 필요하며, 특히 '긴 쉼'에 대해서는 발화 단위의 의미 구획과 관련하여 보다 심도 있는 논의가 필요함을 역설했다는 점에서 교육적 의의가 있다.

4. 마무리

본고는 학습자들의 글말과 입말 수행의 관련 양상을 다루었다. 글말에서는 '문장'을, 입말에서는 이에 대응하는 것으로 '쉼'을 주요한 속성으로 비교하였다. 아울러 이들 글말과 입말 속성들의 상관관계를 고찰하기 위해, 학습자들의 쓰기와 말하기에 드러난 언어 수행 양상의 결과를 통해 비교하였다. 이를 위해 두 가지 연구가설이 제시되었고, 이는 일정한 통계 절차를 통해 검증되었다.

첫 번째 연구가설 "화자와 청자들 간에는 공통된 '긴 쉼'의 양상이 있을 것이다"는 그 관련성이 매우 적거나 없는 것으로 드러났다. 이는 실제 말하기에서 화자와 청자들 간의 반응은 많은 차이를 보인다는 점과 관련된다. 물론 실시간으로 이루어지는 발표 중심의 말하기에서 주변 상황이 말하기와 듣기에 끼치는 영향이 있다손 치더라도, 실제 발표 이전에 '쉼'에 대해 평가 측면 등에서 학습자들이 충분히 이를 인식했음에도 불구하고, 이는 유의미하게 화자와 청자들 간에 작용하지 않았다.

발표도 정도의 차이는 있지만 입말의 한 영역이며, 입말의 다양한 속성들을 포함하고 있다. 특히 '쉼'은 입말의 전형적인 속성이라 할 수 있으며, 이는 화자와 청자들 간에 입말의 수행에 대한 인식의 측면을 부각시킬 수 있는 주요한 매개체가 될 수 있다. 따라서 '쉼'에 대한 입말 규범의 기본적인 토대가 형성되는 것이 필요하다. 하지만 본고의 조사에 따르면 화자와 청자들 간에는 '쉼'에 대한 공통된 인식의 토대가 매주 부족함을 알 수 있었다. 이는 차후 우리 국어교육에서 입말 교육에 대한 기본적인 이론적 토대 형성이 시급하다는 점과 밀접하게 관련된다고 할 수 있다.

두 번째 연구가설 "말하기에서 '긴 쉼'은 쓰기에서 문장 혹은 문단 구분과 관련될 것이다"는 유의미한 것으로 드러났다. 이는 말하기 원고에서 상정된 '긴 쉼'의 양상과 실제 쓰기에서 드러난 문장의 관련성을 다룬 것인데, 실제로 매우 유의미하게 관련되는 것으로 결과는 드러났다.

즉, 본고에 드러난 학습자들의 언어 수행 양상의 결과만으로는 말하기 원고는 실제 말하기에서 구현된 입말이라기보다는 화자들이 잠재적으로 상정한 글말에 가까운 입말 형식이라고 할 수 있다. 이는 교육적으로 매우 중요한 문제를 포함하는데, 말하기가 쓰기에 귀속되어 입말 구현으로서의 속성을 잃고 글말에 귀속되어 버린다는 점이다. 따라서 말하기 원고를 구성하더라도 입말 구현에 적합한 방식을 모색하는 것이 교수·학습 방법상으로 주요한 문제가 될 수 있다.

입말 영역은 국어교육 현장에서 교수·학습 내용이나 방법, 평가 등 여러 측면에서 이론과 실제의 괴리가 있어 왔다. 특히 학교 현장에서의 입말 교육은 그야말로 입시를 위해 매우 단편적으로 이루어졌거나 혹은 여러 교육적 환경의 미비로 인해 제대로 이루어지지 못한 것이 현실이었다.

본고의 조사는 이런 점에서 글말과 입말을 연계와 통합의 관점에서 어떻게 접근할 것인지의 문제를 단편적으로나마 제시했다는 점에서 의의를 지닌다. 하지만 본고는 글말과 입말과의 관계를 통해 각 언어 수행 영역들의 독자성을 어떻게 구축해야 나가고, 나아가 이를 바탕으로 국어교육에서 연계와 통합의 관점에서 각 영역들이 어떻게 구성되어야 할지에 대한 구체적인 방안에 대한 세부적인 논의는 이루어지지 못했다. 또한 일부 조사 대상자들을 피험자로 삼았고, 학습자들의 실시간 말하기를 정밀하게 담아낼 수 있는 전자기기 미사용 등으로 인하여 과학적인 조사가 이루어지지 못한 점 등이 한계로 남는다.

〈참고문헌〉

김성규(1999), 「잠재적 휴지의 실현」, 『선청어문』 27, 831~859쪽.

김수업(2006), 『배달말 가르치기』, 나라말.

노대규(1996), 『한국어의 입말과 글말』, 서울: 국학자료원.

노은희(2009), 「말하기와 쓰기의 통합에 대한 일고찰」, 『작문연구』 제8집, 77~109쪽.

양영하(2002), 「구어담화에 나타난 '쉼'의 기능」, 『담화와 인지』 제9권 2호, 79~100쪽.

이기갑(2010), 「구술발화의 전사와 분석」, 『배달말』 47, 71~95쪽.

이진희(2003), 「언어의 구어성과 문어성에 관한 연구」, 『독일문학』 85, 528~542쪽.

이창호(2010), 「발화 중 휴지시간이 갖는 의미」, 『한국어학』 46, 353~386쪽.

이호영(1990), 「한국어의 억양체계」, 『언어학』 제113호, 129~151쪽.

임규홍(1997), 「'쉼'의 언어 기능에 대한 연구」, 『한글』 235, 93~125쪽.

임칠성(2009), 「화법과 작문의 교육내용 대비 고찰」, 한국작문학회 제15회 연구발표회 자료집, 5~28쪽.

장경현(2003), 「문어/문어체·구어/구어체 재정립을 위한 시론」, 『한국어 의미학』 13, 143~165쪽.

전영옥(2005), 「발표담화와 발표요지 비교 연구」, 『텍스트언어학』 19, 209~246쪽.

_____(2006), 「국어의 발화 단위 연구」, 『한말연구』 19호, 271~299쪽.

황성근(2009), 「말하기 교육에서 글쓰기의 효과와 연계방안」, 『작문연구』 제8집, 111~137쪽.

Anne Anderson, Gillian Brown, Richard Shillcock & Gorege Yule(1984), *Teaching talk*, 김지홍 옮김, 『모국어 말하기 교육: 산출 전략 및 평가』, 미발간.

Sari Lumoa(2004), *Assessing speaking*, 김지홍 옮김, 『말하기 평가』, 미발간.

Wallace(1994), *Discourse, consciousness, and time*, 김병원 외 옮김(2006), 『담화의 의식과 시간』, 한국문화사.

Willem J. M. Levelt(1989), *Speaking*, 김지홍 옮김(2008), 『말하기』, 나남.

참고문헌

Bartlett, F. C.(1932), *Remembering*, Cambridge University Press.

Cicourel, A.(1931), "Language and the structure of belief in medical communication", in B. Sigured and J. Svartvik (eds.) *Proceedings of AILA 81, Studia Linguistica*, vol. 5.

Goody, J.(1977), *The Domestication of the Savage Mind*, Cambridge University Press, 김성균 뒤침(2009), 『야생 정신 길들이기』, 푸른역사.

Grice, H. P.(1975), "Logic and conversation", in P. Cole and J. Morgan (eds.) *Syntax and Semantics 3: Speech Acts*, Academic Press.

Heaton, J. B.(1976), *Writing English Language Tests*, Longman.

Labov, W.(1976), *Sociolinguistic Patterns*, University of Pennsylvania Press.

Lado, R.(1961), *Language Testing*, Longmans, Green & Co.

Oller, J. W.(1979), *Language Tests at School*, Longman.

Popper, K. R.(1963), *Conjectures and Refutations*, Routlege & Kegan Paul, 이한구 뒤침(2001), 『추측과 논박 I, II』, 민음사.

Quirk, R., S. Greenbaum, G. Leech and J. Svartvik(1972), *A Grammar of Contemporary English*, Longman.

Wilkins, D.(1976), *Notional Syllabuses*, Oxford University Press.

관련된 배경지식을 위한 더 읽을거리

de Beaugrande, R.(1980), *Text, Discourse and Process*, Longman.*

Blundell, L. and J. Stokes(1981), *Task Listening*, Cambridge University Press.

Brazil, C. and M. Coulthard, and C. Johns(1980), *Discourse Intonation and Language Teaching*, Longman.

Brown, G.(1974), "Practical phonetics and phonology", in J.P.B. Allen and S.P. Corder (eds.) *Edinburg Course in Applied Linguistics*, vol. 2, Oxford University Press.

_____(1977), *Listening to Spoken English*, Longman.

Brown, G., K. Currie, and J. Kenworthy(1980), *Questions of Intonation*, Croom Helm.

Brown G. and G. Yule(1983), *Discourse Analysis*, Cambridge University press.

Currie, K. and G. Yule(1982), "A return to fundamentals in the teaching of intonation", *IRAL* vol.20.

Davies, A.(1978), "Language testing", *Language Teaching and Linguistics: Abstracts* vol. 11.

Donaldson, M.(1982), *Children's Minds*, Fontana.

Doughty, P., J. Pierce, and G. Thornton(1971), *Language in Use*, Edward Arnold

O'Connor, J. D.(1971), *Phonetics*, Penguin Books.

Porter, D. and J. Roberts(1981), "Authentic listening activities", *ELT Journal*,

---

* [번역자] 이 책의 후속 저서가 번역되어 많이 읽힌 바 있는데, 김태옥·이현호 뒤침 (1995), 『텍스트 언어학 입문』(한신문화사)이다.

vol.36/1.

Stubbs, M.(1981), "Oracy and educational linguistics: the quality (of the theory) of listening", *First Language* vol.2.

Thomas, H.(1982), "Survey: Recent materials for developing listening skills", *ELT Journal*, vol.36/3.

Trudgill, P.(1975), *Accent, Dialect and the School*, Edward Arnold.

Widdowson, H. G.(1978), *Teaching Language as Communication*, Oxford University Press.

_____(1979), *Explorations in Applied Linguistics*, Oxford University Press.

찾아보기

지은이와 뒤친이 소개

지은이 ✦

- **쥘리언 브롸운**(Gillian Brown), 영국 에딘브뤄 대학을 거쳐, 케임브리지 대학교 영어 및 응용언어학 연구소 교수
- **조어쥐 율**(Gorege Yule), 미국 미네소타 대학을 거쳐, 루이지애나 주립 대학 언어학과 교수

뒤친이 ✦

- **김지홍**(Kim, Jee-Hong)
경상대학교 국어교육과 교수. 저서로서 도서출판 경진에서 『언어의 심층과 언어교육』(2010, 문화체육관광부 우수학술도서), 『국어 통사·의미론의 몇 측면』(2010, 대한민국학술원 우수학술도서), 『제주 방언의 통사 기술과 설명』(2014)이 있다.
언어교육 분야 번역서로 글로벌콘텐츠에서 『말하기 평가』(루오마, 2013), 『듣기 평가』(벅, 2013)를 펴냈다.

- **서종훈**(Suh, Jong-Hoon)
대구가톨릭대학교 사범대학 국어교육과 조교수. 저서로는 도서출판 경진에서 『국어교육과 단락: 단락 중심의 국어교육 실천사례 연구』(2014)가 있고, 번역서로는 『모국어 말하기 교육』(앤더슨 외, 2014)이 있고, 『텍스트의 거시구조』(폰대익)를 출간 중이다.

영어 말하기 교육: 대화 분석에 근거한 접근
Teaching the Spoken Language
: An approach based on the analysis of conversational English

ⓒ 글로벌콘텐츠, 2014

1판 1쇄 인쇄__2014년 12월 20일
1판 1쇄 발행__2014년 12월 30일

지은이__브라운·율(Gillian Brown and Gorege Yule)
뒤친이__김지홍·서종훈
펴낸이__홍정표
펴낸곳__글로벌콘텐츠
　　　등록__제25100-2008-24호
　　　이메일__edit@gcbook.co.kr

공급처__(주)글로벌콘텐츠출판그룹
　　　대표__홍정표
　　　편집__노경민 김현열 송은주　**디자인**__김미미 최서윤　**기획·마케팅**__이용기　**경영지원**__안선영
　　　주소__서울특별시 강동구 천중로 196 정일빌딩 401호
　　　전화__02) 488-3280　**팩스**__02) 488-3281
　　　홈페이지__http://www.gcbook.co.kr

값 23,000원
ISBN 979-11-85650-73-9 93370